an:regung
pädagogik

Bilderfahrungen
im Zwischenraum
von Kunst, Philosophie
und Pädagogik

2

Angelika Wiehl, Matthias Bunge (Hrsg.)

Bilderfahrungen im Zwischenraum von Kunst, Philosophie und Pädagogik

Edition Kunstschrift im Residenz Verlag

Inhalt
Bilderfahrungen im Zwischenraum von Kunst, Philosophie und Pädagogik

Vorwort

Bilderfahrungen sind wesentlicher Bestandteil des Menschseins. Im Erleben und Erschaffen von Bildern drücken sich menschliche Beziehungen und Weltbegegnungen aus. An Bildern nehmen wir das Weltgeschehen wahr. Als bildschöpferische Menschen teilen wir uns anderen und uns selbst mit. Gleichzeitig scheint das Bild eines der rätselhaftesten Phänomene überhaupt zu sein. Denn es besteht keine Gewissheit über den Ursprung der Bilder, seien sie äußerer oder innerer Natur. Bilder tauchen im menschlichen Bewusstsein auf, und Bilder existieren als Zeugnisse menschlicher Kulturschöpfungen seit mindestens 40 000 Jahren und bürgen für die Fähigkeit, einen Wahrnehmungsgegenstand in neuer Form und auf den Naturzusammenhang beziehbar durch ein Bildmedium wiederzugeben. Insgeheim vollzieht sich auf dem Weg der Wiedergabe die Bildverwandlung: Die Wahrnehmung wird durch Ein-Bildung zum Anlass, ein artifizielles Bild zu gestalten. Im neu geschaffenen Bild realisieren sich Mensch und Welt; und im Bild virtualisieren sich Erscheinungen. Dieses Spannungsfeld realer und virtueller Präsenz konstituiert Bilder. Ihre Doppelnatur erfordert das Erkunden der Bildontologie. Bilderfahrungen beschreiben die Wahrnehmungs- und Deutungsakte innerer und äußerer Bilder.

Das Verhältnis des bildhaften Wahrnehmens und des inneren Bildvorstellens loten die Autorinnen und Autoren aus ganz unterschiedlichen Arbeits- und Forschungsrichtungen aus; sie stellen ihre methodischen Ansätze der Bilderfahrungen mit Blick auf die Pädagogik vor. Da die Waldorfpädagogik in Theorie und Praxis nach dem spezifischen Konzept des künstlerisch-bildhaften Unterrichts arbeitet, der in dieser Weise in keiner anderen Pädagogik ausgebildet ist, referenzieren einige Autorinnen und Autoren ihren Beitrag in diesem Kontext. Die methodischen Beiträge am Anfang widmen sich den Grundlagen der Bildforschung auf philosophischer und bewusstseinsphänomenologischer Ebene und erschließen Bilderfahrungen an der Grenze zwischen Wahrnehmung, Vorstellung bzw. Bildbewusstsein und Imagination in Rekurs auf Edmund Husserl und Rudolf Steiner. In den pädagogischen und fachbezogenen Beiträgen, die Positionen der Bilderfahrung aus Pädagogik, Kunst, Literatur, Geschichte, Philosophie und Musik exemplarisch abwägen, wird der zentralen Frage nach der bildschöpferischen Fähigkeit im Wahrnehmen und Erkennen nachgegangen. Den methodischen, pädagogischen und kulturwissenschaftlichen Aufsätzen ist ein poetisches Vorwort zu einer Fotografie durch die Eingangstüre der Felsenkirche in Lalibela vorangestellt. Der Sprachfluss folgt dem bildertastenden Sehen nach und ruft den Sehvorgang ins Bewusstsein der Leserinnen und Leser. Sie sind zum Mitschauen eingeladen.

Wir danken herzlich allen Teilnehmerinnen und Teilnehmern des Forschungskolloquiums „Bild und Pädagogik" für den regen Austausch und ihre Beiträge zu dieser Publikation sowie den Mitarbeiterinnen und Mitarbeitern des Residenz Verlags für die sorgfältige redaktionelle Arbeit. Ein besonderer Dank gilt den Förderern des Forschungskolloquiums und der Publikation, der Anthroposophischen Gesellschaft, der Trägergesellschaft für geisteswissenschaftliche Bildung und Michael Schröder, ohne dessen vermittelnde Initiativen dieses Forschungsprojekt und die Publikation nicht möglich wären.

Mannheim, Ostern 2019
Angelika Wiehl und Matthias Bunge

Abb. 1: St. Georgs-Kirche in Lalibela

Hans Wagenmann
Das Bild sieht sich nicht an, denn sein Sehen geschieht … Bildpoetisches Vorwort

Ich sehe mich im Betrachten dieser Fotografie selbst als Rahmen der Tür an, durch die das Bild blickt, zu der mir diese Fotografie wird. Ich rahme es mit meinem Sehen. Ich sehe mich im wiederholten Sehen dieses Bildes auch als den gekrümmten Holzstab an, der auf einer Seite des Türrahmens steht und nicht fällt. Er fällt nicht in mein Sehen, wie es ein Bild auch tun könnte, nein, er sieht mich im selben Moment an, wie ich ihn jetzt – anders als zuvor – sehe und dabei das Verlangen habe, ins Bild zu greifen, um ihn zu berühren. Ich sehe in diesem Verlangen auch mich an, als käme ich zu dem Bild hinzu. Steht der Holzstab erst, wenn ich ihn sehe? Stehen Bilder, erstehen Bilder? Verstehen Bilder das, was sie sehen? Und läge diesem „Ver" nicht beinah schon ein Verb inne, ein Bilden, ein das Bild Bilden? Fehlt mir in dieser Fotografie, dass ich das Angesicht des Abgebildeten sehe? Wohl kaum. Aber ich will es dennoch entdecken. Zeigt sich in diesem „Dennoch" erst, wie ein anderer im Bild entgegenblickt? Ein anderer, der durch die andere, gegenüberliegende Tür sieht, vielleicht diejenige anblickt, die dieses Bild auslöste? Oder sieht dieser allein den, der in der Tür sitzt und dabei vielleicht die Fotografierende hinter ihm verdeckt?

Verdecken. Öffnen. Schließen. Auslösen. Auflösen. Belichten. Es ist nicht belichtet, was der auf der Türschwelle Sitzende tut. Liest er? Hält er etwas in den Händen? Bemerkt er, dass er im Blick einer anderen zum Bild wird, zum Mitauslösen eines Sehens, wie es dieser Text zu schildern versucht? Die Türschwelle, auf der er sitzt, davon weiß ich durch das Erzählen der Fotografin, liegt an einer Kirchentüre zu einem Kirchhof hin. Ich sehe ihn nur als Ausschnitt, der das Bild in einer Horizontalen durchquert. Das Bild selbst wird damit zum ausgelösten Moment einer Bewegung. Ein Ausschnitt. Schneiden meine Blicke anderes aus? Fehlt im Bild das andere?

Für einen Augenblick verblassen im Betrachten der Fotografie ihre Farben, und es ist, als säße in diesem Bild beinah nur das Weiß der Kleidung, des Tuchs um den Kopf, die geneigte Haltung des auf der Türschwelle sitzenden Mannes. Verliert im Wortebilden ein Bild seine Farbe? Gewinnt es in und an ihm Form oder Abstufung? Und wer sieht darin mit? Ich? Sehe ich mich mit?

Sieht Ich? Wer wäre der Fuhrmann, wer das Erzählen eines solchen Sehens? In wen wagen sich Bilder hinein? Für wen wagen sich Bilder hinaus? Wie ich dies jetzt zum wiederholten Male zu formulieren versuche, strecken sich dabei innerlich meine Arme aus und tasten in das Bild – ein tastendes, blindes Sehen. Die Augen blicken nicht mehr in das Bild, sondern in eine imaginäre Tätigkeit. In mir beginnt dabei ein Hören von Stimmen, die an dem auf der Fotografie sichtbaren Felsen widerhallen könnten. Ein Hören, das im Inneren des Raumes zu vermuten gewesen wäre, aus dem die Fotografie aufgenommen ist. Aber dort ist dieses Aufgenommen-Werden ein Sehen, das schaut. Wer sieht daran mit und wann beginnt in diesem andauernden Betrachten, dass sich meine Augen wieder öffnen? Ein Öffnen der Augen, indem die Farben der Fotografie mir deutlicher entgegenleuchten als zuvor.

Das Bild sieht sich nicht an, denn sein Sehen geschieht durch An- und Mitsehen. Ein Sehen, das sich dabei seiner eigenen Tätigkeit bewusst wird. Könnte so der in der zentralen Position der Fotografie Sitzende auf das Bild, das ihn abbildet, selbst blicken? Beinahe ist dem so, und es erscheint in dieser Vermutung das Bild, das mir diese Fotografie bietet, nochmals anders und unvermutet. Läge der Sinn dieser Fotografie darin, auf sie erneut zu blicken, sie und das Sehen zu einer gemeinsamen Erfahrung werden zu lassen, zu einer Anmutung, die sieht? Zu einem Bild, das andauert?

Iris Hennigfeld
Phänomenologische Aspekte der Imagination

1 Einleitung

Ein Verdienst phänomenologischen Denkens ist die Offenheit für vielfältige Weisen der Gegebenheit, ohne diese zu reduzieren auf die Arten, wie Gegenständlichkeiten im rational-diskursiven oder vorstellenden (repräsentierenden) Denken gegeben sind. Besonderes Zeugnis einer Phänomenologie nicht-diskursiver Bewusstseins- und Erkenntnisakte geben die Forschungen von Edmund Husserl (1859–1938), dem Begründer der philosophischen Phänomenologie, innerhalb der Gebiete von Bildbewusstsein, Phantasie und Imagination, die in Band XXIII der „Gesammelten Werke" (Husserliana) veröffentlicht sind. Husserl weist auf, dass die genannten Akte gegenüber gegenständlichem Wahrnehmen jeweils ihre eigene Form der Evidenz besitzen, denen auf subjektiver Seite spezifische Weisen der Erfahrung korrelieren.

Auch innerhalb der Geisteswissenschaft Rudolf Steiners (1861–1925) spielt die Erweiterung des Erkenntnisvermögens über die Grenzen eines gegenständlich-vorstellenden Denkens hinaus eine zentrale Rolle. Wie dem Gegebenen der sinnlich-physischen Welt ein sinnliches Bewusstsein entspricht, so korrelieren den Phänomenen der nicht-sinnlichen oder übersinnlichen Welt in Steiners Erkenntnislehre die „höheren" Erkenntnisvermögen der Imagination, Inspiration und Intuition. Dabei stellt die Imagination eine erste Stufe dar, in der sich, Steiner zufolge, übersinnliche Phänomene in bildhafter Form zeigen.

Der Beitrag geht der Frage nach, auf welche Weise die Imagination als ein spezifisches Werkzeug für einen vertieften und besseren Zugang zum Wesen der Phänomene verstanden werden kann. Zu diesem Zweck sollen erstens mithilfe der phänomenologischen Philosophie die spezifische Methodologie und Evidenz der Imagination im Unterschied zu einem diskursiven Denken aufgewiesen werden. Zweitens soll gezeigt werden, dass die Imagination sich nicht auf etwas Unwirkliches, eine sogenannte „fiktionale" Welt, bezieht, sondern verstanden werden muss als ein präzises Instrument der Erkenntnis, das dazu geeignet ist, die Tiefenschichten der phänomenalen Welt zu enthüllen, die einem rationalen oder vergegenständlichenden Denken verschlossen bleiben.

Zunächst widme ich mich den phänomenologischen Ideen der „Evidenz" und „Gegebenheit" und stelle deren Relevanz für eine Phänomenologie der Imagination heraus. Im Anschluss werde ich die Methode der „freien Phantasie" oder „eidetischen Variation" in Husserls Phänomenologie präsentieren und deren Bedeutung innerhalb der eidetischen Analyse oder Wesenswissenschaft skizzieren. In diesem Zusammenhang spielt die aktspezifische Unterscheidung zwischen äußerer Wahrnehmung und Imagination und deren Modi der Wirklichkeit eine wesentliche Rolle. Drittens werde ich Rudolf Steiners Theorie einer Imagination als ein „höheres" Bewusstseinsvermögen nachzeichnen, das mit übersinnlichen Phänomenen oder Wesen korreliert. In diesem Kontext wird eine Abgrenzung der Imagination von der Halluzination vorgenommen.

2 Evidenz und Selbstgebung und ihre Relevanz für eine Phänomenologie der Imagination

In der Philosophiegeschichte, insbesondere in der Cartesischen Tradition, wurde die Sphäre der Evidenz bzw. dessen, was als philosophisch relevante Erfahrung zählte, häufig eingegrenzt auf die Sphäre derjenigen Evidenz, die sinnlich-empirischen oder intellektuellen Gegenständlichkeiten eigen ist (Steinbock 2014, S. 5ff.). Als Resultat wurde ebenso die Reichweite möglichen Erkennens begrenzt auf diese Arten von Gegenständen und deren spezifische Form der Evidenz. Zum Standard philosophischer oder wissenschaftlicher Erkenntnis wurden korrelierend ein rational-diskursives oder vergegenständlichendes, nicht ein imaginierendes oder anschauendes Denken erhoben. Diskursives Denken kann allgemein verstanden werden als ein sukzessives, begriffliches Denken, das in einer logischen Weise fortschreitet von den Teilen zum Ganzen, von einer Vorstellung zur nächsten, und aus dieser Reihe von Einzelvorstellungen ein Ganzes, das heißt, allgemeine Begriffe kreiert. Dieses Denken vertrat in der philosophischen Tradition nahezu einen Alleinherrschaftsanspruch.

Nicht-diskursive Modi des Denkens entsprechen im weitesten Sinne intuitiven, bildlichen, auf der ursprünglichen Anschauung gegründeten Denkweisen, mit denen eigene Weisen der Evidenz korrelieren. Sowohl die alltägliche Erfahrung als auch die philosophische oder wissenschaftliche Forschung zeigen, dass es Phänomene bzw. Schichten innerhalb der Phänomene gibt, die aufgrund ihres ureigenen Wesens sich einem reduktionistischen, vergegenständlichenden Zugang widersetzen. Sie lassen sich nicht auf die Weise der Evidenz reduzieren, die empirisch-sinnlichen oder rational-intellektuellen Gegenständen eigen ist. Zu diesen mehr „widerstandsfähigeren" Phänomenen gehören beispielsweise lebendige Organismen, interpersonale (moralische oder emotionale), spirituelle bzw. religiöse und ästhetisch-künstlerische Phänomene.

Der Grund für ihre Widerstandsfähigkeit ist, dass diese Phänomene nicht in derselben Weise gegeben sind, wie z. B. ein Subjekt von einem Objekt affiziert wird. Phänomenologisch gesprochen, folgt deren intentionale Struktur nicht demselben Subjekt-Objekt- oder Noesis-Noema-Schema und dessen spezifischen Gesetzen der Konstitution als sinnliche oder intellektuelle Gegenstände. Eine vorurteilsfreie Erfahrung zeigt stattdessen, dass diese Phänomene ihre eigene Weise der Gegebenheit und ihre eigenen Gesetze der Konstitution besitzen, die auf phänomenologische Weise beschrieben und analysiert werden kann.

Die Einwände gegen die Imagination als Erkenntnismethode, vorgebracht vor allem von Philosophen in der Tradition des philosophischen Rationalismus, können in drei Hauptargumente unterteilt werden (Kearney 1991, S. 13)[1]:

1. Das Argument des Dualismus, demzufolge alle Bilder einer unteren sinnlichen Seelenschicht entspringen im Gegensatz zum höheren Vermögen des Intellekts. Diese Ansicht geht vor allem auf René Descartes' Gegenüberstellung der „leibhaftigen Vorstellung" (frz.: imagination) gemäß den materiellen Dingen im Gegensatz zum Intellekt zurück.[2]

2. Die Theorie eines Repräsentationalismus, die eng verbunden ist mit der Bilder- oder Abbildtheorie des Bewusstseins, der gemäß alle Bilder bloße Kopien, Abbilder oder Symbole (in unserem Verstand) von oder für etwas darstellen, das sinnlich wahrgenommen wird. Demzufolge sei das Ding „im" Verstand ein immanentes Simulacrum des wirklichen Dinges „draußen". Gemäß einer solchen Ansicht präsentieren Bilder nicht eine durch sie erst geschaffene Wirklichkeit, sondern sie repräsentieren eine äußere Wirklichkeit.

3. Verbunden mit der Bildertheorie des Bewusstseins und deren Fehlschlüssen geschieht eine Abwertung der Bilder als Verdinglichungen quasi-materieller Dinge. Bilder werden hier nicht, anders als in der phänomenologischen Tradition, bedacht als Akte des lebendigen Bewusstseins.

Statt die „Subjektivität" oder „Objektivität" der Erkenntnis zu hinterfragen, erforscht die Phänomenologie die mannigfaltigen Bedingungen und Modi, wie die Phänomene im Bewusstsein gegeben sind und wie diese in der Erfahrung konstituiert werden. Der phänomenologische Begriff des „Gegebenseins" und der „Gegebenheit" verweist also nicht auf das Was, sondern auf das Wie der Erfahrung. Und „[z]u jedem Gegenstandstypus gehört seine typische Art möglicher Erfahrung" (Husserl 1973, S. 24), wie es in Husserls „Pariser Vorträgen" (1929) heißt. Ein spezifischer Modus des Gegebenseins ist die Selbstgegebenheit der Dinge, die besagt, dass der Gegenstand (im weitesten Sinne verstanden) vollständig und unmittelbar anschaulich anwesend ist in einer Bewusstseinserfahrung (Hennigfeld 2018, S. 33ff.). So fordert Husserl: „Selbstgebung soll für uns Maß, und ihr absolutes Optimum das letzte Maß sein, an dem wir alle Urteile, alle unsere Seinsmeinungen bewähren" (Husserl 1965, S. 33). Einen „Urmodus" der Selbstgebung stellt die unmittelbare Wahrnehmung dar: „Die Wahrnehmung, als Präsentation, faßt den darstellenden Inhalt so, daß mit und in ihm der Gegenstand als selbst gegeben erscheint" (Husserl 1984, S. 613). Im Gegensatz zur Kontingenz der äußeren Wahrnehmung bestimmt Husserl die „immanente[n] Intuitionen absolut gebend" und die „immanenten" Wahrnehmungen „zugleich leibhaft gebend" (Husserl 2002, S. 153). Husserl hat in den „Logischen Untersuchungen" (1900/01) die Bildertheorie des Bewusstseins widerlegt und gezeigt, dass es in der Wahrnehmung keine (sogenannte) innere, mentale Repräsentation von äußeren Gegenständen gibt, sondern vielmehr in der Wahrnehmung die „Sache selbst" im Bewusstsein anwesend sei. In Kürze besagt die Bildertheorie des Bewusstseins, dass es auf der einen Seite einen äußeren, transzendenten Gegenstand gibt und auf der anderen Seite ein inneres Ding, eine immanente „psychische" Vorstellung, die verschieden ist von dem transzendenten Gegenstand. Beide seien der Bildertheorie des Bewusstseins gemäß aufeinander bezogen durch die Struktur der Ähnlichkeit.

Doch, so Husserl, die „Sachen" sind nicht außerhalb des Bewusstseins einfach da und werden dann im Bewusstsein mittels eines Abbildes oder Zeichens repräsentiert und auf diese Weise quasi verdoppelt, sondern die Sachen geben sich selbst erst in und durch ihre Erscheinungen in Erlebnissen oder Akten des Bewusstseins, zu denen auch der Wahrnehmungsakt gehört (Husserl 2007, S. 12).[3] Die Selbstgebung der Wahrnehmung ist eine Gegenwärtigung im Gegensatz zur Vergegenwärtigung des Gemeinten durch Zeichen, Bilder oder Symbole: Wenn ich an eine Sache denke, so „habe ich kein Bewusstsein der Art: Ich betrachte das ‚Bild', und es gilt mir als Bild für etwas anderes. Sondern: Das ist die Sache" (Husserl 1980, S. 160).

3   Die Bedeutung der Imagination im Kontext von Husserls phänomenologischer Eidetik

Husserl widmete seine Forschungen von 1898 bis zur Mitte der 1920er-Jahre intensiv dem Gebiet des Bildbewusstseins, der Imagination und der Phantasie. Die entsprechenden Texte sind veröffentlicht in Band XXIII der „Gesammelten Werke" (Husserliana) (Husserl 1980). Husserls Vorlesung von 1904/05 in Göttingen mit dem Titel „Hauptstücke aus der Phänomenologie und Theorie der Erkenntnis" und insbesondere deren dritter Teil zum Thema „Phantasie und Bildbewusstsein" (Husserl 1980, S. 1ff.) spielen in diesem Kontext eine wesentliche Rolle. Hier werden phänomenologische Kriterien herausgearbeitet, verschiedene Bewusstseinsakte wie Bildbewusstsein, Wahrnehmung, Phantasie und Erinnerung auf der einen Seite voneinander unterschieden und, auf der anderen Seite, abgegrenzt von Schein, Illusion, Traumerscheinung, Halluzination etc. Husserl entwickelte in diesen Überlegungen analytische Werkzeuge, die es ermöglichen, die Bewusstseinsakte der Phantasie und Imagination in ihrem eigenen Wesen phänomenologisch aufzuweisen.

Die „freie Phantasie" oder Imagination, später auch „eidetische Variation" genannt, stellt für Husserl das wichtigste Moment innerhalb der phänomenologischen Methode einer Wesensschau dar. Im ersten Band der 1913 erschienenen „Ideen zu einer reinen Phänomenologie und phänomenologischen Philosophie" („Ideen 1") räumt Husserl gegenüber einer schlichten sinnlichen Wahrnehmung der Phantasie und dem Fingieren einer „Als-ob"-Wirklichkeit einen hohen methodischen Wert innerhalb der phänomenologischen Methode und deren Ziel einer „Wesensschau" ein (Husserl 1976, S. 14; Jansen 2016, S. 77). Die Phantasie erhält, wie es weiter heißt, sogar eine „Vorzugsstellung gegenüber den Wahrnehmungen" (Husserl 1976, S. 146; Lohmar 2005, S. 74ff.). Die Variation eines Gegenstandes in der Phantasie beschreibt einen Prozess, der zu unmittelbarer innerer Intuition, dem „Prinzip aller Prinzipien" (Husserl 1980, S. 51) der Phänomenologie führe.

Husserl nennt als Beispiel für die Methode der Phantasievariation den Geometer, der Dreiecke konstruiert in der Imagination. Diese besitze dabei die höchste Klarheit und Freiheit, die niemals gegeben sein kann im Zeichnen eines Dreieckes auf die Tafel und im Wahrnehmen tatsächlicher, wirklicher Dreiecke. Denn „[i]n der Phantasie muß er [der Geometer] sich freilich um klare Anschauungen bemühen, dessen ihn die Zeichnung und das Modell enthebt. Aber in wirklichem Zeichnen und Modellieren ist er gebunden, in der Phantasie hat er die unvergleichliche Freiheit in der willkürlichen Umgestaltung der fingierten Figuren" (Husserl 1976, S. 147). Diese „Freiheit"

eröffne erst dem Geometer „den Zugang in die Weiten der Wesensmöglichkeiten mit ihren unendlichen Horizonten von Wesenserkenntnissen" (ebd.).
Die Zeichnungen zur Veranschaulichung der „Phantasiekonstruktionen"
und des Erkannten folgen also nach, sie können aber nie Ursprung von
Wesenserkenntnissen sein. In Husserls Worten:

> „Die Zeichnungen [...] dienen hauptsächlich dazu, Etappen
> des vordem schon vollzogenen Prozesses zu fixieren, und ihn
> dadurch leichter zu vergegenwärtigen" (ebd.). Wird die Phanta-
> sie in diesem spezifischen Sinne als präzises Instrumentarium
> einer eidetischen Analyse verstanden, wird verständlich, was
> Husserl von der Bedeutung der „Fiktion" für die Phänomeno-
> logie behauptet: „So kann man denn wirklich, wenn man para-
> doxe Reden liebt, sagen und, wenn man den vieldeutigen Sinn
> wohl versteht, in strikter Wahrheit sagen, daß die ‚Fiktion' das
> Lebenselement der Phänomenologie, wie aller eidetischen
> Wissenschaft, ausmacht, daß Fiktion die Quelle ist, aus der die
> Erkenntnis der ‚ewigen Wahrheiten' ihre Nahrung zieht" (ebd.,
> S. 148).

Die Methode der „Phantasievariation" wird von Husserl 1925 in den
„Vorlesungen über Phänomenologische Psychologie" (Husserl 1968, S. 72ff.)
unter dem Titel „eidetische Variation" näher präzisiert und methodisch ausgearbeitet. Ausgehend von einem Exempel oder „Faktum als Vorbild", das
selbst wieder ein Exempel der Phantasie sein kann, werden in reiner Phantasie „ähnliche Bilder als Nachbilder" oder „Phantasiebilder, die sämtliche
konkrete Ähnlichkeiten des Urbildes sind" (ebd., S. 72) geschaffen. Dabei
wird beim Bilden der Variation das „Differierende" der Varianten eingeklammert und nur auf das geschaut, was als „beständige Deckung der Varianten
übrig bleibt" und damit „ein allgemeines Wesen" (ebd., S. 73) ist. Jede Variation ist aufgrund ihrer Unabhängigkeit vom tatsächlich Gegebenen „freie,
willkürliche" und das „Invariante" kann jeweils als dessen Eidos eingesehen
und geschaut werden (ebd.). Die so geschilderte „Ideenschau" führe „unmittelbar intuitiv zur Gegebenheit" (ebd.) eines Wesens.[4] Es sei bemerkt, dass
Husserl aufgrund von Doppeldeutigkeiten und möglicher platonistischer
Missverständnisse in seiner Phänomenologie ausdrücklich die Rede von der
„Idee" des betreffenden Gegenstandes vermeidet und stattdessen den Begriff
des Eidos (griech.: Gestalt, das zu Sehende) verwendet.

In der „Ideation" (Husserl 1968, S. 72; ders. 1973, S. 104f.) eines Gegenstandes – der Geometer imaginiert nicht ein existierendes Dreieck, sondern
die Idee des Dreieckes – könne der Gegenstand unabhängig von seiner Exis-

tenz und dessen zufälligen Eigenschaften so lange und so weit variiert werden, wie es möglich sei, ohne dessen Identität als dieser spezielle Gegenstand zu verlieren. Das durch alle einzelnen Anschauungen als Gleiches Hindurchgehende nennt Husserl auch die „imago", die „sich in (beliebig vielen) Bildern zur Abbildung bringen und völlig getreu wiedergeben lässt" (Husserl 2012, S. 157). Jede „imago" impliziere „also alles, was Vereinzelung eines allgemeinen Wesens ist" (ebd., S. 158).

Husserls Exempel des Geometers, der ein Dreieck imaginiert, weist Analogien mit einem Beispiel auf, das Rudolf Steiner 1914 in seinen Vorträgen „Der menschliche und der kosmische Gedanke" anführt (Steiner 1990). Um ein allgemeines Dreieck, die Idee eines Dreiecks, und nicht nur dieses oder jenes bestimmte Dreieck mit diesen oder jenen Winkeln zu erkennen, schlägt Steiner vor, ein konkretes Dreieck als Ausgangsexempel in der Phantasie zu bilden und davon ausgehend verschiedene Dreiecke mit verschiedenen Winkeln in der Phantasie zu entwickeln oder zu konstruieren. Das ursprüngliche Dreieck als „Ausgangspunkt" (Steiner 1990, S. 16) müsse also im Geiste in Bewegung gebracht werden: „Ich will nicht nur ein Dreieck hinzeichnen und es so dann stehen lassen, sondern ich stelle an dein Vorstellen gewisse Anforderungen. Du mußt dir denken, daß die Seiten des Dreiecks fortwährend in Bewegung sind" (Steiner 1990, S. 15f.). Zudem müsse vor die innere Anschauung gebracht werden, „daß sie [jede Seite] sich mit verschiedenen Geschwindigkeiten und nach verschiedenen Richtungen dreht" (ebd., S. 16). Wenn die Gedanken in Bewegung gebracht werden, wenn das Dreieck „versatil" (ebd.) gehalten wird – Husserl beschreibt diesen Akt als die Produktion von „Nachbildern" und „Phantasiebildern" –, gewinnen wir den „allgemeinen Gedanken Dreieck" (ebd., S. 15f.).

4 Imagination und Wahrnehmung und die Frage der Transzendenz

Phänomenologisches Denken richtet sich auf die Weise, wie verschiedene Bewusstseinsakte konstituiert und erfahren werden, sowie auf die Frage, wie diese Akte der Welt Sinn, Bedeutung verleihen (Ströker 1987, S. 118).[5] Daher ist die Unterscheidung zwischen realistischen Modi des Bewusstseins, die „wirkliche" Gegenstände repräsentieren, und der Imagination, die „unwirkliche" Gegenstände darstellt, in Husserls Worten ein „Widersinn" (Husserl 1976, S. 97). Es ist wahr, dass die Gegenstände der Imagination nicht „wirklich" sind im üblichen Sinn des Wortes als sinnliche oder materielle äußere Gegenstände, äußere Situationen oder Tatsachen. Der imaginierte Gegenstand hat, wie in der gewöhnlichen Wahrnehmung, einen korrespondierenden transzendenten Gegenstand, aber die Transzendenz der Imagination hat nicht denselben Charakter der Evidenz wie ein äußerer Gegenstand (de Warren 2010, S. 329). Bei Husserl heißt es: „Wahrhaft existiert das Bildobjekt nicht, das heißt nicht nur, es hat keine Existenz außerhalb meines Bewusstseins, sondern auch, es hat keine solche innerhalb meines Bewusstseins, es hat überhaupt keine Existenz" (Husserl 1980, S. 22). Husserl unterscheidet daher deutlich zwischen sinnlicher Wahrnehmung und der Imagination: „Das Phantasiebild erscheint nicht im objektiven Zusammenhang der gegenwärtigen Wirklichkeit, der Wirklichkeit, die sich in der aktuellen Wahrnehmung, im aktuellen Blickfeld konstituiert" (ebd., S. 49). Dennoch besitzt der imaginierte Gegenstand insofern eine Wirklichkeit, als dass er ein Wesen zur Anschauung bringt und es sich bei der Imagination um einen Bedeutung und Sinn verleihenden Bewusstseinsakt handelt. Die Imagination ist grundverschieden von einer bloßen Illusion ohne korrespondierenden realen Gegenstand. Vielmehr ist die Imagination in ihrer intentionalen Struktur in anderem Maße „real" als beispielsweise der Inhalt eines Wahrnehmungsbewusstseins. Der imaginierte Gegenstand kann in anderer Weise als äußere Gegenstände gesehen oder wahrgenommen werden und phänomenologisch analysiert werden (Husserl 1976, S. 97).

Auch Rudolf Steiner unterscheidet die Imagination von der äußeren Wahrnehmung und betont, dass der Ausdruck „[i]maginativ" etwas bedeute, „was in einem andern Sinne ‚wirklich' ist als die Tatsachen und Wesenheiten der physischen Sinneswahrnehmung" (Steiner 1989, S. 317; mehr hierzu in Abschnitt 5). Husserl nennt in diesem Kontext als Beispiel den „flötenspielenden Kentauren" (Husserl 1976, S. 49f.), der keine Existenz außerhalb dieses Phantasiebildes besitzt. Dennoch ist im Imaginieren eines Kentauren ein intentionaler Gegenstand – nämlich der imaginierte Kentaur – gegeben. Der Akt des Imaginierens übersteigt sich selbst auf einen konstituierten (immanenten) Gegenstand hin. Daher handelt es sich bei dem Kentauren nicht nur um ein subjektives „psychologisches Ereignis" (Husserl 1976, S. 49f.), sondern das Bewusstsein bezieht sich direkt auf einen Inhalt, der als intentionaler Gegenstand in seiner (immanenten) Transzendenz gegeben ist.

Im Gegensatz zur Imagination oder eidetischen Variation, die kein äußeres Bild zur Grundlage haben, gibt es weiterhin bildlich-anschauende Bewusstseinsakte, die ein äußeres Objekt als reales Bild voraussetzen, wie in der ästhetischen Erfahrung und im Erleben eines Kunstwerks. Husserl fasst diese Akte im Gegensatz zur Phantasie oder zur Imagination unter dem Begriff des „Bildbewusstseins" (Husserl 1980) zusammen. Hierbei handelt es sich um Akte, die ein Bild mittels eines Bildes gewahr werden lassen (Jansen 2016, S. 70). So unterscheidet Husserl in der bereits zitierten Vorlesung von

1904/05 innerhalb der Bildwahrnehmung 1. das physische Bild, 2. das repräsentierende oder abbildende Objekt (das „Bildobjekt"), 3. das repräsentierte oder abgebildete Objekt (das „Bildsujet") (Husserl 1980, S. 18f.). Auch in den „Ideen 1" greift Husserl am Beispiel von Dürers Kupferstich „Ritter, Tod und Teufel" eine ähnliche Unterscheidung zwischen 1. dem „Ding" Kupferstichblatt, 2. dem „perzeptiven Bewusstsein", in dem das Dargestellte erscheint („Bildobjekt"), sowie 3. den „im Bilde dargestellten" Wirklichkeiten, dem „Bildsujet" (Husserl 1976, S. 252) wieder auf (Ferencz-Flatz 2009, S. 235f.). Es handelt sich hier nicht um drei verschiedene „Dinge", sondern um drei Stufen aufeinander aufgebauter Auffassung, somit um drei Auffassungsschichten eines einzigen gegebenen Dinges. Alle drei Schichten sind jedoch zur Konstitution des Bildbewusstseins in der ästhetischen Wahrnehmung unerlässlich. Dem Bildbewusstsein wesentlich ist, dass im Wahrnehmen eines physischen Objektes, dem „Bild-Ding", etwas nicht in dem Bild Anwesendes, dasjenige, was das Bild seinem Sinn, seinem Inhalt nach darstellt, wahrgenommen werden kann.

Ein in der Phantasie spontan (frei und willkürlich) hervorgebrachter Gegenstand ist nicht abhängig von der äußeren Wahrnehmung. Dennoch verweist das Phantasiebild auf etwas Wirkliches, seinen Inhalt oder Sinn, wodurch das Phantasiebild eine spezifische Transzendenz erhält. In der Phantasie (Imagination) und im Bildbewusstsein erscheint somit in Analogie zur sinnlichen Wahrnehmung eine Realität, denn das Bild öffnet einen Raum, in dem etwas anderes erscheint und gesehen werden kann als die äußere (physisch-sinnliche) Realität. Es handelt sich um eine Erscheinung, die zwar keine Existenz im üblichen Sinne besitzt, die dennoch als real erscheint (de Warren 2010, S. 319). Das Phantasiebewusstsein kann somit in seinen noetisch-noematischen (subjektiv-objektiven) Strukturen beschrieben werden, ohne dass dabei die naturalistisch-empiristische Frage nach der An- oder Abwesenheit eines Gegenstandes gestellt werden muss. Die Frage nach der Transzendenz des Gegenstandes bleibt somit eingeklammert (Jansen 2005, S. 126).

5 Rudolf Steiners Idee der Imagination: Übersinnliche Erkenntnis und Freiheit

Rudolf Steiners Idee einer Geisterkenntnis und deren wissenschaftlicher Rechtfertigung gründet einerseits in Goethes Erkenntnislehre, wie diese in seinen naturwissenschaftlichen Schriften implizit enthalten ist, andererseits in der Philosophie des Deutschen Idealismus, vertreten vor allem durch die Philosophen Johann Gottlieb Fichte (1762–1814), Friedrich Schelling (1812–

1854) und Georg Wilhelm Friedrich Hegel (1770–1831). Zusätzlich zu diesen Quellen können insbesondere am Beispiel der Imagination wesentliche Analogien zu Edmund Husserls phänomenologischer Methode einer Wesensschau herausgearbeitet werden. Diese Gemeinsamkeiten sind eher implizit, als ausdrücklich im Werk beider Denker verortet. Denn weder Steiner bezieht sich in seinen Schriften in systematisch-methodischer Hinsicht auf Husserl, noch setzt Husserl sich mit dem Werk Rudolf Steiners auseinander.

Rudolf Steiner entwickelte eine ausführliche Theorie der Imagination, verstanden als spezifisches Erkenntnisvermögen, in einer Artikelserie, die zunächst in der Zeitschrift „Lucifer-Gnosis" (1905–1908) und 1931 von Marie Steiner in Buchform unter dem Titel „Die Stufen der höheren Erkenntnis" veröffentlicht wurde (Steiner 1993). In diesen Beiträgen, die als eine Fortsetzung von Steiners Buch „Wie erlangt man Erkenntnisse der höheren Welten?" (1904/05) verstanden werden können, präsentiert Steiner nach eigenen Worten eine Lehre „höherer Erkenntnis" bzw. eine „Erkenntnislehre der Geheimwissenschaft" (Steiner 1993, S. 15). Im Einzelnen können vier Erkenntnisstufen unterschieden werden:

Das erste Stadium gewöhnlichen, alltäglichen Wissens basiert auf der Sinneswahrnehmung, auf dem „gewöhnlichen sinnlichen Erkennen", das Steiner auch die „materielle Erkenntnisart" oder „materielle Erkenntnis" (Steiner 1993, S. 16) nennt. In seinem Buch „Geheimwissenschaft im Umriss" bezeichnet Steiner diese Erkenntnisart auch als „gegenständliches Erkennen" (Steiner 1989, S. 316).

Der materiellen Erkenntnisart folgen drei weitere und „höhere" Arten des Wissens. Steiner nennt hier die „imaginative" (zweite Erkenntnisstufe), „inspirierte" (dritte Erkenntnisstufe) und als vierte Stufe des Erkennens die „intuitive Erkenntnis" (Steiner 1993, S. 16). Innerhalb der materiellen Erkenntnisart können wiederum vier Elemente voneinander unterschieden werden: 1. der „Gegenstand", 2. das „Bild", 3. der „Begriff" und 4. das „Ich" (ebd.). Steiner schreibt: „Das ‚materielle Erkennen' beruht darauf, daß der Mensch durch seine Sinne einen Eindruck von Dingen und Vorgängen der Außenwelt erhält. Er hat die Fähigkeit des Empfindens oder die Sensibilität. Der ‚von außen' empfangene Eindruck wird auch Sensation genannt" (ebd., S. 18). Auf der nächsten Stufe der Erkenntnis, der Imagination, entfällt die „Sensation", die im sinnlichen Wahrnehmen auf subjektiver Seite mit einem äußeren Gegenstand korreliert. Wie in Husserls eidetischer Variation fällt der existierende Gegenstand, von dem die geistige oder mentale Tätigkeit angeregt wird, fort. Von den vier Elementen des gewöhnlichen Erkennens bleiben in der Imagination demzufolge nur drei übrig: „Bild, Begriff und Ich" (ebd., S. 18). Die Aufgabe geistiger Forschung bestehe nun erstens darin, „inhaltvolle Bilder zu haben ohne Sinneseindrücke" (Steiner 1993, S. 19), und zweitens, so ließe sich im Hinblick auf die konkreten Übungen, die Steiner nennt, ergänzen, dabei nicht in ein Vorstellungsbewusstsein zurückzufallen. Die Imaginationsfähigkeit entspricht also einem solchen Vermögen, wesenhafte Bilder ohne vorausgehende Sinneseindrücke hervorzubringen.

In der Imagination sind die Bilder nicht fundiert in einer sinnlichen Wahrnehmung, bei der die eine Hälfte der Wirklichkeit, die Wahrnehmungsseite, vorgegeben ist, sondern sie entspringen einer seelischen Tätigkeit. Aufgrund ihrer immanenten Produktivität sind die Bilder der Imagination in ihrer Evidenz „so lebhaft und wahr wie die Sinnesbilder, nur kommen sie nicht vom ‚Materiellen', sondern vom ‚Seelischen' und ‚Geistigen'" (ebd., S. 19). Sie seien weiterhin „fein und subtil" (ebd., S. 23), während sich die Welt der Sinne demgegenüber „grob und derb" (ebd.) zeige. Daraus kann gefolgert werden, dass der Charakter und das Maß der Evidenz eines imaginierenden Bewusstseins dasjenige der sinnlichen Wahrnehmung noch übersteigen und von höherer Präsenz und Intensität sind.

Während in der materiellen Erkenntnisart die Wahrnehmungen bereits ohne eine geistige Produktivität auf der Seite des Subjekts gegeben sind, stellen die Bilder des imaginierenden Bewusstseins das Resultat einer geistigen Aktivität dar. Diese entspricht umgekehrt einer Lebendigkeit der Bilder, die in der Imagination auftreten.

> „Aber die Bilder der Imagination sind von einer Lebhaftigkeit und Inhaltsfülle, mit der sich nicht nur die schattenhaften Erinnerungsbilder der Sinnenwelt nicht vergleichen lassen, sondern sogar nicht einmal die ganze bunte, wechselreiche Sinnenwelt selbst" (ebd., S. 21).

Aus phänomenologischer Perspektive besitzen die äußeren Wahrnehmungen im Gegensatz zur Imagination einen relativen und fragmentarischen Charakter, was nicht zuletzt mit der Perspektivität einer jeden Wahrnehmung zusammenhängt. Husserl führt hierzu aus:

> „Wir mögen ein Ding noch so vollkommen wahrnehmen, es fällt nie in der Allseitigkeit der ihm zukommenden und es sinnendinglich ausmachenden Eigenheiten in die Wahrnehmung. Die Rede von diesen oder jenen Seiten der Wahrnehmung, die zu wirklicher Wahrnehmung kommen, ist unvermeidlich" (Husserl 1966, S. 3).

Wie können Imaginationen beispielsweise von Halluzinationen abgegrenzt werden? Auf den ersten Blick und vom Standpunkt des gewöhnlichen

Bewusstseins können Wahrnehmungen, denen keine äußere Ursache zugrunde liegt und von denen wie von den Imaginationen gesagt wird, sie „schweben frei im Raume" (Steiner 1993, S. 42), als Illusionen, Halluzinationen oder Visionen bezeichnet werden. Daher schreibt Steiner: „Nun zunächst ganz äußerlich betrachtet besteht die ganze imaginative Welt aus solchen Halluzinationen, Visionen und Illusionen" (ebd.). Diese Äußerung darf jedoch nicht dahingehend missverstanden werden, als wenn Imaginationen tatsächlich Halluzinationen seien, denn diese sind es, wie der Text sagt, nur „ganz äußerlich betrachtet". Was bedeutet dieser Hinweis nun für die verschiedenen Evidenzen von Imagination und Halluzination?

Halluzinationen und Imaginationen ist gemeinsam, dass kein materieller Gegenstand der räumlich-zeitlichen Welt diese Erfahrungen hervorgerufen hat (ebd.). In der materiellen Erkenntnisart ist die physische Welt das Kriterium der Unterscheidung zwischen Wahrnehmung und Halluzination: „Die körperliche Wirklichkeit ist der ‚Fels', an dem alle Halluzinationen und Illusionen zerschellen müssen. Dieser Fels verschwindet in einen Abgrund, wenn man in die imaginative Welt eintritt" (ebd., S. 45). Wenn ich beispielsweise einen Tisch in meinem Raum halluziniere, meine, es sei ein realer Gegenstand, jedoch meine Tasse Tee nicht auf diesem Tisch platzieren kann, realisiere ich, dass die bildliche Erscheinung des Gegenstandes nur eine Halluzination oder Illusion war. Dieses sinnlich-objektive Unterscheidungskriterium gilt nicht für die Imagination.

In der Imagination, im Gegensatz zur äußeren Wahrnehmung, weiß ich von Anfang an, dass der imaginierte Gegenstand nicht „da" oder „existierend" ist wie ein äußerer Gegenstand der äußeren Wahrnehmung in meinem Gesichtsfeld. In der Imagination gibt es demzufolge keinen „Widerstreit" (Husserl 1980, S. 67) zwischen dem Wirklichen und Nicht-Wirklichen. Im Akt des Imaginierens weiß ich von Anfang an um den spezifischen Modus meines imaginierenden Bewusstseins. Wer in der Imagination lebt, wechselt von Beginn an die „Einstellung" (Staiti 2014, S. 97ff.) und weiß von der verschiedenen Qualität der Erfahrung im Vergleich zur äußeren Wahrnehmung. Nur aus der äußeren Sicht eines naturwissenschaftlichen Objektivismus, einer Dritte-Person-Perspektive („ganz äußerlich betrachtet"), existiert kein Unterschied zwischen Halluzinationen und Imaginationen. In beiden Fällen sehe, wer imaginiert und halluziniert, „eine bloße ‚Bilderwelt', von der er vielfach nicht weiß, was sie ausdrückt" (Steiner 1993, S. 45). Aber aus einer Erste-Person-Perspektive entsprechen Halluzinationen und Imaginationen verschiedenen Erfahrungen. Daher kann Steiner die eigene Erfahrung und Selbsterkenntnis als dasjenige Kriterium benennen, das zwischen Halluzinationen oder Illusionen und denjenigen Bildern unterscheidet, die auf eine geistige Welt verweisen. In der Halluzination halte ich das Halluzinierte für genauso wirklich wie die äußere Wahrnehmung, was ich sehe, nehme ich als wirklich wahr wie „Tische und Stühle" (ebd., S. 24) der physischen Welt. Wer halluziniert, hat kein (Selbst-)Bewusstsein in Bezug auf die verschiedenen Modi der Erfahrung, verglichen mit der (gewöhnlichen) sinnlichen Wahrnehmung. Die Imaginationen, im Gegensatz zu Halluzinationen oder Illusionen, haben nicht nur einen subjektiven, sondern auch einen objektiven Inhalt, der sich auf etwas Wirkliches, eine objektive Gegebenheit oder Wesenheit bezieht. In Analogie zur äußeren zeitlich-räumlichen Welt und zur materiellen Erkenntnis, in der subjektive Wahrnehmungen an objektive „körperliche Dinge" (ebd., S. 43) „geheftet" sind, korreliert das imaginierte Bild einer objektiven Gegebenheit, die nicht ein Ding der physikalischen Welt darstellt. Vielmehr entsprechen die Imaginationen objektiven „geistigen Wesenheiten" und die Imagination „strömt gleichsam zu einer Wesenheit hin" (ebd.).

Diese Bilder entsprechen jedoch noch nicht den „geistigen Wesenheiten" selbst, sondern können als Wegweiser verstanden werden, die zu diesen „Wesenheiten" hinführen. Erst in einem nächsten Schritt wird der Mensch in der Inspiration und Intuition „zu diesen Wesen selbst" (ebd., S. 44) hingeführt. Den inneren Zusammenhang von Imagination, Inspiration und Intuition charakterisiert Rudolf Steiner in einem Vorwort zur „Geheimwissenschaft im Umriß" von 1925 prägnant: „Der Inhalt des geistig Geschauten läßt sich nur in Bildern (Imaginationen) wiedergeben, durch welche Inspirationen sprechen, die von intuitiv erlebter geistiger Wesenheit herrühren" (Steiner 1989, S. 26). Die beschriebene innere Notwendigkeit, aus der stufenweise aufsteigend, eine Erkenntnisart aus der anderen in nahezu organischer Weise hervorgeht, ist ein wesentlicher Baustein für eine Erkenntnislehre der geistigen Welt. Jede höhere Erkenntnis nimmt ihren Ausgang stets von der Imagination. Es sei daher, wie Steiner betont, „unmöglich, wirkliche Fortschritte in Bezug auf das Vordringen in höhere Welten zu machen, ohne durch die Stufen der imaginativen Erkenntnis hindurchzugehen" (Steiner 1993, S. 36).

Rudolf Steiner nennt in seinen Werken einige Gedankenübungen zum Ausbilden der Fähigkeit der Imagination und nennt Beispiele für die Meditation oder Kontemplation. Eine konkrete Gedankenübung findet sich in der „Geheimwissenschaft". Dabei wird zunächst vom „gewöhnlichen wachen Tagesbewusstsein" (Steiner 1989, S. 307) ausgegangen. Die Seele muss sich in „innere[r] Versenkung" (ebd., S. 309) in ein Sinnbild wie dem Rosenkreuz (ebd., S. 307f.) ganz bestimmten Vorstellungen hingeben. Der Zweck dieser sinnbildlichen oder symbolischen Bilder liege nicht darin, ein äußeres, reales Objekt zu repräsentieren, sondern „auf die Seele weckend zu wirken" (ebd., S. 308). Die Übung besteht darin, das Seelenleben derart auf eine bestimmte Vorstellung, auf visuelle Elemente und die damit verbundenen Gefühle hin zu konzentrieren (ebd., S. 303). Schließlich werden die Gedanken und Gefühle, die aufgebaut wurden, umgestaltet zu einem Gedankenbild wie einem schwarzen Kreuz, an dessen Schnittpunkt sieben rote Rosen platziert seien (ebd., S. 311f.). Dieses symbolische Bild wird nun zum Ausgangspunkt genommen für eine weitere Kontemplation (Steiner 1989, S. 311). In diesem Stadium ist die Seele befreit sowohl vom vorstellungsmäßigen und begrifflichen Denken als auch von der äußeren Sinneswahrnehmung. Indem die Seele derart befreit wird, muss sie ihre Fähigkeit stärken und aufrechterhalten, voll bewusst in einer sinnenfreien Umgebung sich aufzuhalten. Innerhalb dieser Umgebung kann die Seele nun beginnen, ihr eigenes Leben, ihre eigene Aktivität und ihre Verbindung mit der Welt wahrzunehmen. Aufgrund dieser höchsten Wachheit und Aufmerksamkeit in der Imagination kann Steiner auch von einer „vollbewußten Imagination" als „Entwickelungsgang des menschlichen Denkens" (Steiner 1961, S. 89) sprechen.

Welche spezifische Art des Gegebenseins oder der Evidenz können imaginierenden Bewusstseinsakten zugesprochen werden? Die Imagination „illustriert" oder „visualisiert"[6] nicht einfach etwas, das bereits vorher vollständig und erschöpfend in einem rational-diskursiven Denken gegeben war, sondern fügt ein vollständig neues Element dem intentionalen Akt hinzu. Dieses Neue ist, phänomenologisch gesprochen, die „Fülle" (Husserl 1984, S. 500ff.) des Gegenstandes, dessen Reichtum, Lebendigkeit und die Intensität seiner Wirklichkeit (Husserl 1984, S. 614f.). Husserl betont zudem den Charakter der Freiheit des Bewusstseins in der Imagination. Denn alle Bilder besitzen eine spezifische, wenn auch durch die Wesensmöglichkeiten des jeweiligen Gegenstandes begrenzte Spontaneität. In der Imagination und Phantasie, im Gegensatz zur gewöhnlichen Wahrnehmung und Erinnerung, sind keine vorhergehenden Wahrnehmungen eines existierenden Gegenstandes oder Sachverhaltes notwendig. Vielmehr kann in der Erfahrung der Phantasie und Imagination mein Sehen und Schauen von Bildern eine neue Art des Wahrnehmens begründen. Im gewöhnlichen Erinnern hingegen hat der Mensch nicht dieselbe Freiheit wie in der Imagination, denn in der Erinnerung „bin ich in einem Zusammenhang der ‚Wirklichkeit', die ich nicht ‚erfinde', die ich mir nicht als Wirklichkeit einbilde, sondern ‚vorfinde'" (Husserl 1989, S. 559).

Doch wie kann der Mensch einen methodisch geleiteten Zugang zum Vermögen der Imagination gewinnen? Die phänomenologischen Methoden der epoché und Reduktion, der „Einklammerung" aller Arten von Glaubenssätzen und Theorien, einschließlich derjenigen der naturalistisch forschenden Wissenschaften, ist eine Möglichkeit, den Menschen freizusetzen für neue Dimensionen der Erfahrung. Diese „Einklammerung", wie Kearney schreibt, macht frei für die „Sachen selbst", insbesondere für diejenigen, die nicht gegründet sind auf vergangene geistige Erfahrungen (Kearney 2009, S. 65). In ähnlicher Weise hebt Rudolf Steiner die Freiheit der Vorstellung (als Ausgangspunkt einer Gedankenübung, die zur Imagination führt) von dem äußeren, physisch Gegebenen hervor. So heißt es in der „Geheimwissenschaft im Umriss": „Nicht was vorgestellt wird, ist wesentlich, sondern darauf kommt es an, daß das Vorgestellte durch die Art des Vorstellens das Seelische von jeder Anlehnung an ein Physisches loslöst" (Steiner 1989, S. 308).

Die Freiheit in der Imagination betrifft aber auch das Selbstinteresse des Phänomenologen an den Dingen. Die Geistesforschenden haben sich in die Einstellung zu begeben, als seien sie „‚blind und taub' gegenüber der sinnlichen Umgebung" (Steiner 1993, S. 26). Die nächste Stufe bestünde dann darin, das eigene Selbst so zu transzendieren, dass die Dinge oder der andere Mensch in der Ich-Wahrnehmung gleichsam von innen betreten werden: „Um so in die Dinge hineinzukommen, muß man allerdings erst aus sich selbst heraustreten. Man muß selbstlos werden, um mit dem ‚Selbst', dem ‚Ich' einer anderen Wesenheit zu verschmelzen" (Steiner 1993, S. 23). Daher charakterisiert Steiner die höchste Stufe eines Wissens, das nicht mehr getrennt von den Dingen ist, als das „Leben der Dinge in der Seele" oder „Intuition" (Steiner 1993, S. 22). Auch die Imagination ist, richtig verstanden, ein Modus der Teilhabe und Teilnahme an den Dingen und damit eine „Funktion" (Elliott 2005, S. 55) oder „Voraussetzung" der menschlichen Freiheit (Kearney 1991, S. 6). Frei zu sein, bedeutet zugleich, in der Imagination die sinnlich-empirische Welt so zu überschreiten, dass neue Möglichkeiten der Existenz für die Zukunft entworfen werden können (ebd., S. 6).

In ähnlicher Weise zu Husserls Einsicht in die Unterscheidung zwischen dem Wie des Gegebenseins in der Imagination auf der einen Seite, und der äußeren Wahrnehmung auf der anderen Seite, weist auch Steiner darauf hin, dass es ein Irrtum wäre zu glauben, dass die „Wirklichkeit" der imaginativen Welt „in ebensolcher Art entgegentritt wie in der Sinnenwelt" (Steiner 1993, S. 3). In der Imagination ist das Imaginierte nicht sinnlich, sondern übersinnlich, genauso wie das Erkenntnisorgan in der Imagination nicht der gewöhnliche Verstand ist, sondern ein übersinnliches Seelenorgan der Seele.

Steiner schreibt: „Das Wichtigste, was man lernen muß, ist gerade die Gewöhnung daran, etwas ganz anderes ‚wirklich' zu nennen, als was man im Bereich der Sinne so bezeichnet" (ebd., S. 23f.). Auf dieser Stufe des Bewusstseins ist nicht das Was, sondern das Wie des Denkens bzw. Schauens und Erkennens das Wesentliche. Die Tätigkeit des Imaginierens herrscht über den Inhalt des imaginierenden Bewusstseins.

Im Akt des Imaginierens wird etwas wahrgenommen, „als ob" ein äußerer Gegenstand gesehen wird. Doch in der Imagination ist die Wahrnehmung nicht verursacht durch ein äußeres physisches Ding. Vielmehr regiert in der Erfahrung der Imagination der Modus, die Einstellung, wie ich das Bild auffasse und wie mir das Bild im Bewusstsein gegeben ist. Husserl schlägt daher vor, dass die spezifische Differenz zwischen einer Erscheinung als Wahrnehmung und einer Erscheinung als Phantasie in einer „Dimension" liegt, die über die Struktur des bloßen Erscheinens hinausgeht, in der Imagination gibt es einen sogenannten „Überschuss über die Erscheinung" (Husserl 1989, S. 237f.).[7] Im Bild erscheint also etwas, das sich öffnet für etwas anderes als das erscheinende Bild. Der Phänomenologe Eugen Fink beschreibt diesen „Überschuss" derart, dass in und durch das Bild das Unsichtbare erscheinen könne (Fink 1976, S. 75; de Warren 2010, S. 315).

In der poetischen Imagination und Evokation einer Landschaft oder einer besonderen Stimmung in einem Gedicht beispielsweise existiert das Evozierte weder als äußere Wahrnehmung noch real innerhalb des Bewusstseins, doch hat die imaginierte (poetische) Realität eine spezifische Gegebenheit, und ihr entspricht eine Weise der Erfahrung. Sie ist anwesend in meiner Imagination, in der die Unterscheidung und der übliche Gegensatz von Immanenz und Transzendenz aufgehoben sind. Die Imagination ist immanent, insofern diese nur in der Bewusstseinstätigkeit gegenwärtig ist. Sie ist ebenso transzendent, insofern der Akt der Imagination verweist auf eine bestimmte Art der Gegebenheit, die die Subjektivität des Bewusstseins „transzendiert" und eine „objektive" Realität zur Anschauung bringt – im Falle des Gedichtes die evozierte Landschaft.

6 Fazit

Der Beitrag sollte deutlich machen, auf welche Weise die phänomenologische Philosophie Edmund Husserls und insbesondere ihre erkenntnistheoretischen Implikationen fruchtbar gemacht werden können für die Rechtfertigung nicht-diskursiver Erkenntnisweisen. Diese kommen in besonderer Weise in den von Rudolf Steiner entwickelten übersinnlichen Vermögen von Imagination, Inspiration und Intuition zur Sprache. Husserl und Steiner teilen in dieser Hinsicht wesentliche Gemeinsamkeiten. Beide Denker entwickeln einen Anschauungsbegriff, der nicht eingeschränkt auf sinnliche Erscheinungen, sondern zur nicht-sinnlichen oder geistigen Anschauung hin erweitert ist. Für Husserl und Steiner stellt das gemeinsame methodische Ziel das Sehen oder Anschauen von Wesen oder Ideen dar. In der philosophischen Phänomenologie ist die freie Phantasie oder eidetische Variation eine Hauptmethode dieser Wesensschau. Rudolf Steiner entwickelte eine Lehre und Methode höherer Erkenntnis, die mit den Phänomenen der geistigen Welt korreliert. Dabei stellt die Imagination als bildhaftes geistiges Vermögen eine erste, jedoch unumgängliche Stufe einer Erkenntnislehre dar, die über ein (diskursiv-abstrahierendes) Gegenstandsbewusstsein hinaus tiefere und wesenhafte Schichten der phänomenalen Welt eröffnet.

Literatur

De Warren, Nicolas (2010). Tamino's Eyes, Pamina's Gaze: Husserl's Phenomenology of Image-Consciousness Refashioned. In: Ierna, Carlo/Jacobs, Hanne/Mattens, Filip (Hrsg.). Philosophy, Phenomenology, Sciences. Essays in commemoration of Edmund Husserl. Springer: Dordrecht, Heidelberg, London, New York, S. 303–332.

Descartes, René (2011). Discours de la Méthode. Französisch-Deutsch. Wohlers, Christian (Hrsg.). Hamburg: Meiner.

Elliott, Brian (2007). Phenomenology and Imagination in Husserl and Heidegger. London, New York: Routledge.

Ferencz-Flatz, Christian (2009). Gibt es perzeptive Phantasie? Als-ob-Bewusstsein, Widerstreit und Neutralität in Husserls Aufzeichnungen zur Bildbetrachtung. In: Husserl-Studies 25/2009, Heft 3, S. 235–253.

Hennigfeld, Iris (2018). Phänomenologische Selbstgegebenheit und vertikale Erfahrung. In: Enders, Markus (Hrsg.). Selbstgebung und Selbstgegebenheit: Zur Bedeutung eines universalen Phänomens. Freiburg: Alber, S. 33–58.

Husserl, Edmund (1965). Erste Philosophie (1923/24). Zweiter Teil: Theorie der phänomenologischen Reduktion. Böhm, Rudolf (Hrsg.). In: Husserliana Band VIII. Den Haag: Nijhoff.

Husserl, Edmund (1966). Analysen zur passiven Synthesis. Aus Vorlesungs- und Forschungsmanuskripten 1918–1926. Fleischer, Margot (Hrsg.). In: Husserl, Edmund: Gesammelte Werke (Husserliana) Band XI. Den Haag: Nijhoff.

Husserl, Edmund (1968). Phänomenologische Psychologie. Vorlesungen Sommersemester 1925. Biemel, Walter (Hrsg.). In: Husserliana Band IX. Den Haag: Nijhoff.

Husserl, Edmund (1973). Cartesianische Meditationen und Pariser Vorträge. Strasser, Stephan (Hrsg.). In: Husserliana Band I. Den Haag: Nijhoff.

Husserl, Edmund (1976). Ideen zu einer reinen Phänomenologie und phänomenologischen Psychologie. Erstes Buch: Allgemeine Einführung in die reine Phänomenologie. Erster Halbband. Schuhmann, Karl (Hrsg.). In: Husserliana Band III/1. Den Haag: Nijhoff.

Husserl, Edmund (1980). Phantasie, Bildbewusstsein, Erinnerung. Zur Phänomenologie der anschaulichen Vergegenwärtigungen. Texte aus dem Nachlass (1898–1925). Marbach, Eduard (Hrsg.). In: Husserliana Band XXIII. The Hague, Boston, London: Nijhoff.

Husserl, Edmund (1984). Logische Untersuchungen. Zweiter Band, zweiter Teil: Untersuchungen zur Phänomenologie und Theorie der Erkenntnis. Panzer, Ursula (Hrsg.). In: Husserliana Band XIX/2. Den Haag/Boston/Lancaster 1984: Kluwer Academic Publishers.

Husserl, Edmund (2002). Logische Untersuchungen. Ergänzungsband. Erster Teil: Entwürfe zur Umarbeitung der VI. Untersuchung und zur Vorrede für die Neuauflage der Logischen Untersuchungen (Sommer 1913). Melle, Ulrich (Hrsg.). In: Husserliana Band XX/1. Dordrecht/Boston/London: Kluwer Academic Publishers.

Husserl, Edmund (2007). Die Idee der Phänomenologie. Fünf Vorlesungen. Biemel, Walter (Hrsg.). In: Husserliana Band II. Den Haag: Nijhoff.

Husserl, Edmund (2012). Zur Lehre vom Wesen und zur Methode der eidetischen Reduktion. Texte aus dem Nachlass 1891–1935. Fonfara, Dirk (Hrsg.). In: Husserliana Band XLI. Dordrecht, Heidelberg, London, New York: Springer.

Jansen, Julia (2005). On the Development of Husserls Transcendental Phenomenology of Imagination and Its Use for Interdisciplinary Research. In: Phenomenology and the Cognitive Sciences 2005, Heft 4, S. 121–132.

Jansen, Julia (2016). Husserl. In: Kind, Amy (Hrsg.). The Routledge Handbook of Philosophy of Imagination. London: Routledge, S. 69–81.

Kearney, Richard (1991). Poetics of Imagining. From Husserl to Lyotard (Problems of Modern European Thought). London: Harper Collins Academic.

Lohmar, Dieter (2005). Die phänomenologische Methode der Wesensschau und ihre Präzisierung als eidetische Variation. In: Phänomenologische Forschungen 2005, S. 65–91.

Steinbock, Anthony J. (2014). Moral Emotions: Reclaiming the Evidence of the Heart. Evanston/Illinois: Northwestern University Press.

Steiner, Rudolf (1961). Die Flucht aus dem Denken. In: Steiner, Rudolf: Der Goetheanumgedanke inmitten der Kulturkrisis der Gegenwart. Gesammelte Aufsätze 1921–1925 aus der Wochenschrift Das Goetheanum (GA 36). Dornach: Rudolf Steiner Verlag, S. 86–90.

Steiner, Rudolf (1984). Vom Menschenrätsel. Ausgesprochenes und Unausgesprochenes im Denken, Schauen, Sinnen einer Reihe deutscher und österreichischer Persönlichkeiten. 1916 (GA 20). Dornach: Rudolf Steiner Verlag.

Steiner, Rudolf (1984). Philosophie und Anthroposophie. In: Steiner, Rudolf: Gesammelte Aufsätze 1904–1923 (GA 35). Dornach: Rudolf Steiner Verlag, S. 66–110.

Steiner, Rudolf (1989). Die Geheimwissenschaft im Umriss. 1910/23 (GA 13). Dornach: Rudolf Steiner Verlag.

Steiner, Rudolf (1990). Der menschliche und der kosmische Gedanke. 1914 (GA 151). Dornach: Rudolf Steiner Verlag.

Steiner, Rudolf (1993). Die Stufen der höheren Erkenntnis. 1905–10 (GA 12). Dornach: Rudolf Steiner Verlag.

Steiner, Rudolf (2014). Schriften zur Erkenntnisschulung. Clement, Christian (Hrsg.). In: Steiner, Rudolf: Kritische Ausgabe Band 7. Stuttgart: Fromman und Holzboog.

Ströker, Elisabeth (1987). Husserls transzendentale Phänomenologie. Frankfurt a. M.: Vittorio Klostermann.

Anmerkungen

1 Bei den folgenden drei Argumenten beziehe ich mich auf Richard Kearneys Ausführungen in „Poetics of Imagining. From Husserl to Lyotard" (1991).

2 Bei René Descartes heißt es: „Viele aber sind davon überzeugt, es bereite Schwierigkeiten, Gott zu erkennen, und sogar auch, zu erkennen, was ihre Seele ist. Das liegt daran, daß sie ihren Geist niemals über die sinnlichen Dinge erheben, und sie so sehr daran gewöhnt sind, alles zu betrachten, indem sie es vorstellen [imaginant] – was die besondere Weise ist, materielle Dinge zu denken –, so daß alles, was nicht vorstellbar [imaginable] ist, ihnen als nicht einsehbar [intelligible] erscheint" (Descartes 2011, S. 65).

3 So führt Husserl in „Die Idee der Phänomenologie" (1907) aus, „daß es eigentlich gar keinen Sinn hat von Sachen zu sprechen, die einfach da sind und eben nur geschaut werden brauchen, sondern dieses ‚einfach dasein' das sind gewisse Erlebnisse […] und in ihnen sind nicht die Sachen etwa wie in einer Hülse oder einem Gefäß, sondern in ihnen konstituieren sich die Sachen, die reell in ihnen gar nicht zu finden sind. ‚Gegebensein der Sachen', das ist sich so und so in solchen Phänomenen darstellen (vorgestellt sein). Und dabei sind nicht etwa die Sachen dann noch einmal für sich da und ‚schicken in das Bewußtsein ihre Repräsentanten hinein'. Dergleichen kann uns nicht einfallen innerhalb der Sphäre der phänomenologischen Reduktion, sondern die Sachen sind und sind in der Erscheinung und vermöge der Erscheinung selbst gegeben; sie sind oder gelten von der Erscheinung zwar als individuell abtrennbar, sofern es nicht auf diese einzelne Erscheinung (Gegebenheitsbewußtsein) ankommt, aber essentiell, dem Wesen nach, unabtrennbar" (Husserl 2007, S. 12).

4 Husserls detaillierte Beschreibung der eidetischen Variation in den „Vorlesungen zur phänomenologischen Psychologie" lautet im Kontext: „Aber nichts hindert uns doch, das Faktum ganz beliebig umzudefinieren, die Phantasie dabei frei schalten zu lassen, und in jeder Weise nach Maßgabe des Faktums Ding und Weltfiktion als reine Phantasien zu erzeugen. Ich sage reine Phantasie. Ich kann in der Phantasie die braune Bank als eine grün angestrichene erdenken, dann bleibt sie ein individuelles Seiendes in diesem Hörsaal, eben nur geändert gedacht. […] Statt die faktische Welt zu bevorzugen, indem ich mich auf den Boden ihrer tatsächlichen Geltung stelle; statt jedes sie-sich-anders-Erdenken in Anknüpfung an ihr Dasein als Nichtigkeit, als ihrem empirischen Zusammenhang widerstreitend zu finden, – kann ich jede fiktive Umwandlung ihr gleich gelten lassen und sie selbst nur gelten lassen als eine Möglichkeit neben diesen anderen Möglichkeiten: wobei ich also den Boden ihrer Geltung verlasse, diese meine Erfahrungsgeltung sozusagen außer Spiel setze. […] Denn was ich da beschrieb, ist der Weg, auf dem alle intuitiven Wesensnotwendigkeiten und Wesensgesetze, alles echte intuitive Apriori gewonnen wird" (Husserl 1968, S. 72).

5 Elisabeth Ströker schreibt: „Dabei ist nicht die Frage, woher das Sein stamme oder gar, wer es gemacht habe. Sie hätte in der Husserlschen Phänomenologie gar keinen Ort. Husserls Frage lautet metaphysisch bescheidener, aber phänomenologisch eindringlicher: welchen Sinn die vielerlei Rede vom Sein habe, und als was dieser Sinn begriffen werden könne" (Ströker 1987, S. 118).

6 Für Christian Clement, den Herausgeber der „Kritischen Ausgabe" von Rudolf Steiners Werken, entsprechen Imaginationen nicht originären Wahrnehmungen, sondern diese stellen eine bloße „Verbildlichung philosophischer Konzeptionen" dar (Clement 2014, s. LX).

7 In einer Beilage von 1909 mit dem Titel „Der Überschuss über die Erscheinung zur Unterscheidung bei den nichtperzeptiven Erscheinungen" heißt es bei Husserl: „Die Erscheinung, könnte man sagen, sei bei allen nichtperzeptiven Erscheinungen (Anschauungen) dieselbe. Der Unterschied liegt in einer anderen Dimension, in etwas, was über die Erscheinung hinausgeht" (Husserl 1980, S. 237f.).

Hans-Christian Zehnter
Licht – Parusie Gottes in unserem Sehen

1 Einleitung

Ist Licht sichtbar oder unsichtbar, sinnlich oder übersinnlich, diesseits oder jenseits? Ist Licht eine Erfahrung oder eine Idee? Ohne Zweifel scheint Licht doch eine Wahrnehmung des Sehens, doch: Was sieht man, wenn man Licht sieht? Hat das Licht-Sehen dieselbe Qualität wie das Farben-Sehen?

Diesen Fragen soll im Folgenden durch phänomenologische Betrachtungen zum Licht und zur Konstitution der irdischen Wirklichkeit nachgegangen werden. Dabei wird sich zeigen, dass der Begriff der „Bildwirklichkeit" einen hilfreichen Verständnisschlüssel darstellt.

2 Zwischen Naturwissenschaft und Glauben

Mit jedem Tagwerden, mit jedem Sommerhalbjahr finden wir eine von Sonnenlicht durchströmte Welt vor. Was aber ist Licht? Was strömt uns täglich und jährlich in einer solchen Fülle zu? In der Regel wird heutzutage die Frage „Was ist Licht?" so beantwortet, als sei Licht ein Objekt. Genauso wie alles andere um uns herum ein Objekt, ein Gegenstand, ein Gegenüber sei, so auch das, was mit dem Wort „Licht" bezeichnet wird. Hierbei dominieren zwei Vorstellungsrichtungen:

Entweder werden zur Beschreibung bzw. Erklärung von Licht Vorstellungsweisen herangezogen, die einem materiellen Weltbild entspringen. Licht wird dabei sowohl als elektromagnetische Welle einer – je nach Farbe – spezifischen Länge gedacht als auch als ein Ereignis von – wie auch immer vorzustellenden – Quanten verstanden. Licht gilt als der für das menschliche Auge sichtbare Teil der elektromagnetischen Strahlung, oder es wird als Objekt einer mehr oder weniger geheimnisvollen Quantenvorstellung aufgefasst (Zajonc 2015).

Oder Licht wird aus einem mehr religiös motivierten Horizont versucht zu begreifen. Das Neue Testament bringt eine Fülle von Lichtmetaphern für das Göttliche. „Gott ist Licht, und keinerlei Finsternis ist in ihm", heißt es beispielsweise im ersten Johannesbrief (1 Joh 1,5). Im Zentrum der Kuppel des Baptisteriums in Florenz befindet sich als Quell des Reigens göttlicher Hierarchien und ihrer Schöpfung die sogenannte „Laterne", durch die hindurch das Himmelslicht einflutet. Zuoberst steht hier das himmlische, das göttliche Licht (Oltmann 2015).

Der so markant wirkende Kontrast zwischen Physik und Religion ist – mit Bezug auf die heute gängige, eingangs erwähnte Haltung des „Verobjektivisierens" – nur ein scheinbarer. Denn genauso, wie man Licht durch elektromagnetische Strahlung oder Quanten verobjektivieren will, so wird auch die Erklärung „Gott" als ein fern von uns stehendes Objektives verstanden. Gott wird – bewusst oder unbewusst – als allmächtig, draußen, irgendwo weit jenseits des räumlichen Alls, als Schöpfer allen Daseins, in einer unerreichbaren, unergründbaren personalen Existenz, jenseits der Auffassungsgabe des menschlichen Bewusstseins vorgestellt. Ganz entsprechende Eigenschaften – wenn auch nicht „personalisiert" – werden den „elektrisierten" oder „gequantelten" Subteilchen der Materie beigelegt. Entweder wird also das Konzept „Materie" oder das Konzept „Gott" als externe Erklärung für das, was Licht ist, herangezogen. Diese beiden heute dominierenden Erklärungsansätze bleiben allerdings in zweifacher Weise „außen vor":

- Die unmittelbare Erscheinung, das unmittelbare Erleben von Licht wird verlassen.
- Der Mensch wird zum bloßen Zuschauer von einem Geschehen, das auch ohne ihn statthaben soll.

Damit geht aber die primäre, unmittelbar sehende und erlebende Aufmerksamkeit für „Licht" verloren. Quanten oder Gott erklären regelrecht das Licht hinweg; es gerät aus dem Sehen, aus dem Auge; es entschwindet dem Blick. Der Berner Essayist Eduard Kaeser formulierte einmal sinngemäß und treffend: Wer am Gebirgsbach von Wasser als H_2O denkt, ist sprichwörtlich nicht bei Sinnen (Kaeser 2008, S. 138). Übertragen wir diesen Ausspruch auf das Licht, dann können wir auch sagen: Wer angesichts der Sonnenstrahlen, die in einen Kirchenraum hineinfluten, von Licht als Welle, als Photon – oder auch als „göttlich" im obigen Sinne – spricht, der ist sprichwörtlich nicht bei Sinnen, dem ist das Licht aus dem Blick geraten.

Positiv formuliert heißt das nichts anderes als:

a. Licht ist ein Phänomen des Sehens, und

b. Licht kann und muss in der Selbsterfahrung aufgesucht werden – also im eigenen Sehen und Erleben desselben.

Das Licht ist in der Sicht, im Auge zu bewahren, um es seinem Wesen nach erforschen zu können. Der heute dominierende, objektbezogene Forschungsstandpunkt ist zugunsten eines subjektbezogenen Forschungsstandpunktes zu verlassen. Licht wird hiermit zu einem Exempel für eine am Phänomen orientierte Naturwissenschaft. Da es kein Phänomen ohne den Betrachter gibt, klopft eine solche Ausrichtung unmittelbar an die Wirklichkeit des Bildes an, denn: Es gibt kein Bild ohne den Betrachter!

Damit ist ein Ausgangspunkt erreicht, von dem aus jede*r damit beginnen kann, Licht selbstständig und in der Selbsterfahrung aufzusuchen und zu erforschen. Es bedarf keiner milliardenschweren Einrichtung – wie das CERN in Genf –, um dem Licht auf die Spur zu kommen, sondern schlicht unseres Sehens, unserer erlebenden Seele und unseres untersuchenden Bewusstseins. Es gilt, das *gesehene und erlebte* Licht beobachten und anschauen zu lernen. Das heißt, einerseits zu fragen: „Wie erlebe ich Licht?", und andererseits: „Wie zeigt sich mir Licht?"

3 Unsichtbar

Unversehens und unbemerkt generiert dieses vorerst so glücklich erscheinende Resultat unserer bisherigen Überlegungen allerdings eine Paradoxie. Einerseits ist das Licht ein Phänomen des Sehens und damit auch des Sehenden. Andererseits aber stellt sich angesichts des Phänomens einer Kerzenflamme die Frage, ob Licht überhaupt sichtbar ist (Zehnter 2017). Das sei mit einigen Betrachtungen erläutert:

Was geschieht, wenn man ein Stück weiße Tafelkreide in eine Kerzenflamme hält? – Sie wird schwarz. Sie verbrennt nicht, sondern es lagert sich Ruß an ihr ab. In welchen Ort der Flamme muss die Kreide gebracht werden, sodass sie schwarz wird? – Dorthin, wo die Flamme am hellsten leuchtet, an diesem Ort sammelt die Kreide am meisten Ruß, sie wird dort im Nu pechschwarz. – Das sei im Sinn bewahrt: Dort, wo am meisten Helligkeit ist, findet sich auch am meisten Schwärze, am meisten „Stofflichkeit".

Führt man die Handinnenfläche an eine Kerzenflamme heran, so leuchtet diese Fläche auf. Blickt man aber auf den Bereich zwischen Hand und Flamme, so leuchtet dort nichts auf. Der Blick geht in eine Dunkelheit hinein. Um die gemeinte Situation zu verdeutlichen: Leuchtet man in einem dunklen Raum mit einer Taschenlampe beispielsweise an die Decke, so ist zwischen der Taschenlampe und dem leuchtenden Fleck an der Decke nichts zu sehen. Führt man in diese Unsichtbarkeit dazwischen erneut eine Hand, so leuchtet sie – wiederum – unverzüglich auf. Zwischen der Lichtquelle und dem aufleuchtenden Objekt ist also etwas Unsichtbares anwesend, das aufgrund seiner Wirkung, anderes aufleuchten zu machen, Licht genannt wird. Damit ist ein (vorläufiges) Ergebnis der Betrachtungen gegeben: Licht ist unsichtbar!

Pustet man die Flamme aus, dann kann man noch so sehr eine Hand in die Dochtnähe bringen: Es leuchtet nichts mehr auf. Das Unsichtbare ist entschwunden. Wird nun durch eine Substanz, die fähig ist, das Licht wieder anwesend sein zu lassen – also durch ein Streichholz –, erneut die Kerze entflammt, dann ist das Unsichtbare wieder anwesend und macht eine in die Nähe geführte Hand abermals aufleuchten.

Das ist geradezu unheimlich: Die Kerze, der Phosphor des Streichholzes, die Taschenlampe – alles „Selbstleuchtends" im Gegensatz zum „Mitleuchtenden" beispielsweise in Form der Hand (Maier 1986) – sind je eine Art Durchtrittsort für Licht. Durch alles, was zum Selbstleuchten begabt ist, wird Licht aus einem jenseitigen Zustand in eine diesseitige Anwesenheit geführt.

Man übertrage diese Einsicht auf die Sonne. Auch die Sonne ist eine große Flamme. Sie leuchtet nur deshalb, weil dort offenbar etwas Unsichtbares auf etwas Substanzielles (dem Ruß Vergleichbares) stößt, sodass sie zu leuchten beginnt (wie die Flamme der Kerze). Das heißt aber nichts anderes, als dass die Sonne ein riesiger, umfänglich machtvoller Durchtrittsort für Licht ist.

Das bereits oben erwähnte Paradoxon zeichnet sich nun vollends ab: Einerseits kann Licht nur mit und durch unser Sehen untersucht werden, und andererseits bleibt Licht seinem Wesen nach unsichtbar.

4 Sichtbar

Gerne will man dieses Paradoxon schnell wieder auflösen: „Jeder halbwegs Vernünftige wird doch wohl nicht bestreiten können, dass das Sonnenlicht dort auf dem grünen Laubblatt zu sehen ist! Das ist doch eine unbestreitbare Seherfahrung!" Genau diesen Einwand untersucht Gernot Böhme in seinen beiden lesenswerten Aufsätzen zum Licht („Licht als Atmosphäre" und „Licht sehen") in der 2013 erweiterten Auflage seines Buches „Atmosphäre – Essays zur neuen Ästhetik". Der Einwand scheint durchaus berechtigt – allein, inwiefern? Und: Wird damit das bisher Erarbeitete zunichtegemacht?

Die Situationen des – durch diesen vermeintlichen Einwand gemeinten – Licht-Sehens sei daher in Ruhe betrachtet. Man blickt auf eine im Licht aufleuchtende Oberfläche eines grünen Blattes. Was ist dort zu sehen, wo gemeint wird, dass es dort leuchte? – Wir sehen mit dem bloßen Auge die Farbe „Weiß" neben der Farbe „Grün".

Um sich der Tatsächlichkeit dieses Tatbestandes sicherer werden zu können, sei die Frage gestellt, wie es einem Maler gelingt, Licht auf eine Leinwand zu zaubern? Ein Maler hat nur Farbe, Leinwand und Pinsel zur Verfügung. Es gibt weder einen Zauberpinsel, der mit einem Male das Bild leuchten machen könnte, noch gibt es eine Zauber-Licht-Farbe auf der Palette. Auch der Betrachter des Gemäldes sieht – rein sinnlich – erst einmal nur Farben, nur darauf ist unser Sehsinn angelegt (Rapp/Zehnter 2012). Dennoch gilt andererseits auch, dass in Situationen, in denen wir auf einem Gemälde Himmelsleuchten oder Lichtglanz auf den Meereswellen sehen, wir uns regelrecht dazu zwingen müssen, die zugrunde liegenden Farben und eben nicht Licht zu sehen!

Mit dieser Bemerkung sei einen Moment innegehalten – sie ist Gold wert! Es hieß: Wir müssen uns dazu zwingen, nicht Licht, sondern Farben zu sehen. Es scheint also, dass sich etwas ins sinnliche Sehen einmischt, das die Farben zu einem Lichterlebnis verklärt. Das Sinnliche scheint über sich hinaus in eine Sphäre gehoben zu werden, die nicht mehr nur rein sinnlicher Natur ist. Indem wir Licht sehen, haben wir ein Erlebnis, das uns aus dem Sinnlichen in etwas hineinzieht, was wir mit Recht nicht- oder übersinnlich nennen können. Sinnlich sind die Farben; das, was sie zum Leuchten verklärt, ist das unsichtbare, nicht- oder übersinnliche Licht. Das Sinnliche wird von einem Übersinnlichen zum Lichterlebnis verklärt.

Im Prinzip leuchtete diese Einsicht bereits bei der Betrachtung der Kerzenflamme auf: Mit der brennenden Flamme ist etwas Unsichtbares anwesend, das dort aufleuchtet, wo es auf Schwärze trifft. Mit den vorhergehenden Betrachtungen kann nun auch gesagt werden: Die Schwärze wird durch das Licht zum Leuchten der Flamme verklärt.

Licht ist, so betrachtet, ein sinnlich-übersinnliches Erlebnis. Dieses Erlebnis besteht in einem höheren Sehen – oder in einem „Schauen" im Sinne Johann Wolfgang von Goethes bzw. Rudolf Steiners:

> „Goethe spricht in seiner Art von dem Erwachen aus dem gewöhnlichen Bewußtsein und nennt die Seelenfähigkeit, die dadurch erlangt wird, ‚*anschauende* Urteilskraft'. Diese anschauende Urteilskraft verleiht der Seele, nach Goethes Ansicht die Fähigkeit, das zu *schauen,* was sich als die höhere Wirklichkeit der Dinge dem Erkennen des gewöhnlichen Bewußtseins verbirgt" (Steiner 1984, S. 159).

Die Einsicht in die sinnlich-übersinnliche Natur des Lichts ist überraschend und bemerkenswert, umso mehr, als sie dem heute vorherrschenden Verstandesbewusstsein zunächst einmal schwer fassbar erscheint. Denn einerseits sieht man nur Farben, und andererseits sieht man doch Licht. Diese Unfasslichkeit spitzt sich noch einmal zu, wenn man bedenkt, dass Licht im Laufe unserer Betrachtungen kurz zuvor noch als ein Unsichtbares begriffen werden musste. Wie kann man dieser widersprüchlichen und verwirrenden Situation Herr werden?

Bevor dieses Problem eingehender verfolgt wird, sei noch einmal zusammengefasst, was aus den bisherigen Betrachtungen zum Thema Licht gewonnen worden ist. An der Kerzenflamme zeigte sich:

- Licht ist unsichtbar.
- Licht macht anderes aufleuchten.
- Licht kann aus einem Jenseits in ein Diesseits treten.
- Licht kann seine sinnlichen Erscheinungsbedingungen – Farben – verklären, sodass nicht mehr Farben, sondern Licht gesehen wird.
  Wir sehen dann Licht, aber gleichsam mit einem höheren
  Sehen (Schauen).

Wie lässt sich all das verstehen?

5   Konstitution der Wirklichkeit

Zur Beantwortung dieser Frage erweist es sich als hilfreich, auf die Konstitution unserer Wirklichkeit zu blicken. Das bekannte Intentionalitätsbeispiel des Sechseckes, das zum Kubus wird („Necker'scher Würfel"), ist hierfür ein grundlegendes Anschauungs- und Erfahrungsbeispiel.

Die Wahrnehmungsseite bleibt – für sich genommen – dieselbe, je nach „Begriff" aber, den der Betrachter, mithin der Realisierende, hinzutreten lässt, ereignet sich eine andere Wirklichkeit. Es kann schlicht bei dem mehrfach geteilten Sechseck bleiben, es kann sich aber auch der Würfel zeigen.

Es ist lohnenswert, sich weiteren Anschauungsbeispielen auszusetzen, um noch mehr Erfahrungen in der Selbstbeobachtung zum Thema Konstitution der Wirklichkeit sammeln zu können:

In Anbetracht der beiden Vorgaben in den Abbildungen 2 und 3 wird oft eine Weile lang ein schwarz-weißes Fleckenmuster gesehen. Vielfach will

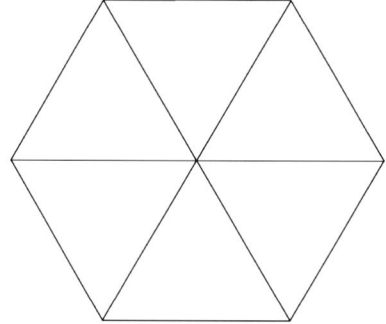

Abb. 1: Necker'scher Würfel   *Abb. 2: Giraffe*

Abb. 3: Kälbchen   *Abb. 4: ABC – 12, 13, 14*

sich lange Zeit kein formender „Begriff" einstellen. Irgendwann aber schlägt doch etwas ins Sehen ein, das allmählich ein überzeugendes Bild entstehen lässt. Dann allerdings ist es keine Frage mehr, was man sieht, man ist absolut überzeugt davon.

Macht man solche „Übungen" mit mehreren Menschen zusammen, dann lohnt es sich, beim anderen auf den Moment zu achten, in dem sich das Sehen einstellt: Es ist immer ein von einem erhellten Lächeln begleitetes Heureka-Erlebnis.

Ein weiteres lässt sich gerade in Gruppen beobachten: Kaum ruft jemand einen hilfreichen Begriff in den Raum, so sehen mit einem Mal deutlich mehr Teilnehmende! Der eine Mensch macht mit dem Aufruf eines Begriffes die anderen Menschen sehen! In diesem Falle wären es Giraffen(kopf) und Kälb-chen(kopf).

„Heureka-Erlebnis" und „Den-anderen-sehen-Machen" bedeuten letzt-lich nichts anderes, als dass Licht in unser Sehen einfährt. Es ist zunächst zwar schon hell, aber wir sehen doch nichts, es fehlt noch das *einleuchtende*, formende Element des Lichtes – der „Begriff". Mit seiner Beleuchtungsweise zeigt sich dem zuvor rätselvoll verunsicherten Blick endlich doch etwas. Ideen, Begriffe etc. sind also weit mehr als subjektive Abstraktheiten. Sie grei-fen *formend*, *wirklichkeitsgenerierend* und *einleuchtend* in die Sinneswirk-lichkeit ein. Sie werfen Licht auf das Sinnesangebot, sie verleihen dem Sinn einen Sinn.

„‚Sinn' nämlich ist das wunderbare Wort, welches selber in zwei entgegengesetzten Bedeutungen gebraucht wird. Einmal bezeichnet es die Organe der unmittelbaren Auffassung, das andere Mal aber heißen wir Sinn: die Bedeutung, den Gedanken, das Allgemeine der Sache. Und so bezieht sich der Sinn einerseits auf das unmittelbar Äußerliche der Existenz, andererseits auf das innere Wesen derselben. – Eine sinnvolle Betrachtung nun scheidet die beiden Seiten nicht etwa, sondern in der einen Richtung enthält sie auch die entgegengesetzte und fasst im sinnlichen, unmittelbaren Anschauen zugleich das Wesen und den Begriff auf. Da sie aber ebendiese Bestimmungen in noch ungetrennter Einheit in sich trägt, so bringt sie den Begriff nicht als solchen ins Bewusstsein, sondern bleibt bei der Ahnung desselben stehen. […] Von solcher Art ist die Goethe'sche Schauung und Darlegung der inneren Vernünftigkeit der Natur und ihrer Erscheinungen. Mit großem Sinne trat er naiver Weise mit sinnlicher Betrachtung an die Gegenstände heran und hatte zugleich die volle Ahnung ihres begriffsgemäßen Zusammenhangs", so Hegel in seinen Vorlesungen zur Ästhetik (Hegel 1969, S. 173).

Ein weiteres lehrreiches Beispiel (Abb. 4): Liest man das mittlere Element als die Zahl „Dreizehn", so sieht man den vertikalen Strich als die Ziffer „Eins" und die doppeltgebogene Linie als die Ziffer „Drei". Liest man hingegen das mittlere Element als den Buchstaben „B", so sieht man dort weder eine „Eins" noch eine „Drei", sondern eine vertikale und eine doppeltgebogene Linie. – Was sich als Übersinnliches zum Sinnlichen hinzugesellt, verleiht seinen eigenen Erscheinungsbedingungen Bedeutung. Nicht das Sinnliche bestimmt, für welchen übersinn-lichen Inhalt es Träger werden soll, sondern umgekehrt: Das Übersinn-liche bestimmt den Inhalt seiner Erscheinungsbedingungen; es selbst bestimmt, wem es sich wie und wann geneigt zeigt. Man bedenke diese Einsicht in ihren Konsequenzen einmal für den Bereich biologischer Organismen: Wer bestimmt wen? Die Bedingungen (z. B. Gene) den Organismus oder der Organismus seine Bedingungen?

Die Abbildung 5 bringt die im vorhergehenden Beispiel von Zahlen und Buchstaben noch recht abstrakt anmutende Einsicht noch einmal existenzieller zur Erfahrung.

In den Fugen der Mauer befindet sich im mittleren Bereich des Bildes so etwas wie ein grau melierter, eiförmiger Kieselstein. Die Fuge, in der sich dieser Kieselstein befindet, ist gut als mörtelfreie Lücke zu erkennen. Sie ist gerade groß genug, um den Kieselstein dort hinein platzieren zu können.

In dem Moment aber, in dem man den Kieselstein als Aschenspitze einer in der Mauer steckenden Zigarre erkennt, die horizontal nach links von der Mauer absteht, so verwandelt sich die hohle Lücke zur äußersten Lage von zu einer Zigarre aufgerollten Tabakblättern. Jetzt ist auch eindeutig die Textur

Abb. 5: Mauerfuge mit Mörtelrest oder Zigarre in der Mauer?

dieses Tabakblattes wahrzunehmen. Was im ersten Fall dem Kieselstein einen luftgefüllten Hohlraum bietet, wird im zweiten Fall zum Deckblatt einer Zigarre – jeweils sogar bis in die Textur hinein. Um es noch mehr im Sinne der Einsichten des vorhergehenden Bildes zu formulieren: Kieselstein und Zigarre bestimmen den Inhalt ihrer Erscheinungsbedingungen – bis in die Art der sinnlichen Erscheinung hinein. Die Zigarre bestimmt ihr Deckblatt, der Kieselstein seine Mauerlücke.

Aus den gemachten Beobachtungen wird deutlich, dass sich Wirklichkeit immer aus einem sinnlichen und einem nicht- oder übersinnlichen Anteil zusammensetzt, den wir auch Begriff oder Idee nennen können. Dieser nichtsinnliche Anteil leuchtet uns und dem Sinnlichen ein. Er ist ein Licht, ein Ideenlicht. Er verleiht Bedeutung, Form, Gestalt. Ganz dementsprechend greift auch dasjenige ins Sinnliche ein, was wir im Alltag Licht nennen: Das Weiß auf dem Grün der Blattoberfläche wird zum Lichtreflex.

Mit diesen Einsichten in die Konstitution der Wirklichkeit offenbart sich ihr eigentlicher Gehalt: Dieser ist nicht mehr gegenständlich-materieller Natur, sondern

a. ein *Ereignis,* das sich durch das Zusammenkommen von Wahrnehmung und Begriff oder Ideenlicht im Menschen ereignet, und

b. ein *Bild* von dem, was dem Sinnlichen Bedeutung verleiht, also von der übersinnlichen Begriffs- oder Ideenwelt. Der übersinnliche, nichtsichtbare Kubus zeigt sich, indem er formgestaltend in das Sinnliche eingreift. Durch diese Gestaltung erzählt er von seinem Wesen. Die alltägliche Wirklichkeit wird so zu einem Spiegel einer übersinnlichen, vorstellungsfreien Welt, die sich durch ihre Gestaltung der Sinnesseite dem

Menschen vorstellend zu Bewusstsein führt (Steiner 1916/1984, S. 165f.).

c. Das heißt, dass unsere alltägliche Wirklichkeit auf ein *schauendes Realisieren* angelegt ist.

6 Ideenlichter

Die Aufdeckung der Konstitution unserer Wirklichkeit zeigt, dass durch den Menschen hindurch eine Fülle von Ideenlichtern zur Erscheinung kommt. Die Ideen, das Nicht- oder Übersinnliche, leuchtet ihm ein. Im Verein mit dem Sinnlichen führen diese Lichter zur irdischen Wirklichkeit. Sie kommen – betrachtet man den idealtypischen Fall des Tageslichtes – dort und dann zur Sichtbarkeit, wo und wann die Sonne anwesend ist. Die Sonne ist das zentrale Licht, das den anderen Lichtern erst die Möglichkeit verleiht, selbst zu leuchten. Man kann auch sagen, dass die Sonne alle diese Ideenlichter umfasst, sie in sich enthält.

Wie gezeigt, sind Ideen und Begriffe ausgesprochen kreative Lichter, sie sind form- und gestaltbildend, sinngebend. Sie sind schöpferisch – das heißt: Sie sind selbst tätig und insofern „Wesen". Solche weltschöpferischen Wesen hat die Menschheit seit jeher in ihren Mythen und religiösen Schriften „Engel" oder „Götter" genannt (Dionysius Areopagita, vor 476). All diese Wesen kommen mit dem Aufgang der Sonne zur sinnlich-übersinnlichen Sichtbarkeit.

7 Realisieren

Die göttliche Lichtwelt offenbart sich in der dem Menschen sinnlich erscheinenden Wirklichkeit. Das Licht ist wirksam und schöpfend. Es generiert die Wirklichkeit, mit der wir es zu tun haben, die wir im Blick haben. Unser Sehen ist ein Realisieren – durchaus in dem zweifachen Sinngehalt: ein Verwirklichen und ein Wahrnehmen (Zehnter 2016). In unserem Sehen realisiert sich göttlicher Schöpfungswille. Man kann daher auch sagen: Unser Sehen ist das Sehen der Welt des schöpferischen Willens. Sie blickt, schaut gleichsam mit dem und durch den Menschen wirklichkeitsschöpfend in die Sinneswelt.

Man bemerkt, wie spätestens an dieser Stelle um Worte gerungen wird. Mit gewöhnlichen raumzeitlichen Vorstellungen gerät man hier an eine Grenze. Das Verhältnis zwischen schöpferischem Licht, „Objekt" und „Subjekt", zwischen Sonne und Sehen kann allein noch imaginativ erfasst werden. Eine klassische und unserem bisherigen Betrachtungsgang entsprechende Imagination findet sich im alten Ägypten. In einem Dokument von ca. 1300 v.

Chr. sagt der Gott Ra: „Ich bin der, der seine Augen öffnet, und es wird Licht; wenn sich seine Augen schließen, senkt sich Dunkelheit herab" (Zajonc 2015, S. 58). Das Auge des Sonnengottes galt als schöpferisch. Für die Männer und Frauen dieser Kultur bedeutete das Stehen im Tageslicht, dass der Blick des Sonnengottes auf ihnen ruhte. Die Macht des Sehens, die Fähigkeit, die Welt zu erhellen, war eine universelle und umfassende Kraft: Sie wurde zur Helligkeit des Tages. Gottes Blick war Licht. Licht war das Sehen Gottes (Zajonc 2015, S. 58). – Aufgrund unserer bisherigen Betrachtungen können wir mit voller Berechtigung sagen: Licht *ist* das Sehen Gottes. Beim Kirchenvater Augustinus klang diese Imagination so: „Wir also sehen das, was du gemacht hast, weil es ist, es ist aber, weil du es siehst" (Augustinus 2008, S. 403).

8 Abschluss

Die Betrachtungen zum Licht und zur Konstitution der irdischen Wirklichkeit lassen die Sinneswirklichkeit zu einem Ereignis werden, in dem die Anwesenheit des Göttlichen in und mit uns erfahren werden kann. Die durchaus umfassendste Schöpfungsmacht ist zuoberst das Sonnenlicht. Dieses Licht tritt mit jedem Sonnenaufgang in unser Sehen ein und macht uns die Welt sehen. In der Bildsprache des Baptisteriums sind wir damit im Zentrum der Kuppel, in der Laterne, angelangt, die alles andere zur Erscheinung bringt.

Wir sind nicht mehr bei einer materialistischen *Auffassung,* sondern bei einer geistigen *Erfahrung* von Licht angekommen, wie sie uns das Neue Testament vermittelt und wie wir es zu Beginn dieses Aufsatzes ja auch noch zunächst bewusst kritisch befragt haben. Wir hatten die Aussage „Gott ist Licht" vorerst objektivistisch, objektzentriert, als Zuschauer aufgefasst. Gott war dabei ein Unergründliches, das wir zur Erklärung beigezogen haben wie eine unbekannte Variable. Jetzt aber – im konsequenten Verfolgen eines subjektbezogenen Ansatzes, im konsequenten Auffassen der sinnlichen Wirklichkeit als Bild von ihr aufscheinenden Ideenlichtern – zeigt sich, dass sich im Blick des Menschen das göttliche Licht als anwesend erweist. Indem sich uns die Welt sinnlich zeigt, stehen wir mitten im Licht, wir werden gleichsam *durch*leuchtet. Wir selbst sind nicht mehr Zuschauer, sondern wir befinden uns mittendrin. So kann abschließend formuliert werden: Licht ist die „Parusie", die Anwesenheit, das Sehen Gottes im Sehen des Menschen.

Literatur

Augustinus, Aurelius (2008). Bekenntnisse. Übersetzt und hrsg. von K. Flasch und B. Moijsisch. 1. Auflage. Stuttgart: Reclam.

Böhme, Gernoth (2013). Atmosphäre – Essays zu einer neuen Ästhetik. Frankfurt a. M.: Suhrkamp.

Dionysius Areopagita (2014). De coelesti hierarchia (Über die himmlische Hierarchie). Corpus Dionysiacum, Bd. 2. Hrsg. G. v. Heil und A. M. Ritter. Berlin: De Gruyter.

Hegel, Georg Friedrich (1969). Theorie Werkausgabe. Werke in 20 Bänden. Redaktion E. Moldenhauer und K. Markus Michel. Band 13 (Vorlesungen über Ästhetik). Frankfurt a. M.: Suhrkamp.

Kaeser, Eduard (2008). Der Körper im Zeitalter seiner Entbehrlichkeit. Anthropologie in einer Welt der Geräte. 1. Auflage. Wien: Passagen.

Maier, Georg (1986). Optik der Bilder. 1. Auflage. Dürnau: Kooperative Dürnau.

Oltmann, Olaf (2015). Das Baptisterium von Florenz. 1. Auflage. Stuttgart: Freies Geistesleben.

Rapp, Dietrich & Zehnter, Hans-Christian (2012). Der Gesichtssinn – Zwölf Sinnes-Welten 7. In: Die Drei Nr. 6/2012, S. 41–48.

Steiner, Rudolf (1916/1984). Vom Menschenrätsel. Ausgesprochenes und Unausgesprochenes im Denken, Schauen, Sinnen einer Reihe deutscher und österreichischer Persönlichkeiten. 1916 (GA 20). 5., neu durchges. Auflage. Dornach: Rudolf Steiner Verlag.

Zajonc, Arthur (2015). Lichtfänger – die gemeinsame Geschichte von Licht und Bewusstsein, 2. Auflage. Stuttgart: Freies Geistesleben.

Zehnter, Hans-Christian (2016). Realisieren – Vom Verwandeln der Welt ins Herrliche. In: Die Drei Nr. 2/2016, S. 39–48.

Zehnter, Hans-Christian (2017). Lichtmess – Essay zum Wesen des Lichtes. 1. Auflage. Münchenstein: Sentovision.

Angelika Wiehl
Prinzip und Fragment. Die Sprach-Bild-Methode Rudolf Steiners

1 Einleitung

Fragmente sind allgegenwärtig: Es liegen Scherben auf dem Boden, wir sprechen unvollständige Sätze oder lassen eine begonnene Arbeit liegen. Gleichwohl erscheint das Fragment als Unvollkommenes, nicht Fertiges, das jedoch als Bruchstück eines zukünftigen Ganzen erkannt werden kann. In der Ästhetik des 20. Jahrhunderts zeigt sich, dass „die Idee des Ganzen und des Fragments zusammenfallen, indem das Ganze als Resultat einer Zerstückelung gedeutet wird" und „das fragmentarische Kunstwerk den Status einer verhinderten Ganzheit erhält", deren Verwirklichung noch aussteht (Ostermann 1991, S. 16).

Prinzipien hingegen sind begrifflicher Natur und bestimmen Denken, Sprechen und Handeln. Ein Prinzip erschließt sich in der Anschauung nur denkend. Genau wie das Fragment als ein Ganzes verstanden werden kann, so das Prinzip als ein Konzept des noch zu gestaltenden Prozesses. In dieser Ambiguität begrifflicher Rahmung und fragmentarischer Offenheit bewegt sich die ästhetische Haltung Rudolf Steiners, die in seiner Sprach-Bild-Methode, in mündlichen Vorträgen, auf Skizzen und Wandtafeln einen Ausdruck gefunden hat.

Seit der Präsentation der Wandtafeln Steiners in der Kölner Galerie Sprüth 1992 (Kugler 1993, S. 9), aber besonders seit den großen Jubiläumsausstellungen anlässlich seines 150. Geburtstags (Brüderlin/Groos 2010; Kries/Vegesack 2010; Fäth/Voda 2015) weckt sein künstlerischer Nachlass ein immer größeres Interesse. Allein die über 600 Notizbücher und 1100 Wandtafelzeichnungen enthalten einen zu entdeckenden Fundus an bild- und gedankengenerierenden Imaginationen, die durch den „iconic turn" (Boehm 1994) jeder Bewertung als „Erläuterungen von" oder „Anmerkungen zu" enthoben sind. Die Aufzeichnungen in den Notizbüchern, meist während der Buchlektüre oder als Vortragsvorbereitungen entstanden, zeigen, *wie* Steiner seinen Gedankenkosmos entfaltet und *wie* er Erkenntnisse in „Denkbildern" verdichtet. Die Wandtafelzeichnungen hingegen verstehen sich als bildhafte „Sprachgebärden" (Bockemühl 1993, S. 45ff.), die mündlichen Vorträge ergänzend. Sie stammen vorwiegend aus den Jahren 1919 bis 1924, als bei Vorträgen Steiners die Holztafeln mit schwarzem Karton behängt wurden, um die mit Kreide schwungvoll gezeichneten Tafelbilder aufbewahren zu können. Ein Großteil weiterer Wandtafelbilder ging vermutlich verloren, als 1921 der erste Goetheanum-Bau abbrannte. Die Wandtafelzeichnungen, die Skizzen und Notizen werden in zahlreichen Publikationen nicht nur in ihrem ursprünglichen Entstehungszusammenhang inhaltlich gedeutet, sondern als ästhetisch-künstlerische Produkte interpretiert, die aus und für sich sprechen.

An der hier getroffenen Auswahl der Notate und Bilder sowie einiger Vortragsauszüge Steiners wird seine Sprach-Bild-Methode nachgewiesen. Im Mitvollziehen ihrer Entstehung und Wirkung sollen Qualitäten aufgespürt werden, die auf den Duktus beweglicher Begriffe, bildhafter Gedanken und imaginativen Denkens schließen lassen. In Steiners mündlicher Vortragssprache drückt sich ein bildhafter und lebendiger Gedankenfluss aus, der durch Notate vorbereitet und gegebenenfalls durch Zeichnungen akzentuiert wird. An einer Notizbucheintragung, einer Wandtafelzeichnung und einigen Textauszügen, schließlich am Erkunden der Quelle des Imaginativen im Alltagsbewusstsein wird untersucht, welcher spezifischen Erkenntnismethode Steiners „Denkbilder" geschuldet sind, die als Schlüssel einer bildhaften Pädagogik gelten können. Die bildhaften Methoden sind ein Spezifikum des waldorfpädagogischen Unterrichts, der anders als der sogenannte „Anschauungsunterricht", der auf dem Einprägen sinnlicher Anschauung beruht, die innere Bildtätigkeit zur Grundlage des Lernens macht (Wiehl 2016). Daher interessieren für die pädagogische Methodik Steiners Notizen, Zeichnungen und Vortragsweisen hinsichtlich ihrer erkenntnisanregenden und bildschaffenden Elemente. Die ausgewählten Beispiele haben einen inhaltlichen Bezug zur Pädagogik.

2 Notate als Spuren geistigen Erlebens

In den „Wagenladungen" der Notizbücher – wie Steiner rückblickend formuliert (Steiner 1986b, S. 39) – sind verstreut Eintragungen enthalten, die eindeutig mit der Anthropologie der Waldorfpädagogik in Zusammenhang stehen. Sie wurden teilweise in den Anhängen zu den pädagogischen Vorträgen (Steiner 1998a, 1998b) und in Einzelheften der „Beiträge zur Rudolf Steiner Gesamtausgabe" (Heft 31 und 21) abgedruckt. Einige Notizen zur Pädagogik – wie die Auszüge des im Folgenden zitierten Notizbuchs Nr. 270 – sind noch nicht veröffentlicht, können aber im Rudolf Steiner Archiv Dornach eingesehen werden. Daraus werden zwei Notizbuchseiten vorgestellt, die anthropologische und pädagogische Gesichtspunkte betreffen (Abb. 1 und 2).

In dem Notizbuch Nr. 270 befinden sich Stichworte und Sätze zu den von Steiner 1920 in Basel öffentlich gehaltenen Vorträgen vor Lehrer*innen (Steiner 1991a), in denen ein Abriss zentraler, von bis dahin bereits für die Waldorfpädagogik behandelter Fragestellungen gegeben ist. Der handschriftliche Eintrag steht auf einer Doppelseite:

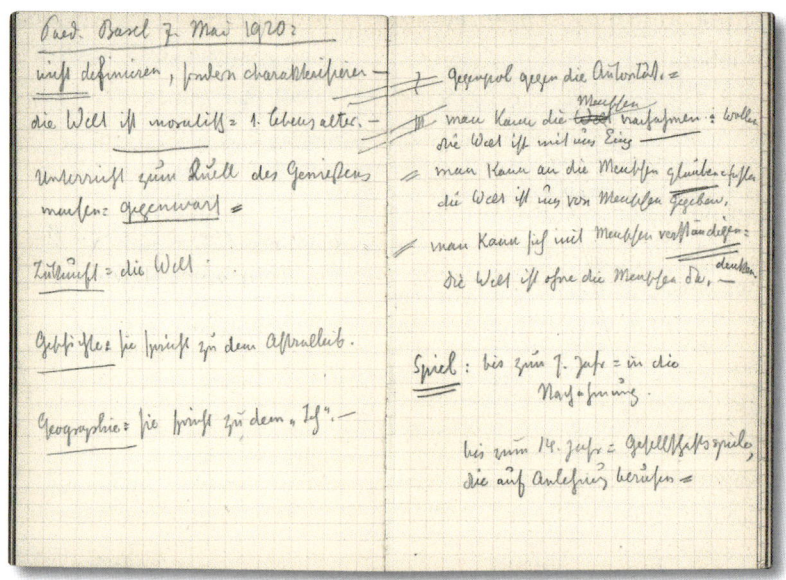

Abb. 1: Rudolf Steiner: Handschriftliche Doppelseite des Notizbuchs Nr. 270.

Paed. Basel 7. Mai 1920:

nicht definieren, sondern charakterisieren — Gegenpol gegen die Autorität ist.

die Welt ist moralisch = 1. Lebensalter — Man kann die Menschen nachahmen: wollen
die Welt ist mit uns Eins

Unterricht zu Quell des Genießens
machen: Gegenwart — man kann an die Menschen glauben: fühlen
die Welt ist uns von Menschen gegeben,

Zukunft = die Welt

man kann isch mit Menschen verständigen: denken

Geschichte: sie spricht zu dem Astralleib.

Spiel: bis zum ersten Lebensjahr = in die
Nachahmung
Geographie: sie spricht zum dem „Ich"   bis zum 14. Jahr = Gesellschaftsspiele,
die auf Anlehnung beruhen

Transkription der Autorin zu Abb. 1 nach dem Original im Rudolf-Steiner-Archiv Dornach/Schweiz

Steiner behandelt in den Vorträgen am 7. und 10. Mai 1920 die Themen, die sich aus den zweiseitigen Stichworten ergeben (Steiner 1991a). Zugleich bündeln die in 12 Abschnitten vermerkten Kurzsätze eine Fülle an grundlegenden Gedanken zur Anthropologie der Waldorfpädagogik, die 1907 in dem elementaren Aufsatz über „Die Erziehung des Kindes vom Gesichtspunkte der Geisteswissenschaft" (Steiner 1907, S. 309ff.) und dann ab der Gründung der ersten Waldorfschule 1919 fortlaufend in pädagogischen Vorträgen ausgearbeitet wurden. Die linke Notizbuchseite überschreibt Steiner mit dem methodischen Hinweis „nicht definieren, sondern charakterisieren" – eine Quelle lebendiger Begriffsbildung, auf die er explizit auf den Unterricht bezogen zu sprechen kommt (Steiner 1991a, S. 211; Wiehl 2017, S. 95ff.). Die charakterisierende Methode pflegt er selbst als Vortrags- und Schreibstil, indem er einen „anscheinend gleichen Sachverhalt immer wieder mit anderen Begriffen" benennt (Sam 2000, S. 43), wie an seinem Wortlaut zu Abbildung 1 und 2 im folgenden Abschnitt nachzuvollziehen ist. Eine solche Darstellungsweise verhindert die Einengung und Festlegung auf Definitionen; sie hält Begriffe beweglich oder – wie Steiner sagen würde – „lebendig"; sie beleuchtet einen Inhalt von verschiedenen Seiten so, als ob man um ihn herumgehen würde (ebd., S. 42). Im Charakterisieren sieht Steiner eine Unterrichtsweise (Steiner 1992, S. 140; Wiehl 2015, S. 197ff.), durch die das Kind angeregt wird, z. B. in Geschichte, Geografie und Geologie „mitzufühlen" (Steiner 1986a, S. 36). Um sich diese charakterisierende Methode anzueignen, empfiehlt er den Lehrer*innen, „Goethes Abhandlung über den Granit ja recht mitfühlend einmal durchzunehmen, um zu sehen, wie eine nicht bloß sich hineinversetzende Persönlichkeit mit dem Urvater, dem uraltheiligen Granit, in ein menschliches Verhältnis kommt" (Steiner 1986a, S. 36).

Um dieses „menschliche Verhältnis" geht es in den Notizen der folgenden Absätze 2 bis 12: Steiner scheint charakterisieren zu wollen, wie in einem Lebensalter die jeweilige Ich-Welt-Beziehung erlebt wird. Dafür verbindet er mit Doppelstrichen die linken mit den rechten Notaten und geht – das zeigt sich auch in seinen anthropologisch-pädagogischen Werken (Wiehl 2015, S. 98ff.) – jeweils im Dreischritt vor: Die Absätze 2 bis 4 markieren das erste bis dritte Jahrsiebt ebenso wie die Absätze 8 bis 10, sodass sich Stichwortanalogien zu den ersten drei Phasen der kindlichen Entwicklung ergeben: Erstes Lebensalter: die Welt ist moralisch, nachahmen, wollen, eins sein mit der Welt; zweites Lebensalter: Unterricht als Quell des Genießens, Gegenwart, glauben, fühlen, die Welt ist von Menschen gegeben; drittes Lebensalter: Zukunft, Welt, sich mit Menschen verständigen, denken, die Welt ist ohne Menschen da. In den Absätzen 4 bis 7 nimmt Steiner Bezug auf das Jugendalter und spannt den Gedankenbogen – wie in dem genannten Vortrag zu erschließen (Steiner 1986a, S. 36) – wieder zurück zum ersten Absatz: Charakterisieren im Geschichtsunterricht spricht den Astralleib, im Geografieunterricht das Ich an; denn in der Geschichte verbindet sich die Seele mit dem Zeitlichen, in der Geografie verortet sich das Ich leiblich und räumlich. Ergänzend dazu sind die letzten beiden Absätze über das Spiel im ersten Jahrsiebt als nachahmendes und im zweiten Jahrsiebt als anlehnendes Spiel interessant. So ergibt sich – und das mag beispielhaft als ein möglicher Sinnzusammenhang verstanden werden – der Dreischritt *Nachahmung-Anlehnung-Verständigung* als ein Entwicklungsweg zur Selbstwerdung des Menschen, der zugleich ein Weg seiner Bildfähigkeit ist.

Nachahmung – das zeigen zu Steiners pädagogischer Anthropologie (GA 34; S. 309ff.) ergänzend heranzuziehende Gesichtspunkte aus den Forschungen zur Mimesis (Gebauer/Wulf 1992; Wulf 2017; Wiehl 2019) – findet nicht nur in der ersten Lebensphase statt, sondern ist eine lebenslange Fähigkeit der künstlerischen Anverwandlung oder Anähnlichung des Weltgeschehens (Steiner 1986b, S. 154ff.). Beim jüngeren Kind wirkt sie im ganzheitlichen Miterleben aller Ereignisse und Erscheinungen der Umgebung, auch der Verhaltensweisen und inneren Einstellungen nahestehender Menschen. Alle Eindrücke prägen sich seelisch und leiblich so ein, dass sie als innere Bildekräfte zunächst den Leib aufbauen, dann sich als Phantasie- und Vorstellungsvermögen emanzipieren (Steiner 1991a, S. 57ff.). Durch diese Metamorphose der nachahmend aufgenommenen Wirksamkeiten in innere Bilde- und Bildkräfte erlangt das Kind etwa ab dem fünften Lebensjahr die Fähigkeit, in *Anlehnung* an einen Erwachsenen dessen Gefühle und Gedanken mitzuvollziehen und daran sein Gedächtnis auszubilden. Im Zusammentreffen und Abwägen erworbener Gedächtnisschätze und neuer Erfahrungen intensiviert das Kind seine Fähigkeit, mit inneren Bildern zu denken und eigenständig Begriffe zu bilden. *Verständigung* meint in diesem Sinne, sich verstehend und erkennend ein *Bild* des Weltgeschehens und seiner selbst zu machen. In Steiners Meditationsformel „Ich bin das Bild der Welt" (Steiner 1998c, S. 110; Scotti/Kugler 2011, S. 53) verdichtet sich die nachahmende, anlehnende, verstehende Selbstwerdung.

Nicht allein auf eine Interpretation sollte es ankommen, sondern auf den Versuch, den Sinnzusammenhang der Notate gemäß der gegliederten, aber dennoch lebendigen Denkbewegung mitzuempfinden, in der sich der Entwicklungsgedanke als eine sich wandelnde Ich-Welt-Beziehung vom Eins-Sein mit der Welt über den Glauben an die Welt hin zum Welterkennen ausspricht. Der Vorgang soll also verdeutlichen, dass Steiner bestimmte

Kernaussagen festhält, um sie in frei gehaltenen Vorträgen ausführlich zu exponieren. Er verdichtet Denkinhalte auf das Wesentliche erfassende Formulierungen, die selbst noch keine Vorstellung des vorzutragenden Gedankenverlaufs vermitteln. Daraus könnten sich also ganz unterschiedliche mündliche Darstellungen ergeben. Diese einen Vortrag vorbildende Methode, die sich von dem fertigen Konzept, einen Wissenskomplex „definierend" zu vermitteln, unterscheidet, vergegenwärtigt sich Steiner 1923 rückblickend:

> „Ich habe zum Beispiel niemals die Gewohnheit, irgendeinen Vortrag so vorzubereiten, wie man eben Vorträge vorbereitet, sondern ich habe die Gewohnheit, die Gedanken, die sich zu einem Vortrag als notwendig erweisen, eben geistig zu erleben, wie man auch dasjenige, was man als Ergebnisse der geistigen Forschung haben will, geistig erleben muß. […] Ich habe im Gebrauche, eigentlich alles das, was sich mir ergibt aus der geistigen Welt, immer mit dem Stift in der Hand aufzuschreiben, zu formulieren, entweder in Worten oder in irgendwelchen Zeichnungen. Dadurch ist die Anzahl meiner Notizbücher viele Wagenladungen. Ich habe sie aber nicht wieder angeschaut" (Steiner 1986b, S. 38f.).

Walter Kugler deutet diese Technik des Notierens und Skizzierens als einen „unverzichtbaren Bestandteil des Erkenntnisvorganges"; es gehe darum, „die gleichsam flüchtigen, in jedem Fall äußerst beweglichen Erscheinungen des Geistigen vorzustellen, zu erinnern, ins richtige Verhältnis zueinander zu denken" (Kugler 2001, S. 9). Die Notizbücher – so führt Steiner aus – „sind nur dagewesen, um mit dem ganzen Menschen das zu verbinden, was im Geiste erforscht wird, sodass es nicht bloß mit dem Kopf aufgefasst ist, um mit Worten mitgeteilt zu werden, sondern mit dem ganzen Menschen erlebt ist" (Steiner 1986b, S. 39).

Steiners Notizen sind Spuren und Fragmente geistigen Erlebens, die er schriftlich als Kerngedanken ausformt, um sie in einem lebendigen Gedankenprozess „charakterisierend" wieder zu entfalten.

3   Geistesgegenwart als Bildprinzip

Ähnlich wie die sprachlichen Aufzeichnungen sind Steiners Wandtafelzeichnungen Ausdruck des schöpferisch meditativen Denkens. Sie zeigen aber einen gegenteiligen Vorgang auf wie die Notate in den Notizbüchern, die einen freilassenden Entwurfscharakter haben, also am Anfang möglichen Ausarbeitens von Erkenntnissen stehen. An die Tafeln zeichnet Steiner während eines Vortrags innehaltend, indem er Essenzielles seiner Aussagen in Formen, Figuren und Worten mit wenigen Kreidestrichen ausdrückt. Man kann den Eindruck haben: Der Gedankenbogen des Vortrags mündet oder pausiert in der zeichnerischen Bildsprache, sofern Steiner eine Wandtafel nutzt; anhand dieser kann der Inhalt später zwar nicht exakt wiedergegeben, aber aus dem Bild neu geschaffen werden.

Die hier beispielhaft zu betrachtende Wandtafel vom 26.12.1921 entsteht im Zusammenhang mit einem pädagogischen Vortrag (Steiner 1987, S. 60ff.), der von Sinneswahrnehmung und Erkenntnis handelt. Steiner charakterisiert dort einen alltäglich zu erlebenden Erkenntnisvorgang, in dem die an der Sinneswelt gewonnenen Eindrücke mit Gedanken verwoben werden; diesem „Gewebe" könne man sich später erinnernd hingeben (ebd., S. 74). Dann skizziert er mit Kreide auf die linke Wandtafelhälfte eine senkrechte weiße Gerade a–b. Sie trennt das linksseitig angeordnete, weiß skizzierte Gesichtsprofil mit Auge von dem rot gezeichneten, etwas unförmigen Kreis auf der rechten Seite. Über die weiße Gerade lässt er eine doppelte rote Wellenlinie schwingen, unterbrochen von blauen Querstrichen. Am oberen Blattrand endet die weiße Gerade in dem nicht ganz fertig geschriebenen Wort „Sinnesteppich".

Durch den Wortlaut des Vortrags lenkt er die Aufmerksamkeit der Hörer auf die Zeichnung:

Abb. 2: Rudolf Steiner: Wandtafel vom 26.12.1921 (auf der Tafel falsch datiert).

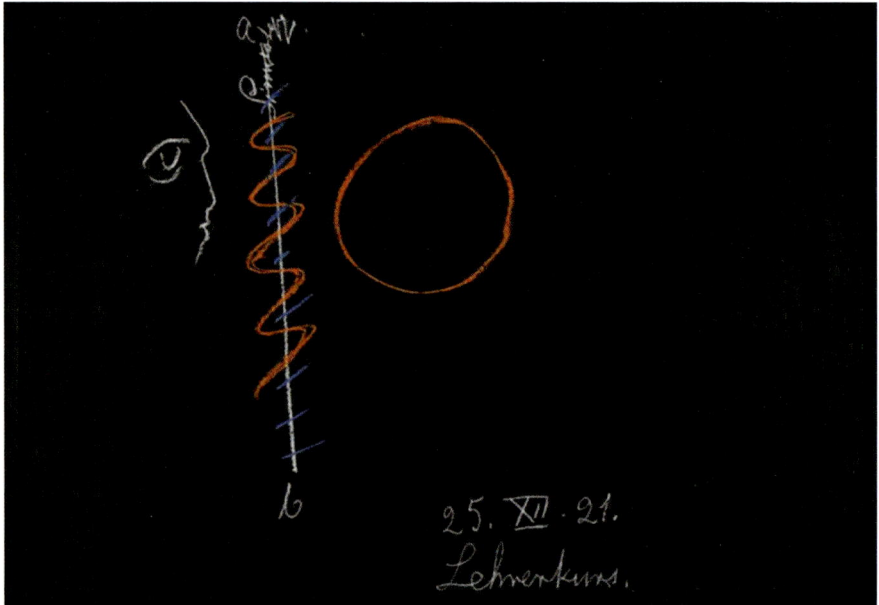

„Nun, betrachten Sie in dieser schematischen Zeichnung diese Linie a bis b als den Sinnesteppich, als die sich um uns herum ausbreitenden Farben, Töne, Gerüche und so weiter. Der Mensch gibt sich seiner Beobachtung, diesem Sinnesteppich hin, und er verwebt die Eindrücke durch seine Gedanken, die ich hier als die rote Schlangenlinie zeichne. Der Mensch verbindet, indem er sich dem Sinnesleben hingibt, gedanklich alles, was er in dieser Sinneswelt erlebt. Er interpretiert die Sinneswelt durch seine Gedanken. Dadurch, daß er gewissermaßen alles, was er an Gedanken entwickelt, in diese Sinneswelt hineinlegt, bildet diese Sinneswelt für ihn eine Grenze, eine Wand, durch die er nicht durchkommen kann. Er zeichnet gewissermaßen alle seine Gedanken auf dieser Wand auf, aber er durchstößt die Wand nicht im heutigen normalen Bewußtsein. Die Gedanken machen halt an dieser Wand und zeichnen auf dieser Wand.

Hinaus kommt man über dieses Haltmachen an der Wand dadurch, daß man zunächst die imaginative Erkenntnis ausbildet durch das, was man Meditation in systematisch-regelmäßiger Weise nennen kann. Diese Meditation kann als eine innerliche Forschungsmethode ebenso ausgebildet werden, wie die äußerliche chemische oder astronomische Versuchsmethode ausgebildet werden kann" (Steiner 1987, S. 74f.).

Wie diese imaginative Erkenntnis durch meditatives Üben ausgebildet wird, präzisiert Steiner folgendermaßen:

Das „ganze Üben beruht ja darauf, daß man von einem Eingehen auf die Sinneseindrücke absieht. Den Sinneseindrücken gibt man sich nicht hin im Meditieren, man gibt sich allein dem Gedankenleben hin. Dieses Gedankenleben aber muß, durch ein festes Ruhen auf gewissen leicht überschaubaren Gedanken, zu einer solchen Lebendigkeit, zu einer solchen Intensität gebracht werden, wie es sonst nur das äußere Sinnesleben hat. […] Die Sinneseindrücke wirken lebendig, intensiv auf uns. Wir sind an sie hingegeben. Die Gedanken verblassen, sie werden abstrakt, sie werden kalt. Aber darin besteht gerade das Wesen des Meditierens, daß wir es durch Übung dahin bringen, in dem bloßen Gedankenweben mit einer solchen Intensität und Lebhaftigkeit darinnen zu leben wie sonst im äußeren Sinnesleben. Wenn man einen Meditationsgedanken in einer solchen inneren Lebendigkeit erfassen kann, wie sie sonst vorhanden ist, wenn man sich einer Farbe hingibt, dann hat man den Meditationsgedanken in der richtigen Weise ins Leben hereingestellt. Alles das aber muß mit einer solchen inneren Freiheit geschehen, wie eben das normale Gedankenweben und das sinnliche Wahrnehmen geschieht. […] Genau dieselbe Stimmung muß in diesem Meditieren enthalten sein, wie sonst im äußerlichen, sinnlichen Wahrnehmen"(ebd., S. 75f.).

Sowohl die durchwellte Gerade als auch der Kreis sind keine bildhaften Veranschaulichungen des Vortragsinhalts, sondern die Bildzeichen- und Sprachgebärden sind gewissermaßen Spuren geistiger Arbeit. Im Umgang mit der Wandtafelzeichnung kann nun die gleiche Methode innerer Besinnung angewendet werden, die Steiner mit Bezug auf das vorliegende Beispiel als meditative „Forschungsmethode" beschreibt:

„Sie nimmt sich das Sinneswahrnehmen geradezu zum Muster in Bezug auf seine Qualität, Intensität, in Bezug auf seine Lebhaftigkeit. So daß sich der Mensch in diesem Meditieren so frei bewegt, wie er sich in der Sinneswahrnehmung sonst bewegt. […] Indem der Mensch also richtig meditiert, gelangt er dazu, sich in Gedanken frei zu bewegen. Dadurch aber werden die Gedanken selber befreit von ihrem vorherigen abstrakten Charakter, sie werden bildhaft. Und das tritt jetzt beim vollen Wachbewußtsein ein, mitten unter dem anderen gesunden Denken" (ebd., S. 76f).

Die Besinnung auf die Skizze mit Gesichtsprofil, durchwellter Gerade und Kreis im meditativen Denken vertieft die Frage: Was trennt das Individuum (repräsentiert durch die Profilskizze) von einer anderen, ihm vorläufig nicht zugänglichen Welt (repräsentiert durch den Kreis)? Man muss nicht vom Textinhalt ausgehen, sondern könnte sich der Bildgeste selbst widmen: Ein Individuum befindet sich dem „Sinnesteppich" gegenüber wahrnehmend und Vorstellungen bewegend, ist aber getrennt von einem weiteren Sinnzusammenhang, der sich dem Denken erschließt, wenn es sich auf sich selbst besinnt.

Die zitierten Vortragsauszüge zeigen, wie Steiner Gedanken ausplastiziert, den Hörer an seiner Denkbewegung teilnehmen lässt und auf die Wandtafel ein „Denkzeichen" (Bockemühl/Kugler 1993) setzt, das zwar durch den Vortragstext erläutert wird, aber unabhängig davon eine eigene Denkbewegung auslöst. Vermutlich geht dem zitierten Wortlaut die Zeichnung als Vergegenwärtigung der Erkenntniserlebnisse – gleichsam im

Vortrag innehaltend – voraus. Sie ist nicht „vorgefertigt", sondern eine im Verlauf des Vortrags geschaffene Bildgeste, wie sie sich im Moment der Gedankenbildung ergibt – so wie es für die Notizbucheintragungen als Fragmente geistiger Erlebnisse beschrieben wurde.

Martina Maria Sam, die die Bild- und Denkprozesse einiger Wandtafeln von Steiner untersucht hat, betont ihre „Unmittelbarkeit" und „Frische des Entstehungsmomentes" (Sam 2000, S. 85). Steiner selbst, der nie ein „fertiges Schaubild" verwende, sei es darauf angekommen,

> „dass die Teilnehmer der Vorträge das Entstehen der Freihand-Zeichnungen wahrnehmen und so mitvollziehen konnten. Dadurch wirken sie nicht so zwingend wie die standardisierten, eindeutigen Visiotype mit ihrer perfekten Geometrie, mit ihrem Verweisschematismus. Selbst wenn man die Tafelzeichnungen in den Kontext der dazugehörigen Vorträge stellt, bewahren sie in ihrer Skizzenhaftigkeit, ihrer ‚Unvollkommenheit' etwas von der Vieldeutigkeit des echten Bildes" (ebd.).

Sie kontrastiert das als unvollendet und fragmentarisch von Steiner ins Bild Gebrachte mit technisierten Abbildungen, um die Prozesshaftigkeit der sich an das gesprochene Wort anlehnenden Zeichnungen hervorzuheben. Dementsprechend erkennt der Kunsthistoriker Michael Bockemühl in Steiners Skizzen für die farbigen Fenster des ersten Goetheanums eine „Blick-Gebärde", die dem Bewegungsmuster der Zeichnung folge: „Doch wird eine solche Blick-Gebärde vollzogen, so bringt sie ihre eigene anschauliche Evidenz mit sich, spricht sie bereits ihre eigene Sprache, kann sie unmittelbar aus der Aktualität ihres Geschehens verstanden werden" (Bockemühl 1993, S. 66).

Diese „Blick-Gebärde" findet im Erkunden und Aufeinander-Beziehen der drei Hauptmotive Gesichtsprofil, durchwellte Gerade und Kreis auf der besprochenen Wandtafelskizze statt. Dabei wird die Bildskizze in ihrer geistigen Präsenz selbst anschaulich evident: Steiners Bildprinzip kennzeichnet „ein sinnlich sichtbarer Linienzug, offen für die Erfahrung aktueller Geistesgegenwart" (ebd., S. 67). Im inneren Mitgehen der „Blick-Gebärde" an der Bildskizze öffnet sich die imaginative Erkenntnisdimension: Der schöpferische Moment der Imagination wird als ein Zurückdrängen aller sinnlichen Vorstellungen erlebt, sozusagen als Durchlässigwerden des „Sinnesteppichs" für die bildhafte Geisterkenntnis. In dem genannten Vortrag bespricht Steiner das Prinzip, wie man von der sinnlichen zur imaginativen Erkenntnis gelangt, und zeichnet eine dreiteilige Bildskizze als Fragment, um dem imaginativen Erleben Raum zu geben.

4   Imagination ist Selbsttätigkeit im Denken

Steiner charakterisiert einmal die Bedeutung, die er den vor Publikum geschaffenen Tafelzeichnungen und der damit verbundenen Bewegung im Geistigen durch die geforderte „Selbsttätigkeit" des Denkens zumisst:

> „Wenn man richtig geistig vorwärtskommen will, muß man überall darauf sehen, daß, indem man etwas aufnimmt von der Welt, man es durcharbeiten muß. Daher werden diejenigen mehr zum Geistigen kommen, die in der Zukunft möglichst vermeiden, sich alles vorfilmen zu lassen, sondern recht viel mitdenken wollen, wenn ihnen von der Welt gesprochen wird. Und, sehen Sie, ich habe Ihnen keinen Film vorgeführt. Natürlich ist nicht die Zeit dazu da, aber wenn auch die Zeit da wäre, würde ich nicht versuchen, mit einem Film die Sache vorzuführen, sondern ich habe Ihnen Zeichnungen gemacht, die im Moment entstanden, wo Sie sehen konnten, was ich mit jedem Strich will, wo Sie mitdenken können. Das ist auch dasjenige, was schon in unseren Kinderunterricht heute einziehen muß: möglichst wenig fertige Zeichnungen, möglichst viel von dem, was da im Augenblick entsteht, wo das Kind jeden Strich sieht, der entsteht. Dadurch arbeitet das Kind innerlich mit, und dadurch werden die Menschen zur innerlichen Tätigkeit angeregt, die dann dazu führt, daß sie mehr ins Geistige sich hineinleben und wiederum Verständnis bekommen für das Geistige. Man soll auch nicht den Kindern wiederum ganze fertige Theorien vorbringen, denn dann werden sie ja dogmatisch. Sondern das, worauf es ankommt, ist, sie wiederum zur Selbsttätigkeit zu bringen. Dadurch wird auch ihr ganzer Körper freier" (Steiner 1991b, S. 206f.).

Hier kontrastiert Steiner seine Art des Zeichnens mit dem Film, ohne zu berücksichtigen, dass der Film ein künstlerisch-kreatives Medium sein kann und – bereits zu seinen Lebzeiten – auch zu den Errungenschaften gehört, die Bewegungen und Handlungsabläufe „im Bild" künstlerisch wiedergeben können. Es wird aber deutlich, dass Steiner mit dem Akt der Momentskizzen an der Tafel bewusst nicht auf das Wahrnehmen der äußeren oder gefilmten Bewegungen und die davon ausgelösten Empfindungen schaut, sondern auf das seelisch-geistige Bewegen, die innere Selbsttätigkeit zielt. Gerade darin sieht er den pädagogischen Wert der beim Entstehen wahrgenommenen Zeichnung, dass jeder Strich innerlich mitgebildet wird und nicht ein fertiges Produkt „gemerkt" oder nachgemacht werden muss. Für den Zuhörer der Vorträge, aber auch für das Kind in der Schule ist die im Entstehen innerlich mitzubildende Tafelzeichnung ein Übungsprozess des bildhaften Denkens.

Diese Art der Bildskizze an der Tafel liefert keine fertige Vorstellung eines Inhalts – es sei denn, sie dient rein der Abbildung eines Gegenstandes; vielmehr regt sie an, die Gedanken in innere Bilder zu transferieren, die frei sind und keiner Vorlage gleichen müssen.

Die Bildwissenschaft, die sich etwa zeitgleich zur Wiederentdeckung von Steiners Wandtafeln durch Gottfried Boehms Sammelband „Was ist ein Bild?" (1994) formierte, geht von zwei konträren Positionen aus: Das Bild ist „ein Zeichen für etwas Abwesendes, das es darstelle" oder das Bild „ist ein Bild, indem es sich zeigt", also allein durch seine „artifizielle Präsenz" (Frank/Lange 2010, S.18). Steiner bezieht im Umgehen mit dem Bildbegriff beide Aspekte ein: das fertige Bild, den Aspekt der Repräsentanz (Vorstellung), und das im Entstehen begriffene Bild, den Aspekt der Präsenz (Imagination). Das Mitvollziehen eines Bildprozesses wird in seiner Präsenz erlebt, die eine dem Bild immanente produktive Qualität und im Denken zu belebende imaginative Kraft birgt. Diese bei jeder Bilderfahrung mögliche imaginative Tätigkeit wirft „die Frage nach dem Eigenleben der Psyche und damit der inneren Bilder unabhängig vom unmittelbaren Sinneseindruck" auf (ebd., S.37). Denn neben dem kulturellen „Bildgedächtnis", das dem Bewahren und Erinnern von Bildern dient, gibt es die „Produktivität der Einbildungskraft", die dafür verantwortlich ist,

> „dass Neues, das es noch nie gab und das somit noch niemals wahrgenommen werden konnte, gedacht und erdacht, also imaginiert werden kann. Imagination, Einbildungskraft, ist nicht nur für die Bild- als Kunstproduktion erforderlich, sondern für jegliche Art der Kreativität, die in Gedankenexperimenten sich an der Herstellung von neuen Realitäten versucht" (ebd.).

Indem die Bildwissenschaft die inneren, imaginären, immateriellen Bilder genauso zum Forschungsgegenstand erhebt wie die äußeren, materiellen Bilder und Abbildungen, gesteht sie ein, dass sich „diese elementare Trennung" der Bildmedien als „instabil und nicht konsensfähig erweist" (ebd.). Die dem Bildhaften und der inneren Bildtätigkeit immanente Verwandtschaft gibt einen Hinweis auf das fließende Verhältnis zwischen dem Bild-Erscheinen, Bild-Wahrnehmen und Bild-Imaginieren, das die von Steiner angesprochene „Selbsttätigkeit" beim Entstehen einer Tafelzeichnung auslöst. In der Selbsttätigkeit am Bild vollzieht sich die innere schöpferische Bildarbeit, die Imagination. Sie bildet die Brücke zwischen einem Bildmedium und der daran gebildeten Bilderfahrung; sie ist zugleich die Quelle eines Bildes als eine eigenständige, kreative Erscheinung. Der imaginative Bildprozess ist Quelle und Ziel der „bildhaften Pädagogik" und der lebendigen Begriffsbildung.

5 Bildfähigkeit als Prinzip – Fragment als Bildquelle

Als Rudolf Steiner seine Beobachtungen zur imaginativen Fähigkeit des Menschen darlegte, steckte die Bildanthropologie und -theorie noch in ersten Anfängen. Viele Aspekte sowohl der inneren, imaginativen Bildfähigkeit als auch der Bedeutung und Wirkung medialer Bilder sind seither umfassend im Kontext der Anthropologie, Kunst, Philosophie und Wissenschaft bearbeitet worden (Günzel/Mersch 2014; Wulf 2014). Dabei wird selten so wie in Steiners Werken zwischen Vorstellungen und Imaginationen unterschieden (Neider 2002; Steiner 2015), zumal im Englischsprachigen *imagination* für beide Wortbedeutungen steht. Peter Fauser – um nur einen Autor der Aufsatzsammlungen über die „Bildung der Imagination" (Sowa u. a. 2012, 2014, 2017, 2018) zu nennen – verwendet zwar die Worte Vorstellung und Imagination synonym, differenziert aber zwischen an der Wahrnehmung gewonnenen Vorstellungen und nicht auf diese bezogenen „schöpferischen Hervorbringungen" (Fauser 2014, S. 70). In der abendländischen Tradition wird Imagination als Einbildungskraft beschrieben, die sowohl als „Lebenskraft der Wahrnehmung" denn auch als „Bedeutung schaffende Fähigkeit im Erkenntnisprozess" aufgefasst wird (Wettig 2009, S. 9). Sie gewährleiste „im Zeitalter der Bildmedien" – so fasst Sabine Wettig ihre Forschungsarbeit zur Imagination zusammen – „die Erfahrbarkeit des Denkens" und die Möglichkeit, „einen Gegenstand zur geistigen Auffassung zu bringen" (ebd., S. 176). Für diese imaginative Erkenntnisqualität kann an alltäglichen Beispielen sowohl der Unterschied zwischen Vorstellung (im Sinne von Abbild einer Sinneswahrnehmung) und Imagination (im Sinne einer schöpferischen inneren Bilderfahrung) als auch ihr fließender Übergang bemerkt werden. Wie die folgende Beobachtung zeigen soll, stellt sich im Grenzgang zwischen einer Vorstellung und einer sich dazugesellenden Imagination jener Moment der Erkenntnisfindung ein.

An einem sonnigen Tag schweift mein Blick über eine etwa hundert Meter tiefer liegende, steil ins Meer abfallende Bucht. Von Zeit zu Zeit kreisen über dem Wasser Gleitschirmspringer, drehen ihre Pirouetten und landen punktgenau auf einer bestimmten Stelle am Strand. Bei entsprechender Wetterlage wiederholt sich das Schauspiel der von einem etwa 700 Meter hohen Felsvorsprung anhebenden Gleitschirme. Unten auf dem Wasser kreist ein kleines Schlauchboot mal schneller, mal langsamer. Ein Zusammenhang zu den Aktivitäten der Gleitschirmspringer ergibt sich nicht. Bis ich eines Tages bemerke, dass das Boot jedes Mal auf das Meer hinausfährt, wenn Gleitschirme fliegen. Nun beobachte ich genauer und bemerke, wie das Boot reagiert, je nachdem ob ein Gleitschirmspringer sich weiter über das Meer hinauswagt oder gleich an der Küste zum Landen ansetzt. Da stellt sich das innere Bild für den Zusammenhang ein: Es könnte sein, dass ein ins Meer stürzender Gleitschirmspringer gerettet werden muss. Es passiert zum Glück nur in der Vorstellung – die sich aus der imaginativen Kraft speist und die bildhafte Brücke zwischen am äußeren Geschehen gewonnenen Bildern und dem erkennenden Denken baut. Die aus der Erinnerung sich bildende Vorstellung des Absturzes mit Rettung ist selbstverständlich noch keine schöpferische Imagination, aber Ausdruck jener erzeugenden Kraft des Imaginativen, einer Bildfähigkeit. Sie gebiert an der Bildgrenze, am Fragment, am Unvollkommenen – hier: zwischen Boot und Gleitschirm – die Bild-Gedanken.

In seiner Schrift „Von Seelenrätseln" (Steiner 1983) erforscht Steiner das Prinzip der Imagination im Unterschied zu jenem der Vorstellungstätigkeit. Seine phänomenologische Beschreibung der inneren Bildtätigkeit macht erlebbar, wie die Einflüsse aus der Sinneswelt die Vorstellungen „abtöten" und wie im Gegenzug lebendige Vorstellungen der äußeren gegenständlichen Welt widerstreben (ebd., S. 21ff.). Vorstellungen sind zunächst in der Sinneswahrnehmung gewonnene innere Bilder, die sich fortwährend mit Erinnerungen und Assoziationen mischen. Erst wenn es gelingt, diese zurückzudrängen und auf einer Vorstellung innezuhalten, entsteht der innere Freiraum für das Erleben der bildschöpferischen, imaginativen Tätigkeit. Würde man – wie am Beispiel des „Sinnesteppichs" auf der Wandtafel nachvollzogen – bei den Vorstellungen von Boot, Gleitschirm oder Sturz ins Wasser stehen bleiben, könnte man nur sinnesweltbezogene, „abgetotete" innere Bilder haben – also Bilder, die an den äußeren Wahrnehmungen festhalten. Lenkt man dagegen die Aufmerksamkeit darauf, wie diese Vorstellungen entstehen, nimmt man jene Kraft wahr, die eine geistige Wirksamkeit entfaltet (ebd., S. 23ff.): Sie ist die schöpferische Quelle lebendiger Vorstellungen und Imaginationen. In der alltäglichen Beobachtung, sofern bildhaft vergegenwärtigt, wird erlebbar, dass die imaginative Bildtätigkeit immer dann wirksam ist, wenn der Sinnesbezug ruht und sich Offenheit einstellt. Dann bildet das Imaginative gleichsam die Brücke zur begrifflichen Erkenntnis. Durch die Tätigkeit der Seele an der Grenze zwischen sinnlichen Vorstellungen und lebendigen Imaginationen werden die inneren Bilder zu Vermittlern der Erkenntnis (ebd.). Die Bildfähigkeit ist daher ein Prinzip, am Fragment das imaginative Denken zu entfalten.

6 Ausblick: Besinnung an der Grenze

Die Untersuchungen der Notizbucheintragung und der Wandtafelzeichnung legen offen, wie Steiner seine Erkenntnisse in Worten, Bildern oder

Skizzen so vermittelt, dass die Aussagen selbst offen und künstlerisch bild-
sam bleiben. Auch seine Vortragsweise, die mit exemplarischen Textauszügen belegt wurde, ist von dieser Bildmethode geprägt, die nicht selten zu seinem besonderen mündlichen Sprachstil führte. Die Vorträge wurden ganz
frei gesprochen, aus essenziellen Bildern und wenigen Gedanken entwickelt.
Diese Quellen seiner Denkbewegung enthalten einerseits das Prinzip, an
dem ein Inhalt entfaltet wird, denn sie geben eine beispielhafte Struktur vor,
einen Gedankengang zu gliedern und an Kernelementen zu entwickeln.
Andererseits sind sie fragmentarisch, also offen und ohne logische Struktur,
da sie nur andeuten, was durch eine systematische oder meditative Besinnung erst im Denken vergegenwärtigt und erkannt werden kann. Die Besinnung an der Grenze zwischen sinnlichen Vorstellungen und Begriffen ist eine
imaginative Tätigkeit. Durch die Unterscheidung von Vorstellung und Imagination, die im alltäglichen kreativen Denken nicht erlebbar ist und daher
in der Bildforschung und -theorie auch nicht gemacht wird, konstituiert Steiner eine Bildtätigkeit, die in der meditativen Besinnung auf die Dynamiken
und Qualitäten der inneren Bilder sich zur imaginativen Fähigkeit steigert.
Seine „Denkbilder" zeugen von diesem die Gedanken verdichtenden imaginativen Denken, das sich *nach einem Prinzip* und *am Fragment* ereignet.
Dieses Denken kann die Grundlage einer Pädagogik sein, die sich der Ausbildung von Selbsttätigkeit, Bildfähigkeit und geistiger Autonomie widmet.

Literatur

Bockemühl, Michael (1993). Linie und Geist. Rudolf Steiners Skizzen als Sprachgebärde. In: Bockemühl, Michael / Kugler, Walter (1993). Denkzeichen und Sprachgebärde. Tafelzeichnungen Rudolf Steiners. Stuttgart: Urachhaus, S. 45–74.

Boehm, Gottfried (Hrsg.) (1994). Was ist ein Bild? München: Fink (4. Auflage, 2006).

Brüderlin, Markus / Groos, Ulrike (2010). Rudolf Steiner und die Kunst der Gegenwart. Köln: Dumont.

Fäth, Reinhold J. / Voda, David (Hrsg.) (2015). Aenigma. Hundert Jahre anthroposophische Kunst. Řevnice: Arbor Vitae.

Fauser, Peter (2014). Ohne Vorstellung geht nichts. Über den Zusammenhang von Imagination und Lernen und eine Theorie der Vorstellung. In: Sowa, Hubert / Glas, Alexander / Miller, Monika (Hrsg.) (2014). Bildung der Imagination. Band 2: Bildlichkeit und Vorstellungsbildung in Lernprozessen. Oberhausen: Athena, S. 61–97.

Frank, Gustav / Lange, Barbara (2010). Einführung in die Bildwissenschaft. Darmstadt: Wissenschaftliche Buchgesellschaft.

Gebauer, Gunter / Wulf, Christoph (1992). Mimesis. Kultur – Kunst – Gesellschaft. Reinbek: Rowohlt.

Günzel, Stephan / Mersch, Dieter (Hrsg.) (2014). Bild: Ein interdisziplinäres Handbuch. Stuttgart: Metzler.

Halfen, Ronald / Neider, Andreas (Hrsg.) (2002). Imagination. Das Erleben des schaffenden Geistes. Stuttgart: Freies Geistesleben.

Kries, Mateo / Vegesack, Alexander von (2010). Rudolf Steiner – Die Alchemie des Alltags. Weil am Rhein: Vitra Design Museum.

Kugler, Walter (1993). Eintauchen in ein Stück Unendlichkeit. Rudolf Steiners Wandtafelzeichnungen als Denkzeichen. In: Bockemühl, Michael / Kugler, Walter (1993). Denkzeichen und Sprachgebärde. Tafelzeichnungen Rudolf Steiners. Stuttgart: Urachhaus, S. 9–39.

Kugler, Walter (2001). Denken in Bildern. Über die Notizbücher und Tafelzeichnungen von Rudolf Steiner. In: Watari, Etsuko / Kugler, Walter (Hrsg.) (2001). The Notebooks of Rudolf Steiner. Notizbücher von Rudolf Steiner. The Watari Museum of Contemporary Art. Tokyo: Chikumashobo und Dornach: Rudolf Steiner Nachlassverwaltung, S. 5–12.

Ostermann, Eberhard (1991). Das Fragment. Geschichte einer ästhetischen Idee. München: Fink.

Sam, Martina M. (2000). Bildspuren der Imagination als Denkbilder. Motive der Konzeption – Prämissen der Rezeption. Dornach: Rudolf Steiner Verlag.

Scotti, Roland / Kugler, Walter (Hrsg.) (2011). Ich bin das Bild der Welt: Rudolf Steiner – Wandtafelzeichnungen. Otto Rietmann – Photographien. Stiftung Liner Appenzell. Göttingen: Steidl.

Sowa, Hubert (Hrsg.) (2012). Bildung der Imagination. Band 1: Kunstpädagogische Theorie, Praxis und Forschung im Bereich einbildender Wahrnehmung und Darstellung. Oberhausen: Athena.

Sowa, Hubert / Glas, Alexander / Miller, Monika (Hrsg.) (2014). Bildung der Imagination. Band 2: Bildlichkeit und Vorstellungsbildung in Lernprozessen. Oberhausen: Athena.

Sowa, Hubert / Miller, Monika (Hrsg.) (2017). Bildung der Imagination. Band 3: Verkörperte Raumvorstellung – Grundlagen. Oberhausen: Athena.

Sowa, Hubert / Fröhlich, Sarah (Hrsg.) (2018). Bildung der Imagination. Band 4: Verkörperte Raumvorstellung – gestaltungsdidaktische Praxis und Forschung. Oberhausen: Athena.

Steiner, Rudolf (1907). Die Erziehung des Kindes vom Gesichtspunkte der Geisteswissenschaft. In: Steiner, Rudolf (1987). Lucifer – Gnosis. Grundlegende Aufsätze zur Anthroposophie und Berichte aus Zeitschriften „Luzifer" und „Lucifer – Gnosis" 1903–1908 (GA 34). Dornach: Rudolf Steiner Verlag, S. 309–348.

Steiner, Rudolf (1983). Von Seelenrätseln. Anthropologie und Anthroposophie, Max Dessoir über Anthroposophie, Franz Brentano (Ein Nachruf). Skizzenhafte Erweiterungen. 1917 (GA 21). 5. Auflage. Dornach: Rudolf Steiner Verlag.

Steiner, Rudolf (1986a). Menschenerkenntnis und Unterrichtsgestaltung. 1921 (GA 302). 5. Auflage. Dornach: Rudolf Steiner Verlag.

Steiner, Rudolf (1986b). Was wollte das Goetheanum und was soll die Anthroposophie? 1923–1924 (GA 84). 2. Auflage. Dornach: Rudolf Steiner Verlag.

Steiner, Rudolf (1987). Die gesunde Entwicklung des Menschenwesens. Eine Einführung in die anthroposophische Pädagogik und Didaktik. 1921–1922 (GA 303). 4. Auflage. Dornach: Rudolf Steiner Verlag.

Steiner, Rudolf (1990). Wandtafelzeichnungen zum Vortragswerk. XXI. Tafeln zu den Bänden 296, 303, 304, 306, 311 der Rudolf Steiner Gesamtausgabe. Vorträge über Erziehung. Dornach: Rudolf Steiner Verlag.

Steiner, Rudolf (1991a). Die Erneuerung der pädagogisch-didaktischen Kunst durch Geisteswissenschaft. 1920 (GA 301). 4. Auflage. Dornach: Rudolf Steiner Verlag.

Steiner, Rudolf (1991b). Rhythmen im Kosmos und im Menschenwesen. Wie kommt man zum Schauen der geistigen Welt. 1923 (GA 350). 3. Auflage. Dornach: Rudolf Steiner Verlag.

Steiner, Rudolf (1992). Allgemeine Menschenkunde als Grundlage der Pädagogik. Teil I. 1919 (GA 293). 9., neu durchges. u. erg. Auflage. Dornach: Rudolf Steiner Verlag.

Steiner, Rudolf (1998a). Erziehung zum Leben. Selbsterziehung und pädagogische Praxis. 1921–1924 (GA 297a). Dornach: Rudolf Steiner Verlag.

Steiner, Rudolf (1998b). Idee und Praxis der Waldorfschule. 1919–1920 (GA 297). Dornach: Rudolf Steiner Verlag.

Steiner, Rudolf (1998c). Mysteriengestaltungen. 1923 (GA 232). 5., ergänzte Auflage. Dornach: Rudolf Steiner Verlag.

Steiner, Rudolf (2015). Imagination. Bildekraft des Denkens. Hrsg. von E. de Boer. Dornach: Rudolf Steiner Verlag.

Watari, Etsuko / Kugler, Walter (Hrsg.) (2001). The Notebooks of Rudolf Steiner. Notizbücher von Rudolf Steiner. The Watari Museum of Contemporary Art. Tokyo: Chikumashobo und Dornach: Rudolf Steiner Nachlassverwaltung.

Wettig, Sabine (2009). Imagination im Erkenntnisprozess. Chancen und Herausforderungen im Zeitalter der Bildmedien. Eine anthropologische Perspektive.

Wiehl, Angelika (2015). Propädeutik der Unterrichtsmethoden der Waldorfpädagogik. Frankfurt a. M.: Lang.

Wiehl, Angelika (2016). Bilderfahrung als pädagogisches Paradigma. Anschauungsunterricht versus bildhafte Unterrichtsmethoden in der Waldorfpädagogik. Research on Steiner Education. Vol. 7, No. 1, 2016, S. 31–41. Online: www.rosejourn.com/index.php/rose/article/viewFile/332/316

Wiehl, Angelika (2017). Erzählen – eine grundlegende Methode der Waldorfpädagogik. In: Lehrerrundbrief 106, 2017, S. 86–104.

Wiehl, Angelika (2019). Anthropologie und Pädagogik der kindlichen Nachahmung. In: Wiehl, Angelika/Auer, Wolfgang-M. (Hrsg.) (2019). Kindheit in der Waldorfpädagogik. Weinheim: Beltz, S. 51–72.

Wulf, Christoph (2014). Bilder des Menschen. Imaginäre und performative Grundlagen der Kunst. Bielefeld: transcript.

Wulf, Christoph (2017). Mimesis. Eine anthropologische Bedingung des Menschen. In: Imago. Zeitschrift für Kunstpädagogik, 2017/4, S. 14–26.

Johannes Wagemann
Dekomposition und Wirklichkeit. Bewusstsein als Bild- und Bildungsprozess

1 Einleitung

Unsere Zeit ist reich an äußeren Bildern, aber arm an innerem Zusammenhang. Ersteres zeigt sich an einem seit der Erfindung des Buchdrucks immer öffentlicher und umfangreicher gewordenen Zugang zu bildlichen Darstellungen aus Kunst, Wissenschaft und allgemeinem kulturellen Leben, der heute in eine allgegenwärtige mediale Bilderflut mündet. Letzteres kann an gesellschaftlichen Phänomenen, beispielsweise an der Konjunktur nach nationaler Identität suchender populistischer Strömungen oder der deutlichen Zunahme von Depression und Angsterkrankungen in den letzten Jahrzehnten insbesondere im Kindes- und Jugendalter abgelesen werden (Hidaka 2012; Herpertz-Dahlmann et al. 2008). Betrachten wir das Phänomen der Angst etwas näher: Es bezieht sich auf das zunächst Ungewisse, unvertraute Andere, bedrohlich Fremde und wird insofern als tatsächliche oder zu erwartende Unterbrechung im autonomen Lebenszusammenhang erfahren (Waldenfels 2006). In dieser Hinsicht ist Angst isolierend und bildlos; sie führt zur Einengung und Lähmung, zur Schreck- oder Schockstarre. Andererseits äußert sie sich in obsessiven und überwältigenden Bildern und Vorstellungen, die zu einem Zerfließen und Auflösen der Selbstwahrnehmung führen und daher vermeidendes oder aggressives Verhalten bedingen können (Köhler 2006). Beide Aspekte von Angst, bildloser Schrecken und fürchterliche Szenarien, führen, wenn sie unbewältigt bleiben, zu verschiedenen Formen von Realitätsverlust mit mehr oder weniger weitreichenden Konsequenzen, wie die erwähnten Beispiele zeigen. Realitätsverlust kann aber auch mit einem exzessiven Konsum positiv konnotierter Bilder einhergehen. Insgesamt scheint also der Reichtum der modernen Bildkultur ein zweischneidiges Schwert zu sein (Goody 1997), dies allerdings nicht nur inhaltlich, sondern auch der Form nach. Denn zum einen bringen das Fehlen innerer Bilder, zum anderen die Unzahl äußerer Bilder, über die wir verfügen und mit denen wir täglich konfrontiert sind, samt ihren wechselnden, oft unverbindlichen Kontexten, wie auch die Abruptheit und Frequenz ihrer Vermittlung einen fragmentarisch-zusammenhanglosen Charakter von Bewusstsein zum Ausdruck. Andererseits erfahren und nutzen wir die hochgradige Wirksamkeit der Bilder als Ausdrucksmittel von Sinnhaftigkeit, als Boten des Zusammenhangs, den wir auf diese Weise glauben kontrollieren und konsumieren zu können – oder dem wir unwillkürlich unterliegen.[1]

Neben der Ambivalenz von Zusammenhang und Fragmentarität bzw. Einheit und Auflösung zeigt sich noch eine andere. Die Bilder unserer medial durchdrungenen Lebenswelt fungieren meist als gezielt formierte, externalisierte Vorstellungen, als Inszenierungen, welche in absichtsvoller Weise die Aufmerksamkeit lenken, etwas verdeutlichen, bestimmte Emotionen oder Willensimpulse wecken. Bildliche Darstellungen können aufklären (z. B. Stadtpläne, wissenschaftliche Grafiken), motivieren (Hinweisschilder, Reiseprospekte) und Gefühle anregen (z. B. Spendenaufrufe für Kinder in Lateinamerika oder Filmberichte über Terroranschläge). Zugleich können sie sich durch ihre Vermittlungsform und Zweckgerichtetheit aber auch vor das eigentlich Abgebildete stellen und insofern ein Erleben und Verstehen von diesem verzerren, behindern oder manipulieren. Neben den bereits erwähnten bedrohlichen Vorstellungen können hier folgende Beispiele genannt werden: Die Inszenierung von Wohlbefinden in der Produktwerbung durch plakative Gesten und Statussymbole oder ästhetisch aufbereitete Hirnscans, die mehr suggerieren als neuronale Prozesse tatsächlich zu leisten vermögen (Wagemann 2010, 2018). Diese Ambivalenz des Bildes zwischen Enthüllen und Verhüllen, Ermöglichen und Hemmen, macht – ebenso wie die andere von Einheit und Fragmentarität – auf unser intensives, in seiner Struktur aber noch weitgehend ungeklärtes Verhältnis zur Bildhaftigkeit der aktuellen Bewusstseinsverfassung aufmerksam.

Aus diesen ersten Überlegungen zu Bild und Bewusstsein ergeben sich die folgenden Perspektiven:

1 Angesichts der beiden angedeuteten Polaritäten bzw. Ambivalenzen (Einheit-Vielheit, Enthüllen-Verhüllen) ist eine immanente Beziehung von bild-, bewusstseins- und realitätsbezogenen Strukturen zu vermuten.

2 Die Spannung dieser ambivalenten Merkmalsbereiche und ihre oft unreflektierte, unkontrollierte und apodiktisch wirkende Gemengelage werfen die Frage nach einer Unterscheidung struktureller Ebenen in unserem Bewusstsein auf. Wie zu zeigen ist, entspricht der letztere amalgamische Aspekt unserem routinierten Alltagsbewusstsein als resultativer Oberflächenschicht, die uns für gewöhnlich als Wirklichkeit gilt, uns oft genug aber auch an den Rand eines krisenhaften Realitätsverlusts (und darüber hinaus) treiben kann (Oevermann 2008). Der Aspekt spannungsgeladener Polarität verweist dagegen auf einen das Alltagsbewusstsein als sein Ergebnis hervorbringenden Prozess, von dessen Basis aus die gekennzeichneten Spannungsfelder und Ambivalenzen prinzipiell einsehbar und handhabbar werden könnten.

3 Eine systematische Erforschung der immanenten Bildhaftigkeit und prozessualen Bildsamkeit von Bewusstsein erscheint unter bestimmten methodischen Maßgaben möglich. Dabei ist zunächst zu beachten, dass die prozessuale Schicht der Bewusstseinsbildung einen im Verhältnis zu ihrem alltagsbewussten Ergebnis präreflexiven Charakter hat. Daraus folgt einerseits die methodische Notwendigkeit, eine vom Alltagsbewusstsein abweichende Form der Beobachtung zur Grundlage der Untersuchung zu machen (Witzenmann 1983, 1989). Andererseits ist mit Nachdruck darauf hinzuweisen, dass eine zur Beobachtung und Beurteilung präreflexiver Prozesse geeignete Bewusstseinshaltung selbst gerade nicht als prärational, sondern vielmehr als post-, oder besser, transrational aufzufassen ist (Gebser 2010). Denn statt einer regressiv verminderten Beobachtungshelligkeit und -schärfe erfordert das Vordringen zu den subtilen und flüchtigen Phänomenen des Präreflexiven eine transformative Steigerung der gewohnten rationalen Bewusstseinshaltung (Steiner 1908/1993, S. 21). Daher muss eine solche Untersuchung in empirischer Hinsicht zwar auch über die herkömmlichen Formen philosophisch-kulturwissenschaftlicher Reflexion hinausgehen, darf es aber auch nicht versäumen, ihre Ergebnisse wiederum in sprachlich kommunizierbare, anschlussfähige Formen zu bringen.

Im vorliegenden Beitrag soll die skizzierte Aufgabenstellung einer Beziehungsbildung von Bild, Bewusstsein und Realität unter Anwendung bewusstseinsphänomenologischer Analysen und Beobachtungen an verschiedenen Beispielen aus Psychologie (Perzeption, Kognition), Kunst (Malerei, Musik) und Alltagserfahrung (Wahrnehmungsirritation, Gegenstandssuche) bearbeitet werden. Dazu werden die in Rede stehenden Spannungsfelder in entsprechenden „Kontrastbildungen" zugeschärft, exemplarisch veranschaulicht und im Kontext von Herbert Witzenmanns Strukturphänomenologie konzeptionell durchdrungen. Schließlich werden exemplarische Praxisbezüge in Richtung Waldorfpädagogik erkundet. Diese Studie beansprucht keine Vollständigkeit, möchte aber einige methodische Anregungen und inhaltliche Aufschlüsse über das faszinierende, sich zwischen Bild und Bewusstsein aufspannende Forschungs- und Entwicklungsgebiet vermitteln.

2 Erste Kontrastbildung: Abbild und Unbild … und darüber hinaus

Als erstes Beispiel soll eine Bilderfahrung untersucht werden, die als „Flashed-Face-Distortion-Effect" bezeichnet wird (Tangen et al. 2011). Betrachtet wird eine schnell wechselnde Folge paarweise angeordneter Gesichtsfotos, wobei der Blick auf einen markierten Punkt in der Lücke zwischen den beiden Bildern zu fixieren ist. Der immer wieder Staunen und Unbehagen hervorrufende Effekt besteht darin, dass die auf diese Weise präsentierten, ansonsten aber völlig normalen Gesichter auf groteske Weise verzerrt und deformiert erscheinen. Sie wirken wie Karikaturen ihrer selbst, die aber nicht lustig sind, sondern vielmehr den beunruhigenden oder bedrohlichen Charakter von Horrormasken bekommen.[2]

Während zu diesem Effekt noch kein genauerer neuropsychologischer Erklärungsansatz vorliegt (Wen & Kung 2014), lässt er sich durch zwei einfache Überlegungen in einem bewusstseinsphänomenologischen Kontext analysieren. Fasst man, wie oben angedeutet, den Wahrnehmungsvorgang als eine genuin mentale, sinnstrukturierende Aktivität auf, so scheint diese bei der Bildpräsentation durch zwei Faktoren gehemmt zu werden. Zum einen werden durch die Fixierung des Blicks außerhalb der Gesichter die für einen vollständigen Wahrnehmungsakt nötigen Augenbewegungen unterbunden oder wenigstens stark reduziert (Witzenmann 1989a, S. 13f.). Zum anderen bedingt die schnelle Folge der Bilder, dass man die individuelle Sinnstruktur jeweils eines Gesichts nicht vollständig erfassen kann, weil stets schon ein nachfolgendes erscheint. Insgesamt handelt es sich also um exogene (räumlich-zeitliche) Behinderungen der Wahrnehmungstätigkeit, die zu einer beunruhigenden Unstimmigkeit oder, mit anderen Worten, einer visuellen Dissonanz führen. Von dieser dissonanten Erfahrungsqualität ausgehend, kann sich die mentale Aktivität im Wahrnehmungsvorgang ihrer selbst in einem ersten Schritt bewusst werden. Denn die durch Bewegungshemmung und Überbeanspruchung der Aufmerksamkeit bedingte Deformierung der Gesichter lässt ahnen, dass der hier künstlich „auf halber Strecke" unterbrochene Wahrnehmungsprozess prinzipiell von einem Zustand fehlenden Sinnzusammenhangs im Stimulus ausgeht und diesen in Richtung Zusammenhangsbildung bzw. visueller Konsistenz zu transformieren versucht. Der rasche Wechsel des visuellen Stimulus bedingt ein ständig erneutes Anheben sinnstrukturierender, aber nicht zum vollständigen Erfolg gelangender Aktivität. Der graduelle Mangel an Konsistenz kommt bildlich in den fratzenhaften „Ungesichtern" zum Ausdruck.

Dieser erste Gang „vom Abbild zum Unbild" wird durch ein zweites Beispiel aus dem Bereich der Musik ergänzt. Der Pianist und Komponist

Glenn Gould (1932–1982) erzählt in einer Ansprache an eine Abschlussklasse von einer sonderbaren Begebenheit aus seiner Jugend:

> „Ich übte eines Tages Klavier […] und plötzlich fing genau neben dem Instrument ein Staubsauger zu laufen an. Nun, das Resultat war, dass in den lauteren Passagen diese leuchtend diatonische Musik, in der Mozart bewusst die Technik von Sebastian Bach imitiert, mit einem Vibratohof umgeben war, so etwa der Effekt, den sie bekämen, wenn sie in der Badewanne singen würden, hätten beide Ohren voll Wasser und schüttelten den Kopf. Und in den gedämpften Passagen konnte ich die Töne, die ich machte, überhaupt nicht hören. Ich konnte freilich fühlen – ich konnte die taktile Beziehung zu den Tasten spüren, die erfüllt ist von ihrer eigenen Art von akustischen Assoziationen, und ich konnte mir vorstellen, was ich tat, aber ich konnte es nicht eigentlich hören. Doch das Merkwürdige war, dass das alles mit einem Mal besser klang als ohne Staubsauger, und die Partien, die ich überhaupt nicht hören konnte, klangen am besten. Nun, noch Jahre später, und selbst heute, wenn ich mich sehr beeilen muss, mir eine neue Partitur einzuprägen, simuliere ich den Effekt des Staubsaugers, indem ich irgendwelche völlig entgegengesetzten Geräusche so nah an das Instrument heranbringe wie möglich. Es ist gleichgültig, was für Geräusche, wirklich – Western im Fernsehen, Beatles-Schallplatten, nur laut muss es sein –, denn was ich durch das zufällige Zusammentreffen von Mozart mit dem Staubsauger habe lernen können, war, dass das innere Ohr der Einbildungskraft ein viel stärkerer Ansporn ist als irgendein Beitrag von nach außen gerichteter Beobachtung" (Gould 1988, S. 14/15).

Was Gould zunächst unwillkürlich widerfährt und später von ihm als Übungsmethode kultiviert wird, kann wiederum als künstliche Erzeugung von Dissonanz verstanden werden. Wenngleich es hier nicht um den bildlich-visuellen, sondern den musisch-auditiven Sinnesbereich geht, so zeigen sich dennoch strukturelle Parallelen zum Flashed-Face-Distortion-Effect. Zunächst führt die exogene Behinderung der intentionalen Nutzung eines Sinnesorgans zu einer Störung der sinnstrukturierenden Aktivität im Wahrnehmen. Interessanterweise bleibt Gould aber angesichts der auditiven Dissonanz nicht bei einem deformierten Musikerlebnis stehen, sondern erhöht offenbar seine mentale Eigenaktivität so weit, dass sie sich einerseits von der sinnesphysiologisch vermittelten Störung distanziert und in innerer Produktivität zu einem Erfassen der musikalischen Sinnstruktur des Selbstgespielten (Melodie, Harmonie usw.) emanzipiert. Andererseits wendet Gould seine Aufmerksamkeit gleichermaßen dem kakophonischen „Klangsalat" zu und durchdringt ihn mit einer „eigenen Art von akustischen Assoziationen". In einer Situation, in der sich die meisten Menschen genervt abwenden würden, vermag er es, „das innere Ohr der Einbildungskraft" zu aktivieren und den zusammenhanglosen Sinnesreiz mit sinnstrukturierendem Zusammenhang zu durchdringen.

Zusammen betrachtet, beschreiben beide Beispiele zunächst einen Übergang von einer abbildlichen, das heißt, etwas als realen Einzelfall erlebenden Situation (einzelnes Gesichtsfoto, gespieltes Klavierstück) zu einem als dissonant bzw. unbildlich erfahrenen Zustand. Dabei zielt der ungewöhnliche Wortgebrauch von „unbildlich" sowohl auf den objektbezogenen Mangel an innerer Kohärenz als auch auf dessen als Widerfahrnis (Unbilden) charakterisierbare Form der subjektseitigen Erfahrung. Das kann dazu anregen, die bildbezogenen Ausdrucksformen in ihrem strukturellen Gehalt auf eine Anwendung bezüglich nicht-visueller Sinnesmodalitäten und Bewusstseinsinhalte zu erweitern. Die bei Gould zu einem innerlich-äußerlichen Klangbild führende auditive Einbildungskraft unterstreicht sowohl den transmodalen Charakter einer immanenten Bildhaftigkeit und Bildsamkeit von Bewusstsein, als auch deren prozessuale Phasen der Entbildung und Neubildung im Realitätserleben.

Das dritte Beispiel wendet sich der Malerei zu und wirft ein exemplarisches Schlaglicht auf die bildnerische Methode von Paul Cézanne (1839–1906). Betrachtet wird sein über zwanzig Jahre in vielen Variationen bearbeitetes Motiv des Montagne Sainte-Victoire. Während in früheren Darstellungen (z. B. von 1887) noch die Einflüsse romantischer und impressionistischer Malerei dominieren, zeigen die späteren (etwa ab 1900) immer konsequentere Brüche mit klassischen Konventionen wie illusionistischer Transparenz, Perspektivität und hierarchischer Ordnung von Teil und Ganzem, Zentrum und Peripherie, Hell und Dunkel usw. (Lüthy 2006). Als ich zum ersten Mal mit einem zwischen 1904 und 1906 entstandenen Gemälde aus diesem Zyklus im Rahmen einer Power-Point-Präsentation konfrontiert wurde, bestand mein erstes, unmittelbares Empfinden in einem deutlichen Erschrecken, das sich nach und nach legte und schließlich in Begeisterung umschlug. Entgegen meiner Erwartung eines gefälligen Landschaftsbildes sah ich zunächst nur grobe, unregelmäßig verteilte Flecken, die mich aus dem Bild heraus anzuspringen schienen; im unteren Bereich gähnten mir Stellen unbemalter Leinwand entgegen. Zurückgestoßen, wie ich mich in diesem Moment empfand, konnte ich gar nicht anders, als meinen Blick offenen Auges von diesem Reiz zurückzuziehen, unscharf werden zu lassen, zu verschließen, um mich nochmals des angekündigten Bildtitels zu vergewissern und dann wiederum, vorsichtig tastend, der Darstellung zuzuwenden. In diesem zweiten Anlauf öffnete sich mir das Bild, und die Fragmente fügten sich zu einer dynamisch flutenden Landschaft mit hoher Licht- und Farbpräsenz zusammen, die mir in einem gewissen Sinne sogar wirklicher erschien als die von mir zunächst erwartete malerische Abbildung.

Tatsächlich können wir, entsprechend dem Fazit der ersten beiden Beispiele, in Cézannes Ringen um das Motiv die emanzipative Entwicklung von einer äußerlich nachahmenden und abbildenden, ästhetischen Konventionen verpflichteten Malerei zu einer den Realisationsprozess bewusstmachenden Kunstpraxis sehen. In Merleau-Pontys Worten:

> „Die Landschaft, sagte er, denkt sich in mir, ich bin ihr Bewußt-
> sein. Nichts ist weiter vom Naturalismus entfernt als diese
> intuitive Wissenschaft. Die Kunst ist nicht Nachahmung, sie ist
> aber ebenso wenig ein bloßes Fabrizieren, das den Wünschen
> des Instinkts oder des guten Geschmacks gehorcht. Sie ist eine
> Ausdruckshandlung" (Merleau-Ponty 1945/2003, S. 15/16).

Was Cézanne in diesem Sinn als Motiv verstand, verdeutlichte er (im Gespräch mit J. Gasquet) wiederum durch eine Ausdruckshandlung, in der er „die Hände voneinander entfernt, um sie dann ganz langsam mit gespreizten Fingern wieder aneinander anzunähern, sie ineinanderzuschieben und fest miteinander zu verschränken" (Lüthy 2006, S. 198). Damit differenziert sich das abbildliche Motiv der klassischen Kunst in prozessuale, Subjekt und Objekt übergreifende bzw. diese erst konstituierende oder realisierende Faktoren. Der Maler malt, was er angesichts der Landschaft zunächst erfährt, nämlich den paradoxen, zur chaotischen Fülle und unvertrauten Leere entwirklichten Sinneseindruck. Aber er malt ihn so, dass dieser Eindruck zum bewussten Ausgangspunkt einer mentalen Ausdrucksleistung werden kann. Er malt also nicht etwas bereits in der Wirklichkeit „Vor-handenes", sondern das, was als Unbild – die getrennten Hände – dazu motiviert, diese zur Realitätsbildung einander anzunähern und ineinander zu verschränken. Sein eigentliches Motiv der Realisation ist der Prozess der Realisation des Motivs.

3   Zweite Kontrastbildung: Resultat und Prozess …
im methodischen Neugriff

Die bisher behandelten Beispiele haben auf verschiedene Weise das Aufbrechen abbildlicher Repräsentationen (Gesichtsfotos, Klangbilder, Landschaftsgemälde) in Richtung unbildlicher Dissonanz (Irritation, Deformation, Fragmentierung) untersucht. Dabei wurde einerseits deutlich, dass ein dem sinnenfälligen Widerfahrnis entsprechendes Unbilden einen elementaren Ausgangspunkt in der Bildung konsistenter Bewusstseinsinhalte markiert. Dieser unbildliche, sowohl für den visuellen als auch den nicht-visuellen Bereich aufgewiesene Zustand entspricht der Realitätskomponente, die Rudolf Steiner in seiner „Philosophie der Freiheit" als „unmittelbar gegebene" Wahrnehmung, als „ohne mein Zutun" an mich herantretenden „reine[n] Beobachtungsinhalt" bezeichnet (Steiner 1918/1958, S. 68, 22, 41). Den in der menschlichen Sinnesnervenorganisation zu diesem Zustand führenden Vorgang hat Herbert Witzenmann auch als „Entwirklichung" (1986, S. 114) oder „Dekomposition" (1989a, S. 16) bezeichnet.[3] Dadurch wird andererseits deutlich, dass die behandelten Beispiele jeweils von Dekompositionszuständen ausgehende Sinn- bzw. Bedeutungsbildungsprozesse explizit werden lassen, die normalerweise unterbewusst bzw. implizit verlaufen. Gerade durch eine künstliche, graduelle Hemmung kann die mentale Dynamik und Autonomie dieser Sinnbildungsprozesse als Gegenreaktion ins Bewusstsein treten. Der physiologische Abbau von abbildlicher Konsistenz bzw. die künstliche exogene Hinderung ihres Aufbaus macht deutlich, dass es einen dem abbildlichen Resultat perzeptiven oder kognitiven Bewusstseins vorgelagerten, strukturell entbildeten Zustand gibt, auf den sich der mentale Bildungsprozess bezieht.

Um den Prozess der Bedeutungs- und Konsistenzbildung im Verhältnis zu seinen Resultaten genauer zu untersuchen, bedarf es einer zur prozessualen Beobachtung geeigneten Methode. Wie schon in der Einleitung angedeutet, erfordert eine solche Methode eine vorsätzliche zeitweise Suspendierung resultativ bzw. abbildlich orientierter „heteronomer" Beobachtung zugunsten einer die eigene Involvierung in den Prozess anvisierenden „autonomen" Beobachtung (Witzenmann 1983, S. 26). Nach dem ersten Scheitern einer von Franz Brentano ausgehenden introspektiven Psychologie zu Beginn des 20. Jahrhunderts (Danziger 1980) wurden in den letzten Jahren neue Ansätze einer bewusstseinsphänomenologisch orientierten, auch introspektiv und meditativ forschenden „Psychologie der ersten Person-Perspektive" (First-Person Science) entwickelt (Chalmers 2004, Overgaard et al. 2008). Um gegenüber den methodologisch bewährten Gütekriterien herkömmlicher empirischer Forschung nicht in eine prärationale Bewusstseinshaltung zurückzufallen, gilt es, an diese Kriterien in einer dem Forschungsgegenstand angemessenen Weise anzuknüpfen und sie weiterzuentwickeln bzw. zu transformieren (Wagemann & Weger 2015). Insbesondere eine von der

Person unabhängige Replizierbarkeit der Ergebnisse introspektiv-meditativer Forschung erscheint wissenschaftstheoretisch nötig und möglich (Piccinini 2003, Petitmengin & Bitbol 2009, Wagemann 2016).

Die theoretische Begründung der Notwendigkeit und Möglichkeit einer Methode bewusstseinsphänomenologischer Erster-Person-Forschung bedarf allerdings ihrer praktischen Validierung. Wie auch in der Entwicklung der heutigen Formen von Geistes-, Sozial- und Naturwissenschaft muss eine solche Methode das theoretisch Denkbare durch paradigmatisch konstituierende Forschungspraxen an konkreten Beispielen einzulösen versuchen (Kuhn 1968/1997). Auf diesem Wege kann eine neue Methodologie (und der ihr entsprechende „Denkstil", Fleck 1983, S. 87) durch kooperativ arbeitende Forscher erprobt und hinsichtlich ihrer Adäquatheit evaluiert und kommuniziert werden. In diesem Sinne werden im Folgenden weitere Beispiele gegeben, die sich der dynamischen Grundstruktur des Bewusstseinsprozesses und ihren charakteristischen Übergangsstufen zuwenden.

3.1 Grundstruktur des Bildungsprozesses

Einen unerschöpflichen Quell von Erfahrungsbeispielen bieten Wahrnehmungsirritationen und Vexiersituationen. Jeder kennt es: Man glaubt etwas zu sehen, zu hören usw., was sich dann aber als etwas anderes herausstellt. Normalerweise schenken wir solchen „Fehlleistungen" keine größere Beachtung im routinierten Alltagsgeschehen. Beginnt man aber, ihnen mehr Aufmerksamkeit zuzuwenden, können sie erstaunliche Beobachtungen und Einsichten vermitteln. Hier ein erstes Beispiel: Vor einigen Jahren fuhr ich in der hügeligen Landschaft der Toskana im Auto einen kleinen, steilen Hügel hinauf. An diesem Spätnachmittag war der Himmel bedeckt und zeigte ein eigenartiges, leicht gelblich-bräunliches Licht. Plötzlich schien es mir so, als würde ich nicht hinauf-, sondern herunterfahren. Ich sah in eine sandige, steppenartige Landschaft, die sich vor mir aufzuspannen schien. Zugleich hatte ich eine merkwürdige Gleichgewichtsempfindung, welche mir eine nach vorne geneigte Lage meines auf dem Autositz befindlichen Körpers zu vermitteln schien. In der mit diesem Wahrnehmungswechsel verbundenen Beunruhigung meiner entspannten Ferienstimmung machte ich mir schnell klar, dass es ja tatsächlich nur der Himmel war, den ich aufwärtsfahrend sehen konnte – und sah dann wiederum, bewusst aufwärtsfahrend, den Himmel. Dann versuchte ich, noch einmal in die andere Sichtweise der sandigen Landschaft zu wechseln, was auch kurz gelang, wiederum mit entsprechender Gleichgewichtsirritation. Schließlich gelangte ich auf die Kuppe und sah die sich in der Ebene wirklich erstreckende Landschaft.

Anfang 2018 machte ich eine ähnliche Beobachtung. Ich fuhr auf der Autobahn, es hatte etwas geschneit, die Straße war frei, aber in höheren Lagen war der Schnee liegen geblieben. Gedankenversunken hing mein Blick am Horizont eines wintergrauen Morgenhimmels. Dort zeigten sich etwas dunklere, ebenfalls graue Wolkenformationen, die wie die Boten eines heraufziehenden Wetterumschwungs wirkten. Auf einmal beschlich mich eine sonderbare Beunruhigung, da dort am Himmel etwas nicht zu stimmen schien. Die dunkleren Partien zeigten an einer Stelle recht scharfe und ungewöhnlich geformte Begrenzungen zum restlichen Himmel. Spätestens jetzt war meine Aufmerksamkeit für dieses Phänomen voll geweckt, und ich erwog, ob es sich hier um eine Vexiersituation handeln könne. Gehörten die dunkleren Stellen gar nicht zum Himmel, sondern zur Landschaft? Da es in der Ferne dunstig war, konnte ich nicht gleich Klarheit erlangen. Ich fuhr aber in Richtung dieses Schauspiels, sodass sich die visuellen Bedingungen sukzessive verbesserten, und dann wurde es klar: Der „untere Teil des Himmels" war tatsächlich eine sich am Horizont erstreckende, schneebedeckte Hügelkette, die fast den gleichen Farb- und Helligkeitswert wie der Himmel aufwies. Die „dunkleren Wolkenbänder" entpuppten sich als die Felder durchziehende Straßen, von denen der Schnee offenbar geräumt worden war. Wie immer versuchte ich sofort die Gegenprobe, was mir zunächst nicht gelang, sondern erst nachdem ich meinen Blick etwas seitwärts, weg von dem zunächst beobachteten Ausschnitt gelenkt hatte. Ich sah wiederum einen vollständigen Himmel mit dunkleren Wolkenformationen am Horizont.

Diese beiden Beobachtungsberichte weisen Gemeinsamkeiten und Unterschiede auf. Thematisch verbindend ist der Wahrnehmungswechsel von Himmel und Landschaft, der sich allerdings in verschiedenen Richtungen vollzieht (Himmel als Landschaft gesehen versus Landschaft als Himmel gesehen). Ebenfalls verschieden sind die Geschwindigkeit des Wechsels (abrupt versus schrittweise) und seine willkürliche Umkehrbarkeit (leichter versus schwieriger). Als entscheidende Gemeinsamkeit zeigt sich eine dynamische Struktur, mit der sich der Wechsel unabhängig von den Besonderheiten vollzieht. In beiden Fällen wird zunächst etwas für real Gehaltenes sozusagen abbildlich, also dieses Etwas repräsentierend, gesehen: Erstens der wirkliche Himmel, zweitens der sich dann als irrtümlich erweisende Himmel. Dieses Abbildliche erfährt in beiden Fällen eine Infragestellung und Auflösung, erstens durch einen spontanen Wahrnehmungswechsel, der zu Irritationen führt, zweitens durch perzeptive Irritation und einen sich daran anschließenden willkürlichen Wahrnehmungswechsel, beide thematisch auf „Landschaft" bezogen. Wiederum in beiden Fällen gelingt es, besser oder schlechter, länger oder kürzer, willkürlich das „Richtige" oder das „Falsche" als real existierend bzw. abbildlich zu sehen.

Die dynamische Struktur eines bewusst und willkürlich vollzogenen Wahrnehmungswechsels lässt sich anhand der Berichte aufgliedern. Folgende mentale Aktivitätsformen können unterschieden werden: 1a) innere thematische Abwendung vom bisher Gesehenen, 1b) thematische Hervorbringung der anderen Variante, 2a) Zuwendung zum Wahrnehmungsfeld mittels der anderen thematischen Variante, 2b) tatsächliche Rezeption der anderen Variante als real existierend.

Meine Erfahrung zeigt, dass sich diese vier Phasen mit (über die Jahre) fortschreitender Übungspraxis in der Beobachtung immer klarer voneinander abheben und zunehmend autonom handhaben lassen (Wagemann 2015; Wagemann & Meyer 2016; Wagemann 2018). Insoweit entwickelt sich diese Beobachtungsmethode also im Zuge eines zwischen strukturellem Konzept und situativer Beobachtung hin- und herpendelnden Übungseffekts. Dass es sich dabei aber keineswegs um ein „methodisches Vexierbild" bzw. eine pseudowissenschaftliche Autosuggestion handelt, konnte ich zunächst im Austausch mit Forscherkollegen und kürzlich auch im Rahmen introspektiv-empirischer Studien abklären. In einer dieser Untersuchungen übten 25 Studierende ohne theoretische Vorkenntnisse den Wahrnehmungswechsel an einem Necker-Würfel zunächst einige Tage, bis sie ihn willkürlich durchführen konnten. Dann bestand die Aufgabe darin, zu beobachten und zu formulieren, wie sie den Wechsel durch mentale Aktivität herbeiführten. Die Analyse der Protokolle auf differenzierte mentale Aktivitäten ergab, dass neun (36 Prozent) der Personen die genannten vier Phasen (sprachlich durchaus verschieden formuliert) unterscheiden konnten. Die anderen Teilnehmer berichteten von drei (32 Prozent), zwei (16 Prozent) oder einer Phase(n) (16 Prozent) (Wagemann, Edelhäuser & Weger 2018). Das bekräftigt die Annahme, dass es eine nach mentalen Aktivitätsformen und Phasen differenzierte, personenunabhängig beobachtbare Grundstruktur aktualer Bewusstseinsbildung gibt. Weitere Untersuchungen zu dieser Aktivitätsstruktur werden aktuell durchgeführt.

Eine weitere Illustration dieser sich aus vier mentalen Gesten bildenden, sozusagen oberhalb der Alltagsrealität verlaufenden Realisationsbewegung kann in Salvador Dalis (1904–1989) kritisch-paranoischer Methode gesehen werden, mit der er zu einem planmäßigen „Ruin der Wirklichkeit" beizutragen versuchte (Dali 1974, S. 135). Um zu einer surrealistischen Sicht der Wirklichkeit zu gelangen, muss diese zunächst in ihrer rationalistischen Abbildlichkeit zerstört werden. Gemäß Jacques Lacan, auf den sich Dali dabei bezog, gehört die „Verkennung" (méconnaissance) konstitutiv zur Wahrheit (Braun 2007, S. 277) oder, genauer gesagt, stellt sie eine notwendige Bedingung zur Wahrheitsfindung dar. Dieser Akt der Abwendung vom Abbild schafft Raum für die Hervorbringung anderer, scheinbar völlig kontextloser Sinnstrukturen – für Dalis „schöpferischen Wahnsinn" (Dali 1973, S. 33). Mit diesen ihn phasenweise obsessiv beherrschenden Zusammenhängen (z. B. dem Rhinozeroshorn) wendet er sich wieder dem visuellen Reiz zu (z. B. Vermeers „Spitzenklöpplerin" im Pariser Louvre) und kanalisiert seine Suchbewegung dann im eigenen malerischen Prozess. Dieser macht abbildlich sichtbar und bringt somit auf den Punkt, was Dali vorerst nur in inneren Assoziationen und Bildebewegungen zu sehen vermochte.[4] – Somit wird deutlich, dass die von Dali vorsätzlich halluzinatorisch, gleichwohl mit einer verblüffenden Stimmigkeit in den dekomponierten Stimulus hineingesehenen Strukturen die Alltagsrealität zunächst auflösen, sie fragmentiert erscheinen oder zerfließen lassen und sie zugleich aber auch einer tieferen (freilich nicht immer einvernehmlichen) Sinndeutung zugänglich machen. Anders als der späte Cézanne durch aktivitätsanregende Unbildlichkeit arbeitet Dali mit der inhaltlichen Neuaufladung einer durch Sehgewohnheiten abgenutzten Abbildlichkeit. Dabei entbehrt die paradoxe Bewegung von der Auflösung abbildlicher Realität zur Schaffung eines realen Abbildes, das die Abbildlichkeit prinzipiell ad absurdum führt, nicht einer subtilen, sich aus der Dissonanz von perfektionierter malerischer Form und formauflösendem Inhalt ergebenden Ironie.

3.2 Bildungsstufen der Grundstruktur

Die im vorangehenden Abschnitt behandelten Beispiele können den Blick – anfänglich und exemplarisch – auf die prozessuale Grundstruktur des menschlichen Bewusstseins lenken, die von einer gewohnheitsmäßig auf das Faktische fixierten, abbildlich-resultativen Bewusstseinshaltung verdeckt wird. Dabei ging es insbesondere um eine Differenzierung der während eines Wahrnehmungswechsels ausgeübten subjektseitigen Aktivitätsformen der Distanzierung und Produktion sowie der Zuwendung und Rezeption. Die phänopraktische Existenz und prozessuale Logik dieser mentalen Tätigkeiten lässt sich im eigenen experimentellen Beobachten überprüfen. Einen anderen Aspekt des Realisationsvorgangs stellen die objektseitigen Strukturkomponenten dar, auf welche sich die mentalen Tätigkeiten beziehen. Hierzu wurde bereits bemerkt, dass die im abbildlichen Bewusstseinszustand ineinander verschmolzenen Strukturmerkmale von ganzheitlichem

Zusammenhang und fragmentarischer Diskontinuität im Zuge eines intro-spektiv beobachteten Wahrnehmungswechsels zunächst getrennt in Erscheinung treten. Wurde die letztere Komponente als das durch physiologische Dekomposition oder künstliche Dissonanzbildung bedingte Unbild (reine Wahrnehmung) angesprochen, so wurde die andere Seite als das Element identifiziert, welches die Funktion der Zusammenhangbildung bezüglich des Zusammenhanglosen trägt (reiner Begriff, Sinnstruktur). Diese Realitätskomponenten und das auf sie bezogene Übergangsgeschehen sollen im Folgenden genauer erkundet werden.

Dazu ist auch zu untersuchen, was eigentlich mit dem „Abbild" gemeint ist. Wurde es bisher einfach mit dem subjektiv als real erfahrenen Einzelfall assoziiert, so ist nun zu fragen, was es im Kontext des Realisierungsvorgangs eigentlich abbildet. Philosophische Konzeptionen, die eine Repräsentation oder Konstruktion des Erkenntnisobjekts irgendwo zwischen diesem und dem Erkenntnissubjekt verorten, bleiben letztlich resultativ und einseitig, lassen sich aber auch als Ausdruck fokussierter Momentaufnahmen des Vorgangs verstehen: Entweder speist sich das Abbild thematisch aus einem als real existierend angenommenen Objekt und ist von einem eher inaktiven Subjekt rezeptiv hinzunehmen (verschiedene Formen von Realismus). Oder das Abbild wird vom Subjekt thematisch konstruiert und bezieht sich auf ein in seiner realen Existenz eher fragliches Objekt (verschiedene Formen von Idealismus und Konstruktivismus). Im ersten Fall wird zu recht auf einen rezeptiven Aspekt im Realisationsakt verwiesen (Phase 2b), während im letzteren Fall der Aspekt der Produktivität hervorgehoben wird (Phase 1b). Allerdings bleibt im ersten Fall unklar, wie sich die inhaltliche Kohärenz des Objekts aus den dekomponierten Signalen der Sinnesnervenprozesse ergeben bzw. abbilden soll (Phase 1a). Und im letzteren Fall bleibt rätselhaft, wie das isolierte Einzelsubjekt zu Konstruktionen gelangen soll, die doch stets auch intersubjektive Kommunikation und objektbezogene Verbindlichkeit ermöglichen (Phase 2a). Auch philosophische Mischformen, welche die phänomenologisch berechtigten Aspekte von Realismus und Idealismus graduell berücksichtigen, können die Frage nach den konstitutiv „unter-" und „oberhalb" der Abbildlichkeit liegenden Strukturbereichen nicht beantworten (Wagemann 2010).

Dieser kurze philosophische Einwurf bekräftigt nochmals, dass sich der Begriff der Abbildlichkeit im Rahmen herkömmlicher objekt- oder subjektorientierter Konzepte nicht konsistent fassen lässt, sondern zu seiner Aufklärung die hier verfolgte mikrophänomenologische Sichtweise erfordert. Gemäß dieser beziehen sich Abbilder nicht etwa in derivativer Form auf prä-

formierte Objekte oder Subjekte, sondern markieren die jeweiligen End-
punkte einer Objekt und Subjekt gleichermaßen hervorbringenden Bildebe-
wegung (Wagemann 2015). Demgegenüber kann der Ursprung dieser Beziehungsbildung nur in einem umfassenden, Subjekt und Objekt übergreifenden Zusammenhang gesucht werden. Nur ein solcher vermag die nach
Absetzung von Subjekt und Objekt entstandene Trennung in Form von wechselseitigen, thematischen und ontologischen Bezügen zu überbrücken.
Demgemäß kann Abbildlichkeit, beziehe sie sich nun auf das Objekt oder das
Subjekt, als situativ auf den Punkt gebrachte, festgestellte und individualisierte Urbildlichkeit aufgefasst werden. Dabei stellt die Dualität von Urbild
und Abbild nicht, wie im Kontext platonistischer Philosophie fälschlich ver-
mutbar wäre, eine metaphysisch fragwürdige Verdopplung oder Parallelisie-
rung des Seins dar (Störig 1999, S. 191), sondern bringt ein sich prozessual
vom Nichtsein (Unbild) über potenzielles Sein (Urbild) zum konkret Seienden (Abbild) entfaltendes Konstitutionsverhältnis zum Ausdruck. Weil der
Realisationsprozess in diesem Spannungsfeld denkbar und beobachtbar
wird, spricht Herbert Witzenmann in Bezug auf Urbildlichkeit auch von
einem „realitätskonstitutiven Universalienkonzept" (1994, S. 111). Mit anderen Worten: Individualisierte Abbildlichkeit fordert den Rückgang auf universelle Urbildlichkeit.

Denn zunächst kann von abbildlicher Realität kaum – noch oder schon –
die Rede sein (Kap. 2). Vielmehr lässt diese an ihren aufreißenden Bruchli-
nien den Vorwurf dekomponierter Unbildlichkeit sichtbar werden, dem eine
immanente Konstitution ermangelt (Waldenfels 2006). Der unvermeidliche,
im Alltag meist durch mentale Routinen überdeckte Gang vom Abbild zum
Unbild zieht also einen weiteren vom Unbild zum Urbild nach sich, um
erneut über realitätskonstitutiven Zusammenhang zu verfügen. Die ihn
bedingenden mentalen Aktivitätsgesten wurden als Abwendung vom Stimulus (1a) und Produktion einer Sinnstruktur (1b) bezeichnet. Von hier aus wird
die gegenständliche Konstitution über die Gesten der Zuwendung zum
Stimulus (2a) und der abbildlichen Rezeption (2b) vollzogen. Um diesen zykli-
schen Entbildungs- und Bildungsprozess *Abbild → Unbild → Urbild → Abbild*
hinsichtlich des spezifischen Bild- und Bildungscharakters der Übergänge
genauer zu fassen, stehen nach dieser ersten gedanklichen Orientierung nun
weitere Beobachtungen an.

So wie die in Abbildlichkeit mündende Konsistenzbildung durch künstliche Dissonanz gehemmt werden kann, so kann sie auch durch gezielte expe-
rimentelle Maßnahmen gefördert werden. Als Beispiel dafür wurden bereits
Vexiersituationen und die in ihnen aufgrund der Ambiguität des Stimulus

mögliche Bewusstmachung mentaler Mikrogesten erläutert. Während hier jeweils vollständige, zu „richtigen" oder „falschen" Befunden führende Realisationszyklen durchlaufen werden, erweist sich nun eine separate Untersuchung der ersten beiden (1a/b) und letzten beiden (2a/b) Phasen als zielführend. In beiden Fällen werden die jeweils spezifischen Gesten der Abwendung vom Stimulus und der Produktion von Sinnstruktur bzw. der Zuwendung zum Stimulus und der Rezeption durch die Versuchsanordnung unterstützt. Im ersten Fall kann dies durch eine auf exemplarische Inhalte bezogene Meditation unter Zurückdrängung aller rezeptiv-unbildlichen Sinnessignale erfolgen. Im zweiten, hier aus Platzgründen nur angedeuteten Fall wird dies z. B. durch die künstliche Verlangsamung der rezeptiv-abbildlichen Realisationsbewegung während einer Gegenstandssuche ermöglicht.

Im ersten Fall einer meditativen Übung wird die Aufmerksamkeit für etwa zehn Minuten auf einen bestimmten mentalen Inhalt, z. B. eine geometrische Figur (Steiner 1914/1990; Wagemann & Meyer 2016) oder ein einfaches Wort (Weger u. a. 2016) gerichtet. Um die dafür nötige Konzentration zu fördern, ist es sinnvoll, in einem ruhigen, angenehm temperierten Raum eine aufrechte, bequeme Sitzposition einzunehmen und die Augen zu schließen. Damit soll keineswegs gesagt werden, dass Meditation grundsätzlich diese spezifischen äußeren Bedingungen erfordere. Vielmehr wird Meditation hier generell als ein auf das eigene In-der-Welt-Sein bezogenes, bewusst erlebendes und beobachtendes Innesein verstanden, das sich in jedem Moment des Lebens, also auch in Prozessen äußerer Sinneswahrnehmung, wie den oben geschilderten, realisieren lässt. Wenn es aber gerade um die Untersuchung der zum Sinnesreiz komplementären, zusammenhangförmigen Strukturkomponente geht, haben sich die genannten Maßnahmen als geeignet bewährt. Ergänzend zu diesen äußeren Bedingungen tritt die Wahl eines geeigneten meditativen Übungsinhaltes hinzu. Je einfacher und unbedeutender ein solcher Inhalt aus der Perspektive des Alltagsbewusstseins erscheint, desto stärker wird die auf ihn bezogene mentale Produktivität herausgefordert. Komplexe und „interessante" Inhalte stehen dagegen in der Gefahr, die Aufmerksamkeit von sich aus mitzureißen und an intellektuelle Überlegungen und Vorstellungen zu binden, die ein Innewerden der meditativen Prozesse und Erlebnisse verhindern.

Entsprechend dieser methodischen Erwägungen soll hier exemplarisch das Wort „im" zum Ausgangspunkt einer meditativen Bewusstseinsübung gemacht werden.[5] Zunächst bilde ich zahlreiche, beliebige Kombinationen und Sätze mit diesem Wort: „im 19. Jahrhundert", „im Garten", „im Zorn", „Sie lag im Koma", „Er ist im Begriff zu gehen", „Im Allgemeinen stellt es sich so dar" usw. und stelle mir entsprechende Situationen bildlich vor. Ich lasse das Wort wie ein Musikinstrument innerlich erklingen und lausche … und sehe eine Art Klangbild, bei dem die beiden Laute, das I und das M, zusammen eine bewegte, vibrierende Plastik bilden: ein konturiertes, impulsives I inmitten einer, es aus lauter zusammenhängenden M umgebenden, wellig-weichen Landschaft. Dann scheint sich die Sache umzukehren und die M-Umgebung leitet mich ins Innere des I. Ich kehre noch mal zu den Beispiel-sätzen zurück und mache mir den unterschiedlichen Charakter ihrer Bedeu-tung anschaulich bewusst. Während ein Ding nur in einem Sinn „im" sein kann (z. B. „im Rucksack"), kann ich „im Garten stehen" und doch nicht bewusst im Garten sein, weil ich „gerade etwas anderes im Sinn habe". Zwar ist auch beides zugleich möglich, aber die verschiedenen Formen des Im-Seins heben sich als eine leibbezogene, räumlich-zeitliche und eine mentale, überräumliche und überzeitliche Zusammenhänge einbeziehende deutlich voneinander ab. Leiblich bin ich „im Garten meiner Eltern", mental ist etwas, z. B. auch dieser „Garten", im Innenraum meines Bewusstseins. Aber die Grenze des Unterschieds wird auch stets überwunden, da auch mein leibli-ches Im-Sein-Bewusstsein erfordert und ermöglicht und sich mein mentales Im-Sein immer wieder auch auf meine leiblich bedingte Situiertheit bezieht, diese erfordert und ermöglicht. Blitzartig sehe ich diesen Zusammenhang als sich in sich umgestaltendes, sich fortwährend umstülpendes, nichtsinnli-ches Sinnbild. Es ist im mentalen Raum nicht vor mir, wie die zuvor vorge-stellten Sätze und Beispiele, sondern ich selbst bin Teil davon, nehme aktiven Anteil an diesem Bildegeschehen und werde in es einbezogen. Im prozessua-len Erlebnisstrom begreife ich, warum „im" „im" ist und nicht „in", „um" oder „am", wobei die semantischen Verwandtschaftsbeziehungen als ver-wandte Beziehungsweisen klar „auf der Hand liegen", „aus sich heraus spre-chen". Ich erlebe „im" als atmende und zugleich in sich ruhende, ursprüng-liche Kraft- und Formgestalt. Ich bin im.

In diesem exemplarischen, aus etwa fünf Versuchen zusammengefassten Bericht lassen sich folgende charakteristische Aspekte oder Stufen vonei-nander absetzen, die sich im Erlebnisvollzug mehr oder weniger durchdrin-gen. Zunächst geht es um einzelne, um einen inhaltlichen Fokus herum gebildete, abbildliche Vorstellungen. Die Klangvorstellung des Wortes führt zu einer ersten dynamischen Integration der Einzelvorstellungen, die eine Potenzialität zur inneren Umbildung aufweist. Im nächsten Schritt ergibt sich in einem Bogen um die bisherigen Inhalte herum ein sie im dynami-schen Sinnbild zusammenhaltender „innerer Zug", eine „semantische Füh-rung". Meine aktive Involvierung in diesen Prozess wie auch meine Erlebnisnähe zum inhaltlichen Kern der Sache steigern sich zu einer als ursprünglich erlebten, evidenziellen Identifikation mit dem „im", einem buchstäblichen „ich bin im Bilde". Weitere, hier nur kurz anzudeutende Aspekte sind die ablenkungs- und ermüdungsbedingten Rückgänge bzw. Schleifen zwischen den Stufen während einer Übung (Weger et al. 2016) sowie die inhaltliche Kongruenz des „im" zur Grundstruktur mentaler Prozessualität, in die, nach meiner bisherigen Erfahrung, die Meditation eines jeglichen Inhalts münden kann. Gemäß Steiner können die sich an die Abbildlichkeit meditativ anschließenden Bewusstseinsstufen als imaginativ, inspirativ und intuitiv bezeichnet werden (Steiner 1908/1993). Herbert Witzenmann, der eine generelle „Bildhaftigkeit des übersinnlichen Schauens" geltend macht (Witzenmann 1985), spricht in diesem Zusammenhang auch von „Abbild, Umbild, Inbild, Urbild" (Witzenmann 1971/1993, S. 42). Das heißt, die meditativen Erlebnis- oder Erkenntnisformen entsprechen den Beweglichkeits- bzw. Lebendigkeitsstufen der meditierten Sinnstruktur (des wesenhaften Begriffs). Dementsprechend umfasst die oben als Abwendung (von der Leiblichkeit) bezeichnete Phase (1a) den Übergang von der Abbildlichkeit (Subjekt-Objekt-Spaltung) zur Umbildlichkeit (Ab- und Anverwandelbarkeit) und die als Produktion (der Sinnstruktur) bezeichnete Phase (1b) den Übergang von der Inbildlichkeit (semantische Führung) zur Urbildlichkeit (identifikatorische Evidenz).

Der damit strukturell verfeinerte Gang vom Abbild zum Urbild hat sein experimentelles Pendant in der zur Gegenstandswahrnehmung führenden, umgekehrten Bewegung „vom Urbild zum Abbild" (Phasen 2a/b). Wie bereits angedeutet, kann diese Prozessrichtung am Beispiel der alltäglichen Suche von Gegenständen erkundet werden. Ähnlich wie im vorhergehenden Beispiel legen sich – wiederum unter geeigneten Bedingungen – die sonst unterbewusst ineinanderspielenden Zustände für die vorsätzliche Beobachtungsintention auseinander und werden in ihrem konstitutiven Zusammenhang begreiflich (Wagemann 2017).[6] Wenn ich etwa meine Brille benötige, um diesen Text weiterzuschreiben, mache ich mich auf die Suche nach ihr. Dabei ist sie mir zunächst nicht als konkretes Abbild im Bewusstsein präsent, sondern vielmehr ihre zweckbezogene Funktion, also das, was ich mit ihr machen möchte. Dieses ungegenständliche Urbild der „Brille" leitet meine Suche und führt mich an potenziell erfolgversprechende Orte in meiner Wohnung. Dort erschließt der brillenförmig intentionalisierte Blick entsprechende Wahrnehmungsfelder („auf dem Tisch", „im Etui" usw.), bleibt zunächst erfolglos, um dann an einem scheinbar brillenartigen Etwas hängen zu bleiben. Bis zu einem gewissen Grade scheint ein Sucherfolg einzutreten, die zweckhaft bestimmte, intentional gerichtete Suchbewegung beginnt sich einem visuellen Reizkomplex anzuverwandeln – doch leider ohne Erfolg, da es sich nur um nebeneinanderliegende Kugelschreiber handelt. Nach mehreren Anläufen (und steigender Anspannung) schmiegt sich die wie ein Popper'sches Netz[7] ausgeworfene Brillenhaftigkeit so weit an ein durch sie sich formendes Wahrnehmungsfeld an, dass ich mir sicher bin: Ich habe sie gefunden. – Es sind die gleichen, im Verhältnis zur Meditation in umgekehrter Folge durchlaufenen Bildungsstufen der zweckhaften Urbildlichkeit, der ausrichtend-führenden Inbildlichkeit, der anverwandelnden Umbildlichkeit und der rezeptiv auf den Punkt kommenden Abbildlichkeit, die diesen Vorgang mikrophänomenologisch gliedern.

4 Waldorfpädagogische Implikationen

Zur Aufklärung der eingangs skizzierten Ambivalenz und inneren Spannung heutiger Bilderfahrungen wurden hier einige Aspekte aus bewusstseinsphänomenologischer Perspektive untersucht. Insbesondere wurde angedeutet, wie eine introspektiv bzw. meditativ kultivierte Beobachtung Aufschluss über die Dynamik und Gliederung der zu spezifischen Bilderfahrungen führenden Bewusstseinsprozesse erlangen kann. Entscheidend ist dabei, dass dieses „Bewusstwerden unseres gestaltbildenden Aktivanteils an unseren gegenständlichen Verwirklichungsleistungen" einen Ebenen und Grenzen übergreifenden Sinnzusammenhang menschlicher Entwicklung eröffnet (Witzenmann 1985, S. 111). Daher hat der zwischen Urbildlichkeit und Unbildlichkeit oszillierende, in einem transmodalen Sinne bildhafte und bildsame Prozess des Bewusstseins auch eine unmittelbare Relevanz für pädagogische Fragen, wie im Folgenden an zwei Aspekten der Waldorfpädagogik anzudeuten ist.

Einerseits geht es darum, Kindern und Jugendlichen durch eine „günstigste Umgebung" – zu der die erziehend Tätigen zentral dazugehören – eine Leibesentwicklung zu ermöglichen, die als notwendige Bedingung für eine auf individuelle, gesunde und freiheitliche Weiterentwicklung angelegte Lebensführung fungiert (Steiner 1923/1989, S. 131). Dafür spielt eine genaue phänomenologische Differenzierung der verschiedenen, gleichwohl im Lebensvollzug ineinandergreifenden leiblichen Konstitutionsschichten, die sich phasenweise entwickeln bzw. aufeinanderfolgend „geboren" bzw. autonom werden, eine entscheidende Rolle (Steiner 1923/1989, S. 102). Um die leiblich-mentalen Durchdringungs- und Umarbeitungsprozesse im sich entwickelnden Menschen richtig einschätzen und entsprechend begleiten zu können, kann eine Bewusstmachung der eigenen Bewusstseinsprozesse seitens der pädagogisch Tätigen hilfreich sein. Denn wie gezeigt wurde, entfalten diese Prozesse ihre Dynamik ebenfalls zwischen untersubjektiv-leiblichen (abbildlichen bis unbildlichen) Bedingungen und übersubjektiv-geistigen (urbildlichen) Zusammenhängen. Das heißt, die anthropologischen Konstitutionsschichten entsprechen den Bildestufen des Bewusstseins: 1. der physische Leib als äußerlich abbildliche, gleichwohl Unbildlichkeit und Abbildlichkeit vermittelnde Existenz- und Erscheinungsform des Menschen, 2. der Lebensleib als umbildender Gestalt- und Vitalkräftezusammenhang, 3. der Empfindungsleib als inbildlicher Resonanz- und Erlebnisraum, 4. das Ich als identifikatorisches und freiheitsfähiges Urbild des Menschen, das sich stufenweise zur Selbsterfassung und Begegnungsfähigkeit entwickelt und dabei seine Leiblichkeit transformiert.

Ein auf eigene Beobachtungen gestütztes Bewusstsein dieser Bildungsstufen des Menschen, sowohl hinsichtlich seiner Leiblichkeit als auch seines Bewusstseins, macht ein sentimentales oder dogmatisches Vertreten der (insofern auch zu Recht als unwissenschaftlich kritisierten) Existenz und Relevanz der Wesensglieder überflüssig. Zudem ermöglicht es aufgrund der Reziprozität sozialer Wahrnehmung (Oevermann 2008) neue Formen einer sozialorganischen bzw. sozialästhetischen Gestaltung pädagogischer Prozesse. Ein zweiter waldorfpädagogischer Referenzpunkt, neben der pädagogisch-anthropologischen Erkenntnis längerfristiger Entwicklungsprozesse, ist demnach der empirische Zugang zur Mikrogenese pädagogisch-sozialer Interaktion. Hier sollen drei Aspekte der sozialästhetischen Dimension exemplarisch hervorgehoben werden: 1. Die von der genetisch-strukturalistisch orientierten Bildungsforschung untersuchte Entstehung und Bewältigung pädagogischer Krisen wird einer immanenten und verfeinerten Beobachtung zugänglich (Twardella 2010; Wagemann 2013). Verstehen wir Krise als individuell und situativ erfahrenes Unbilden (der Edukanden wie auch der Erziehenden) und ihre sinngeleitete (urbildlich fundierte) Bewältigung als Neukonstituierung einer abbildlich erscheinenden und wiederholbaren Routine, so bieten die mikrophänomenologisch aufgewiesenen Übergangsstufen (Inbild, Umbild) eine Möglichkeit, Krisen und Bewältigungsprozesse kleinschrittiger und empathischer zu begleiten bzw. selbst bewusster vollziehen zu können. 2. Die am Beispiel des Wahrnehmungswechsels verdeutlichte Dynamik der mentalen Realisation lässt sich unschwer auf den Perspektivenwechsel in sozialen Situationen übertragen. Hier ist insbesondere die dialogisch-experimentelle Bildung „richtiger" wie auch „falscher" (Vor-)Urteile und die Kommunikation darüber von großer pädagogischer Bedeutung. Durch solche altersgemäß zu gestaltende Übungs- und Reflexionsprozesse kann die pädagogische Gemeinschaftsbildung („Arbeitsbünd-nis", Twardella 2006, S. 180) als zentrales, über ein äußeres „Richtig" und „Falsch" hinausgehendes Entwicklungsgeschehen erlebbar werden. 3. Die beiden angesprochenen Punkte lassen sich jeweils sowohl bezüglich der sozialen wie auch der fachlich-thematischen Komponente im pädagogi-schen Geschehen ausbuchstabieren. Dadurch kann der zunächst auf einen dieser beiden Aspekte (Beziehungs- bzw. Sachebene) beschränkte pädago-gische Prozess (Krisenbewältigung bzw. Perspektivenwechsel) auch auf einen fachlich-sozial oszillierenden Vorgang erweitert werden. Zum Beispiel im Schulunterricht bedeutet das für die Lehrperson, sich bewusst – im Sinne eines „mentalen Atmens" – dem einzelne Schüler oder Gruppierungen betreffenden Sozialgeschehen zuzuwenden (und den Unterrichtsstoff im peripheren Bewusstsein zu halten) oder sich wiederum auf die Darstellung des Stoffs zu konzentrieren (und dabei zugleich die Schülergruppe wahrzu-nehmen). Diese situativ immer wieder neu, weil nur dynamisch zu findende Balance ist ein bewusstseinsphänomenologisches Merkmal für Unterrichts-qualität (Wagemann 2011).

Insgesamt sind es also mentale, sinnlich-übersinnlich wahrnehmende Fähigkeiten, mithin ein bewusstes mentales Handeln, das in äußere pädago-gische Artikulationen und Handlungen mündet, an deren Kenntnis, Ent-wicklung und Ausübung sich der originäre Charakter von Waldorfpädagogik ausmachen lässt. Der eigentliche Zusammenhang der pädagogisch wirksa-men Bilder ist das Bildegeschehen des sie erzeugenden, leibbezogenen wie auch potenziell leibfreien Bewusstseins, weniger ihre inhaltlich-resultativen Kontexte als vielmehr ihr prozessual-mentales Entstehen. Eigene Einsicht und lebendige Erfahrung bezüglich dieses Zusammenhangs könnten den Reichtum ausmachen, dessen unsere Kultur angesichts der Spannung zwi-schen einem äußeren Überfluss an Bildern und dem Überdruss angesichts ihrer inneren Zusammenhanglosigkeit dringend bedarf – den sie aber auch durch eine Realisierung der angedeuteten bewusstseinstransformatori-schen Potenziale tatsächlich hervorzubringen vermag.

Literatur

Braun, Christoph (2007). Die Stellung des Subjekts. Lacans Psychoanalyse. Berlin: Parodos.

Chalmers, David (2004). How can we construct a science of consciousness? In: Gazzaniga, M. (Hrsg.). The Cognitive Neurosciences III, Cambridge, Mass.: MIT Press, S. 1111–1120.

Dali, Salvador (1974). Unabhängigkeitserklärung und Erklärung der Rechte des Menschen auf seine Verrücktheit. Matthes, A. & Stegmann, T. D. (Hrsg.). München: Rogner & Bernhard.

Dali, Salvador (1973). Die Eroberung des Irrationalen. Berlin: Ullstein.

Danziger, Kurt (1980). The History of Introspection Reconsidered. Journal of the History of the Behavioral Sciences, 16, S. 241–262.

Fleck, Ludwik (1983). Erfahrung und Tatsache. Frankfurt a. M.: Suhrkamp.

Gebser, Jean (2010). Ursprung und Gegenwart. Erster Teil: Die Fundamente der aperspektivischen Welt. Beitrag zu einer Geschichte der Bewusstwerdung. Schaffhausen: Novalis.

Goody, Jack (1997). Representations and Contradictions. Ambivalence towards images, theatre, fiction, relics and sexuality. Oxford: Blackwell.

Gould, Glenn (1988). Ratschlag an eine Abschlussklasse. In: Denkanstöße '89, H. Bohnet-von der Thüsen (Hrsg.). München: Piper, S. 13–15.

Günzel, Stephan / Mersch, Dieter (2014). Bild. Ein interdisziplinäres Handbuch. Stuttgart: Metzler.

Herpertz-Dahlmann, Beate / Resch, Franz / Schulte-Markwort, Michael / Warnke, Andreas (2008). Entwicklungspsychiatrie. Biopsychologische Grundlage und die Entwicklung psychischer Störungen. 2. Auflage. Stuttgart: Schattauer.

Hidaka, Branden H. (2012). Depression as a disease of modernity: explanations for increasing prevalence. Journal of Affective Disorders, 140 (3), S. 205–214. doi: 10.1016/j.jad.2011.12.036.

Köhler, Henning (2006). Vom Rätsel der Angst. Wo die Angst begründet liegt und wie wir mit ihr umgehen können. 4. Auflage. Stuttgart: Freies Geistesleben.

Kühlewind, Georg (1984). Das Licht des Wortes. Welt, Sprache, Meditation. Stuttgart: Freies Geistesleben.

Kuhn, Thomas (1968/1997). Die Struktur wissenschaftlicher Revolutionen. 14. Auflage. Frankfurt a. M.: Suhrkamp.

Lüthy, Michael (2006). Subjektivität und Medialität bei Cézanne – mit Vorbemerkungen zu Dürer, Kerstings und Manet. In: Lüthy, Michael / Menke, Christoph (Hrsg.). Subjekt und Medium in der Kunst der Moderne, Berlin: Diaphanes, S. 189–207. Merleau-Ponty, Maurice (1962/1965). Phänomenologie der Wahrnehmung. Berlin: De Gruyter.

Merleau-Ponty, Maurice (1945/2003). Der Zweifel Cézannes. In: ders. (Hrsg.): Das Auge und der Geist. Philosophische Essays. Hamburg: Meiner, S. 3–21.

Oevermann, Ulrich (2008). „Krise und Routine" als analytisches Paradigma in den Sozialwissenschaften (Abschiedsvorlesung). Online: https://www.agoh.de/lit/index.php?action=resource_R ESOURCEVIEW_CORE&id=1686 (Abruf: März 2018).

Overgaard, Morten / Gallagher, Shaun / Ramsoy, Thomas Z. (2008). An integration of first-person methodologies in cognitive science. Journal of Consciousness Studies, 15/5, S. 100–120.

Petitmengin, Claire / Bitbol, Michel (2009). The validity of first-person descriptions as authenticity and coherence. Journal of Consciousness Studies, 16, S. 363–404.

Piccinini, Gualtiero (2003). Data from introspective reports – upgrading from common sense to science. Journal of Consciousness Studies, 10, S. 141–156.

Popper, Karl (1966/1989). Logik der Forschung. 9. Auflage. Tübingen: Mohr.

Steiner, Rudolf (1908/1993). Die Stufen der höheren Erkenntnis. (GA 12). Dornach: Rudolf Steiner Verlag.

Steiner, Rudolf (1914/1990). Der menschliche und der kosmische Gedanke. (GA 151). Dornach: Rudolf Steiner Verlag.

Steiner, Rudolf (1918/1958). Die Philosophie der Freiheit. Grundzüge einer modernen Weltanschauung. Seelische Beobachtungsresultate nach naturwissenschaftlicher Methode. (Neuauflage 1918). (GA 4). Dornach: Rudolf Steiner.

Steiner, Rudolf (1923/1989). Die pädagogische Praxis vom Gesichtspunkte geisteswissenschaftlicher Menschenerkenntnis. Die Erziehung des Kindes und jüngeren Menschen (GA 306). Dornach: Rudolf Steiner Verlag.

Steiner, Rudolf (1924/2003). Grundlinien einer Erkenntnistheorie der Goetheschen Weltanschauung. (Neuauflage 1824) (GA 2). Dornach: Rudolf Steiner Verlag.

Störig, Joachim (1999). Kleine Weltgeschichte der Philosophie. Frankfurt a. M.: Fischer.

Tangen, Jason / Murphy, Sean / Thompson, Matthew (2011). Flashed face distortion effect: Grotesque faces from relative spaces. Perception, 40, S. 628–630.

Twardella, Johannes (2010). Unterricht zwischen Krise und Routine. Wider eine kompetenztheoretische Verkürzung einer Theorie pädagogischer Professionalität. Sozialer Sinn, 1/2010, S. 79–93.

Twardella, Johannes (2006). Rezension zu Wernet, A. (2003). Pädagogische Permissivität. Schulische Sozialisation und pädagogisches Handeln jenseits der Professionalisierungsfrage. Zeitschrift für qualitative Bildungs-, Beratungs- und Sozialforschung, 7/1, S. 177–180.

Wagemann, Johannes (2010). Gehirn und menschliches Bewusstsein – Neuromythos und Strukturphänomenologie. Aachen: Shaker.

Wagemann, Johannes (2011). Meditation – Untersuchungsgegenstand, Forschungsmittel und Entwicklungsweg. Research on Steiner Education, 2/2, S. 50–65.

Wagemann, Johannes (2013). Entwurf eines sozialanthropologischen Strukturmodells pädagogischen Erkennens und Handelns. Research in Steiner Education, 3/2, S. 28–53.

Wagemann, Johannes (2015). Die Wandlung von Objekt und Subjekt im meditativen Erkennen. Research on Steiner Education, 6/2, S. 109–114.

Wagemann, Johannes / Weger, Ulrich (2015). Bedingungen und Möglichkeiten einer Psychologie der ersten Person. E-Journal Philosophie der Psychologie, S. 1–25.

Wagemann, Johannes (2016). Erkenntnisgrundlagen der Waldorfpädagogik. In: Schieren, Jost (Hrsg.). Handbuch Waldorfpädagogik und Erziehungswissenschaft. Weinheim: Beltz Juventa, S. 31–81.

Wagemann, Johannes (2017). Zur Anthropologie der Waldorfpädagogik. Ein bewusstseinsphänomenologischer Zugang. Research on Steiner Education, 8/1, S. 1–21.

Wagemann, Johannes (2018). The Confluence of Thinking and Perceiving in Consciousness Phenomenology. Frontiers in Psychology, 8, doi: 10.3389/fpsyg.2017.02313.

Wagemann, Johannes / Edelhäuser, Friedrich / Weger, Ulrich (2018). Outer and Inner Dimensions of the Brain-Consciousness Relation – Refining and Integrating the Phenomenal Layers. Advances in Cognitive Psychology, 14 (4) (im Druck).

Waldenfels, Bernhard (2006). Grundmotive einer Phänomenologie des Fremden. Frankfurt a. M.: Suhrkamp.

Weger, Ulrich / Meyer, Andreas / Wagemann, Johannes (2016). Exploring the behavioral, experiential, and conceptual dimensions of the self. Introducing a new phenomenological approach. European Psychologist, 21/3, S. 180–194.

Wen, Tanya / Kung, Chun-Chia (2014). Using functional magnetic resonance imaging to explore the flashed face distortion effect. Journal of Vision, 14/12, doi: 10.1167/14.12.29.

Witzenmann, Herbert (1971/1993). Über einen Weg zur Erarbeitung der Anthroposophie. In: ders.: Das Rebenschiff. Sinnstiftung im Kulturniedergang. Dornach: Spicker.

Witzenmann, Herbert (1983). Strukturphänomenologie. Vorbewusstes Gestaltbilden im erkennenden Wirklichkeitenthüllen. Ein neues wissenschaftstheoretisches Konzept im Anschluss an die Erkenntniswissenschaft Rudolf Steiners. Dornach: Spicker.

Witzenmann, Herbert (1985). Erkenntniswissenschaftliche Bemerkungen zur Bildhaftigkeit des übersinnlichen Schauens. In: ders.: Verstandesblindheit und Ideenschau. Die Überwindung des Intellektualismus als Zeitforderung. Dornach: Spicker.

Witzenmann, Herbert (1986). Die Voraussetzungslosigkeit der Anthroposophie. Eine Einführung in die Geisteswissenschaft Rudolf Steiners. Stuttgart: Freies Geistesleben.

Witzenmann, Herbert (1989a). Sinn und Sein. Der gemeinsame Ursprung von Gestalt und Bewegung. Zur Phänomenologie des Denkblicks. Ein Beitrag zur Erschließung seiner menschenkundlichen Bedeutung. Stuttgart: Freies Geistesleben.

Witzenmann, Herbert (1989b). Was ist Meditation? Eine grundlegende Erörterung zur geisteswissenschaftlichen Bewusstseinserweiterung. Dornach: Spicker.

Witzenmann, Herbert (1994). Die Kategorienlehre Rudolf Steiners. Krefeld: Spicker.

Wulf, Christoph (2014). Bilder des Menschen. Imaginäre und performative Grundlagen der Kultur. Bielefeld: transcript.

Anmerkungen

1 Christoph Wulf spricht etwa vom „Zwangscharakter des Imaginären", betont demgegenüber aber auch die „Performativität der Imagination" (Wulf 2014, S. 13).

2 www.youtube.com/watch?v=wM6lGNhPujE

3 „Die Sinne sind Werkzeuge der Dekomposition (Entstaltung) der wirklichen (aus Einzelheiten und Zusammenhängen zusammengesetzten) Gebilde, welche durch die begriffliche Ergänzung ihrer nur wahrnehmlichen Bestandteile rekomponiert werden. Die Sinne sind Entstaltungs- und Desorientierungsfaktoren, weil sie die Bindungen aus dem Zusammenhalt der Gebilde weglassen. Gebilde entstehen daher durch die Vereinigung von Wahrnehmungen und Begriffen" (Witzenmann 1989a, S. 16).

4 „Durch einen eindeutig paranoischen Vorgang ist es möglich geworden, ein doppeltes Vorstellungsbild zu erhalten: das heißt die Darstellung eines Gegenstandes, die ohne die mindeste figürliche oder anatomische Veränderung gleichzeitig die Darstellung eines anderen, völlig verschiedenen Gegenstandes ist, auch sie frei von jeder irgendwie gearteten Verzerrung oder Anomalität, die auf ein Arrangement schließen ließe" (Dali 1974, S. 132).

5 Georg Kühlewind empfiehlt Bindewörter zur Meditation und nennt sie „die am lebendigsten gebliebenen Gelenke und Wendepunkte der Sprache und des Denkens" (Kühlewind 1984, S. 73). Herbert Witzenmann beginnt seine Ausführungen zur Frage „Was ist Meditation" mit einer Betrachtung der unscheinbaren Worte „mit", „ohne" und „und" und weist sie als „Boten des Zusammenhangs", als „übersinnliche Worte" aus (Witzenmann 1989b, S. 27).

6 In seiner Strukturphänomenologie bezeichnet Witzenmann diese Stufen der strukturbildenden Funktion des Begriffs in absteigender Folge als „Aktualisierbarkeit" (Urbild), „Intentionalisierbarkeit" (Inbild), „Metamorphierbarkeit" (Umbild) und „Inhärierbarkeit" (Abbild) (Witzenmann 1983, S. 45/46).

7 „Die Theorie ist das Netz, das wir auswerfen, um ‚die Welt' einzufangen – sie zu rationalisieren, zu erklären und zu beherrschen" (Popper 1966/ 1989, S. 31).

Wolf-Ulrich Klünker
Imagination und Wirksamkeit

1 Einleitung

Bei diesem Beitrag handelt es sich nicht um eine wissenschaftliche Darstellung im konventionellen Sinn, sondern um ein bescheidenes menschenkundliches und methodisches Manifest. Aufgerufen werden soll zu einem Umdenken in der Anthropologie und in der Psychologie, aber auch in der Anthroposophie, und zwar prinzipiell: Überwunden werden sollen Deutungen und Beschreibungen; es soll durchgestoßen werden zu einer Ebene der *Wirksamkeit.* Wenn ein Durchbruch zu geistiger Kraftwirkung nicht gelingt, bleiben die Geisteswissenschaften und auch die Geisteswissenschaft (Anthroposophie) wissenschaftlich und zivilisatorisch notwendig marginal. Wissenschaftliche Wirksamkeit setzt allerdings den Mut voraus, Wissenschaft und Erkenntnis nicht nur als *Beschreibung* von Wirklichkeit zu verstehen, sondern auch als Ansätze zur Realitätskonstitution. Und es wäre zu begreifen, dass eine solche wissenschaftliche Wirksamkeit einer grundlegenden Kraft, Ausrichtung und Intention eines jeden Menschen entspricht. Letztlich handelt es sich dabei, wie im Folgenden dargelegt werden soll, um eine imaginative Fähigkeit – um eine Kraft der aktiven und intentionalen Bildung von Zusammenhängen und (Erlebnis-)Bildern: als Voraussetzung und nicht nur als Wirkung von Wahrnehmungen. In der Kindheit wird diese Fähigkeit im Umgang mit Märchen- und Phantasiewelten eingeübt.

2 Wirklichkeit der Wahrnehmung

Ohne Selbstermutigung des Forschers ist dieser Durchbruch nicht möglich: weil gegenwärtig gewisse Gepflogenheiten (um nicht zu sagen Konventionen) wissenschaftlicher Diskurse weitestgehend unhinterfragt praktiziert werden und sich somit als Denkhemmungen etablieren konnten. Man müsste demgegenüber beispielsweise wagen zu denken, dass die Sinneswahrnehmung beim Menschen von der des Tieres absolut unterschieden ist; dass Wirklichkeit kein bewusstseinsfreies Substrat und auch keine objektive bewusstlose Biologie sein kann; dass Empfindung, Erleben und Bewusstsein

nicht nur subjektives Abbild einer gegebenen Wirklichkeit sind, das bestenfalls „objektivierbar" ist; dass es (und hier könnte man sich, wenn man
wollte, auf die „Metaphysik des Aristoteles" berufen) wissenschaftlich sinn-
los ist, eine Wirklichkeit ohne Mensch anzunehmen; und dass es schließlich,
daraus folgend, zwar unbestreitbar bleibt, dass nicht alles Wahrnehmbare
stets wahrgenommen wird, dass aber eine Wirklichkeit des Wahrnehmbaren
nur sinnvoll vorausgesetzt werden kann, wenn es Wahrnehmende (Menschen) gibt. Die letzte Formulierung könnte sich auf Aussagen des Thomas
von Aquin in seiner „Physik" stützen. Sie besagt in letzter, heute mit etwas
wissenschaftlichem Mut durchaus vollziehbarer Konsequenz, dass jede Zeit
und jeder Raum kosmischer Entwicklung nicht unabhängig vom menschlichen Bewusstsein gedacht werden dürfen.

3   Imagination ermöglicht Wahrnehmung

Wenn ich nachts auf einem Autobahnparkplatz „zufällig" und überraschend Glühwürmchen zwischen den Blättern der Sträucher sehe, kann ich
letztlich die „Wahrnehmung" nicht frei von dem Begriff Imagination verstehen. Wenn nicht imaginative Kräfte in diese Wahrnehmung und das entsprechende Erleben hineinwirken würden, würden sich die Glühwürmchen für
mich in Intensität, Bedeutsamkeit und Innigkeit meines Erlebens nicht von
beispielsweise den Straßenlaternen in der Ferne unterscheiden. In diese die
Wahrnehmung nicht nur begleitende, sondern sie mitkonstituierende Imagination spielen selbstverständlich biografische Erfahrungen hinein (etwa
entsprechende Erlebnisse in der Kindheit oder die Tatsache, dass ich viele
Jahre lang keine Glühwürmchen mehr gesehen habe). In dem imaginativen
Geschehen, das das hier gemeinte Wahrnehmungserleben ermöglicht, wirken auch sehr individuelle Kräfte, die in gewisser Hinsicht sogar als Voraussetzung und Grundlagen meiner Biografie gelten können – beispielsweise
eine gewisse Sensibilität für „leise" Elementarscheinungen, die als Emp-
findungsregulation auch im eigenen Organismus biologische Prozesse individualisiert. Diese individuellen Kräfte sind nicht nur momentan in der
Wahrnehmung und im seelischen Erleben wirksam, sondern können auch
als Teil der Kraft angesehen werden, die organisch die Voraussetzungen für
Wahrnehmungen schafft. Auf den Grad der Wirksamkeit und der Bewusst-
heit dieser imaginativen Kräfte kann ich geistig-seelisch Einfluss nehmen,
beispielsweise durch ein erkenntnisorientiertes Interesse an Insekten oder
auch einfach durch die Aufmerksamkeit, durch die ich solche sich nicht mas-
siv aufdrängenden Naturereignisse bemerke. Bei genauerem Hinsehen wird
sogar deutlich, dass zu diesen imaginativen Kräften selbst die Stimmung und

Witterung des Sommers bzw. der Sommernacht gehören. Auch diese ist nicht von meinem Erleben zu abstrahieren, und ihre „Objektivität" besteht nicht in Datumsangaben oder in Zahlen der Temperaturmessung – denn Letztere wären ohne meine „subjektive" Erlebniserfahrung (und auch ohne das „subjektive" Erleben anderer Menschen) in keiner Weise aussagefähig.

Das Gesagte gilt auch etwa für die Planetenkonstellation und die totale Mondfinsternis in der jüngsten Vergangenheit (August 2018 und Januar 2019). In einer solchen kosmischen Situation wird klar erlebbar, wie sich Planeten von Sternen unterscheiden (im und für das Erleben, damit aber auch in ihrem „Ansich", das nur abstrakt und wirklichkeitsfern vom menschlichen Erleben zu trennen ist). Die besonders intensive Wirkung des Planeten Mars kann durch die Entfernungsangabe, die seine ungewöhnliche gegenwärtige Nähe zur Erde beziffert, nur begleitend illustriert, aber in keiner Weise begründet oder zureichend beschrieben werden. In das Erleben des Planeten Mars kann im Sinne der gemeinten imaginativen Kraft hereinspielen, was derzeit an Erfahrungen zu kriegerischer Auseinandersetzung auf der Erde möglich ist – aber auch die Empfindung von deren Überwindung und Befriedung. Die gleichzeitige hervorragende Position des Saturn könnte über die Sichtbarkeit hinaus vertieft werden, etwa durch die Kenntnis des geisteswissenschaftlichen Zusammenhangs von Saturn und Ich-Entwicklung. Wenn in dieser planetarischen Konstellation auch Jupiter hervortritt, so fließt in Wahrnehmung und Erleben vielleicht eine Vorstellung davon ein, dass mit dem Begriff „Jupiter" geisteswissenschaftlich neben anderen Aspekten die Zukunft der Erdentwicklung angesprochen ist. Und die konstellativ ebenfalls wirksame Venus umfasst eventuell im Erleben auch die leise und untergründige Empfindung, dass eine neue Beziehung zu Gefühlskräften für die eigene Entwicklung zunehmend relevant wird.

Entscheidend ist nun bei all diesen Aussagen nicht ihr „Wahrheitsgehalt", sondern die ungewohnte Tatsache, dass sie hier nicht als Deutungen, nicht als seelische oder geistige Amplifikationen des planetarischen Geschehens und auch nicht als persönliche „subjektive" Perspektiven verstanden werden – sondern als unterschiedliche Ausprägungen derjenigen imaginativen Kraft, die *auch* in dem am Himmel Sichtbaren wirksam ist. Mit anderen Worten: Das vorgeschlagene Verständnis von Imagination verzichtet auf vorschnelle (und fast schon automatisierte) psychologische, physiologische, naturwissenschaftliche und auch spirituelle Deutungsmuster; vielmehr wird erwartet, dass der angedeutete Gedankengang ernst genommen, mitempfunden und weitergedacht wird. Dieser Gedankengang lautet probehalber: Die hier gemeinte imaginative Kraft ist in allen Elementen des angesprochenen Wahrnehmungsgeschehens wirksam und ermöglicht dieses Geschehen erst bis in die irdischen, kosmischen und physiologischen Wahrnehmungsvoraussetzungen hinein, die ohne das Empfinden des wahrnehmenden Ichs nicht sinnvoll gedacht werden können. Man kann diese Kräfte, anknüpfend an entsprechende kindliche Erfahrungen, als Phantasie- oder „Märchenschicht" bezeichnen; in dem Sinne, dass bestimmte sensible Erlebniserfahrungen Ausdruck wirksamer Kräfte sind und letztlich die Voraussetzung einer wirklich individuellen Welterschließung bilden. Ein Wahrnehmungserleben, das sich biografisch nicht aus dieser so verstandenen „Märchenschicht" entwickelt, bleibt tendenziell stumpf, abbildhaft, wenig individualisiert. Denn die „Märchenschicht" wirkt im Erwachsenenalter als eine gewisse ästhetisch-phantasievolle Fähigkeit im Hintergrund beim Aufbau von Wahrnehmungen; das soll im Folgenden verdeutlicht werden.

4 Sensibilität des Ichs

Wenn Wissenschaft den Bereich der Wirksamkeit erreichen und selbst zur wirksamen Kraft werden will, muss sie ihr Selbstverständnis ändern. Wissenschaftliche Wahrheit kann dann nicht nur als Beschreibung, Abbild oder Deutung gegebener Wirklichkeit gelten, sondern der Wahrheitsbegriff müsste auch die Konstitution von Wirklichkeit durch wissenschaftliches Bewusstsein umfassen. Gerade im Verständnis der körperlichen, seelischen und geistigen Aspekte menschlicher Existenz könnte Wissenschaft so in verschiedener Hinsicht die von Rudolf Steiner mehrfach wiederholte Grundaussage belegen: Der Mensch wird zunehmend zu dem, als was er sich zu denken vermag (Steiner 2005, S. 99ff.).[1] – Um ein therapeutisches Bild zu verwenden: Es wäre falsch, anzunehmen, dass das auf die Wunde geklebte Pflaster die Heilung bewirkt – ebenso wenig führt bei einem Knochenbruch die Schiene zur Gesundung, und auch eine Operation als solche ist nicht die Ursache der Heilung. In allen Fällen stellen die genannten Maßnahmen lediglich die Voraussetzungen für die Wirkung von Selbstheilungskräften des Organismus her. Ähnliches gilt übrigens auch für psychologische und sozialtherapeutische Methoden und Interventionen.

Organische, seelische und soziale Selbstheilungskräfte aber hängen nicht allein von der *Funktion* des Organs bzw. des seelischen oder körperlichen Organismus ab; vielmehr wirkt in den lebendigen Funktionen permanent eine bestimmte *Sensibilität* der Individualität. Diese Sensibilitätskräfte des Ichs sind auch in der menschlichen Sinneswahrnehmung wirksam. Ebenso wie der Organismus nicht nur aus seiner Funktionalität zu verstehen ist, sondern die Funktion des Organs von der gegenseitigen Sensibilität der Organe (in der Individualität veranlagt) begründet und gesund erhalten werden muss, wirkt individuelle Sensibilität auch in jedem Wahrnehmungsvorgang: Er spiegelt nicht nur gegebene Wirklichkeit ab, sondern ist selbst Spiegel und Wirkung meiner individuellen Sensibilität. Die dem individuellen Leben zugrundeliegende Sensibilität tritt im Bewusstsein als Selbst- und Lebensgefühl auf; beide sind stark von der eigenen Begrifflichkeit und meinem Denken über mich selbst bestimmt.

Darin unterscheidet sich die Sensibilität des Menschen von derjenigen des Tieres. Heilung des tierischen Organismus muss ebenfalls von den genannten Selbstheilungskräften getragen sein; auch in dem Wahrnehmungsvorgang beim Tier fließen sensible Prozesse ein – aber die Ich-Individualität des Menschen stellt permanent *denkend* Zusammenhänge her, die in ihrer Empfindungsresonanz auf die entsprechende Sensibilität beispielsweise der Wahrnehmung einwirken. So wird das menschliche Wahrnehmungsbewusstsein von dieser denkenden Zusammenhangsbildung getragen, während das Tier in der Wahrnehmung stärker an die Abfolge der jeweiligen Lebensgewohnheiten und Umgebungssituationen gebunden ist. Der hier intendierte Begriff der Imagination umfasst auch die damit angesprochene Zusammenhangsbildung, in der vom Denken her individuell ein Empfindungsraum eröffnet wird, der mich (wiederum völlig individuell, aber nicht nur innerseelisch oder psychologisch, sondern elementar) mit der Natur und sonstiger Umgebung verbindet. Diese Imagination wirkt in der Biografie von Anfang an, und es wäre zu fragen, ob eine geisteswissenschaftliche Menschenkunde in ihr nicht auch eine vorgeburtliche Lebensintention identifizieren kann.

Zum Verständnis des damit Angedeuteten ist es notwendig, die Entstehung der verschiedenen Formen und Bereiche der Sensibilität von der jeweiligen Situation, beispielsweise der Wahrnehmung oder der Heilung, gesondert zu betrachten. Die individuelle Sensibilität entsteht im gesamten Lebensprozess des Menschen und kann zunächst wenig von aktuellen Bewusstseinsprozessen beeinflusst werden. Es handelt sich dabei nicht um einen Vorgang, der rein psychologisch oder biografisch erfasst werden könnte; Selbst- und Lebensgefühl der Individualität bilden sich vielmehr als Gesamtzusammenhang etwa auch meiner Verbindung mit der Außenwelt und mit der Natur. Außenwelt und Natur nehmen in der hier gemeinten Sensibilität eine absolut individuelle Gestalt an, die von einigen Menschen auch als „Heimat" oder in dem Gefühl innerer Zugehörigkeit erlebt werden kann. In heutiger Betrachtung kann man davon ausgehen, dass Rudolf Steiners Begriff der Äthergeografie letztlich auf ein Bewusstsein für diesen Subjekt-

Objekt-Zusammenhang bzw. für solche Innen-Außen-Verhältnisse hinausläuft (Steiner 2005, S. 47ff.): Meine Beziehung zu meiner Umgebung lässt mich Letztere als äußeres Bild meiner selbst erleben, während ich selbst in Empfindung, Wahrnehmung und Selbstgefühl eine Art Bewusstsein für diese Umgebung bzw. dieser Umgebung (Genetivus subjectivus!) bilde. Gelingt eine solche Beziehungsbildung nicht, so können aus Isolationserfahrungen Krankheitsursachen entstehen.

Die „Wahrheit" solcher Imaginationskräfte und von imaginativen Zusammenhängen kann nicht durch eine Bezugnahme auf eine bereits gegebene Wirklichkeit bestimmt werden.

> „Vielmehr meint die Wahrheit von Imaginationen einerseits die Tendenz und Fähigkeit, dass aus ihnen heraus eine zukünftige, also noch nicht vorfindliche Wirklichkeit hervorgehen kann. Andererseits bezieht sich die Wahrheit von Imaginationen aber auch auf ihre seelische Innenwirkung für das menschliche Ich: auf die Fähigkeit der imaginativen Kraft, nicht nur den subjektiven Erlebnisraum, sondern in ihm auch die wirkliche Welt- und Menschenverbindung zu vertiefen und in der Welt nicht nur das objektive Gegenüber, sondern auch den Raum eigener Wirklichkeitsgestaltung zu erleben" (Klünker 2011, S. 79f.).[2]

5 Imagination und wissenschaftliches Denken

Eine Wissenschaft, die imaginative Wirklichkeit erschließt, müsste selbstverständlich ein altes wissenschaftliches Erkenntnisprinzip einlösen: adaequatio intellectus ad rem, die Angleichung des Denkens oder der Methode an den Gegenstand. Eine solche Wissenschaft müsste also selbst imaginativ vorgehen, damit den Wirklichkeitsbereich aktiver Imaginationsbildung betreten und diese nicht nur postulieren oder beschreiben. Interessant wäre eine Überprüfung, ob nicht bereits einige, insbesondere naturwissenschaftliche Vorgehensweisen in diesem Sinne „imaginativ" sind, sich aber selbst als deskriptiv missverstehen – man denke etwa an Annahmen zur Natur des Lichtes oder zu Entwicklungszuständen des Universums. Auf jeden Fall wäre ein solcher wissenschaftlicher Ansatz wissenschaftshistorisch nicht isoliert. Beispielsweise haben Albertus Magnus, Thomas von Aquin und Meister Eckhart im 13. Jahrhundert sowie Nicolaus Cusanus im 15. Jahrhundert wissenschaftlich vorausgesetzt „Opus naturae est opus intellectus": Das Werk der Natur ist das Werk des Denkens (Nikolaus von Kues 1464/1970, Kap. 11, Anm. 3). Zudem spricht Albertus Magnus davon, dass der erkennende und erlebende Mensch an den geistigen Formkräften, die in der Natur wirksam sind, teilhat und sie gleichsam erlösen kann (Klünker 1998, S. 80ff.). Ein ähnlich imaginatives Naturverständnis deutet sich an vielen Stellen mittelalterlicher Physik an, wenn darauf hingewiesen wird, dass die Natur in ihrer sinnlich gegebenen Existenz eine Ruine sei, deren Erkenntnis vom Menschen gleichsam nur imaginativ durch die Verbindung mit der erlösenden Wirkung Christi möglich ist.

Zudem bezeichnet Albertus in einer Schrift, die demnächst erstmals in deutscher Übersetzung erscheinen wird, die Farben als vom Menschen in der Wahrnehmung intentioniertes Licht (Albertus Magnus 1260/1975, S. 29).[3] Diese Formulierung berührt die Tatsache, dass die Farbe nicht nur ein „objektives" Merkmal der Gegenstandsoberfläche ist; vielmehr stellt sie subjektiv-objektiv und objektiv-subjektiv eine Wirklichkeit der Wahrnehmung dar. Gehen die Intentions- bzw. Imaginationskräfte des wahrnehmenden Ichs zurück, so wird die Farbwelt zunehmend dumpf, und man benötigt Schockfarben, um überhaupt noch etwas zu sehen. Es entsteht dann, namentlich auch bei Kindern, die Tendenz, lediglich noch schwarz-weiß wahrnehmen zu können. Voraussetzung für ein angemessenes Verständnis dieser Situation ist allerdings, hier nicht eine vorschnelle Psychologisierung vorzunehmen und zu unterstellen, es gäbe eine Objektivität der Farben unabhängig von der Subjektivität der Wahrnehmung. Demgegenüber kann gerade am Farberleben deutlich werden, wie stark imaginative Kräfte Wirklichkeit konstituieren. Hegel unterstreicht: Nicht nur der Gegenstand ist rot, sondern auch mein Sehen und mein Auge (Hegel 1822–1831/1971, S. 211). Einige Jahrzehnte zuvor hatte Schelling postuliert, Natur zu erkennen, bedeute, Natur zu schaffen (und eben, wie beim Farbenverständnis, nicht nur abzubilden); „so muss vorerst der Punkt gefunden werden, von welchem aus die Natur ins Werden gesetzt werden kann" (Schelling 1799/1982, S. 5).

Der Begriff der Imagination könnte ermöglichen, an bildhaft-allgemeine und zunächst auch leicht überzogen wirkende Andeutungen Rudolf Steiners nach fast hundert Jahren anzuknüpfen und sie im Hinblick auf eine Wissenschaft der Bewusstseinsseele zu konkretisieren. In einer seiner letzten mündlichen Darlegungen hat Rudolf Steiner im September 1924 eine Art Extremimagination angeregt. Der Umgang mit ihr kann im besten Sinne Übungscharakter besitzen: sich im Hinblick auf die Farbwahrnehmung, beispielsweise im Bereich der Natur, vorzustellen, dass alle sichtbaren Farben durch eine Art Heruntertransformieren eines großen kosmischen Blitzes entstehen (Steiner 2001, S. 242ff.). Sich vorzustellen, wie, etwa bei einer roten Rose, dieser kosmische Blitz in die Farbe der Blüte übergeht, von der wiederum kleine „Blitze" ausgesandt werden, die der Aktivität der Augen begegnen – und man kann noch weiter gehen, indem man die Augenaktivität ihrerseits als ein kleines Blitz-Licht-Geschehen begreift. Ein längerer Umgang mit dieser Übungsvorstellung kann heute verdeutlichen, wie viel Willens- und Intentions-, (im obigen Sinne Imaginations-)Kraft in der Wahrnehmung, die „naiv" als passiv erlebt wird, wirksam ist. Dieses Erleben zeigt dann auch, dass ich nicht nur subjektiv als Beobachter einer objektiven Welt gegenüberstehe; dass das Äußere nicht nur Nicht-Ich, sondern auch peripheres Ich ist; dass demgegenüber mein zentrales Ich-Erleben nicht nur mich, sondern auch die Welt beinhaltet.

Dieser Zusammenhang von Ich und Welt sollte hier anfänglich als Imagination begriffen werden: als Wirksamkeit gleichermaßen des Bewusstseins und des Seins. Die darauf sich richtende wissenschaftliche Bemühung könnte allmählich in kleinen Schritten menschen- und naturkundlich fruchtbar machen, was Rudolf Steiner anscheinend fast intuitiv und noch wenig differenziert formulierte: „Das kann der Mensch aber durchaus erreichen, dass er diese Welt, die sonst für ihn nur vorliegt als die Welt der Wirkungen, kennenlernt als die Welt seiner eigenen Bildung" (Steiner 1994, S. 59).

Damit wird zusammengefasst, was kurz zuvor im Hinblick auf einen zukünftigen imaginativen Ansatz wissenschaftlichen Denkens, der Mensch und Welt verbindet, expliziert wurde:

> „Wenn wir dasjenige, was sonst als Sinnesempfindung auftritt, aus uns selbst schöpfen und dann außer uns versetzen könnten, dann würden wir das erst in uns Gefundene in den Dingen ebenso finden, ja, auf uns zuruckschauend, es wiederfinden, wie wir das als Raum in uns Erlebte in der Außenwelt finden, und, auf uns zurückschauend, uns selbst diesem Raum angehörend finden" (ebd., S. 58f.).

Literatur

Albertus Magnus (1260/1975). De unitate intellectus. Ed. Alfonsus Hufnagel. In: ders. (1975): Opera omnia XVII, I. Münster i. W. (lateinischer Text).

Hegel, Georg Wilhelm Friedrich (1822–1831/1971). Vorlesungen über die Geschichte der Philosophie. Frankfurt a. M.: Suhrkamp.

Klünker, Wolf-Ulrich (1998). Nur der Mensch. Menschliche Seele und Erde im Werk des Albertus Magnus (De intellectu et intelligibili II, XII). In: Dorka, Rolf / Gehlig, Roselies / Schad, Wolfgang / Scheffler, Armin (Hrsg.) (1998). Zum Erstaunen bin ich da. Forschungswege in Goetheanismus und Anthroposophie. Dornach: Verlag am Goetheanum, S. 80–83.

Klünker, Wolf-Ulrich (2011). Die Empfindung des Schicksals. Biographie und Karma im 21. Jahrhundert. Stuttgart: Freies Geistesleben.

Nikolaus von Kues (1464/1970). Kompendium. Hrsg. von Bruno Decker und Karl Bormann. Hamburg: Meiner.

Schelling, Friedrich Wilhelm Joseph (1799/1982). Erster Entwurf eines Systems der Naturphilosophie. In: ders. (1982): Schriften von 1799–1801. Darmstadt: WBG.

Steiner, Rudolf (1994). Damit der Mensch ganz Mensch werde. Die Bedeutung der Anthroposophie im Geistesleben der Gegenwart. Haager Hochschulkurs. 1922 (GA 82). 2. Auflage. Dornach: Rudolf Steiner Verlag (Vortrag vom 8.4.1922).

Steiner, Rudolf (2001). Vorträge und Kurse über christlich-religiöses Wirken V: Apokalypse und Priesterwirken. 1924 (GA 346). 2. Auflage. Dornach: Rudolf Steiner Verlag (Vortrag vom 21.9.1924).

Steiner, Rudolf (2005). Individuelle Geistwesen und ihr Wirken in der Seele des Menschen. 1917 (GA 178). 5. Auflage. Dornach: Rudolf Steiner Verlag (Vortrag vom 13.11.1917).

Anmerkungen

1 Diese Aussage wird im gesamten Vortrag in unterschiedlichen Formulierungen expliziert.

2 In der zitierten Monografie finden sich weitere Hinweise auf die imaginative Verbindung von Natur und Individualität.

3 Eine kommentierte lateinisch-deutsche Ausgabe der Schrift von Albertus Magnus: De unitate intellectus. Hrsg. von Wolf-Ulrich Klünker und Henryk Anzulewicz, wird 2019 im Verlag Frommann-Holzboog erscheinen.

Angelika Wiehl
Bildverlust und Bildfähigkeit.
Zu den Grundlagen des bildhaften Unterrichts in der Waldorfpädagogik

1 Einleitung

Lehren und Lernen ohne Bildmedien sind nicht mehr denkbar. Sei es die klassische Schultafel, die selbst in abgelegenen Gebieten der Erde Einzug in Unterrichtsräume gehalten hat, sei es das bebilderte Schulbuch, das seit Comenius' „Orbis sensualium pictus", einem der ersten didaktischen Bilderbücher für Kinder, Verbreitung fand, seien es die Prinzipien des Anschauungsunterrichts bzw. die Anschauungsmaterialien, die seit Pestalozzi in unterschiedlicher Weise zur Grundlage des Lernens wurden, oder die Bildpräsentationen mittels digitaler Medien – die Verwendung des Bildes als Lehr- und Lerngegenstand ist der Schulpädagogik unwiderrufbar eingeschrieben. Bildmedien dienen dem assoziativen Vorstellen und dem gedächtnisbildenden Lernen, wie im privaten Leben Bilder, früher Ölgemälde, Zeichnungen und Drucke, heute Fotografien und Videos, für eine an Bildpräsentationen gebundene Erinnerungskultur bürgen. In der modernen auf visuelle Erfahrungen bauenden Gesellschaft käme ein „Bildverlust" jener Prüfung gleich, die Peter Handke in dem gleichnamigen Roman wortentsprechend bewirkt durch seine Art der Schilderung einer stetigen Suchbewegung zwischen den äußeren Wahrnehmungen, die das Vorstellen der Leser*innen begünstigen, und dem Auftauchen innerer Bilder, die zum Innehalten veranlassen (Handke 2002). Ihr Verschwinden bedeutet Orientierungslosigkeit und Verunsicherung, aber auch Öffnung für Neues. Handkes Erzählung dokumentiert keine vorgestellten Bilder, sie lässt sie erst entstehen, aber nicht beliebig assoziativ, sondern bewusst. Verpasse ich als Leser*in den Gedanken-Vorstellungs-Fluss, falle ich aus der Bildbewegung heraus und bin mir selbst überlassen! In diesem Dazwischen und der Rückkehr zur mitvollziehenden, in sich ruhenden Vorstellung wird die Fähigkeit des selbstgestaltenden imaginativen Bildens möglich (Steiner 1983, S. 26); ohne dieses sind wir dem Bildverlust oder dem Bildüberfluss der medialen Welt ausgeliefert.

Die medialen Repräsentationen bewirken genau das Gegenteil des imaginativen Bewusstseins, weil die Bildwahrnehmenden einerseits der sie überfordernden Bildfülle ausgesetzt sind, andererseits sich bestimmte Bilder durch Wiederholung, wie in der Werbung, nachhaltig und unveränderbar als Fixative einprägen. Damit ist allgemein die Wirkung der Bildmedien problematisiert und auf das Phänomen hingewiesen, dass sowohl die Bilderflut als auch die nachhaltigen Bildeinprägungen durch Abbildungen, Bildpräsentationen, Filme usw. ein besinnendes und imaginatives Verarbeiten des Bildhaften verhindern. Handke sucht dieser medialen Einflussnahme durch eine ungewöhnliche Erzählweise auszuweichen. In seiner Erzählung vom „Bildverlust" lesen zu lernen, heißt, die Bilder und Bildfähigkeit wiederzugewinnen und sich schöpferisch dem imaginativen Bild-en zu widmen – die Voraussetzung für Bildwahrnehmen, Bildverarbeiten und Bildgestalten.

Unter *Bildfähigkeit* soll hier sowohl das Wahrnehmen und Erinnern von Bildern, das innere nachbildende und phantasievolle Vorstellen als auch das schöpferische Imaginieren, also das auf eigener Aktivität beruhende Bildvermögen verstanden werden. Imaginieren und Imagination bedeuten in der Begrifflichkeit Rudolf Steiners – je nach Sinnzusammenhang – eine Form geistigen Bilderlebens und die bildhaft-schöpferische Tätigkeit – ohne Nachwirkungen der an der Sinneswelt gewonnenen Vorstellungen (Steiner 1983, S. 27f.; 2015). Der Begriff *Bildfähigkeit* wird für die folgenden Überlegungen weiter gefasst als Imagination, Vorstellung oder Phantasie; er beschränkt sich nicht auf das Erzeugen der Bewusstseinsinhalte, das aktive Imaginieren und das äußere Repräsentieren derselben; er beschreibt vielmehr die innere und die äußere *Tätigkeit* im Umgang und beim Entstehen jeder Art von Bild. Der hier verwendete Begriff *Bild* umfasst nach W. J. T. Mitchell fünf Typen der Bildlichkeit: grafische, optische, perzeptuelle, geistige und sprachliche Bilder (Mitchell 2018, S. 20f.). Die Bildfähigkeit beruht auf Bilderfahrungen mit allen Bilddimensionen, insbesondere zeichnet sie sich als individualisierende und selbstschöpferische Aktivität im Gewahrwerden der Bildwirkungen aus.

Bei der Begründung der Waldorfpädagogik spricht Rudolf Steiner von der Bildwirkung als „Resonanz des ganzen Menschen" (Steiner 1992, S. 44). Vergleichbar thematisiert Mitchell das „Eigenleben" oder „Begehren" der Bilder (Mitchell 2012, S. 18f.). Denn Bilder – innere wie äußere – sind keineswegs statisch, sondern lebendig, verwandlungsbereit, wirkmächtig und Resonanz erzeugend. Bezüglich der Bildfähigkeit gilt es daher das Augenmerk sowohl auf die Bilder und ihre Wirkung als auch auf die Produkteure und Rezipienten der Bilder zu lenken, denn beide bezeugen die schöpferische Kraft des Bildhaften.

Der „bildhafte Unterricht" bzw. das „bildhafte Lernen" ist ein Spezifikum der Waldorfpädagogik, für dessen Methodik von Rudolf Steiner viele exemplarische Hinweise vorliegen, die in der pädagogischen Praxis Anwendung finden und in einigen Studien reflektiert wurden (Nielsen 2004; Alphen 2011; Wiehl 2015). Sein Verständnis von bildhaftem Lernen ist eng verknüpft mit seiner Erforschung des Erkenntnisprozesses durch Wahrnehmen und Denken (Steiner 1995b) sowie der übenden Beobachtung des bildvorstellenden und bildschöpferischen bzw. imaginativen Bewusstseins (Steiner 1993b). Mit großem Interesse studierte Steiner die Schrift Margret McMillans, „Education through the Imagination" (1904) und sah darin die bildhafte Unterrichtsmethode veranlagt; aber McMillans Begriff der Imagination deutete er nur als „instinktiven Abglanz" (Steiner 1923, S. 33) dessen, was ihm als Imagination in der Selbstbeobachtung erkennbar war (Steiner 1993b). Die von ihm im Rahmen der anthroposophischen Geisteswissenschaft erforschten Aspekte des imaginativen Denkens und der Imagination werden hier als maßgeblich für das Konzept des bildhaften Lehrens und Lernens sowie für die Ausbildung der Bildfähigkeit expliziert.

Aus dieser Perspektive ist auch das Leitmotiv des bildhaften Unterrichts, Steiners Empfehlung an die Pädagogen, „die Dinge ins Bild zu verwandeln, denn das Bild bringt die Dinge, die wir dem Kinde beibringen wollen, eben tatsächlich an den Menschen heran" (Steiner 1993a, S. 93), zu verstehen. Darin deutet sich der Zusammenhang zwischen innerer und äußerer Bildfähigkeit an, die sich – mit Handke gesprochen – im „Bildverlust" als schöpferische Freiheit realisiert.

Diese Dimensionen der Bildfähigkeit als Grundlage des bildhaft-künstlerischen Unterrichts und dessen Prinzipien werden in folgenden Abschnitten herausgearbeitet. Vorab wird der wiederholt von Steiner kritisierte und in der Schulpädagogik unhinterfragte „Anschauungsunterricht" exponiert, anschließend die Disposition bildhaften Lernens und beispielhaft das phänomenologische Erkennen als bildhaftes Lernen erörtert und zuletzt ein Ausblick auf die Bildfähigkeit gegeben.

2 Anschauungsunterricht: Alles fängt mit der sichtbaren Welt an

In seiner Autobiografie erwähnt Goethe den „Orbis sensualium pictus", das lateinisch-deutsche Bilderbuch der „Sichtbaren Welt in Bildern", von Johann Amos Comenius (1658/1979), das er als Knabe studierte, „weil man noch keine Bibliotheken für Kinder veranstaltet" hatte (Goethe 1989, S. 35), und das bis Ende des 19. Jahrhunderts in zahlreiche Sprachen übersetzt zum selbsttätigen Lernen diente (Höfener 1979, S. 395). Im „Orbis pictus" schildert Comenius auf 150 Holzschnitten mit entsprechenden Wortlisten den Weg zum „wahrhaftigen Schauplatz der sichtbaren Welt" (Comenius

1658/1979). Dieser Prototyp bebilderter Lehrbücher, von deren Art und Aufmachung sich bis heute Lernerfolge versprochen werden, ist Ausdruck der auf sinnlicher Anschauung basierenden Didaktik und „Stufenleitermethode" seit Comenius (Wiehl 2015, S. 26ff.). Sie entstand unter dem Einfluss Francis Bacons und artikulierte sich in unterschiedlicher pädagogischer und fachlicher Ausprägung im „Anschauungsunterricht" von Pestalozzi, Spencer und Herbart bis hin zur Reformpädagogik Anfang des 20. Jahrhunderts (Oelkers 2005; Skiera 2003), beispielsweise auch in der Methode des „Bildhaften Gestaltens" als „Naturgemäßer Weg im Unterricht" (Kolb 1926, 1927). Das Veranschaulichen mittels Gegenständen und Abbildungen war die unhinterfragte Lehr- und Lernmethode, die Pestalozzi in seiner folgenreichen Schrift „Wie Gertrud ihre Kinder lehrt" (1801/2009) als „Anschauungskunst" bezeichnete, weil „die Anschauung das absolute Fundament aller Erkenntnis sei" und „jede Erkenntnis von der Anschauung ausgehen und auf sie [...] zurückgeführt werden" müsse (ebd., S. 178). Es gilt als seine Leistung, die „Anschauung" als eine Kunst oder Methode zu verstehen, die an Stelle einseitiger Lehrvermittlung das aktive Wahrnehmen zur Grundlage selbsttätigen Lernens macht (Takaya 2013). In diesem Sinne war die „Anschauung" ab dem 19. Jahrhundert „das zentrale Schlagwort" der Schulpädagogik, „um neue von alten Unterrichtsverfahren abzugrenzen" bzw. um selbstbestimmtes Lernen von Instruktion zu unterscheiden (Oelkers, S. 50). In der Reformpädagogik wurde „Anschauungsunterricht" oder „naturgemäßer Unterricht" als Gegenpol zum rein intellektuellen Lernen gesehen (ebd., S. 50f.). Man verkannte dabei, dass im vom sinnlichen Anschauungsgegenstand ausgehenden Lernen eine Abstraktion vom Gegenständlichen zum Ideellen vollzogen wird und ein begriffsbildender Erkenntnisprozess stattfinden muss, wenn die Dinge nicht – wie im „Orbis pictus" – nur benannt und selbsterklärend oder, weltbildlichen Vorstellungen entlehnt, memoriert werden.

Comenius kannte bei der Niederschrift der 1628 vollendeten, aber erst dreißig Jahre später veröffentlichten „Didactica magna" (Comenius 1658/1978) das „Neue Organon" von Francis Bacon (Schaller 2004, S. 57), der beabsichtigte, das „Werk des Geistes von Neuem beginnen zu wollen" und andere „Hilfsmittel" zu beschaffen, „damit der Geist von seinem Recht auf die Natur der Dinge Gebrauch machen kann" (Bacon 1620/1999, S. 13ff.). Dafür entwirft Bacon eine Wissenschaft, die auf der Verbindung der experimentellen und rationalen Fähigkeit des Geistes beruht (Krohn 1999, S. XV). Ihre Grundlage sollen sinnliche Erfahrungen und genaue Kenntnisse der „Dinge in der Natur" sein, unter der er „die Gesamtheit der sinnlich sichtbaren Welt versteht" (Gehrmann 2001, S. 58). Da er sowohl dem Verstand als auch den Sinnen misstraut, soll die „richtige Interpretation der Natur […] durch Einzelfälle und geeignet durchgeführte Experimente zustande" kommen (Bacon 1620/1999, S. 113); denn anders als die alltägliche und zufällige Erfahrung kann das Experiment wiederholt und überprüft werden.

Diese Hinwendung zur sinnlichen Welt, das genaue Anschauen der Dinge und die wiederholbare Erfahrung, spiegelt sich sowohl in den theologischen als auch in den schulpädagogischen Werken wider, die Comenius zum Zwecke des Wissenserwerbs und des Sprachenlernens *an* den Dingen der Welt verfasste. Sein Ansinnen, ein „enzyklopädisches Werk" zu verfassen, das alles Wissenswerte darbietet, begründet er bereits in dem Frühwerk „Vorrede zum Theatrum": „Weil […] diese Welt und die Betrachtung der Dinge sowie die Hl. Schrift dazu verhelfen, Erkenntnis zu gewinnen, und die zwei Ursprünge darstellen, aus denen die Weisheit strömt, so habe ich mir […] vorgenommen, beide zu verfolgen" (Comenius 1992, S. 71). Das zu seiner Zeit weitverbreitete Lateinlehrbuch „Janua linguarum reserata" (1629/1632), die „Sprachentür", konzipierte er als mehrsprachige Enzyklopädie für Kinder, die in hundert Sachgebieten und mit 8000 Wörtern „die ganze Weltordnung in ihren wesentlichen Zügen" aufzeichnet (Schaller 2007, S. 239). Alle Dinge werden – anders als im bebilderten „Orbis pictus" – mit knappen Sätzen beschrieben, sodass sie unterschieden und korrekt benannt werden können. In dem bereits 1623 verfassten, aber erst später veröffentlichten „Labyrinth der Welt", seinem poetischen Meisterwerk in tschechischer Sprache, beschreibt Comenius sodann einen Weg durch die sichtbare Welt voller Verblendungen und Vorurteile zur Offenbarung der Weisheit Gottes (Comenius 1623/2004, S. 9ff.). Alle äußeren Dinge, Erscheinungen und Ereignisse sind gleichsam Durchgangsstationen zur Allweisheit.

Diese sinnlich sichtbare Welt gilt Bacon zunächst als unsichere Erkenntnisgrundlage; daher stellt er fest: „Der Bau des Weltalls erscheint […] seiner Struktur nach dem Menschengeist, der es betrachtet, wie ein Labyrinth, wo überall unsichere Wege, täuschende Ähnlichkeiten zwischen den Dingen und Merkmalen, krumme und verwickelte Windungen und Verschlingungen der Eigenschaften sich zeigen" (Bacon 1620/1999, S. 25). Durch Urteil und Verstand, selbst durch die „höchsten Vorzüge des Geistes" seien diese Verirrungen nicht zu „besiegen": „Die Spuren müssen an einem anderen Faden festgehalten werden: Jeder Schritt muß von der ersten sinnlichen Wahrnehmung an in fester Weise gesichert sein" (ebd., S. 27). Zur „Stärkung der Erkenntnis" (ebd., S. 13) müssen Dinge geordnet und nachvollziehbar sein. Nur die systematisch erschlossene und überprüfbare sinnliche Erfahrung kann nach Bacon eine Grundlage der Wissenschaft und soll nach Comenius der Ausgangspunkt des Lernens sein. Bacon erkennt in dem auf Verstand, also auf geistiger Tätigkeit, gründenden Studieren und Forschen, wie es in der theologischen und philosophischen Tradition bis dato üblich war, ein „Vorgreifen des Geistes". Davon unterscheidet er das Forschen an den Naturdingen als eine „Erklärung der Natur". Diese Dualität hat seither in der Unterscheidung von Geistes- und Naturwissenschaft Bestand: die Erste versteht, die Zweite erklärt. Letzterer ist – wie im „Orbis pictus" beispielhaft belegt – die Methode des „Anschauungsunterrichts" nachgebildet: Im Anschauen der Dinge und durch Abbildungen erklärt sich die Welt.

Nach dieser Maßgabe formuliert Comenius in der „Großen Didaktik" eine „Stufenleitermethode", nach der gelernt bzw. Erkenntnisse erworben werden sollen: Zuerst müssen „die Sinne zur Aufnahme aller auf sie wirkenden Eindrücke geübt werden", „dann das Gedächtnis (memoria), später das Erkenntnisvermögen (intellectus) und zuletzt die Urteilsfähigkeit (iudicium)" (Comenius 1657/2007, S. 102). Weil „der Gesichtssinn unter ihnen aber der wichtigste ist, wäre es gut, man würde ihm die Hauptgegenstände […] darbieten" (Comenius 1658/1979, S. XXVIII, 25). Diese „Hauptgegenstände" erscheinen auf den Bildern des „Orbis sensualium pictus" als „Sinnbare Sachen", die „den Sinnen recht vorgestellet werden / damit man sie mit dem Verstand ergreiffen könne" (Comenius 1658/1979, Vorrede 5). Der „Orbis pictus" ist nicht nur ein Beleg für die „Anschauungsmethode", er verbildlicht auch die Vorgehensweise, wie selbsttätiges Lernen an Abbildungen, Wortbezeichnungen und Memorieren durch ein Vorbild oder eine Lehrperson initiiert wird.

Die erste Bildtafel zeigt den Pilger (Lehrer), der einen Knaben in Obhut nimmt, damit er auf der Wanderschaft durch die Welt zur Weisheit gelange; sie schauen sich – auf den Holzschnitten – die ganze Welt an, angefangen bei Gott, dem Himmel, den Elementen, den Naturreichen über die Sittenlehre bis hin zu Szenen des Lebensalltags. Alle „Dinge" sind zweisprachig, jeweils lateinisch und deutsch (oder, entsprechend der Ausgabe, in einer anderen Sprache) – wie Comenius sagt – „benamt", sodass, verbunden mit den Abbildungen, bestimmte Wörter memoriert werden können. Dass es sich bei den dargestellten Dingen nicht allein um „der bloßen Anschauung dienende Realien" handeln soll, sondern um „emblematische" Dinge einer gottgeschaffenen und bedeutungstragenden Welt, wird mit Comenius' allumfassendem, pansophischem „Weltverständnis" in Zusammenhang gebracht (Höfener 1979, S. 400f.). Im Vergleich zu den im „Labyrinth der Welt" in erzählender Form beschriebenen Begebenheiten wirken die abgebildeten Dinge und Wesen im „Orbis pictus" in der durch das gewählte Bildformat festgelegten Weise wie Zeichen oder „Idole", also keinesfalls als freilassende Bilder. „Idole" schleichen sich nach Bacon in den Verstand ein und werden „mit Worten dem Geist aufgelastet"; sie sind „entweder Namen von Dingen, die es nicht gibt" oder „verworren" und „von Dingen abstrahiert" (Bacon 1620/1999, S. 115ff.). Diese Art der bildhaften und sprachlichen Präsentation des „Orbis pictus", die auch in anderen weniger bekannten Bilderbüchern verwendet wurde und wird (Wild 2008), ist ein wesentlicher Bestandteil des „Anschauungsunterrichts" und gehört als Methode des Veranschaulichens mittels Bildmedien zum pädagogischen Alltag (Weiß/Liebenwein 2008).

Comenius' „Didactica magna" enthält das methodische Konzept des Lernens gründend auf „Anschauung" der sichtbaren Dinge. Er war überzeugt davon, „daß echte Erkenntnis bei der Wahrnehmung der Sinne beginnt" (Merkle 1982, S. 52), die sich als Repräsentation in der Vorstellung dem Gedächtnis mitteilt und zum Urteil führt. Nicht die Sinneserfahrung bzw. Anschauung als Ausgang einer Erkenntnisübung oder Lernerfahrung allein gilt es zu überdenken, sondern den Dingbezug oder die an Dinge gebundene Ordnung der Welt als primären, einzuprägenden Lerngegenstand. Durch die Dinge der Welt sowie ihre Abbilder vollzieht sich Lernen an einer vorgegebenen und visualisierten Ordnung – ein Prinzip, das entgegen reformpädagogischer Überlegungen nur scheinbar den abstrakten und intellektuellen Unterricht (Oelkers 2005, S. 50) überwindet. Denn jedes Bild, jede Abbildung ist bereits eine „Abstraktion" des Wahrnehmungs- oder Vorstellungsinhalts. Durch das eigenständige schöpferische Denken individualisiert sich der Lerngegenstand als Erkenntnisinhalt bzw. er wird überhaupt zu einem solchen. An diesem Punkt setzt der bildhafte Unterricht der Waldorfpädagogik an, dessen Grundlagen im Folgenden erörtert werden.

3 Nachahmung und Imagination als schöpferische Quellen des Lernens

Obwohl Steiner für die Waldorfpädagogik neben den geistes- und naturwissenschaftlichen Inhalten vielfach rezipierte und imitierte Beispiele für den bildhaften Unterricht entwickelte, sind diese gerade nicht in der reformpädagogischen Tradition der „Anschaulichkeit" versus „abstrakten Unterricht" (Oelkers 2005, S. 50) zu verorten. Das Konzept des bildhaften Lernens ist vielmehr seinem übenden Erforschen der Wahrnehmungs-, Vorstellungs- und Erkenntnisvorgänge geschuldet, auf die seine „pädagogische Anthropologie" Bezug nimmt und die dem Lernen entwicklungsspezifisch zugrunde liegen (Wiehl 2015).

Wie er in seiner ersten Schrift zur Anthropologie und Psychologie der Waldorfpädagogik, der „Erziehung des Kindes vom Gesichtspunkte der Geisteswissenschaft", ausführt, folgt auf die Phase der Nachahmung die Ausbildung des Gedächtnisses in der mittleren Kindheit und das Urteilslernen in der Jugendzeit (Steiner 1907). Diese drei „Lerndispositionen" (Wiehl 2015, S. 168ff.) dominieren jeweils in einem bestimmten Lebensalter, werden weiterentwickelt und stehen lebenslang zur Verfügung. Das sich ab der frühen Kindheit ausprägende Nachahmen bildet die Voraussetzung für jede Art von Lernen; es ist die „ursprüngliche Fähigkeit, sich mit anderen Menschen und dem Weltgeschehen vertraut zu machen, sich selbst zu verwandeln und die Lebensverhältnisse zu gestalten" (ebd., S. 51). Weil die Nachahmung oder Mimesis die Quelle phantasievollen Handelns und bildschöpferischer Tätigkeit ist, bildet sie die Grundlage für die Methodik des bildhaften Lernens und der imaginativen Erkenntnis (Wiehl 2015, S. 170ff.; Wiehl 2019, S. 51ff.).

Nachahmung, ein in der Philosophie und Ästhetik vielfach besprochenes Thema, scheint kein fest umrissener Begriff zu sein. Unter der Bezeichnung „Mimesis" wurde sie von Gunter Gebauer und Christoph Wulf mehrperspektivisch und als eine fundamentale anthropologische Dimension mit philosophischen, ästhetischen und sozialen Aspekten beschrieben (Gebauer/ Wulf 1992, 1998, 2003; Wulf 2014, 2017). Ihre Studien beleuchten den Zusammenhang zwischen Nachahmung als Lerndisposition und dem Prinzip des künstlerisch-bildhaften Lernens in der Waldorfpädagogik.

Ab dem ersten Lebensjahr ahmen Kinder Menschen und Dinge in ihrer Umgebung nach, setzen sich in eine Beziehung zu ihnen und bilden sich an ihnen leiblich, seelisch und geistig weiter aus. Mit jeder nachahmenden Handlung vollzieht sich ein dreifacher Vorgang: Dem nachahmenden Tun geht eine empathische Wahrnehmung voraus, die verinnerlicht und verwandelt wird; aus innerer Antizipation kann anschließend eine Veräußerlichung durch eine Handlung oder Verhaltensweise entstehen. Dieser Prozess ist nur an einem selbst vollzogenen, nachahmenden Tun wahrnehmbar. Bei der kindlichen Nachahmung kann erst durch das nachbildende Sich-Ausdrücken oder Handeln auf die vorgängige Wahrnehmung, also den Einfühlungsvorgang, und die innere Verwandlung geschlossen werden. Denn von der Nachahmung eines anderen erfährt ein Beobachter nichts, solange jener nicht ähnlich seinem Vorbild tätig wird.

Das Verinnerlichen im Nachahmungsvorgang, wie es Jean Piaget für die Phase der „repräsentativen Nachahmung" beschrieben hat (Piaget 1945/ 2003, S. 96ff.), geschieht durch Vorstellungsbildung, also innere Repräsentationen der Wahrnehmungsereignisse, die er als Entwürfe für folgende Reaktionen, Handlungen oder Darstellungen deutet. Dass diese inneren Bilder nicht nur Entwürfe, sondern eine schöpferische Quelle des folgenden Sich-Veräußerlichens sind, ist am Kinderspiel zu beobachten. Kinder sind unmittelbar in der Lage, z. B. die Tätigkeit eines anderen, das Kochen, Bügeln, Rasenmähen, oder auch die Gespräche der Erwachsenen mit phantasievollen Worten und Gebärden, mit frei gewählten Gegenständen nachzuspielen, also nicht nur nachzu*machen*. Sie vollbringen freie, schöpferische Handlungen und müssen nichts imitieren. Durch nachahmendes Tun aus phantasievoller Verwandlung des am Vorbild Wahrgenommenen macht das Kind sein „eigenes Wesen zum Nachbild seiner Umgebung" (Wiehl 2019, S. 65). Dieses nachahmende Handeln kann daher als An-Ähnlichen oder Ähnlich-Machen, also gerade nicht als Imitation oder Mimikry erkannt werden. Wohlgemerkt kann Nachahmen auch Nachmachen sein; aber die Grundgeste der Nachahmungsfähigkeit zeigt sich als eine schöpferisch bildende: Sie ist verwandt mit den *Bildern selbst*. Bilder, bemerkt Hans Jonas treffend, sind dem sie Konstituierenden oder Veranlassenden nur ähnlich, also im Vergleich nur unvollständig; Unvollständigkeit ist gerade ihr ontologisches Prinzip (Jonas 1962 / 1995, S. 107), das für Freiheit sowohl im Erzeugen als auch beim Betrachten bürgt.

Der Prozess des nachahmenden Bildens und Handelns führt von außen nach innen und wieder nach außen und gleicht somit der bildschöpferischen Tätigkeit, denn jede Bildgenese beruht ebenfalls auf einem Vorher, einem inneren Bildentwurf und einer Ausdrucksgebärde. Auch das mediale oder das sprachliche Bild ist Ausdruck oder Wirkung von etwas, einem inneren oder einem äußeren Eindruck; es repräsentiert und verwirklicht sich zugleich. Dieser Aspekt, dass Bilder nicht nur abbilden, sondern sich realisieren und Wirksamkeiten zeigen, ist in der Bildforschung im Gespräch (Mitchell 2012, 2018).

Vergleichbar mit der Nachahmung zeichnet sich das bildhafte Erleben und Vorstellen durch eine Doppelnatur aus: Für die Qualität des menschlichen Bildvermögens, ihren abbildenden und neu schöpfenden Charakter, deckt Steiner aus philosophischer (Steiner 1983) und aus anthropologischer Perspektive (Steiner 1992, S. 30ff.) die Quellen auf. Ein äußeres Abbild korrespondiert mit der an den Wahrnehmungsgegenstand gebundenen Erinnerung; diese auf die „äußere Sinnes-Wirklichkeit" bezogene Vorstellung zeigt sich der aufmerksamen Beobachtung als nicht gestaltbare oder wandelbare Bildempfindung, sondern als „Spiegelbild" eines vergangenen Seins oder als inneres Geisterlebnis, dessen „Leben herabgedämpft ist" (Steiner 1983, S. 26). Schöpferische Vorstellungen oder Imaginationen dagegen widerstreben dem Bezug zur Sinneswelt; sie werden als keimhafte, zukunftsfähige oder lebendige, seelisch-geistige Bildkräfte wahrgenommen, die sich in der freien nachahmenden und der phantasievollen Tätigkeit entfalten. Im Gegensatz zu den erinnerten Fixativen, den eingeprägten gegenständlichen Erscheinungen und sinnlichen Vorstellungen, führen lebendige Vorstellungen in der Seele ein Eigenleben, das entweder in freie Assoziationen mündet oder in der denkenden Beobachtung zur Ruhe gebracht wird. Diese Kraft des Ruhens auf lebendigen Vorstellungen und der beobachtende Mitvollzug der imaginativen Bildgenese sind jene Tätigkeiten der Seele, die zu Vermittlern der Erkenntnis werden. Steiner bezeichnet die lebendigen Vorstellungen als „Grenzvorstellungen", weil sie der Beziehung zur Sinneswelt widerstreben (ebd.). Die Abdämpfung des sinnesgebundenen Bilderlebens bildet den Ausgangspunkt einer geistigen Wahrnehmung bzw. Erkenntnis: Das dann entstehende innere Bild beruht auf der bildschöpferischen Tätigkeit der Seele und ist nur dieser geistig-seelischen Aktivität geschuldet und nicht den Erinnerungsvorstellungen. Dieses Erlebnis kann Imagination genannt werden. Die Imagination bildet die Brücke vom Wahrnehmungsphänomen zur Begriffsbildung (Wiehl 2015, S. 210), ist aber nicht auf Logizität angelegt, sondern „auf Vervollständigung und damit auf mentale Bewegung" (Wettig 2008, S. 13f.).

Wie imaginatives Denken zur Erkenntnis führt, hat Steiner „exemplarisch, bis in alle Einzelheiten hinein" für den Aufbau eines Sinnbildes in der Rosenkreuzmeditation beschrieben (Haid 2013, S. 9; Steiner 1989, S. 307ff.). Im Unterschied zur am sinnlichen Gegenstand gebildeten und erinnerbaren Vorstellung wird die sinnbildliche Vorstellung innerlich aktiv aufgebaut. Das für den Beginn der Meditation beschriebene Beispiel, die Vorstellung einer sich von der Wurzel über Blatt und Stängelbildung bis hin zur Blüte entfaltenden Pflanze, deren Eigenschaften mit jenen des Menschen verglichen werden, zeigt die selbstbestimmte Prozessualität, auf die es in der Imagination ankommt. In der Rosenkreuzmeditation führt der Übungsweg zum Sinnbild des schwarzen Kreuzes mit sieben Rosen. Wenn dieses vor dem inneren Auge erscheint, soll die Aufmerksamkeit von dem Sinnbild abgewendet und auf die „bilderzeugende Seelentätigkeit" gelenkt werden (Steiner 1989, S. 359). Dieses imaginative Denken ist nicht sich selbst entfaltende Kreativität oder Phantasie, sondern eine zu übende geistige Bildekraft, die den Raum für evidente, intuitive Erkenntnisse öffnet. Die Vergewisserung der evidenten „Wesenserkenntnis" (vgl. Hennigfeld in diesem Band) liegt allein im sinnerfassenden Denken. Die *nicht* von Definitionen oder bebilderten Lernmaterialien ausgehende Lehr- und Lernweise wie der bildhafte Unterricht der Waldorfschule regt die Verwandlung der Vorstellungen in Imaginationen an und bereitet die lebendige, wesenserfassende Begriffsbildung und somit das selbstständige Erkennen vor – eine notwendige Fähigkeit ab dem Jugendalter (Wiehl 2015, S. 212; 2018, S. 40).

Bildhafter Unterricht bedeutet nicht, dass Sinnbild-Meditationen angeleitet werden, vielmehr dient diese Ausführung dem Verständnis, auf welchen erkenntnisbildenden Qualitäten er beruht: Der im Kindheitsalter dominanten Nachahmung liegt in Hinblick auf die Differenzierung von Vorstellung und Imagination die Möglichkeit zugrunde, die an der Sinneswelt gebildeten Erinnerungsvorstellungen tätig in ein freies schöpferisches und imaginatives Potenzial zu verwandeln.

4 Phänomenologisches Erkennen und bildhaftes Lernen

Aus Vorangehendem sollte hervorgehen, dass „bildhafter Unterricht" oder „bildhaftes Lernen" ein Spezifikum der Waldorfpädagogik ist und dass Selbsttätigkeit sich nicht nur auf äußere Handlungen bezieht, sondern vor allem auf geistig-seelische Prozesse wie das imaginative, schöpferische Denken. Für den bildhaften Unterricht können zwei Wege beschrieben werden, der Weg über die Sprache bzw. die Erzählung oder der Weg über die Sinneswahrnehmung. Auf die bildhafte Erzählung – an anderer Stelle weiterführend behandelt (Wiehl 2015, S. 213ff.; 2017, S. 68ff.) – soll in Kürze eingegangen werden; ausführlicher wird am Beispiel einer selbst erprobten Kunstbetrachtung das phänomenologische Erkennen als bildhaftes Lernen begründet.

Entgegen der ablehnenden Haltung gegenüber Instruktion oder Vermittlung von Inhalten durch Lehrende – wie in Pestalozzis Konzept des Anschauungsunterrichts vertreten – spielt das Erzählen in der Waldorfpädagogik eine große Rolle. Erzählen, mündliches Beschreiben, Schildern und vor allem Charakterisieren sind die Vermittlungsmethoden überhaupt. Überzeugende Erzähler*innen sprechen frei und so aus ihrer Seele, dass im aktiven Zuhören des Gesprochenen durch den vorstellenden und denkenden Mitvollzug eine unmittelbare Identifikation mit den Inhalten geschieht. Diese Methode kann genauso als Beeinflussung oder Fremdbestimmung gesehen werden wie als inspirierende, Vorstellungsvermögen und Denken anregende Handlung. Sie verlangt aber nach einer folgenden Auseinandersetzung, sei es im Gespräch oder durch schriftliche und künstlerische Bearbeitungen. Kinder und Jugendliche lernen von den Erzählungen der Lehrer*innen, „durch die eine persönliche Beziehung zur Welt entsteht und die Welt für den Menschen bedeutsam wird" (Kranich 2000, S. 47), wenn sie nicht nur Faktenwissen vermitteln, sondern aus dem persönlichen Erleben und Forschen sprechen. Im empathischen Mitvollzug und Nacherleben üben Lernende, Inhalte so ins Gedächt-

Abb.1: Raffael (1483–1520), Transfiguration (Verklärung Christi), 1516–20, 410 x 279 cm

nis aufzunehmen, dass sie in der Folge nicht nur abgefragt, sondern vor allem weiterbearbeitet werden können. Erzählen und alle Formen der Vermittlung bis hin zur fachbezogenen Charakterisierung bereichern das Lernen. Aber der entscheidende didaktische Moment ist nicht die Bestätigung des gelernten Wissens, sondern die Vergewisserung des anschließenden Umgehens mit den vermittelten Inhalten. Das Verarbeiten, Neuschöpfen oder Weiterentfalten im praktischen und im erkenntnisübenden Unterricht kann genauso individualisierend gehandhabt werden, wie es an der folgenden Bildbetrachtung ausgeführt wird.

Die andere Methode, klar unterscheidbar vom „Anschauungsunterricht", ist das phänomenologische Erkennen, das für die Waldorfpädagogik vorzugsweise an naturkundlichen oder naturwissenschaftlichen Beispielen erörtert wurde (Kranich 1997), hier aber an einem Beispiel des Ästhetikunterrichts aus der Waldorfoberstufe exemplifiziert wird. Im Unterschied zu den öffentlichen Schulen in Deutschland ist in der Waldorfschule die Kunstgeschichte laut Lehrplanempfehlungen nicht im praktischen Kunstunterricht angesiedelt, sondern findet als epochaler „Kunstbetrachtungsunterricht" statt, der die bildende Kunst neben Dichtung, Musik und Architektur umfasst (Wiehl 2018). Das folgende Unterrichtsbeispiel stammt aus einer Ästhetikepoche der elften Klasse über die Malerei. Es werden die einstimmende Übung und die sich anschließende Bildbetrachtung unter den Gesichtspunkten des bildhaften Lernens ausgewertet.

Die Bildbetrachtung beginnt mit einer stillen Wahrnehmung der „Transfiguration" von Raffael. Nach wenigen Minuten wird die Abbildung des Gemäldes verdeckt und die Schüler*innen sind aufgefordert, das gesehene Bild innerlich wachzurufen und dabei auf den Nachklang der Licht-Dunkel-Verhältnisse, der Farbgebungen und der Stimmungen zu achten. Damit ist bereits eine Fokussierung für die Vorstellungstätigkeit gegeben: Das Erinnerte soll nicht genau nachgebildet, sondern der Nachklang des Bildes soll so lebendig wie möglich wachgerufen werden. Die äußere Bildvorlage wird zwar in der Vorstellung immer wieder aufscheinen, soll vorerst aber nicht im Detail erinnert werden. Ein Gemälde von jener Art der Verklärung sich genau vorzustellen, bedarf einer vorgängigen analytischen Studie, die nicht ausgeschlossen ist, hier aber nicht am Anfang steht. Die Übung setzt sich mit der das Gemälde ertastenden Wahrnehmung auseinander, wie sie beim bedingungslosen Hinsehen unbewusst geschieht, also dem Ersteindruck entspricht.

Im nächsten Schritt skizzieren die Schüler*innen auf Zeichenpapier mit Kreide den Nachklang des Bildes. Anschließend werden die Bildskizzen nebeneinander an die Wand gehängt, betrachtet und befragt. Vergleicht man diese meist hochformatigen Skizzen – die zwar individuell und sehr verschieden sind –, ähneln sie gemäß der Vorlage insofern einander, als häufig die obere Bildhälfte ganz durchlichtet und die untere eher dunkel und bedrohlich gemalt ist. Die freien Kompositionen und manche Details erinnern an Anselm Kiefers Aquarelle, die bewusst machen: „Jeder Mensch steht unter seiner Himmelskugel" (Cacciari/Celant 1997, S. 115): Eine zwei Drittel dieses Bildes ausfüllende und bis zum Horizont reichende gelbe Ackerlandschaft und darüber ein grün-violetter Himmel werden dominiert von einem transparent-violetten Rundzelt, in dem eine kleine menschliche Figur aufrecht stehend einen Arm hochhält, als weise sie auf das sie überspannende Höhere hin. Nicht einzelne Motive vergleichbarer Aquarelle oder Gemälde, aber der kompositorische Rahmen, die Dualitäten von Licht-Dunkel und Oben-Unten sowie das Dazwischen oder Hineingestellt-Sein des Menschen in dieses Spannungsgefüge spiegeln sich in den gezeichneten Nachklängen der Schüler*innen.

Nach der ersten Übung mit ausführlicher Besprechung der Skizzen wenden sich alle wiederum dem Gemälde zu. Dabei stellt sich heraus, dass die Einzelheiten auf dem Gemälde intensiver erscheinen, das Auge, förmlich suchend, der Bildkomposition, den Gesten und Bewegungen nachspürt und immer mehr Details in Farben und Formen entdeckt. Alles wird in einer genauen mündlichen, dann schriftlichen Bildbeschreibung vergegenwärtigt; eine solche hat der Kunsthistoriker Konrad Oberhuber vorbildlich erarbeitet (Oberhuber 1982, S. 17ff.). Beim In-Worte-Fassen fällt auf, dass der Versuch der geordneten Wiedergabe dem Sog der Bilddynamik sowie dem stetigen Blickwechsel zwischen oberer und unterer Bildpartie unterliegt. Die sinnstiftende Ordnung der Bildelemente, vor allem der 27 dargestellten Personen, ergibt sich durch das Bewusstmachen der Kompositionsmittel, des lichten Kreises oben, in dem Moses, Christus und Elias erscheinen, des dunklen, die Bildhälften trennenden Felsens und der in Kontrastfarben gekleideten Menschengruppen unten mit dem Fokus auf den kranken Knaben.

Im weiteren Gespräch – vorzugsweise am nächsten Tag – wird die Bilderinnerung wieder wachgerufen: Die „Transfiguration" soll im Vorstellungsbewusstsein Motiv für Motiv entstehen. Anders als bei der Auftaktübung ist es nun möglich, das Gemälde genauer vorzustellen. In dieser bildschaffenden Phase wird ohne vorliegende Abbildung das Bild vorgestellt und in allen Einzelheiten – wie für die Sinnbild-Meditation von Steiner beschrieben – vor dem inneren Auge aufgebaut. Durch das Abdämpfen der spontanen Bilderinnerungen oder das Zur-Ruhe-Bringen der auftauchenden Vorstellungen – das war so oder so, da sah ich dies oder das usw. – entsteht der innere Freiraum für das aktive Bildimaginieren. In diesem Prozess spricht sich der bildgestaltende Sinnzusammenhang aus: die verklärende Durchlichtung in der oberen Bildhälfte mit dem sich vom Irdischen lösenden Christus und die Dramatik um das besessene Kind unten, das als einziger Mensch dem Licht zugewandt ist und – der Überlieferung nach – geheilt wird (Oberhuber 1982).

Das erste oder vorläufige Erkennen der Bildidee schließt eine weitere Deutung oder die Beschäftigung mit der Entstehungsgeschichte des Gemäldes sowie der Künstlerbiografie nicht aus; im Gegenteil: Durch einfühlende und imaginierende Bildstudien ergeben sich Fragen nach weiterführenden Forschungen und Interpretationen, nur stehen sie nicht am Anfang der Bildbetrachtung, sondern werden im Prozess der Bilderfahrung erkannt.

Bildhaftes Lernen am Erzählten und am sinnlich Wahrgenommenen umfasst vier Phasen des phänomenologischen Erkennens: das Aufnehmen eines Inhaltes oder Wahrnehmen eines Bildes, inneres Besinnen und Vorstellen des Gehörten oder Gesehenen, aktives Sich-wieder-Hinwenden zum Erzählinhalt, Phänomen oder Bild, wieder inneres Vergegenwärtigen des Wahrgenommenen im vorstellenden und imaginierenden Bewusstsein, schließlich das Erfassen der Idee oder des Wesens der Sache im Denken. Steiner bemerkt zu dieser von ihm 1911 in einem nicht unterrichtsbezogenen Kontext dargestellten, phänomenologischen Methode, man könne „in der freiesten Weise innerhalb der Begriffe und Ideen arbeiten und sich erziehen" (Steiner 2008, S. 28). Bildhaft-phänomenologischer Unterricht bedeutet ein Wagnis: Bildhafte und lebendige Begriffe sind weder wahr noch falsch, aber evident – am Phänomen erkundet, erkannt und weiter zu erforschen.

5   Ausblick: Bildverlust oder Bildfähigkeit

Bildverlust ist eine poetische Metapher: Bilder gehen verloren oder Bilder können nicht mehr eigenständig erzeugt werden oder es wird – wie beschrieben – der Strom des assoziativen Vorstellens angehalten und kommt zur Ruhe. Handke schildert den Verlust der aus Traditionen rührenden Bilder; die „weltdeutenden Bilder" sind abgelebt und „Bildgebungsgeräte" oder „Bilderwerfanlagen" können nichts kompensieren; für die sogenannte „Zwischenzeit", in der kein Bild mehr existiert, muss das „Anschauen" wiedergewonnen werden – ein Anschauen nicht nur der äußeren Dinge, sondern damit die Welt in mir entsteht (Handke 2002, S. 531ff.). Diese Qualität charakterisiert Wolfgang Schad als „Verlust und Gewinn" des Vorstellungsvermögens:

> „Der Verlust ist der in ihr [in der Vorstellung] eingetretene Welt-
> verlust, die Entfremdung von der Wirklichkeit. Der Gewinn ist
> die Möglichkeit, in freier Willkür mit den eigenen Vorstellungen
> eine zweite Welt, meine eigene seelische Innenwelt aufzubauen
> und darüber im Nachschaffen und Neuplanen frei verfügen zu
> können. Das Vorstellen ermöglicht jedem Menschen den eige-
> nen freien Seelenraum" (Schad 2002, S. 32).

Handke poetisiert den seelisch-geistigen Freiraum, in dem imaginative Bildtätigkeit wirksam wird und Erkenntnisse sich entzünden.

Das am sichtbaren Gegenstand oder einer Abbildung, also durch äußere
Anschauung eingeprägte Wissen bedeutet – im extremsten Falle – Entzug des
Freiraums, also keine eigenständige Erkenntnisleistung; denn im selbstbe-
stimmten Erkenntnisprozess muss der Wahrnehmungsgegenstand im vorstellenden Denken bewegt, seinen Gesetzmäßigkeiten gemäß nachvollzogen und im Zusammenhang begriffen werden. Auch wenn die „Stufenleitermethode" nach Comenius den Anschein eines erkenntnisbasierten Lernens
hat, weil sie auf die Ausbildung der Erkenntnis- und Urteilsfähigkeit gerichtet ist, schließt der danach konzipierte Unterricht, auch der „Anschauungsunterricht", nicht per se dieses ein. Das erkennende Lernen ist im dargestellten Sinne und im Unterschied zu Comenius' pansophischem Offenbarungs-
denken eine eigenständige Leistung, die sinnliche, also wahrnehmliche
Erkenntnisinhalte wie rein gedanklich-vorstellungsmäßige in gleicher Weise
einbezieht, aber darüber hinaus zu einer eigenständig vollzogenen Erkenntnis führt.

Der in der Tradition von Comenius, Pestalozzi und anderen selbstverständlich gewordene Anschauungsunterricht ist jenem von Steiner für die
Waldorfschule begründeten Unterrichtskonzept des bildhaften Lernens
diametral entgegengesetzt; außer von ihm und gelegentlich einigen Prakti-
ker*innen des Waldorfunterrichts wurde die Methode des Lernens durch
Anschauung in der Schulpädagogik kaum hinterfragt. Laut Ingrid Höpel ist
nicht erforscht, was „passiert, wenn Menschen Bilder als Impuls für einen
Lernprozess vorgelegt werden" (Höpel 2013, S. 70). Die klare Unterscheidung
von Vorstellung und Imagination, die Steiner trifft, stellt sich als wegweisend
für das Konzept des bildhaften Lernens in der Waldorfpädagogik heraus: Vorstellung hat in der hier verwendeten Bedeutung Abbildcharakter; Imagination hingegen ist ein geistiges Gestaltungsprinzip. Steiners Kritik am
Anschauungsunterricht und seine exemplarischen Vorschläge für einen
bildhaften Unterricht liegen in dieser unterschiedlichen Bildtätigkeit
begründet.

Die Bildekraft, die dem jüngeren Kind als Nachahmung und Phantasie auf natürliche Weise eigen ist, muss zugunsten des eigenständigen Denkens und der lebendigen Begriffsbildung fortwährend geübt werden. Je mehr man der medialen Bilderwelt oder dem Lernen an sinnlichen Gegenständen und Abbildungen ausgesetzt ist, desto mehr prägen sich diese als Erinnerungsvorstellungen dem Gedächtnis ein. Sie stören die aktive imaginative Denktätigkeit. Die Methoden „bildhaften Lernens" dienen der Ausbildung der Wahrnehmung und Erkenntnis; imaginative und individualisierende Lernweisen im freien Spiel der Kindheit, im bildhaft-künstlerischen Unterricht und in lebendiger Begriffsbildung bürgen für die Bildfähigkeit.

Literatur

Alphen, Peter van (2011). Imagination as a transformative tool in primary school education. In: RoSE – Research on Steiner Education, Vol. 2, No. 2, 2011, S. 16–34 (verfügbar unter www.rosejourn.com).

Bacon, Francis (1620/1999). Neues Organon. Teilband 1. Hrsg. und eingel. von W. Krohn. Lateinisch-Deutsch. 2. Auflage. Hamburg: Meiner.

Cacciari, Massimo / Celant, Germano (1997). Anselm Kiefer. Venezia, Museo Correr, June 15 – November 9, 1997. Milano: Editioni Charta.

Comenius, Jan Amos (1623/2004). Das Labyrinth der Welt. In: ders. (2004): Das Labyrinth der Welt und andere Meisterstücke. Ausgew. und mit einem Nachwort von K. Schaller. München: Deutsche Verlags-Anstalt, S. 9–160.

Comenius, Jan Amos (1629/1632). Janua linguarum reserata, Online: ia902605.us.archive.org/2/items/jacomeniiianuali00come/jacomeniiianuali00come.pdf (Abruf: 15.01.2019).

Comenius, Jan Amos (1657/2007). Große Didaktik. Die vollständige Kunst, alle Menschen alles zu lehren. Übersetzt u. herausgegeben von A. Flitner. Mit einem Nachwort zur neueren Comeniusforschung von K. Schaller. 10. Auflage. Stuttgart: Klett-Cotta.

Comenius, Jan Amos (1658/1979). Orbis sensualium pictus. Nachdruck der Erstausgabe von 1658. Mit einem Nachwort von H. Höfener. 2. Auflage. Dortmund: Harrenberg.

Comenius, Jan Amos (1992). Allweisheit. Schriften zur Reform der Wissenschaften, der Bildung und des gesellschaftlichen Lebens. Eingel., ausgewählt und erläutert von F. Hofmann. Jubiläumsausgabe. Neuwied, Berlin, Kriftel: Luchterhand.

Gebauer, Gunter / Wulf, Christoph (1992). Mimesis. Kultur – Kunst – Gesellschaft. Reinbek: Rowohlt.

Gebauer, Gunter / Wulf, Christoph (1998). Spiel, Ritual, Geste. Mimetisches Handeln in der sozialen Welt. Reinbek: Rowohlt.

Gebauer, Gunter / Wulf, Christoph (2003). Mimetische Weltzugänge: Soziales Handeln – Rituale und Spiele – ästhetische Produktionen. Stuttgart: Kohlhammer.

Gehrmann, Siegfried (2001). Natur, Erfahrung, Experiment. Francis Bacon und die Anfänge der modernen Naturwissenschaft. In: Essener Unikate 16/2001, S. 52–63. Online: www.uni-due.de/unikate/ressourcen/grafiken/PDF's/16/16-Gehrmann.pdf (Abruf: 15.01.2019).

Goethe, Johann Wolfgang von (1989). Autobiographische Schriften I. Textkritisch durchges. von L. Blumenthal. Kommentiert von E. Trunz, Bd. 9. 11. durchges. Auflage. Hamburg: Beck.

Haid, Christiane (2013). Einführung. In: Steiner, Rudolf (2013). Die Rosenkreuzmeditation. Urbild menschlicher Entwicklung. Hrsg. und eingeleitet von C. Haid. Basel: Futurum, S. 7–11.

Handke, Peter (2002). Der Bildverlust oder Durch die Sierra de Gredos. Frankfurt a. M.: Suhrkamp.

Herbart, J. F. (1835/2003). Umriß pädagogischer Vorlesungen. Hrsg. von E. Matthes u. C. Heinze. Darmstadt: Wissenschaftliche Buchgesellschaft.

Höfener, Heiner (1979). Nachwort. In: Comenius, Johann Amos (1979). Orbis sensualium pictus. Nachdruck der Erstausgabe von 1658. 2. Auflage. Dortmund: Harrenberg, S. 391–405.

Höpel, Ingrid (2013). Bildkompetenz als pädagogische Schlüsselkompetenz – Forschungsstand und Perspektiven einer interdisziplinären Bilddidaktik. In: Lieber, Gabriele (2013) (Hrsg.). Lehren und Lernen mit Bildern. Ein Handbuch zur Bild-didaktik. 2., grundlegend überarbeitete und ergänzte Neuauflage. Baltmannsweiler: Schneider.

Jonas, Hans (1962/1995). Homo Pictor: Von der Freiheit des Bildens. In: Boehm, Gottfried (1995) (Hrsg.). Was ist ein Bild? 2. Auflage. München: Fink, S. 105–124.

Kiyanrad, Sarah / Theis, Christoffer / Willer, Laura (2018). (Schrift-)Bildliche Magie. In: dies. (Hrsg.) (2018). Bild und Schrift auf ‚magischen' Artefakten. Berlin, Boston: de Gruyter, S. 1–13.

Kolb, Gustav (1926). Bildhaftes Gestalten als Aufgabe der Volkserziehung. Naturgemäßer Weg im Unterricht. 1. Teil: Allgemeine grundlegende Richtlinien und das phantasiemäßige Darstellen gefühlsbetonter Stoffe. 5.–8. Schuljahr. Stuttgart: Holland und Josenhans.

Kolb, Gustav (1927). Bildhaftes Gestalten als Aufgabe der Volkserziehung. Naturgemäßer Weg im Unterricht. 2. Teil: Der Unterricht im dekorativen Gestalten, Darstellung nach unmittelbarer Anschauung. 5.–8. Schuljahr. Stuttgart: Holland und Josenhans.

Kranich, Ernst-Michael (1997). Kausales Erkennen als Phänomenologie – seine Bedeutung für die menschliche Entwicklung nach dem zwölften Lebensjahr. In: ders. (Hrsg.) (1997): Unterricht im Übergang zum Jugendalter. Anregungen zur Bewältigung einer schwierigen Aufgabe. Stuttgart: Freies Geistesleben, S. 23–56.

Kranich, Ernst-Michael (2000). Welche Wissenschaft braucht der Lehrer? Gedanken zu einem heiklen Thema. In: Rumpf, Horst / Kranich, Ernst-Michael (2000). Welche Art von Wissen braucht der Lehrer. Ein Einspruch gegen landläufige Praxis. Mit einem Beitrag von Peter Buck. Stuttgart: Klett-Cotta, S. 41–75.

Krohn, Wolfgang (1999). Einleitung. In: Bacon, Francis (1620/1999). Neues Organon. Teilband 1. Hrsg. und eingeleitet von W. Krohn. Lateinisch-Deutsch. 2. Auflage. Hamburg: Meiner, S. IX-LVI.

McMillan, M. (1904). Education Through the Imagination. London: Sonnenschein & Co.

Merkle, Siegbert Ernst (1982). Die historische Dimension der Anschauung. Frankfurt a.M., Bern: Lang.

Mitchell, W.J.T. (2012). Das Leben der Bilder. Eine Theorie der visuellen Kultur. 2. Auflage. München: Beck.

Mitchell, W.J.T. (2018). Bildtheorie. Hrsg. und mit einem Nachwort v. G. Frank. Frankfurt a.M.: Suhrkamp.

Nielsen, Thomas W. (2004). Rudolf Steiner's Pegagogy of Imagination. Bern: Lang.

Oberhuber, Konrad (1982). Raphaels „Transfiguration". Stil und Bedeutung. Stuttgart: Urachhaus.

Oelkers, Jürgen (2005). Reformpädagogik. Eine kritische Dogmengeschichte. 4., vollst. überarb. und erw. Auflage. Weinheim und München: Juventa.

Pestalozzi, Heinrich (1801/2009). Wie Gertrud ihre Kinder lehrt. Ein Versuch, den Müttern Anleitung zu geben, ihre Kinder selbst zu unterrichten, in Briefen. 2. Auflage. Bad Schwartau: WFB.

Piaget, Jean (1945/2003). Nachahmung, Spiel und Traum. Die Entwicklung der Symbolfunktion beim Kind. 5. Auflage. Stuttgart: Klett-Cotta.

Schad, Wolfgang (2002). Was ist Imagination? In: Halfen, Roland / Neider, Andreas (2002) (Hrsg.). Imagination. Das Erleben des schaffenden Geistes. Stuttgart: Freies Geistesleben, S. 31–67.

Schaller, Klaus (2004). Johann Amos Comenius. Ein pädagogisches Porträt. Weinheim, Basel, Berlin: Beltz UTB.

Schaller, Klaus (2007). Leben und Werk des Comenius. In: Comenius, Jan Amos (2007). Große Didaktik. Die vollständige Kunst, alle Menschen alles zu lehren. Übersetzt u. herausgegeben von A. Flitner. Mit einem Nachwort zur neueren Comeniusforschung von K. Schaller. 10. Auflage. Stuttgart: Klett-Cotta, S. 229–274.

Schaller, Klaus (2010). Johann Amos Comenius. Einführung in Leben, Werk und Denken. In: Zierer, Klaus / Saalfrank, Wolf-Thorsten (2010). Zeitgemäße Klassiker der Pädagogik. Leben – Werk – Wirken. Paderborn, München, Wien, Zürich: Schöningh, S. 21–35.

Skiera, Ehrenhard (2003). Reformpädagogik in Geschichte und Gegenwart. Eine kritische Einführung. München, Wien: Oldenburg.

Sowa, Hubert (2014). Anthropologische, philosophische und pädagogische Grundlagen (Einleitung). In: ders.: Glas, Alexander / Miller, Monika (Hrsg.) (2014). Bildung und Imagination. Band 2: Bildlichkeit und Vorstellungsbildung in Lernprozessen. Oberhausen: Athena, S. 53–60.

Sowa, Hubert / Glas, Alexander / Miller, Monika (Hrsg.) (2014). Bildung und Imagination. Band 2: Bildlichkeit und Vorstellungsbildung in Lernprozessen. Oberhausen: Athena.

Steiner, Rudolf (1907). Die Erziehung des Kindes vom Gesichtspunkte der Geisteswissenschaft. In: ders. (1987): Lucifer-Gnosis. Grundlegende Aufsätze zur Anthroposophie und Berichte aus Zeitschriften „Luzifer" und „Lucifer-Gnosis" 1903–1908 (GA 34). Dornach: Rudolf Steiner Verlag, S. 309–348.

Steiner, Rudolf (1923). Ein Stück aus meiner englischen Reise. Margaret McMillan und ihr Werk. In:

Das Goetheanum, 3. Jg., No. 5, 9. September 1923, S. 33–34.

Steiner, Rudolf (1983). Von Seelenrätseln. Anthropologie und Anthroposophie Max Dessoir über Anthroposophie Franz Brentano (Ein Nachruf). Skizzenhafte Erweiterungen. 1917 (GA 21). 5. Auflage. Dornach: Rudolf Steiner Verlag.

Steiner, Rudolf (1986a). Gegenwärtiges Geistesleben und Erziehung. 1923 (GA 307). 5. Auflage. Dornach: Rudolf Steiner Verlag.

Steiner, Rudolf (1986b). Menschenerkenntnis und Unterrichtsgestaltung. 1921 (GA 302). 5. Auflage. Dornach: Rudolf Steiner Verlag.

Steiner, Rudolf (1987). Die gesunde Entwicklung des Menschenwesens. Eine Einführung in die anthroposophische Pädagogik und Didaktik. 1921–1922 (GA 303). 4. Auflage. Dornach: Rudolf Steiner Verlag.

Steiner, Rudolf (1989). Die Geheimwissenschaft im Umriss. 1910/1923 (GA 13). 30. Auflage. Dornach: Rudolf Steiner Verlag.

Steiner, Rudolf (1992). Allgemeine Menschenkunde als Grundlage der Pädagogik. 1919 (GA 293). 9., neu durchges. u. erg. Auflage. Dornach: Rudolf Steiner Verlag.

Steiner, Rudolf (1993a). Erziehung und Unterricht aus Menschenerkenntnis. 1920–1923 (GA 302a). 4. Auflage. Dornach: Rudolf Steiner Verlag.

Steiner, Rudolf (1993b). Die Stufen der höheren Erkenntnis. 1905–08 (GA 12). 7. Auflage. Dornach: Rudolf Steiner Verlag.

Steiner, Rudolf (1995a). Konferenzen mit den Lehrern der Freien Waldorfschule 1919–1924 (GA 300a, b, c). Bd. I: Ausführliche Einleitung von E. Gabert. Konferenzen 1919–1921; Bd. II: Konferenzen 1921–1923; Bd. III: Konferenzen 1923–1924. Register. Unveränderter Nachdruck der 1. Auflage. Dornach: Rudolf Steiner Verlag.

Steiner, Rudolf (1995b). Philosophie der Freiheit. Grundzüge einer modernen Weltanschauung. Seelische Beobachtungsresultate nach naturwissenschaftlicher Methode. 1894/1918 (GA 4). 16. Auflage. Dornach: Rudolf Steiner Verlag.

Steiner, Rudolf (1998). Die Entstehung und Entwicklung der Eurythmie. 1912–1924 (GA 277a). 3. Auflage. Dornach: Rudolf Steiner Verlag.

Steiner, Rudolf (2008). Die Welt der Sinne und des Geistes. 1911–1912 (GA 134). 6. Auflage. Dornach: Rudolf Steiner Verlag.

Steiner, Rudolf (2015). Imagination. Bildekraft des Denkens. Hrsg. und eingel. von E. de Boer. Basel: Rudolf Steiner Verlag.

Takaya, Keiichi (2003). The Method of Anschauung. From Johann H. Pestalozzi to Herbert Spencer. In: Journal of Educational Thought (JET) / Revue de la pensée Éducative, Vol 37, No.1 (Spring, 2003), pp. 77–99.

Weiß, Sabine; Liebenwein, Sylva (2008). Veranschaulichen. In: Kiel, Ewald (Hrsg.) (2008). Unterricht sehen, analysieren, gestalten. Bad Heilbrunn: Klinkhardt, S. 97–118.

Wettig, Sabine (2008). Imagination im Erkenntnisprozess. Chancen und Herausforderungen im Zeitalter der Bildmedien. Eine anthropologische Perspektive. Bielefeld: transcript.

Wiehl, Angelika (2015). Propädeutik der Unterrichtsmethoden in der Waldorfpädagogik. Frankfurt a. M.: Lang.

Wiehl, Angelika (2017). Erzählen – eine grundlegende Methode der Waldorfpädagogik. In: Lehrerrundbrief 106, 2017, S. 86–104.

Wiehl, Angelika (2018). Einführung in die Jugendpädagogik. In: dies. / Zech, M. Michael (Hrsg.) (2018). Jugendpädagogik in der Waldorfschule. 2. verbesserte Auflage. Kassel: Bildungswerk Beruf und Umwelt (edition waldorf), S. 15–46.

Wiehl, Angelika (2019). Anthropologie und Pädagogik der kindlichen Nachahmung. In: dies. / Auer, Wolfgang-M. (2019). Kindheit in der Waldorfpädagogik. Weinheim: Beltz Juventa, S. 51–72.

Wild, Reiner (Hrsg.) (2008). Geschichte der deutschen Kinder- und Jugendliteratur. 3. Auflage. Stuttgart: Metzler.

Wulf, Christoph (2014). Mimesis. In: ders.: Zirfas, Jörg (Hrsg.) (2014). Handbuch Pädagogische Anthropologie. Wiesbaden: Springer VS, S. 247–257.

Wulf, Christoph (2017). Mimesis. In: Glas, Alexander / Heinen, Ulrich / Krautz, Jochen / Lieber, Gabriele / Sowa, Hubert / Uhlig, Beate (Hrsg.) (2017). Mimesis. Imago. Zeitschrift für Kunstpädagogik. München: kopaed, S. 14–26.

Matthias Bunge

Gemalte Anthropologie – ein Gemälde Jan van Eycks und seine philosophisch-pädagogischen Implikationen

1 Einleitung

Die Beschäftigung mit der Grundfrage der philosophischen Anthropologie, „Was ist der Mensch?", gehört zu den wesentlichen Aufgaben angehender Waldorfpädagog*innen. Auch in der staatlichen Lehrerbildung ist die pädagogische Anthropologie als Teilgebiet der Erziehungswissenschaft wieder ein aktuelles Thema (Wulf/Zirfas 2014). Denn jede pädagogische Tätigkeit setzt immer schon ein implizites oder explizites Menschenbild voraus.

Insbesondere in der Waldorfpädagogik ist eine vertiefte Erkundung der Wesenheit des Menschen die Conditio sine qua non eines erfolgreichen Lehrer*innenseins.

Rudolf Steiner hat diese zentrale Frage unmittelbar vor der Eröffnung der ersten Waldorfschule 1919 in 14 Vorträgen multiperspektivisch umkreist. Unter dem Titel „Allgemeine Menschenkunde als Grundlage der Pädagogik" sind Mitschriften dieser Vorträge veröffentlicht (Steiner 1919/2005). In diesem Vortragszyklus wird ein komplexes Bild des Menschen entworfen und zur Diskussion gestellt.

In zwei Hauptwerken aus dem ersten Jahrzehnt des 20. Jahrhunderts hat Steiner jeweils ein Kapitel dem Wesen des Menschen gewidmet. Dort werden seine anthropologischen Positionen, die auch der „Allgemeinen Menschenkunde" zugrunde liegen, detailliert dargestellt (Steiner 1904, 1910). Im Studium der Waldorfpädagogik spielen diese philosophischen Texte eine wichtige Rolle. Die Studierenden kommen nicht umhin, sich kritisch reflektierend damit auseinanderzusetzen. Das ist aus verschiedenen Gründen keine leichte Aufgabe. Für philosophisch nicht vorgebildete Leser*innen ist schon die ungewohnte Diktion der Texte ein Hindernis, welche das Verständnis erschwert. Hinzu kommt, dass jeder philosophische Text per se zunächst theoretisch-abstrakt erscheint und erst durch die gedankliche Eigenleistung des Rezipienten anschaulich-konkret werden kann. Je weiter der intellektuelle Horizont entwickelt ist, und wenn hinreichend kulturgeschichtliche Kenntnisse vorhanden sind, ist das für Studierende eine zu leistende Aufgabe. Da aber nicht alle Studierenden die gleichen Voraussetzungen mitbringen, stellt sich die Frage, ob sich noch andere Möglichkeiten als die Lektüre von Texten anbieten, um das Wesen des Menschen erkunden zu können.

Als Kunsthistoriker und Bildwissenschaftler ist es für mich naheliegend, auf das Terrain der Bildkünste zu expandieren. Hochrangige Bildwerke der Malerei und Bildhauerei bieten einen unerschöpflichen Schatz an Anschauungsmaterial, um Menschenbilder in ihrer mannigfaltigen Diversität erforschen zu können. Insbesondere die Geschichte der Porträts und Ganzkörperbilder bildet einen riesigen Fundus, um Bildbetrachtungen unter anthropologischen Gesichtspunkten durchzuführen.

Meine These, die im Folgenden zu explizieren und zu begründen ist, lautet: Eine intensiv und kontemplativ betriebene Bildbetrachtung nach phänomenologischer Methode bietet die Chance, in der Aisthesis Erkenntnisse über die Wesenheit des Menschen zu gewinnen. Das Eintauchen in die sinnliche Wahrnehmung von Bildartefakten im Sinne von Goethes „anschauender Urteilskraft" (Goethe 1820/1965, S. 433), nämlich anschauend denken und denkend anschauen (Steiner 1886/1979, S. 110), lässt Wesenhaftes des Menschen anschaulich-konkret erfahren und ist daher geeignet, die abstrakt-theoretische Textarbeit philosophischer Werke kongenial zu ergänzen, denn Kunst offeriert die Möglichkeit einer nonverbalen Erkenntnis in Bildform. In Bildkunstwerken geht es nicht vorrangig um diskursive Begriffe, sondern intuitiv erfasste und bewusst gestaltete Phänomene gewähren dem Rezipienten Evidenzerlebnisse. Bilder generieren eine eigene Form von Wissen und besitzen eine „Eigenlogik" (Günzel/Mersch 2014, S. 126).

Mit Hans Jonas' Bestimmung des Menschen als „homo pictor" wird die Fähigkeit des Menschen, Bilder in Freiheit hervorzubringen und sie in ihrer spezifischen Bildlichkeit erkennen und reflektieren zu können, zu einer konstitutiven Bedingung des Menschseins (Jonas 1995; Günzel/Mersch 2014, S. 69). Von dieser Grundannahme ausgehend, hat sich auf dem weiten Feld der Bildwissenschaft eine Forschungsrichtung etabliert, die programmatisch „Bildanthropologie" als Namen führt. Hans Belting, der ein Buch unter diesem Titel veröffentlicht hat, ist es ein zentrales Anliegen zu begründen, dass der Bildbegriff letztlich nur ein anthropologischer sein kann (Belting 2001, S. 11, 58). Sein bildanthropologischer Ansatz findet in der Bildgeschichte wesentliche Aspekte des Menschseins repräsentiert. Belting schlägt vor, das Phänomen Bild in der folgenden fundamentalen Dreierkonstellation zu betrachten: „Bild-Medium-Betrachter oder Bild-Bildapparat-lebender Körper" (ebd., S. 20). Mit anderen Worten: Das artifizielle Bild benötigt ein Trägermedium, in dem es sich gleichsam verkörpert. Dieses materielle Substrat figuriert einen Bildleib, mit dem der lebende Körperleib des Bildbetrachters korrespondiert. „Natürlich ist der Mensch der Ort der Bilder. Wieso natürlich? Weil er ein natürlicher Ort der Bilder ist, gleichsam ein lebendes Organ für Bilder. Trotz aller Apparate, mit denen wir heute Bilder aussenden und speichern, ist allein der Mensch der Ort, an dem Bilder in einem lebendigen Sinne […] empfangen und gedeutet werden" (ebd., S. 57). Die Bilder, mit denen wir leben und mit denen wir die Welt verstehen, besetzen den Körper des Menschen. „Er ist den selbsterzeugten Bildern ausgeliefert, auch wenn er sie immer wieder zu beherrschen sucht" (ebd., S. 12).

Bevor ein konkretes Bildbeispiel in den Fokus rückt, ist noch eine bedenkenswerte Äußerung Beltings vorzuschalten: „Wir animieren Bilder, als lebten sie oder als sprächen sie zu uns, wenn wir sie in ihren medialen Körpern antreffen. Bildwahrnehmung, ein Akt der Animation, ist eine symbolische Handlung, welche in den verschiedenen Kulturen oder in den heutigen Bildtechniken auf ganz verschiedene Weise eingeübt wird" (ebd., S. 13).

2 Ein paradigmatisches Menschenbild

Mit Beginn der frühen Neuzeit tritt in der europäischen Bildgeschichte ein innovativer Bildtypus auf, gleichsam wie mit einem Paukenschlag erscheint ein Künstlerselbstbildnis, das in völlig neuartiger Weise die menschliche Individualität mit ihrer einmaligen Physiognomie thematisiert.

Im Jahr 1433 malt Jan van Eyck einen Mann mit rotem Turban; wahrscheinlich handelt es sich um ein Selbstbildnis des Malers, wie die neuere Forschung annimmt. Dieses extraordinäre Gemälde befindet sich in der National Gallery in London und es besitzt noch seinen Originalrahmen, der vergoldet ist und in seinen horizontalen Teilen Inschriften trägt. Das kleinformatige Bild (Öl auf Eichenholz) misst nur 26 x 19 Zentimeter. Dies ist insofern bemerkenswert, da das Gesicht durch einen fast fotorealistischen Detailreichtum besticht, wie Nahansichten erkennen lassen.

In einer antikisierenden Schreibweise steht im unteren Teil des Bildrahmens in Latein „JOHES DE EYCK ME FECIT ANO MCCCC33 21OCTOBRIS". Johannes van Eyck hat mich am 21. Oktober 1433 gemacht. Diese Signatur wird im oberen Rahmenteil ergänzt und verstärkt durch die Inschrift „ALS ICH CAN", was sich mit „so gut ich kann" übersetzen lässt. Die Verwendung des Lateinischen und die Anlehnung einzelner Buchstaben an griechische Schriftzeichen lassen den Urheber des Gemäldes als einen gebildeten Menschen erkennen, der sich seiner virtuosen Leistung wohl bewusst ist. Spricht diese seelisch-geistige Dimension des Menschen auch aus dem dargestellten Gesicht?

Das ist die Frage, die sich im Gespräch mit den Studierenden beim unbefangenen Betrachten des Bildes entwickeln kann, wenn die methodische Vorgabe ist, die formale und farbige Gestalt so genau wie möglich zu beschreiben und erst mal jede Deutung und Beurteilung hintanzustellen. Angesichts der unteilbaren Einheit von Form und Inhalt, Gestalt und Gehalt, Objekt und Idee, Materie und Geist erfordert die phänomenologische Beschränkung auf die sinnliche Wahrnehmung der Komposition aus den bildnerischen Elementarmitteln

Abb.: Jan van Eyck (1390–1441), Bildnis eines Mannes mit rotem Turban, 1433, 26 x 19 cm

ein diszipliniertes Vorgehen, das zuerst den sichtbaren Bestand anvisiert.

Die übergeordnete farbige Bildgestalt (Strauss 1983), die zugleich für die besondere Lichtsituation des Gemäldes verantwortlich ist, besteht aus einem Dreiklang: Das lichthafte Gold des Rahmens kontrastiert mit dem dunklen Schwarzbraun des indifferenten Bildgrundes. Dieser farbige Hell-Dunkel-Kontrast wird komplettiert durch das tiefe Karminrot des Chaperon, einer turbanartigen, modischen Kopfbedeckung jener Zeit. Dieses kunstvoll verschlungene und in sich auftürmende Tuchgebinde verdunkelt sich in den Faltenmulden und verbindet sich so mit dem Bildhintergrund. Das wesentlich hellere Inkarnat des Gesichts mit seinen Lichtreflexen verbindet das Antlitz mit dem Goldglanz des Rahmens, der das natürliche äußere Licht reflektiert, so wie die menschliche Haut das künstliche innere Bildlicht spiegelt. Der samtig-schwarze Mantel wird von einem feinen dunkelbraunen Pelzkragen geziert, der sich nach oben schalartig in V-Form öffnet und ein kleines weißes Dreieck des Unterhemds frei lässt. Dieses helle Weiß wiederholt sich in den Augäpfeln, das Braunschwarz der Kleidung in Iris und Pupille, die jeweils kleine Reflexlichter tragen. Die leicht blutunterlaufenen Augen repetieren das Rot des aufwendigen Kopfschmucks, der die Blicke des Betrachters auf sich zieht. Die Farbe des lebendigen Blutes durchströmt in zarter Weise die „Fleischfarbe" des Teints.

Das Gesicht ist im Dreiviertelprofil im Bildraum situiert. Es ist, von uns aus gesehen, nach links gewandt, wo auch die Lichtquelle verortet ist. Dies ermöglicht es, die, von uns aus gesehen, rechte Wangenseite stark zu verschatten und gleitend in die unbestimmbare Bildtiefe übergehen zu lassen. Diese nur kursorischen Beschreibungen des Kolorits und seine Hell-Dunkel-Struktur lassen schon erkennen, dass sich hier in kunstvoller Weise eine innere Bildlogik offenbart, die eine komplexe Beziehung von innen und außen, äußerer Erscheinung und innerer Wesenheit zur Schau stellt. Je länger wir uns dem intensiven Blick dieses Mannes aussetzen, umso lebendiger und zugleich fesselnder wird dieses Wesen. Bei der Lektüre dieses Textes das Bild permanent vor Augen zu haben, ist ein lohnendes Experiment. Der „Bildakt" (Bredekamp 2014) ist überdeutlich, das Bild als Agens wird zum Faszinosum.

Wer hier wen anschaut, ist nicht so eindeutig zu klären. Vergegenwärtigen wir uns die reale Situation, in der das Bild entsteht, vorausgesetzt, es ist ein Selbstbildnis, dann betrachtet sich der Maler selbst im Spiegel, und was er da wahrnimmt, hält er in einem Konterfei fest. Jedes Selbstbildnis ist immer eine Selbstbespiegelung, Selbstreflexion in der doppelten Bedeutung des Wortes: sehen und sinnieren, den Augensinn aktivieren und sich selbst reflektieren. Das ICH als die innere Kraft des Menschen läuft gleichsam zur Hochform auf, es verdichtet sich in luzider Farbmaterialität und zugleich transzendiert es alles Physische in den Bereich des Geistigen. Dies verleiht diesem ersten erhaltenen Selbstporträt, wie James Hall schreibt, seine „hypnotisierende Wirkung" (Hall 2016, S. 43). Aber der Maler schaut nicht nur sich selbst an, sondern im fertigen Gemälde tritt das ICH des Künstlers in den Blickkontakt mit dem anderen ICH des Bildbetrachters. Die Blicke kreuzen einander. Dass in diesem Bild dem Auge als Organ des Sehsinns eine prädominante Bedeutung zukommt, ist offensichtlich. Der Mundraum, in dem wir unsere Sprachlaute artikulieren, ist verschlossen, die Lippen sind zusammengepresst. Wir hören nichts, Stille ist angesagt. Nicht zufällig ist das von uns aus gesehen rechte Ohr verdeckt durch eine wohlgeformte Doppelschlaufe des roten Tuches mit einer Schattenmulde, die an das dahinterliegende Ohrloch erinnert. Der Hörsinn wird nicht angesprochen, aber das Schweigen des Bildes wird durch den erhabenen Farbklang des Schwarz-Rot-Gold visuell kompensiert. Es gilt, wie Günter Wohlfahrt formuliert hat, „auf das stillschweigende Gespräch des Bildes" zu hören (Wohlfahrt 1995, S. 164).

Da es sich um ein sogenanntes Brustbild handelt, sind die Hände des Malers nicht sichtbar. Der bewusst gewählte Bildausschnitt fokussiert das „Gesicht". Dieses Wort kommt aus dem Mittelhochdeutschen und bedeutet „das Sehen" oder „der Sehsinn". Dass wir die Hände nicht erblicken können, ist bemerkenswert, sind sie doch für den Maler die ausführenden Organe, die mittels des Tastsinns (Fingerspitzengefühl) das Werk erschaffen. Gleichwohl spielt das Haptische in van Eycks Gemälde eine wichtige Rolle. Die sehr realistisch dargestellte Gesichtshaut – die Haut ist das größte Sinnesorgan des Menschen – mit ihren Runzeln, Bartstoppeln und Krähenfüßen unter dem rechten Auge können und sollen wir optisch ertasten. Und von besonderer haptischer Qualität ist das rote Gebirge des Hutes in seiner virtuos gestalteten Plastizität.

Was verrät uns das alles über das Wesen des Menschen? Solange der Mensch auf diesem physischen Plan wandelt, ist er eine lebendige Wärmeplastik, blutdurchströmt und physische sowie psychische Kraft ausstrahlend. Der menschliche Körperleib ist eine Plastik. Die Haut umspannt einen als dunkel vorzustellenden Innenraum. Die Schnittstellen zwischen dem höchst differenzierten Innenraum des Menschen und dem lichten Außenraum, in dem wir uns bewegen, bilden die Sinne, die im Kopf des Malers mit dem Mund, der Nase, den Ohren, der Haut und den Augen verbunden sind. Der leiblichen Polarität von verdecktem Innenraum und sichtbarem Außenraum entspricht der Zusammenhang von inneren mentalen Bildern und äußeren materiellen Bildern. Der Mensch verfügt über die ausgezeichnete Fähigkeit, sich Bilder innerlich vorstellen zu können. Diese sogenannte Einbildungskraft ist die Grundvoraussetzung der menschlichen Bildkompetenz. Charakteristischerweise sprechen wir davon, etwas vor unser „inneres Auge" zu stellen, oder davon, dass wir „in Bildern denken" können. In Caspar David Friedrichs berühmter Sentenz kommt dieser Sachverhalt prägnant zum Ausdruck: „Der Maler soll nicht bloß malen, was er vor sich sieht, sondern auch, was er in sich sieht. Sieht er aber nichts in sich, so unterlasse er auch zu malen, was er vor sich sieht" (Börsch-Supan 1987, S. 84).

Was sieht denn Jan van Eyck in sich? Er sieht in sich dasjenige, was über die äußere Erscheinung hinaus sein Wesen bestimmt, und das ist die seelisch-geistige Dimension, die das Leibliche durchwirkt und im Antlitz offenbar wird, das ICH.

Bildartefakte zeigen einen geistigen Gehalt, der, wie Ernst Cassirer erkannte, über alles Sinnliche hinausweist. In jedem „mythischen oder künstlerischen Bild erscheint ein geistiger Gehalt, der an und für sich über alles Sinnliche hinausweist, in die Form des Sinnlichen, des Sicht-, Hör- oder Tastbaren umgesetzt" (Cassirer 1994, S. 42). Mit dieser zentralen Feststellung weist Cassirer schon auf eine Kategorie der Bildwissenschaft hin, die Gottfried Boehm „ikonische Differenz" nennt. „Das Rätsel ‚Bild' zeigt tausend Gesichter und hat doch stets damit zu tun, dass sich Faktisches als Wirkung, Materialität als luzider Sinn erschließt" (Boehm 2011, S. 170). Die ikonische Differenz ist für Boehm eine Argumentationsfigur, die zu begründen versucht,

> „wie die Bilder Sinn generieren und woraus sie ihre Kraft ziehen, ohne von sprachlichen oder sprachanalogen Modellen Gebrauch zu machen. […] Bilder sind deiktische Ereignisse, ihr Sinn der Effekt einer materiellen Ordnung und Disposition. Es ist gerade diese Temporalität, die im Bilde etwas Sichtbares heraustreten lässt, Sinn vor Augen stellt, ins Licht der Evidenz versetzt. Dafür ist Materialität unabdingbar. Sie stellt nicht nur das Kontinuum der Darstellung bereit, sondern verschafft jener Grundunterscheidung einen Körper. Nur wo eine opake Undurchdringlichkeit ins Spiel kommt, kann sich der Sinn des Bildes auftun, kann der Funke der Differenz aufleuchten" (Boehm 2011, S. 174, 175).

Boehm verfolgt das ehrenwerte wissenschaftliche Ziel, die Theoriegeschichte dahingehend zu erweitern, „dem Logos einen präverbalen, insbesondere ikonischen Sinn zuzugestehen". An der Hominisation des Menschen sieht er das Bild wesentlich beteiligt. Das Verständnis des Menschen als animal rationale will er deutlich erweitern durch eine angemessene und komplexe „Bestimmung des Menschen als eines bildbefähigten Wesens, das stets dabei ist, imaginatio mit imago zu verknüpfen" (ebd., S. 172).

Die Termini „Imago" und „Imagination" sind für das neuzeitliche Kunstverständnis fundamental. Das Bild, lateinisch imago, ist angewiesen auf die Imagination. Das Bild und die es hervorbringende Einbildungskraft sind korrelativ (Hogrebe 1971). Das mentale Vermögen des Menschen, bildlich denken, sich Bilder ideell vorstellen zu können, ist eine unabdingbare Voraussetzung der Herstellung schöpferischer Bilder. Diese sind nicht reproduzierend, sondern produzierend. Bildartefakte sind kreativ in dem spezifischen Sinn, dass sie nicht passiv Wirklichkeit widerspiegeln, sondern aktiv eine autonome Bildrealität gestalten. Es geht, wie Max Imdahl treffend formuliert hat, um das „Sichtbarmachen eines außerbildlichen Unsichtbaren" (Imdahl 1981, o. S., Kommentar zu Abb. 6). Oder mit den Worten Paul Klees: „Kunst gibt nicht das Sichtbare wieder, sondern macht sichtbar" (Klee 1991, S. 60). Sie zeigt uns etwas, öffnet uns die Augen für essenzielle Dimensionen der menschlichen Realität. Das offenbart der Blick in van Eycks Selbstbildnis. Der Mensch als geistiges Wesen tritt in Erscheinung.

Mit van Eycks Kunst vollzieht sich ein epochaler Wandel. Einerseits leitet er jenen „Realismus" ein in dem mimetischen Sinne, dass der sichtbare Bestand der Wirklichkeit bildwürdig geworden ist, andererseits zeigt sich in seiner Farbgestaltung eine „Spiegelung Gottes" (Dittmann 1987, S. 73). Seine spezifische Licht- und Glanzmalerei verklärt die dargestellten Dinge und entrückt sie zugleich aus dem profanen Diesseits. Die Ursachen dieser über-wirklichen Ausstrahlungskraft liegt in der innovativen Eyck'schen Maltech-nik, die mit Lasuren arbeitet, wodurch ein Tiefenlicht entsteht. „Die Farbe leuchtet edelsteinartig von innen heraus." Dittmann bezeichnet das als „Luminosität" (ebd., S. 74f.). Diese Aspekte des Bildes sind nicht einfach in der Natur beobachtet und dann abgebildet, sondern sie basieren auf der pro-duktiven Einbildungskraft, die Cassirer – Goethe folgend – als die „bildende Kraft schlechthin" bezeichnet, auf der jede künstlerische Hervorbringung beruht (Cassirer 1961, S. 238f.).

Die Einbildungskraft im genuin künstlerischen Sinne lässt sich mit Rudolf Steiners Begriff der Imagination vergleichen, die Angelika Wiehl in ihrem Beitrag (in diesem Band) als „ein geistiges Gestaltungsprinzip" bestimmt hat. Hier zählen die inneren Bilder, die sich vom Abbildcharakter gelöst haben.

3 Gemalte Anthropologie

In van Eycks Porträt wird der Augen-Blick des Gesichtes ins Überzeitliche gedehnt. Der Blick geht sowohl nach außen als auch nach innen. „Das innere Leben, das sich im Blick ausdrückt, wurde in der Metapher des Auges als ‚Fenster der Seele' auf einen körperlichen Begriff gebracht" (Belting 2001, S. 127). Belting sieht in der Porträttafel ein Medium des Körpers, da es an die Stelle des abwesenden Körpers getreten ist und dessen Präsenz zeitlich und räumlich erweitert (ebd., S. 116). Weil das Gesicht uns direkt anblickt, holt es die Distanz zum lebenden Gesicht ein. „Es trägt durch die Aktivität des Blicks einen Dualismus von innen und außen zur Schau, der als gemalte Anthropo-logie beschrieben werden kann" (ebd., S. 126f.). Für Belting haben die Bilder ihren Ursprung in der Sehnsucht des Menschen, die physische Präsenz über den Tod hinaus zu verlängern. Van Eycks Bildnis ist also quasi eine Toten-maske. „Das frontale Gesicht, das unseren Blick sucht (wie es auch ein leben-der Körper in der Begegnung mit seinem Betrachter tun würde), ist gleich-sam eine Maske, die sich vom Körper durch gemalte Abbildung getrennt hat. Hinter dem Porträt verbirgt sich ein sterbliches Gesicht, mit dem wir durch das Medium, durch ein gemaltes Gesicht, kommunizieren sollen. Das Porträt ist nicht nur Dokument, sondern Medium des Körpers in dem Sinne, dass es den Betrachter zur Anteilnahme auffordert" (Belting 2001, S. 126).

In diesem Kontext kommt dem Blick in den Spiegel noch eine besondere Bedeutung zu. Das Auge ist nicht nur ein „Fenster zur Seele", sondern es ist selbst auch ein Spiegel. Wenn ich mein Auge auf einem Vergrößerungsspiegel betrachte, sehe ich mein Gesicht auf dem eigenen Auge gespiegelt. Gleiches gilt auch, wenn ich in das Auge eines anderen Menschen schaue. Das heißt, in der visuellen Begegnung mit dem anderen begegne ich mir auch selbst. Das ICH erkennt sich am DU, am anderen ICH.

Der Mensch hat das große Glück, das eigene Gesicht nicht sehen zu können. Sich selbst ständig sehen zu müssen, wäre wohl unerträglich. Nur mittels eines natürlichen oder künstlichen Spiegels trifft mein Blick auf mich selbst. Das Besondere an van Eycks Selbstbildnis ist nun, dass er nicht nur das malt, was er im Spiegel sieht, „sondern auch den Akt des Sehens und also seinen eigenen Blick" (Belting 2013, S. 169). Gleichzeitig liefert der Spiegel gleichsam den Beweis der körperlichen Präsenz van Eycks in der Welt. Die Sache wird aber noch komplexer, denn wie Belting herausgearbeitet hat, benutzte der Maler keinen Flach-, sondern einen Konvexspiegel, der die Erscheinung verzerrt. Das Gemälde aber gibt vor, ein Flachspiegelbild zu sein. „Man kann von einer gemalten Spiegelfiktion sprechen, mit welcher van Eyck sich als Subjekt ins Bild einbrachte" (Belting 2013, S. 169). Gleichwohl dokumentiert die Rahmeninschrift mit genauem Datum die Authentizität des Geschehens. Van Eycks Konzentration auf den forschenden und prüfenden Blick ist realer als der Spiegel, der sich der Sichtbarkeit entzieht.

> „Es handelt sich in Wahrheit um eine gemalte *Produktion des Blicks,* wobei sich van Eyck über die Hindernisse hinwegsetzte, welche die damalige Spiegeltechnik ihm in den Weg legte, und sich mit allen Konsequenzen als Modell wählte, das sich selbst kennt und nicht nur sieht. Die Reproduktion des eigenen Gesichts führt in letzter Konsequenz zum Entwurf einer *Produktion des Ich.* […] Die Gesichtsbeschreibung ist schon hier Subjektbeschreibung und also Repräsentation des Ich als Selbstdeutung" (Belting 2013, S. 169f.).

4 Bild und Erkenntnis

Von solchen aus dem Bild gewonnenen Einsichten lassen sich unschwer gedankliche Parallelen zu Rudolf Steiners Erkenntnistheorie ziehen. Schon in seiner philosophischen Frühschrift „Grundlinien einer Erkenntnistheorie der Goetheschen Weltanschauung" findet sich die Auffassung, dass wir „eine Erscheinung nicht bloß wahrnehmen, sondern zugleich produzieren" (Steiner 1886/1979, S. 52). Um die epistemologische Korrelation von Wahrnehmung und Begriff, Anschauung und Denken, Form und Inhalt plastisch werden zu lassen, verwendet er das Bild des Spiegels. Steiner stellt fest,

„dass der *Inhalt* der Wirklichkeit nur das Spiegelbild des Inhalts unseres Geistes ist und dass wir von außen nur die leere Form empfangen. Freilich müssen wir die Kraft in uns haben, uns als die Erzeuger dieses Inhaltes zu erkennen, sonst sehen wir ewig nur das Spiegelbild, nie unseren Geist, der sich spiegelt. Auch der sich in einem faktischen Spiegel sieht, muss sich ja selbst als Persönlichkeit erkennen, um sich im Bilde *wiederzuerkennen*" (ebd., S. 67).

Besonders aufschlussreich sind Steiners Überlegungen zum Verhältnis von Erkennen und künstlerischem Schaffen, mit denen er als junger Mann, er war gerade 25 Jahre alt, seine Erkenntnistheorie abschließt.

Wie Steiner in der Vorrede zur Neuauflage von 1923 bekannt hat, sieht er in dieser Jugendschrift die erkenntnistheoretische Grundlegung für sein ganzes späteres Werk. „Sie spricht von einem Wesen des Erkennens, das den Weg freilegt von der sinnenfälligen Welt in eine geistige hinein" (Steiner 1886/1979, S. 11). Die Betrachtung der Bildenden Kunst, die ja einen maßgeblichen Bestand der Kultur ausmacht, kann dabei behilflich sein. Kunst und Kultur sind Gegenstände der Geisteswissenschaften im voranthroposophischen Sinne. In diesen hat es der Mensch mit sich selbst zu tun, denn unser Bewusstsein richtet sich auf einen geistigen Inhalt, den wir selbst schöpferisch hervorgebracht haben. „Geistiges wird durch den Geist erfasst" (ebd., S. 116). In den Geisteswissenschaften gehe es darum, so Steiner, die Idee der Persönlichkeit festzuhalten, und zwar so, wie sie im Individuum auftritt (ebd., S. 117). Damit rückt das „Besondere" in den Fokus des forschenden Blickes (ebd., S. 118). „Es ist immer der ganze, volle Mensch, mit dem man es zu tun hat (ebd., S. 120). In der „Selbstbetrachtung" des menschlichen Geisteswesens erkennt er die höchste Form des Daseins (ebd., S. 121). Hier begegnet er dem „Ich", von dem jedes Denken, Fühlen und Wollen ausgeht (ebd., S. 122). Steiner reflektiert auch auf die unterschiedlichen Methoden, mit denen die Wissenschaften ihre Gegenstände erforschen. Was er zur Geschichtswissenschaft ausführt, gilt meines Erachtens auch für die Kunstgeschichte. Hier wie dort sind es Individuen, herausragende Persönlichkeiten wie van Eyck, die die Geschichte gestalten und etwas zum Fortschritt des Menschen beitragen. „Eine historische Tatsache wird als Ideelles von einem Ideellen bestimmt" (ebd., S. 128). Es ist der Geist des Künstlers, der das Kunstwerk durchwirkt. „Die Geschichte ist wesentlich eine Idealwissenschaft. Ihre Wirklichkeit sind schon Ideen. Daher ist die Hingabe an das Objekt die einzig richtige Methode" (ebd., S. 128). Deutlich zu machen, dass die Hingabe an das konkrete Objekt, in unserem Falle die intensive Betrachtung eines Bildes, zu einem vertieften Verständnis des menschlichen Wesens beitragen kann, ist eine Intention dieser Ausführungen.

Im letzten Kapitel seiner Erkenntnistheorie treibt Steiner die Analogie von Kunst und Erkenntnis unter der Perspektive des Handlungscharakters zu einem Höhepunkt. Im Folgenden paraphrasiere ich seine Gedankenentwicklung: Das Erkennen wird als eine produktive, Wirklichkeit konstituierende Tätigkeit des menschlichen Geistes aufgefasst. Ebenso ist das künstlerische Schaffen ein tätiges Hervorbringen von Bildern. Während es die Hauptaufgabe der Wissenschaft ist, im Denken Ideen (ideelle Gesetzmäßigkeiten) zu produzieren, ist die Kunst damit beschäftigt, den menschlichen Geist, der fast zweitausend Jahre als göttlich inspiriert galt (Bunge 1996, S. 226ff.) und der sich in der Ich-Kraft artikuliert, in einem sinnfälligen Objekt erscheinen zu lassen. „Das Unendliche, das die Wissenschaft im Endlichen sucht und in der Idee darzustellen sucht, prägt die Kunst einem aus der Seinswelt genommenen Stoffe ein. Was in der Wissenschaft als Idee erscheint, ist in der Kunst Bild" (Steiner 1886/1979, S. 132). Das Kunstschöne wird, Goethe folgend, als „der sinnliche Abglanz der Idee" charakterisiert. Hier darf man durchaus an den Glanz der Farben denken, der van Eycks Bildwelt der Alltagsrealität enthebt.

Entscheidend nach Steiner ist, wie der Künstler dem Stoff die Idee einpflanzt: „Nicht *was* er behandelt, sondern *wie* er es behandelt, darauf kommt es an." Das „Wie" bezieht sich auf die Form- und Farbgestaltung, in der das Bild erscheint, das „Was" auf den Bildinhalt, also z. B. ein Gesicht.

> „Es darf im Kunstschönen nichts zurückbleiben, dem nicht der Künstler *seinen* Geist aufgedrückt hätte. […] Überwindung der Sinnlichkeit durch den Geist ist das Ziel von Kunst und Wissenschaft. Diese überwindet die Sinnlichkeit, indem sie sie ganz in Geist auflöst; jene, indem sie ihr den Geist einpflanzt. Die Wissenschaft blickt *durch* die Sinnlichkeit auf die Idee, die Kunst erblickt die *Idee* in der Sinnlichkeit" (Steiner 1886/1979, S. 133).

In van Eycks Gemälde wird eine Idee des Menschen ansichtig, und das heißt, im Bild sinnlich erfahrbar. Dieses ideelle Menschenbild ist weder abstrakt noch fiktiv, sondern es ist konkret und anschaulich.

Bis ins frühe 20. Jahrhundert kommt in Bildartefakten praktisch immer eine Grundkonstellation zum Tragen, nämlich ein Verhältnis von Vorbild oder Urbild und Abbild, von Idee (Idea) und sichtbarer Gestalt (Eidos) (Hogrebe 1971). Seit Platon wird kontrovers diskutiert, ob das artifizielle Bild nur trughafter Schein des Urbildes (Idea) ist oder ob in ihm Wahrheit zur Erscheinung kommt. Gadamer hat die spezifische Art, wie Wahrheit sich im

Kunstwerk manifestiert, wie folgt charakterisiert: „Seine Wahrheit ist nicht das plane Offenliegen von Sinn, sondern vielmehr die Unergründlichkeit und Tiefe seines Sinnes" (Gadamer 1978, S. 122). Boehm spricht vergleichbar von einem Überschuss an Sinn, den Bildartefakte erzeugen (Boehm 1995, S. 38). Van Eycks Bildnis liefert die demonstratio ad oculos. Zum Verhältnis von Bild und Wahrheit hat Eugen Biser eine bemerkenswerte Position bezogen: „Bei aller Gefahr, die aus der Nähe zum Schein resultiert, bleibt das Bild doch die unabdingbare Mitgift des Geistes, Instrument ebenso seines investigierenden wie seines interpretierenden Vermögens und in beidem sein subtilstes Organ für die Wahrheit" (Biser 1973, S. 254).

5 Anthropologie in Stein gemeißelt

Im Herbst 1912 besucht Rudolf Steiner in Florenz Michelangelos Grabmal für Lorenzo und Giuliano Medici in der Neuen Sakristei von San Lorenzo, das zwischen 1521 und 1532 entstand.

Steiner betrachtet die allegorischen Figuren der Grabmäler, die die Nacht und den Tag, den Morgen und den Abend personifizieren. Sie sind jeweils paarweise zu Füßen des Giuliano und Lorenzo gelagert. Die männlichen und weiblichen Figuren aus Marmor zeigen in antikisierender Nacktheit die leibliche Gestalt des Menschen als beseelte Körper.

In einem Vortrag aus demselben Jahr berichtet Steiner, dass er ganz überrascht war und anfangs versuchte, sich gegen den Eindruck zu wehren, den diese Figuren auf ihn machten. „Aber es ist einer jener Fälle, wo die Objektivität siegt" (Steiner 1912/2006, S. 129). Was Steiner bei der Betrachtung dieser Menschenbilder so wundert, ist die Tatsache, dass ihm in der sinnlichen Präsenz dieser Skulpturen seine eigene Anthropologie begegnet. Es ereignet sich ein Wiedererkennen der vier Wesensglieder, die er für die Konstitution des Menschen als maßgeblich erachtet und die er in seinen eingangs erwähnten Schriften und Vorträgen zur Anthropologie sehr differenziert beschrieben hat. Im Rahmen dieses Beitrages kann Steiners Wesensgliederlehre nicht näher behandelt werden, es geht nur darum aufzuzeigen, wie Steiner selbst sie in Bildwerken sinnlich demonstriert findet.

In der weiblichen Figur der „Nacht" sieht er „den wunderbarsten Ausdruck […] für den freien, unabhängigen Ätherleib, der sich in der Physiognomie des physischen Leibes ausdrückt, wenn Astralleib und Ich außerhalb sind. Diese Figur ist nicht eine Allegorie, sondern tatsächlich der Mensch." Sie ist „der historisch treueste Ausdruck des Ätherleibes in seiner Lebendigkeit" (Steiner 1912/2006, S. 130).

Wenn der Authentizität der Mitschrift des Vortrages zu trauen ist, dann ist das eine sehr erstaunliche Feststellung Steiners im Hinblick auf die Bedeutung der Kunst und den durch sie vermittelten Wahrheitsgehalt. Denn die Figur der „Nacht" ist nicht allegorisch zu verstehen, sondern sie ist die Sache selbst: der lebendige Bildekräfteleib, der unser vitales Dasein erst ermöglicht und der sich nach dem Tod, wie sich bei jedem aufgebahrten Menschen genau beobachten lässt, relativ schnell aus dem Körper zurückzieht und diesen der Totenstarre überlässt sowie durch seine Absenz das Leicheninkarnat auslöst.

In der männlichen Figur des „Tages" erkennt Steiner das Ich, das dann am stärksten tätig ist, wenn es von den anderen Wesensgliedern am wenigsten beeinflusst ist. Das Ich ist der unsterbliche, individuelle geistige Wesenskern des Menschen, das auf Seelenleib, Bildekräfteleib und physischen Leib einwirkt und sich dem Einfluss des Geistes öffnet (Steiner 1904/2013).

Die weibliche Figur des „Morgens" zeigt die größte sinnliche Präsenz und die meisten Gefühlsregungen, sowohl im Ausdruck des Gesichts als auch in der Geste ihres linken Armes. Für Steiner repräsentiert sie den Empfindungsleib (Astralleib), an den unsere sinnliche Wahrnehmungsfähigkeit gebunden ist und der unser Bewusstsein trägt.

Die männliche Figur der „Abenddämmerung" schließlich veranschaulicht in ihrer Lagerung, die sich ganz der Schwerkraft hingibt, den physischen Leib.

Steiner betont, dass er sich lange gegen diese Einsichten gesträubt habe, aber je intensiver er sich mit den skulpturalen Bildern beschäftigt habe, desto mehr sei er „zur Erkenntnis dieser Wahrheit" gezwungen worden (Steiner 1912/2006, S. 130). Und zu Michelangelo bemerkt er, dass dieser in seinem intuitiven Schaffen die Wesensglieder erfasst habe. In allen Bereichen des Menschen und insbesondere in seinen künstlerischen Leistungen sieht Steiner die Wirkung des Spirituellen gegeben. „Man lernt das Sinnliche wirklich erst verstehen, wenn man die Art versteht, wie das Spirituelle in die sinnliche Wirklichkeit hineinwirkt" (ebd., S. 131).

In seinen vermächtnishaften anthroposophischen Leitsätzen hat Steiner im Zusammenhang mit seinen erhellenden Ausführungen zur „Bildnatur des Menschen" darauf aufmerksam gemacht, wie wichtig es ist, dass man nicht nur einsehen soll, „was durch Anthroposophie an Erkenntnisinhalt gewonnen wird, sondern auch, wie man zum Erleben dieses Erkenntnisinhaltes gelangt" (Steiner 1924/25/1998, S. 33). Wie hier ausführlich dargestellt, bietet insbesondere das ästhetische Erleben die Möglichkeit einer visuellen Realitätserkenntnis, die die Grenzen einer nur kognitiven sprengt.

Interessanterweise hat Christian Rittelmeyer in seinen erziehungswissenschaftlichen Lehrveranstaltungen an der Universität Göttingen von dieser Möglichkeit Gebrauch gemacht. In seinen Seminaren zur Waldorfpädagogik hat er auch die vier Wesensglieder des Menschen behandelt, worauf die Studierenden mit Befremden reagiert hätten (Rittelmeyer 2011, S. 339). Mit der Kenntnis von Steiners zitiertem Vortrag und nach der Auseinandersetzung mit den originalen Skulpturen habe sich seine „erkenntnistheoretische Sicht auf diesen anthropologischen Sachverhalt" im Sinne der Heuristik verändert (ebd., S. 344f.). „Nicht mehr die vorgängige Frage war wichtig, ob die ‚Lehre von den Wesensgliedern' richtig ist, vielmehr wurde die Prämisse wegleitend, die Phänomene probeweise aus dieser Blickrichtung zu betrachten und zu beobachten, was sich dabei im eigenen Erkenntnisleben und für die eigentliche Wirklichkeitsauffassung zeigt" (Rittelmeyer 2011, S. 344). Nachdem Rittelmeyer mit Studierenden die Figuren Michelangelos ausführlich betrachtet und besprochen hatte, stellte er in der Diskussion fest, dass einigen Studierenden durch die sinnlich-phänomenologische Demonstration Steiners Anthropologie plausibler wurde. „Die anthropologischen Begriffskategorien öffneten gleichsam den Blick für tatsächliche Phänomene" (ebd., S. 345).

6 Die Bildnatur des Menschen

Es ist sicher eine singuläre Angelegenheit, dass die vier genannten Wesensglieder in Michelangelos Werk jeweils beispielhaft in der Leiblichkeit einzelner Menschenbilder erscheinen. Im „Normalfall" treten sie als Einheit in Erscheinung, wie das auch in van Eycks Bildnis ersichtlich ist und wie es ja auch am lebenden Menschen zu beobachten ist. Der Mensch ist selbst ein Bild, er ist Bild und Bildner zugleich. Um diesen Sachverhalt zu erläutern, spricht Steiner von der „Bildnatur" des Menschen. Abschließend werden einige diesbezügliche Leitgedanken vorgestellt, da sie in relativ einmaliger Weise die anthropologische Analogie von Mensch und Bild herausstellen. Dabei wird keine Vollständigkeit angestrebt, sondern nur solche Gedanken berücksichtigt, die van Eycks Bildnis in noch hellerem Licht erstrahlen lassen. Steiner führt aus:

> „In dem Haupte des Menschen ist die physische Organisation ein Abdruck der geistigen Individualität. […] Man versteht das physische Menschenwesen nur, wenn man es als *Bild* des Geistig-Seelischen betrachtet. Für sich genommen bleibt der physische Körper des Menschen unverständlich. Aber er ist in seinen verschiedenen Gliedern in verschiedener Art Bild des Geistig-Seelischen. Das Haupt ist dessen vollkommenstes, abgeschlossenes Sinnesbild" (Steiner 1924/25/1998, S. 28).

Eine solche Betrachtung, so Steiner weiter, sei „eine Hilfe zum Verständnisse geistiger Imagination; denn in den Formen des Hauptes sind imaginative Formen gewissermaßen bis zur physischen Dichte geronnen" (ebd.,

S. 29). Mit diesen Überlegungen verfolgt Steiner das immer noch oder gerade heute berechtigte Ziel, eine einseitig naturwissenschaftliche Betrachtung des Menschen als diesem nicht angemessen um weitere Dimensionen zu bereichern. An folgendem Vergleich wird dies deutlich. Wenn man ein Bild der Malerei nur nach materialistischen Gesichtspunkten betrachtet, also die Anzahl der Farben aufführt oder deren Gewicht bemisst, kommt man nicht an das heran, was ein Bild Wesentliches offenbart. Der Gehalt oder die Sinndimensionen eines artifiziellen Bildes erschließen sich nur einer phänomenologisch-hermeneutischen Betrachtung. Steiner fordert nun, auch „den Menschen als *Bild* zu begreifen. Ein Mineral ist in diesem Sinne nicht Bild. Es offenbart nur dasjenige, was unmittelbar die Sinne wahrnehmen können. Beim Bilde richtet sich die Anschauung gewissermaßen durch das sinnlich Angeschaute *hindurch* auf einen Inhalt, der im Geiste erfasst wird. Und so ist es auch bei der Betrachtung des Menschenwesens" (ebd., S. 30f.). Es gelte, sowohl den Menschen als auch das Bildartefakt mit „Seelenaugen" zu betrachten. In seinem Vortrag „Pädagogik und Kunst" (1923) hat Steiner erklärt, dass der Mensch über *einen* „künstlerischen Sinn" verfüge, der in der Kunst das „Scheinen des Geistes in der Materie" erkenne und der zugleich aber auch das Wesen des Menschen erfasse (Steiner 1923/2010, S. 649, 659). „Kunst und der künstlerische Sinn sind dasjenige, was die Menschenerkenntnis hineinstellt zwischen die reine Geisteserkenntnis und die naturgemäße Sinneserkenntnis" (ebd., S. 657). Das macht jene und diesen für die pädagogische Praxis so wertvoll. Die Arbeit mit den Studierenden zeigt immer wieder, dass dieser künstlerische Sinn – wie alle anderen Sinne ebenso – einer kontinuierlichen Entwicklung bedarf und immer wieder geübt, trainiert werden muss. Insofern sollte eine eindringliche Kunstbetrachtung wesentlicher Bestandteil der Lehrer*innenbildung sein.

Auf den letzten Seiten seiner Autobiografie spricht Steiner von der „Bildkraft" des Menschen, aus der erst Kunst hervorgeht, und er stellt eindrücklich dar, wie er selbst durch „praktisches Anschauen der großen Kunstwerke" in seinem Denken geprägt wurde, „wie durch dieses fortwährende Eintauchen in das Künstlerische die anthroposophische Bewegung neues Leben empfing". Nur durch die intensive Beschäftigung mit dem Künstlerischen entstehe die dazu notwendige „Beweglichkeit der Ideen-Tätigkeit". „Das künstlerische *Bild* ist spiritueller als der rationalistische Begriff. Es ist auch lebendig und tötet das Geistige in der Seele nicht, wie es der Intellektualismus tut" (Steiner 1925/2010, S. 1132ff.). Damit ist Steiner schon ein früher Kronzeuge jener Wendung zum Bild, mit der Boehm gegen die Suprematie des Logos argumentiert (Boehm 1995).

Literatur

Belting, Hans (2001). Bild-Anthropologie. Entwürfe für eine Bildwissenschaft. München: Fink.

Belting, Hans (2013). Faces. Eine Geschichte des Gesichts. München: Beck.

Belting, Hans/Kruse, Christine (1994). Die Erfindung des Gemäldes. Das erste Jahrhundert der niederländischen Malerei. München: Hirmer.

Biser, Eugen (1973). Bild. In: Krings, Hermann/Baumgartner, Hans Michael/Wild, Christoph (Hrsg.) (1973). Handbuch Philosophischer Grundbegriffe. Studienausgabe Band 1. München: Kösel, S. 245–255.

Boehm, Gottfried (1995). Was ist ein Bild? München: Fink.

Boehm, Gottfried (2010). Wie Bilder Sinn erzeugen. Die Macht des Zeigens. Berlin: University Press.

Boehm, Gottfried (2011). Ikonische Differenz. Glossar: Grundbegriffe des Bildes. In: Onlinejournal: Rheinsprung 11 – Zeitschrift für Bildkritik, Ausgabe 01. Basel: eikones, S. 170–176 (9.2.2019).

Börsch-Supan, Helmut (1987). Caspar David Friedrich. Berlin: Kochs.

Bredekamp, Horst (2010). Theorie des Bildakts. Berlin: Suhrkamp.

Bunge, Matthias (1996). Zwischen Intuition und Ratio. Pole des Bildnerischen Denkens bei Kandinsky, Klee und Beuys. Stuttgart: Franz Steiner.

Cassirer, Ernst (1961). Freiheit und Form. Studien zur deutschen Geistesgeschichte. Darmstadt: Wissenschaftliche Buchgesellschaft.

Cassirer, Ernst (1994). Philosophie der symbolischen Formen. Teil 1: Die Sprache. Darmstadt: Wissenschaftliche Buchgesellschaft.

Dittmann, Lorenz (1987). Farbgestaltung und Farbtheorie in der abendländischen Malerei. Darmstadt: Wissenschaftliche Buchgesellschaft.

Gadamer, Hans-Georg (1978). Zur Einführung. In: Heidegger, Martin (1978). Der Ursprung des Kunstwerkes. Stuttgart: Reclam, S. 102–125.

Goethe, Johann Wolfgang (1820/1965). Anschauende Urteilskraft. In: Goethe Werke (1965), 6. Band, Vermischte Schriften. Frankfurt a. M.: Insel, S. 433–434.

Günzel, Stephan/Mersch, Dieter (2014). Bild. Ein interdisziplinäres Handbuch. Stuttgart: Metzler.

Hall, James (2016). Das gemalte Ich. Die Geschichte des Selbstporträts. Darmstadt: Wissenschaftliche Buchgesellschaft.

Hogrebe, Wolfram (1971). Bild. In: Ritter, Joachim (Hrsg.) (1971). Historisches Wörterbuch der Philosophie, Bd. 1. Basel: Schwabe, Sp. 913–919.

Imdahl, Max (1981). Bildautonomie und Wirklichkeit. Zur theoretischen Begründung moderner Malerei. Mittenwald: Mäander-Kunstverlag.

Jonas, Hans (1995). Homo Pictor: Von der Freiheit des Bildens. In: Boehm, Gottfried (Hrsg.) (1995). Was ist ein Bild? München: Fink, S. 105–124.

Klee, Paul (1918/20/1991). Schöpferische Konfession. In: Regel, Günther (Hrsg.) (1991). Paul Klee. Kunst-Lehre. Aufsätze, Vorträge, Rezensionen und Beiträge zur bildnerischen Formlehre. Leipzig: Reclam, S. 60–66.

Rittelmeyer, Christian (2011). Gute Pädagogik – fragwürdige Ideologie? Zur Diskussion um die anthroposophischen Grundlagen der Waldorfpädagogik. In: Loebell, Peter (Hrsg.) (2011). Waldorfschule heute. Eine Einführung. Stuttgart: Freies Geistesleben, S. 327–347.

Steiner, Rudolf (1886/1979). Grundlinien einer Erkenntnistheorie der Goetheschen Weltanschauung mit besonderer Rücksicht auf Schiller. Tb 629. Dornach: Rudolf Steiner Verlag.

Steiner, Rudolf (1904/2013). Theosophie. Einführung in übersinnliche Weltanschauung und Menschenbestimmung. 1904/1924. 33. Auflage. GA 9. Dornach: Rudolf Steiner Verlag.

Steiner, Rudolf (1910/1989). Die Geheimwissenschaft im Umriss. 1910/1923. GA 13. 30. Auflage. Dornach: Rudolf Steiner Verlag.

Steiner, Rudolf (1912/2006). Einiges über die Technik des Karma im Leben nach dem Tod. Vortrag, Bern, 15.12.1912. In: Teichmann, Frank (Hrsg.) (2006). Das Leben nach dem Tod und sein Zusammenhang mit der Welt der Lebenden. Stuttgart: Freies Geistesleben, S. 111–132.

Steiner, Rudolf (1919/2005). Allgemeine Menschenkunde als Grundlage der Pädagogik. Tb 293. Dornach: Rudolf Steiner Verlag.

Steiner, Rudolf (1923/2010). Pädagogik und Kunst. In: Steiner, Rudolf (2010). Gesammelte Werke. Frankfurt a. M.: Zweitausendundeins, S. 642–658.

Steiner, Rudolf (1924/25/1998). Anthroposophische Leitsätze. GA 26. Dornach: Rudolf Steiner Verlag.

Steiner, Rudolf (1925/2010). Mein Lebensgang. In: ders. (2010): Gesammelte Werke. Frankfurt a. M.: Verlag 2001, S. 895–1148.

Steiner, Rudolf (2010). Gesammelte Werke. Schriften und Vorträge zu Pädagogik, Philosophie, Politik, Medizin, Geschichte und Kunst. Frankfurt a. M.: Verlag 2001.

Strauss, Ernst (1983). Koloritgeschichtliche Untersuchungen zur Malerei und andere Studien. Herausgegeben von Lorenz Dittmann. München: Deutscher Kunstverlag.

Wohlfahrt, Günter (1995). Das Schweigen des Bildes. Bemerkungen zum Verhältnis von philosophischer Ästhetik und bildender Kunst. In: Boehm, Gottfried (Hrsg.) (1995). Was ist ein Bild? München: Fink, S. 163–183.

Wulf, Christoph/Zirfas, Jörg (Hrsg.) (2014). Handbuch Pädagogische Anthropologie. Berlin, Heidelberg: Springer.

Abb. 1

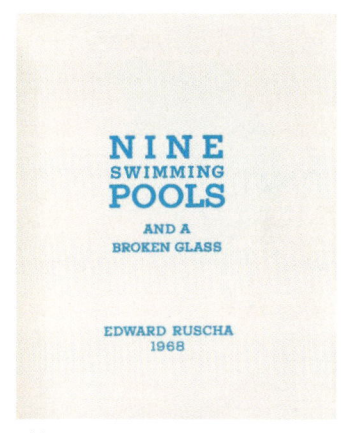

Abb. 2

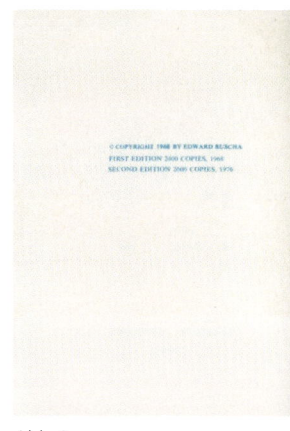

Abb. 3

Abb. 7

Abb. 8

Abb. 9

4   Abb. 5   Abb. 6

10   Abb. 11   Abb. 12

Abb. 1–13: Vollständige Übersicht der Titelseiten und die gesamten 10 Fotografien aus Ed Ruschas Fotobuch „Nine Swimming Pools and a Broken Glass" (1968).

Abb. 13

Katja Hoffmann

Riss. Bruch. Störung. Sprung. Für ein A/anderes w/Wahrnehmen im Kunstunterricht.

Zu Ed Ruschas Fotobuch NINE SWIMMING POOLS AND A BROKEN GLASS (1968)

„Der Bruch ist die Signatur einer Umkehrung, oder besser: einer ‚Ver-Kehrung', die im gleichen Maße eine Kehre wie eine Wieder-kehr bewirkt, die in ihrer ‚Wieder-Holung' ein anderes Anschauen, eine Verfremdung auslöst. Sie stiftet im eigentlichen Sinne die Erkenntnis" (Mersch 2015, S. 17).

1 Reflexivität im Sinnlichen

In seinen „Epistemologien des Ästhetischen" wendet sich Dieter Mersch dezidiert gegen die Vereinnahmung des Denkens durch die Sprache, wie es noch der *linguistic turn* im Blick hatte (Mersch 2015, S. 8). Denken, so hält Mersch nicht zuletzt in Referenz auf Kant fest, sei im Rahmen der klassischen philosophischen Positionen „Erkenntnis durch Begriffe" (ebd.). Im Gegensatz dazu räumt er selbst dem *Denken in den Künsten* bzw. dem *Denken im Ästhetischen* einen eigenen Status ein: Denn nach der Meinung von Mersch ist das Denken in den Künsten *nicht* exklusiv an den sprachlichen Diskurs gebunden. Hier steht Mersch in der Tradition des sogenannten „iconic turn", den Gottfried Boehm Anfang der 1990er-Jahre in den Diskurs der Kunst-geschichte eingeführt hatte (Boehm 1994). Diese Forschungsperspektive grenzt sich dezidiert von einer traditionell hermeneutischen Bildauslegung ab, wie sie u. a. von der Ikonologie nach Panofsky vertreten wurde (Goppels-röder 2014). Denn: Gegenüber der Sprache behaupten Bilder einen Eigen-sinn (Mersch 2014, S. 312). Erkenntnis lässt sich, so Mersch, also auch in nicht-sprachlichen Formationen gewinnen, und zwar – jenseits der Sprache – in der sinnlichen Wahrnehmung. Dabei spielt das Zeigen, ebenso wie das Sich-Zeigen, eine zentrale Rolle: „Handelt man also von der Kunst als einem ‚anderen Denken' oder ‚etwas anderem als Denken', bekommt man es im Wesentlichen mit solchen Zeigepraktiken und ihren Verwicklungen zu tun. Sie verweigern sich jeder Translation ins Begriffliche oder in die Sprache der Proposition."

Künstlerische Zeigepraktiken sind nach Mersch als Pluralität gegeben und zeichnen sich durch eine doppelte Bestimmung aus: Etwas wird gezeigt und zeigt sich zugleich selbst in seiner spezifischen Medialität (Mersch 2015, S. 133). Ich möchte diese Überlegungen für das Folgende zuspitzen: Das Zeigen ist nicht nur an das Nicht-Sprachliche, sondern vorwiegend – und meist sehr unmittelbar – an *das Visuelle,* also an den Augensinn, an den Sehsinn, gebunden. Im Kontext der in der vorliegenden Publikation zugrunde gelegten Diskussion um die Bezüglichkeit von „Bild und Pädagogik" scheint diese Zuspitzung von hoher Relevanz zu sein, insbesondere für die Kunstpädagogik. Denn gerade die kunstpädagogische Praxis besitzt das Potenzial, Bildungsprozesse eben nicht allein auf einen sprachlichen Diskurs zu verengen, sondern vielmehr auf diverse, vor allem visuelle Erscheinungsformen auszuweiten. Bemerkenswert ist vor dem Hintergrund der hier vorgestellten Überlegungen zum „Eigensinn von Bildern", dass in der Publikation „Bild. Ein interdisziplinäres Handbuch" (Günzel/Mersch 2014) unter dem Eintrag „Pädagogik" (ebd., S. 421ff.) an keiner Stelle auf eine phänomenologische bzw. von der Ästhetik informierte Perspektive eingegangen wird: Bildern wird hier weitgehend eine pragmatische Funktion zugesprochen (z. B. im Sinne der Unterstützung von Lehr- und Lernprozessen oder zur besseren Illustration von Sachverhalten etc.). Der Eigensinn von Bildern (gegenüber der Sprache) und ihre spezifischen Medialitäten, gerade auch für pädagogische Kontexte, wird allerdings nicht beleuchtet. Für die kunstpädagogische Forschung hat Andrea Sabisch diesen Diskurs maßgeblich vorangetrieben (Sabisch 2018). In der Berücksichtigung eines angenommenen Eigensinns von Bildern ist mein kunstpädagogisches Selbstverständnis ebenfalls davon geprägt, dass in den Praktiken jenseits des sprachlichen Diskurses, also sowohl in der künstlerischen Praxis (Produktion) als auch in der Wahrnehmung von Bildern (Rezeption), ein Ausgangspunkt für Erkenntnisbildung liegt – auch dann, wenn im Nachgang die Reflexion über Bilder wiederum sprachlich realisiert wird.

Daran anschließend, ist für den kunstpädagogischen Diskurs Folgendes hochinteressant: Wenn ich richtig sehe, trennt Mersch die künstlerische *Produktion* bzw. Praxis und die *Rezeption* in seinen Ausführungen zunächst sehr strikt (Mersch 2015, S. 11ff.), da er vorgibt, sich vornehmlich mit den *künstlerischen Praktiken* zu beschäftigen. Diese strikte Trennung ist jedoch gerade in Bezug auf den von ihm konstatierten entscheidenden „epistemischen Modus des Zeigens" als ein „Denken in den Künsten" nicht aufrechtzuerhalten, denn hier fallen, wie ich meine, Produktion/Praxis und Rezeption/Reflexion zusammen und sind nicht eindeutig voneinander zu trennen: In die künstlerische Praxis ist immer auch ein rezeptiver bzw. reflexiver Wahrnehmungsmodus eingeschrieben, der allerdings eben zunächst nicht sprachlich begründet sein muss. Was mir gleichwohl zentral erscheint und auch an

Merschs Ausführungen anknüpfen kann, ist folgender Aspekt: Bildwahrnehmung oder auch (Bild-)*Rezeption* ist nicht im Sinne einer *eindeutigen Interpretation* gemeint – wie es bedauerlicherweise häufig für den schulischen Kunstunterricht konstatiert wird. Vielmehr steht in einer Epistemologie des Ästhetischen die Wahrnehmung eines sinnlichen Ereignisses und seiner potenziellen Mehrdeutigkeit im Zentrum der Betrachtung (ebd., S. 13): Etwas wird *reflektiert* und kommt damit mehrdimensional bzw. multiperspektivisch in den Blick. Gerade im schulischen Kontext wird im Gegenzug dazu die *Rezeption* häufig nicht als Reflexion verstanden und dementsprechend mit einer eindeutigen Interpretation gleichgesetzt. Dadurch wird der Blick auf die Vielschichtigkeit und Mehrdeutigkeit visueller Wahrnehmung verstellt. Mit Merschs Ansatz könnte das in der Pädagogik und der Kunstdidaktik traditionell enge Verständnis von *Rezeption* folglich revisioniert und im Hinblick auf eine vielschichtige, die Komplexität steigernde Reflexion geöffnet werden. Genau dieses Anliegen verfolgt der vorliegende Text im Sinne einer repräsentationskritischen Kunstpädagogik.

Auf der hier skizzierten theoretischen Basis erscheint es folglich unumgänglich, Bilder und ihre visuellen Erscheinungsformen zum Ausgangspunkt kunstpädagogischen Handelns und Reflektierens zu machen, denn darum soll es ja gehen im Kunstunterricht: um die Reflexion von Bildern. Zentral für die Argumentation dieses Textes ist, dass die künstlerische Praxis – ganz im Sinne von Mersch – durch Reflexivitäten im Sinnlichen geprägt ist (ebd., S. 17). Diese Reflexivitäten begründen sich im Aufbrechen der gewöhnlichen, konventionellen Wahrnehmung: Ein Riss tritt in Erscheinung. In diesem Riss, in diesem Sprung, in dieser Störung, liegt eine Verfremdung, die im eigentlichen Sinne erkenntnisstiftend sein kann:

Riss – Brechung – Bruch – Sprung – Störung – Zer-Zeigung – all das sind Begriffe, die Mersch für eine Abweichung vom alltäglichen, konventionalisierten, gewöhnlichen Wahrnehmen anführt (ebd., S. 17, 154, 165, 17, 170, 165). Diesem Wahrnehmungsphänomen, in dem die *ästhetische Reflexivität* gründet (ebd., S. 17), möchte ich am Beispiel des Fotobuchs von Ed Ruscha auf die Spur kommen, um den Blick für die darin aufgehobenen künstlerischen Bildungspotenziale zu öffnen.

2 Fotobuch, künstlerisch – Bilder, massenmedial

Das künstlerische Fotobuch setzt sich durch seine mediale Beschaffenheit in Form seiner spezifischen Auswahl und Anordnung von fotografischen Bildern – so meine These – in ein Differenzverhältnis zur massenmedialen, visuellen Kultur. Gerade darauf gründet sein Bildungspotenzial – nicht zuletzt für Kinder und Jugendliche. Dieses Bildungspotenzial möchte ich auf Grundlage von Merschs Gedanken zu seinen „Epistemologien des Ästhetischen" entfalten.

Vor der Folie seiner theoretischen Überlegungen lässt sich in meinen Augen die kunstpädagogische Arbeit mit künstlerischen Fotobüchern sinnvoll reflektieren, da auf dieser Basis eine *sinnlich-reflexive* Umgangsweise mit den Visualisierungsformen aktueller Medienkulturen ins Zentrum gerückt werden kann. Meine Ausgangsthese ist, dass mittels des künstlerischen Fotobuchs massenmedialisierte Sichtweisen und ihre Zurichtungen des Sehens vielschichtig reflektiert werden können. Innerhalb eines kunstpädagogischen Settings, das die Reflexion *von* und die Arbeit *an* künstlerischen Fotobüchern im Blick hat, könnte es also darum gehen, eine Differenz zu massenmedialen Visualisierungsformen und Wahrnehmungsformaten zu gestalten. Das Differenzverhältnis von Kunst und massenmedialisierter Kultur habe ich bereits an anderer Stelle eingehend reflektiert (Hoffmann 2017, S. 236ff.). Hier wird es nun für die Kunstpädagogik explizit fruchtbar gemacht.

Zentral erscheint mir im Hinblick auf die kunstpädagogische Arbeit mit Kindern und Jugendlichen, dass man bei der Auseinandersetzung mit dem Medium Fotobuch aufgefordert ist, mit einer Pluralität von Bildern und eben nicht mit einem Einzelbild umzugehen. Die Herausforderung ebenso wie das Bildungspotenzial liegen bei diesem Medium in der Beschäftigung der Kinder und/oder Jugendlichen mit einer *Vielzahl von Bildern.* Denn genau diese Pluralität der Bilder beschreibt eine mediale Verfasstheit aktueller Medienkulturen, mit der nicht zuletzt auch Kinder und Jugendliche im Zuge der Digitalisierung konfrontiert sind. Für kunstpädagogische Kontexte erscheint mir das Fotobuch folglich genau deshalb interessant, weil es die viel zitierte „Bilderflut" und den mit ihr einhergehenden, alltäglichen, massenmedialisierten Bildumgang mit Fotografien konterkariert und weil es darüber hinaus in seiner Pluralität an Bildern auch in historische Zusammenhänge gestellt werden kann. Denn dass das Bild sowohl gegenwärtig als auch historisch nicht im Singular zu begreifen ist, sondern im Plural, zeigt sehr aufschlussreich der Band von Ganz und Thürlemann (2010). Eine Auseinandersetzung mit Fotobüchern im Kunstunterricht könnte zudem die in der genannten Publikation aufgezeigten historischen Linien aufnehmen und damit einen häufig in Kunstgeschichte und Kunstunterricht rekapitulierten Bildbegriff, der auf das Einzelbild abstellt, konterkarieren.

Zentral für meine Überlegungen ist nun, dass massenmedialisierte Bildkulturen einen spezifischen Bildumgang mit Fotografien nahelegen, der mittels des künstlerischen Fotobuchs zur Reflexion gebracht werden kann. Den

Umgang mit fotografischen Bildern in massenmedialisierten Kulturen möchte ich deswegen hier – prototypisch und damit sicher auch etwas holzschnittartig – mit vier Thesen beschreiben:

1. Fotografische Bilder werden vorwiegend als *Abbilder* von Wirklichkeit rezipiert.

2. Diese Abbilder produzieren vermeintliche *Transparenz* gegenüber der vorfotografischen Wirklichkeit: „Schau, so ist es gewesen!"

3. *Produktion, Distribution und Rezeption* der fotografischen Bilder fallen beinahe unmittelbar ineinander. (Die Reflexion allerdings nicht.)

4. Der Bildumgang ist vor allem durch die Digitalisierung von *Unmittelbarkeit* und *Beschleunigung* geprägt: Es existiert keine reflexive Distanz und keine zeitliche Entschleunigung zwischen den Praktiken der Bildaufnahme (Produktion), ihrer Verbreitung (Distribution) und ihrer Wahrnehmung (Rezeption).

Bezogen auf die vierte These, sei hier etwa der Bildumgang mit dem Smartphone und in sozialen Netzwerken skizziert: Hier werden fotografische Bilder häufig nach der Aufnahme unmittelbar gepostet und von einer Vielzahl anderer Rezipienten angesehen. Im Hinblick auf einen aktuellen Stand der Forschung steht meiner Kenntnis nach allerdings eine profunde Studie zu den spezifischen Formen des Bildumgangs mit digitalen Fotografien von Kindern und Jugendlichen noch aus. Zumindest aber konstatiert die Studie „Appsolutely smart!" zu Lebenswelten von Kindern und Jugendlichen in NRW im Alter zwischen zehn und 18 Jahren im Hinblick auf die Nutzung des Smartphones eine selektive Beschleunigung des Lebens (Maschke u. a. 2013, S. 95ff.). Darüber hinaus gibt die Shellstudie Jugend 2015 einen Einblick in die Nutzungsformen des Internets und Social Web (Shell 2015, S. 120–152): Hier wird deutlich, dass das Hochladen von Fotos, Videos oder Musik auf Plattformen des Social Web von großer Relevanz ist. Die beschleunigte Produktion, Distribution und Rezeption von Bildern spielen dann vermutlich, entsprechend meiner Thesen, eine große Rolle, werden aber in der Studie nicht dezidiert thematisiert.

Das künstlerische Fotobuch – das ist meine zentrale These – kann hingegen genau diese alltägliche Bildpraxis konterkarieren, denn es arbeitet mit einem reflexiven Bildmodus. Mit Blick auf das erstmals 1968 publizierte Fotobuch mit dem Titel „Nine Swimming Pools and a Broken Glass" von Ed Ruscha möchte ich diese Überlegungen entfalten.

3   Nine Swimming Pools – a Broken Glass

Zu Beginn dieses Textes habe ich die gesamten zehn fotografischen Bilder aus dem Buch in Form von Tableaus abgebildet. Sie bieten die Möglichkeit, auf die auch im Folgenden thematisierten Fotografien visuell und bewusst wahrnehmend Bezug zu nehmen. Unbestritten ist dies eine Setzung, die für die Untersuchung voraussetzungsvoll ist: Es wurde bereits eine Selektion der Fotos vorgenommen. Diese wurden in spezifischer Weise angeordnet. Ich habe sie zudem *vor* den Text gesetzt. Damit wird – im Sinne der Stoßrichtung dieses Artikels – dem Bild der Vorrang eingeräumt. Die Fotografien bilden einen bedeutungstragenden Vorspann.

Für ein kunstpädagogisches Setting wäre vor diesem Hintergrund also zu überlegen, wie man einen Rezeptionsmodus von Fotobüchern anlegt, der die medienspezifische Bilderfahrung – das zunächst sukzessive Durchblättern und Wahrnehmen der Einzelbilder in Folge – ermöglicht. In diesem Text geht es allerdings zunächst um die (bildungs- oder auch erkenntnis-)theoretische Auseinandersetzung mit der epistemischen, der erkenntnisstiftenden Qualität künstlerischer Fotobücher innerhalb kunstpädagogischer Arbeit.

Im Unterschied zu den vorangestellten Bildern zu Beginn des Textes ist nun interessant, dass Ed Ruscha innerhalb seines Buches die Fotografien gerade nicht in der abgebildeten, unmittelbaren Abfolge präsentiert. Abb. 14 zeigt eine Übersicht der eigentlichen Bildanordnung im Gesamtkontext des Fotobuches:

Die auf der Doppelseite abgebildete Bildfolge (Abb. 14) erstreckt sich von links nach rechts und oben nach unten und wird im Folgenden einführend kurz skizziert.

Abb. 14: Übersicht der Seitenfolge aus dem Fotobuch von Ed Ruscha:
„Nine Swimming Pools and a Broken Glass" (1968).

Nach dem Titel „Nine Swimming Pools" auf dem Buchcover folgen fünf weiße, leere Seiten. Dann kommt – folglich etwas verspätet – eine Art Schmutztitel. Bemerkenswert ist hier, dass der eigentliche Titel über die wiederholte Nennung im Innenteil des Buches eine Erweiterung erfährt: Hier werden nicht mehr allein die neun Schwimmbäder erwähnt, sondern zudem auch noch das in der letzten Fotografie zu sehende, zerbrochene Glas – NINE SWIMMING POOLS AND A BROKEN GLASS. Nach der nun anschließenden Copyright-Angabe steigt das Buch mit einer ersten Doppelseite ein, die auf dem rechten Blatt eine Fotografie mit Blick auf einen Swimmingpool zeigt, dessen Füllung sich durch eine markante, türkis-blaue Färbung auszeichnet. Über die folgenden 28 Doppelseiten sind dann in variantenreicher Streuung acht weitere Swimmingpools in ähnlich bestechender, türkis-blauer Farbgebung, aber unterschiedlicher Ausformung zu sehen. Der Umraum, soweit er zu sehen ist, unterscheidet sich von Foto zu Foto deutlich. Auch die Aufnahmestandpunkte wechseln von Bild zu Bild und scheinen mit jeder neuen Aufnahme eine höhere Betrachterposition zu beziehen. Zudem ist auffällig, dass sich die Abstände zwischen den Fotografien über eine differierende Anzahl von einer bis drei weißen Doppelseiten erstrecken, wobei sich keine Logik der Abstände erschließen lässt. Lediglich eine Doppelseite, auf der rechts sowie links die Abbildung eines Swimmingpools zu sehen ist, bildet die Ausnahme: Hier sind ein einziges Mal zwei Aufnahmen direkt nebeneinander abgebildet und laden zu einem vergleichenden Sehen ein. Die letzte Fotografie im Buch zeigt ein zerbrochenes Glas auf einer glatten, reflektierenden, eher dunkelblau grundierten Oberfläche, in der sich zusätzlich ein Fenster spiegelt. Doch mit diesem letzten fotografischen Bild endet das Buch nicht. Im Gegenteil: Es fügen sich zehn weitere weiße Doppelseiten an, die im wahrsten Sinne des Wortes ein „offenes Ende" konstituieren.

4 „Epistemologien des Ästhetischen" und die Kunstpädagogik

Vor der Folie einer „Epistemologie des Ästhetischen" scheint Ed Ruscha mit seinem Fotobuch „die gewöhnlichen Fäden der Betrachtung zu zerreißen" (Mersch 2015, S. 186) und einen Bruch der konventionalisierten Wahrnehmung zu provozieren. Mersch beschreibt dieses Reflexiv-Werden der Wahrnehmung auf Grundlage von unterschiedlichen Aspekten. Drei mir zentral erscheinende Aspekte möchte ich im Folgenden in den Blick nehmen. Sie sind für die Brechung, den Bruch, für die Störung einer konventionalisierten Wahrnehmungsordnung konstitutiv. Zugleich können sie im Kunstunterricht (oder auch in einem kunstpädagogischen Seminar), das sich mit Qualitätsaspekten in der künstlerischen Praxis beschäftigt, als Reflexions-, aber auch Verfahrensmodi dienen. Was Kunst ausmacht, warum denn dies und nicht das Kunst sei, kann auf Grundlage dieser Aspekte in qualitätsvoller Weise reflektiert werden – ohne dass man an eindeutig abzählbaren oder auch quantifizierbaren Aspekten hängen bleibt: beispielsweise am Abzählen von „richtig" oder „falsch" gestalteten Überdeckungen im Malunterricht über ein Punktesystem (Otto 1964/1969) oder an dem Kriterium der Richtigkeit bzw. eben auch Unrichtigkeit eines exakt naturalistisch bzw. „sachlich" abgezeichneten Fahrrades (Kunst und Unterricht 2013: 369/370, hierin Sowa 2013). Auch rückt die exakte Erfüllung einer Aufgabe mit einem kleinschrittig didaktisierten Lösungsweg innerhalb der Malerei einen eher quantifizierbaren Kunstunterricht ins Zentrum kunstdidaktischer Betrachtung (Gonser 2016a/b). Hier allerdings soll es vor allem um die Frage qualitativer Bildungskriterien in einem künstlerischen Kunstunterricht gehen.

4.1 „Aspektwechsel" oder: Das Initiieren von Differenz

Betrachtet man die Bildfolge des Fotobuches von Ed Ruscha im Detail, haben wir es hier mit einem „Aspektwechsel" zu tun (Mersch 2015, S. 145, 157). Denn dieser Aspektwechsel – der Begriff ist von Wittgenstein entlehnt – ist unmittelbar an einen Bruch, eine Wahrnehmungsstörung, geknüpft, der sich ereignet, unvermutet einbricht (ebd., S. 145), ohne dass wir damit gerechnet haben. Der Titel des Fotobuchs legt nahe, dass das folgt, was er verspricht: Die Rezipientin erwartet mit der Abbildung des ersten Swimmingpools eine Folge der weiteren acht in Aussicht gestellten Becken. Diese aber lassen auf sich warten, mal länger, mal kürzer. Darüber hinaus endet das kleine Buch nicht mit der letzten Fotografie, dem zerbrochenen Glas. Im Aufblättern der letzten Seiten fragt man sich, ob nun noch „etwas", von dem man nicht weiß, was es sein könnte, kommen werde. Aber: Es bleibt weiß. Die Wahrnehmung wird folglich verunsichert (ebd., S. 157). Mersch macht deutlich, dass ästhetische Reflexivität Differenzstrategien voraussetzt (ebd., S. 184). Genau das provoziert Ruscha in seinem Fotobuch. Er provoziert mittels der Anordnung und Abfolge der Bilder eine Differenz zur zugrunde gelegten Erwartungshaltung. Der Aspektwechsel, den er initiiert, zeigt etwas, was sonst versteckt bleibt (ebd., S. 145): Eine Rezeptionshaltung, die für gewöhnlich – in konventionellen Bildanordnungen – nicht hinterfragt wird. Eine gewöhnliche Fotostory legt beispielsweise eine geschlossene Narration zugrunde. Hier aber wird diese Erwartungshaltung und damit auch die Wahrnehmung gleichsam umgestürzt. Das künstlerische Mittel ist die Arbeit mit der Wahrnehmungsabweichung, die Arbeit an einer Differenzbildung. Die Inszenierung des Devianten, die Inszenierung der Abweichung steht im

Mittelpunkt dieser künstlerischen Praxis (ebd., S. 154). Im plötzlichen Einbruch des Nicht-Alltäglichen, in der Abweichung alltäglicher, medialer Inszenierung liegt das springende Moment. Die narrative Geschlossenheit einer gewöhnlichen Fotostory ebenso wie die eindeutige Zuordnung der Bilder werden hier konterkariert. Zudem wird die Bildrezeption innerhalb dieses Fotobuches durch die leeren Seiten entschleunigt. Der nicht zuletzt durch Wiederholung von Farbe und ähnlicher Form initiierte Aspektwechsel bringt das mediale Dispositiv, seine Medienspezifik zur Reflexion: Etwas wird innerhalb einer spezifischen Rahmung gezeigt und zeigt sich damit zugleich selbst. Es wird deutlich: Bildanordnungen sind nicht voraussetzungslos gegeben, die bewusste Reflexion ihrer Anordnung wird hier herausgefordert. Darüber hinaus wird das alltägliche, sukzessive, kohärente Wahrnehmen von Bildfolgen durch die leeren Seiten gestört. Wir sind mit einer lückenhaften Bildfolge konfrontiert, die offenbar ganz bewusst mit den Zwischenräumen als reflexiven Scharnierstellen kalkuliert. In Differenz zu einer massenmedialisierten Bildkultur arbeitet Ruscha mit der Entschleunigung der Bildwahrnehmung und einer bewusst gesetzten Differenzbildung durch Leerstellen. Im Aspektwechsel, das zeigt sich hier, ereignen sich Momente ästhetischer Reflexivität. Genau in dieser Arbeit mit Aspektwechseln liegt Bildungspotenzial, das innerhalb der kunstpädagogischen Praxis unbedingt in den Blick kommen sollte.

4.2 Witz und Kritik

Innerhalb des Fotobuchs zeigt sich zudem etwas, was Mersch mit „Augenblicksklugheit" verbindet: Sie verschwistert sich mit der Fähigkeit zur Kritik (ebd., S. 146f.), einer Fähigkeit, auszuwählen und anzuordnen, einer Fähigkeit, Differenzen zu bilden. Mersch hält dazu fest:

> „,Ästhetisches Denken' beruht auf einem solchen ,hakenschlagenden Denken'; es bedeutet, lauter neue Witze zu initiieren, bedeutet, durch ,witzige Sprünge' eine opake Sache reflexiv werden zu lassen, bedeutet, durch paradoxe Interventionen ihr Verborgenes oder Verstecktes aufzudecken, bedeutet, sie aufzubohren und eine Öffnung vorzunehmen, um ihr Noch-nicht-Gedachtes freizulegen, bedeutet, in Experimenten zu denken, deren Ausgang unbestimmt bleibt, um schließlich das hervorzulocken, was dem Denken-in-Begriffen chronisch ,untersagt' bleibt" (ebd., S. 147).

Das Fotobuch von Ruscha arbeitet auf den zweiten Blick mit einem ungeheuren Witz. Die Anordnung entpuppt sich als kurios. Bilder scheinen zu fehlen. Jemand hat sie rausgeschmissen. Das letzte Bild steht in absonderlichem, beinahe skurrilem Kontrast zu den vorgängigen Bildern – und doch hält sie etwas, zunächst Unbestimmtes, zusammen. Die Anordnung macht Lust oder auch neugierig, noch einmal zu blättern – zurück und wieder vor, die Ordnung unterlaufend. Dabei bleibt das Ereignis unverfügbar: Warum ist hier ein Glas zerbrochen? Dieser im Fotobuch zugrunde gelegte Bildmodus ist deviant und deswegen so elektrisierend. In diesem unerwarteten Moment der Abweichung wird etwas aufgedeckt, was dem Witz gleichkommt: Es ist das Vermögen einer Verknüpfung, das ohne rationales Prinzip auskommt (Mersch 2015, S. 146). Es ist das krisenhafte Einbrechen des Anderen, das zugleich das Gewöhnliche infrage stellt.

In Differenz zur vorwiegend abbildhaften Rezeption massenmedialer Bildkulturen führt Ruscha die Frage um den Status des Abbildes vor Augen: Was ist das Abbild eines Swimmingpools? Geht es hier um eine Dokumentation? Haben wir es mit einer Fiktion zu tun? Ergibt sich zwischen den Bildern eine Geschichte? Was ist passiert? Bei genauer Betrachtung entdeckt man im mittleren Bild der neunteiligen Bildfolge aus Swimmingpools, also in Bild Nummer 5, nasse Fußabdrücke am Becken. Ein Akteur wird hier latent sichtbar. Das lädt zur Spekulation ein, treibt die Imagination an – gerade darin liegt der Reiz, der Witz, die unabschließbare Denkbewegung.

4.3 Verknüpfung und Überschuss

Ästhetisches Denken, ästhetische Reflexivität, arbeitet, so Mersch, mit dem Modus der Verknüpfung, der Verbindung, wobei dem Zwischenraum und der Leere (ebd., S. 185), dem Abstand und der Zusammenstellung, ein eigenes Gewicht zukommt. Genau hierin geht das ästhetische Denken über eine bloße Zusammenstellung, über ein Nebeneinander der Elemente hinaus (ebd., S. 185). In der Art der Verbindung wird eine Überschreitung, ein Überschuss realisiert, der Räume zur Reflexion öffnet. In der spezifischen Verknüpfung – hier in der bewussten Auswahl und Anordnung der Fotografien hintereinander – wird ein Überschuss provoziert, der die Reflexion antreibt: Dieser Überschuss ist ein „Vermögen *herauszuspringen*" (ebd., S. 185), „die Fäden der gewöhnlichen Betrachtung zu zerreißen" (ebd., S. 186). Im Fotobuch werden zwei zunächst nicht zusammenhängende Bildmotive miteinander verknüpft: auf der einen Seite die markant blauen Schwimmbäder in ihrer relativ gleichförmigen architektonischen Ordnung, auf der anderen Seite das zerbrochene Glas. In die relative Ordnung der Bäder tritt etwas Ungeordnetes, beinahe Zufälliges, ein: Die Scherben vermitteln in ihrem Geworfen-Sein einen Kontrast zu den statisch verorteten, gleichförmigen Schwimmbädern. Diese beiden Aspekte, Ordnung und

Unordnung, treffen unvermittelt – bzw. lediglich durch weiße Seiten vermittelt – aufeinander. Genau in dieser Verknüpfung, die durch die Montage der Bilder provoziert wird, liegt das Vermögen, herauszuspringen und damit Räume für Reflexion zu eröffnen.

Bemerkenswert ist, dass Ruscha diese Verknüpfungen gerade über die sinnliche und eben nicht diskursiv (sprachlich) zugerichtete Wahrnehmung der fotografischen Bilder schafft: Es treten morphologische Aspekte – die Formen der Schwimmbäder – ebenso wie ihre markante Farbe als mögliche, aber dennoch offene Bildverknüpfungen in den Blick. Die weißen Seiten provozieren Räume der Reflexivität, denn gerade hier spitzt sich die Frage um sinnstiftende Verknüpfungsmöglichkeiten zwischen Bild und Nicht-Bild zu.

Ed Ruscha arbeitet durch die lückenhafte Struktur des Buches mit der visuellen Erinnerung und dadurch auch mit die Imagination anstiftenden, sinnlich initiierten Bildverknüpfungen: Die Verbindung der Bilder wird nicht durch eine simultane Bildwahrnehmung provoziert, sondern, im sukzessiven Blättern, durch die Erinnerung und Imagination des zuvor Gesehenen, aber nun nicht mehr Sichtbaren, zuallererst gestiftet. Der Wahrnehmungsprozess eines Bildes tritt als Verkettung von Vor- und Nachbildern in Erscheinung. Bildwahrnehmung tritt hier – anders als bei der Rezeption von massenmedial publizierten Fotografien, denen gemeinhin eine Transparenz gegenüber der vorfotografischen Wirklichkeit zugesprochen wird – als ein bewusster Akt der sinnstiftenden und assoziativen Bildverknüpfung vor Augen. Der durch das Fotobuch initiierte Wahrnehmungsprozess setzt sich damit in eine reflexive Differenz zu Rezeptionsprozessen der Massenmedienkultur.

5 Lücken und Leerstellen als Bildungspotenzial

Bei der Betrachtung des Fotobuchs von Ed Ruscha wird deutlich, dass es mit Irritationen der Wahrnehmung durch Leerstellen arbeitet. Dies wird an folgenden Aspekten sichtbar:

Leerstelle 1: Das Fehlen einer kohärenten Narration.

Leerstelle 2: Das Fehlen menschlicher Figuren.

Leerstelle 3: Das Fehlen eines Bildes, genauer: das Fehlen eines referentiellen, fotografischen Bildinhalts auf den weißen Seiten.

Leerstelle 4: Das Fehlen eines eindeutigen Kontextes (z. B.: Wer war etwa in Bild 5 aktiv und ist dann aus diesem herausgelaufen? Wer und was befindet sich außerhalb des Bildrahmens?).

Der Zwischenraum, die Lücke, die keine eindeutige Bedeutungszuweisung zugrunde legt, sondern Reflexion herausfordert, provoziert ganz offensichtlich, über den Status dieser Bilder und auch dieser Bild- bzw. Bild-Nicht-folge nachzudenken. Das Bildungspotenzial künstlerischer Fotobücher könnte also gerade darin liegen, mit Leerstellen und Lücken, ungeschlossenen Zwischenräumen umzugehen, die Formen des Aspektwechsels eröffnen, Augenblicksklugheit durch Witz provozieren und bewusste Setzungen von möglichen, aber unabgeschlossenen Verknüpfungen herausfordern. Für eine Arbeit im Kunstunterricht mit künstlerischen Fotobüchern ginge es also darum, solche Zwischenräume „zwischen den Bildern" zu nutzen, um die reflexive Eigentätigkeit von Schülerinnen und Schülern herauszufordern. Dann nämlich sind Bilder nicht lediglich abbildhaft, illustrativ, eindeutig interpretierbar oder schmückendes Beiwerk zum sprachlichen Diskurs, sondern werden in ihrer Eigensinnigkeit – wie es die zuvor skizzierte Epistemologie des Ästhetischen im Blick hat – in den Mittelpunkt gestellt.

6 Ausblicke für die künstlerische Praxis

> „Ein Sprung benennt einen irreversiblen Übergang ohne Kausalität oder Ableitung. Die ästhetische Reflexivität, die gemeint ist, folgt solchen Sprüngen, solchen Passagen ohne Ursprung, Übergang und Finalität. Sie gleicht darin einer Öffnung, von der nur gesagt werden kann, dass sie ist und dass sie geschieht – wie ein Riss, der plötzlich und unvermutet ein zuvor Unsichtbares enthüllt" (Mersch 2015, S. 17).

Ein möglicher Ausgangspunkt für ein kunstpädagogisches Setting könnte sein, eine künstlerische (nicht vornehmlich sprachlich basierte) Antwort auf das Fotobuch von Ed Ruscha zu finden. Durch diesen Winkelzug würde man den sprachlichen Diskurs visuell konterkarieren und zunächst innerhalb einer bildnerischen Tätigkeit eine Antwort suchen. Sucht man im Internet unter dem Titel des Fotobuchs, finden sich interessanterweise unterschiedliche Videos, die genau eine solche visuelle Response in Form von Bewegtbildern formulieren – und zwar eben nicht auf der Basis des allein sprachlichen Diskurses, sondern in Form unterschiedlicher künstlerischer Gestaltungen. Sie spiegeln ganz offensichtlich eine produktive, sinnlich-reflexive Auseinandersetzung mit den genannten Leerstellen, mit den ungefüllten Zwischenräumen, wider und markieren diese zugleich. In ihnen manifestiert sich auf der Ebene der sinnlichen Wahrnehmung die zuvor beschriebene „ästhetische Reflexivität". Im Folgenden werden (wiederum sprachlich) einige Aspekte der bildnerischen Arbeiten beschrieben, ohne damit die künstlerischen Arbeiten ersetzen zu wollen. Erst das Ansehen wird die Vielschichtigkeit und Mehrdeutigkeit der Bilder entfalten. Insbesondere das letzte Video-Beispiel greift die in diesem Text thematisierte, unüberbrückbare Lücke zwischen Sprache und Bild bzw. Begriff und Bild in sinnbildlicher Form auf sehr humorvolle Weise auf. Im Ansehen jedoch entsteht erst die Erkenntnis:

1   Der Film von Guileo Maffei arbeitet reflexiv mit der von Ruscha bewusst inszenierten Abwesenheit von Personen, indem er unterschiedliche Personen spielerisch in den Film einfügt und auf der Ebene des Sounds die statische, stille Atmosphäre in eine lebendige Situation überführt: Hier wird auf der Tonebene akustisch eine Schwimmbadatmosphäre eingespielt. Wasser, laute Stimmen und andere Geräusche aus einem Bad sind zu hören. Zugleich werden vereinzelt beim Durchblättern des Buches schwimmende und hüpfende Menschen in das blaue Wasser der Pools projiziert, die schnell und geisterhaft wieder verschwinden.

2   Der Film von Nancy Douthey konterkariert im Gegensatz zu Maffeis Entwurf die chronologische Bildanordnung des Fotobuchs von Ed Ruscha: Simultan zeigt sie neun Filmbilder, die mit einer Wackelkamera unterschiedliche Ausschnitte vermutlich rund um verschiedene Pools zeigen. Sie sind in einem Rechteck von drei mal drei Bildern angeordnet. Auch hier tauchen vereinzelt Badende auf. Situationen bleiben unaufgeklärt, die Bildausschnitte zeigen nur sehr vereinzelt Totalen, sodass man den Umraum nicht erfassen kann. Auch der Ton bleibt ungeklärt: Man hört Stimmen, Wasser, Geräusche, die sich nicht eindeutig zuordnen lassen. Die Statik des fotografischen Bildes, die Ed Ruscha in seinem Buch zugrunde legt, wird hier in ihr Gegenteil verkehrt, da die gesamte Projektionsfläche durch die ständige Bewegung der neun Filmbilder geprägt ist.

3   Der letzte Film von Blank White ist wohl der kurioseste und witzigste in seiner formalen Ausführung, aber auch in der pointierten Antwort auf den in Ed Ruschas Buch realisierten Bildentzug: Hier blättern zwei Hände, in weiße Handschuhe gekleidet, ein Buch durch, das exakt dem Format von Ed Ruschas Exemplar entspricht. Das Buch liegt auf einem steinernen, gekachelten Marmorgrund. Die Hände blättern dieses Exemplar, das lediglich weiße Seiten aufweist, Seite um Seite durch. Eine ernsthafte Stimme aus dem Off erklärt beim sukzessiven Durchschauen des Buches, was jeweils auf den Seiten zu sehen ist. Das Kuriose an dieser Situation ist, dass hier *nichts* zu sehen ist, aber umfänglich beschrieben wird und damit zu imaginieren ist: Denn die Stimme aus dem Off versucht exakt das wiederzugeben, was auf den Seiten des Fotobuchs von Ed Ruscha sichtbar wird. Dass das Ikonische *nicht* durch Sprache zu ersetzen ist, wird hier einmal mehr deutlich – und zwar genau dadurch, dass es nicht durch Sprache zu ersetzen ist.

Mit diesen Filmen wird deutlich, dass die Arbeit mit Leerstellen und Lücken, wie sie im künstlerischen Fotobuch charakteristisch zu finden sind, Reflexionsräume eröffnen, die Bildungspotenzial aufweisen. Denn sie setzen sich in Differenz zur gewöhnlichen, alltäglichen Wahrnehmung massenmedialisierter, fotografischer Bilder und arbeiten mit Praktiken der Bildstörung. In dieser Verfremdung liegt im eigentlichen Sinn die Erkenntnis. All das spricht für ein *anderes Wahrnehmen,* spricht für ein *Anderes wahrnehmen* im Kunstunterricht. Ein Transfer in die Praxis steht unbestritten noch aus. Allerdings: „There is nothing so practical as a good theory" (Lewin 1951, S. 169). Das zeigt nicht zuletzt auch das gegenwärtige Bildungssystem: Es lässt zu wünschen übrig – theoretisch wie praktisch.

Literatur

Ausst. Kat. Editions 1959–1999. Catalogue Raisonné (1999). Hrsg. v. Edward Ruscha. Walker Art Center: New York.

Belting, Hans (2002). Bild Anthropologie. München: Fink.

Boehm, Gottfried (1994). Die Wiederkehr der Bilder. In: ders. (Hrsg.) (1994): Was ist ein Bild? München: Fink, S. 11–38.

Dogramaci, Burcu u. a. (Hrsg.) (2016). Gedruckt und erblättert. Das Fotobuch als Medium ästhetischer Artikulation seit den 1940er-Jahren. Köln: König.

Ganz, David / Thürlemann, Felix (Hrsg.) (2010). Das Bild im Plural. Mehrteilige Bildformen zwischen Mittelalter und Gegenwart. Berlin: Reimer.

Geisenhanslüke, Achim / Mein, Georg (Hrsg.) (2009). Monströse Ordnungen. Zur Typologie und Ästhetik des Anormalen. Bielefeld: transcript.

Gonser, Lisa (2016a). Empfinden? Ordnen? Wahrnehmen? Farbe und Malerei in der Kunstdidaktik des 20. Jahrhunderts. In: Imago. Zeitschrift für Kunstpädagogik 2/2016, S. 44–59.

Gonser, Lisa (2016b). Farben wahrnehmen, vorstellen und darstellen. Die bildenden Teilhandlungen des malerischen Könnens. In: Imago. Zeitschrift für Kunstpädagogik 2/2016, S. 60–71.

Goppelsröder, Fabian (2014). Hermeneutik: Verstehen von Bildern. In: Günzel, Stephan / Mersch, Dieter (Hrsg.) (2016). Bild. Ein interdisziplinäres Handbuch. Stuttgart: Metzler, S. 75–81.

Günzel, Stephan / Mersch, Dieter (2014). Bild. Ein interdisziplinäres Handbuch. Stuttgart: Metzler.

Heiting, Manfred / Jaeger, Roland (Hrsg.) (2016). Autopsie. 3 Bände. Göttingen: Steidl.

Hoffmann, Katja (2013). Ausstellungen als Wissensordnungen. Zur Transformation des Kunstbegriffs auf der Documenta 11. Bielefeld: transcript.

Kunst und Unterricht, 369/370, 2013, Themenschwerpunkt: Lernen – Üben – Können.

Lewin, Kurt (1951). Problems of Research in Social Psychology. In: Cartwright, D. (1951). Field Theory in Social Science. Selected Theoretical Papers. New York: Harper & Row.

Maschke, Sabine / Stecher, Ludwig / Coelen, Thomas / Ecarius, Jutta / Gusinde, Frank (Hrsg.) (2013). Appsolutely smart! Ergebnisse der Studie Jugend.Leben. Bielefeld: Bertelsmann.

Mersch, Dieter (2015). Epistemologien des Ästhetischen. Zürich: diaphanes.

Mersch, Dieter (2014). Zeigen – Etwas Zeigen – Sichzeigen. In: Günzel, Stephan / Mersch, Dieter (Hrsg.). Bild. Ein interdisziplinäres Handbuch. Stuttgart: Metzler, S. 312–318.

Meyer-Drawe, Käte (2010). Die Macht des Bildes – eine bildungstheoretische Reflexion. In: Zeitschrift für Pädagogik 2010, Jahrgang 56, Heft 6, S. 806–818.

Mitchell, W. J. T. (2008). Bildtheorie. Frankfurt a. M.: Suhrkamp.

Mitchell, W. J. T. (1997). „Der Pictorial Turn". In: Christian Kravagna (Hrsg.). Privileg Blick. Kritik der visuellen Kultur. Berlin: Ed. ID-Archiv, S. 15–40 [1992].

Otto, Gunter (1964/1969). Das Problem der Zensur im Kunstunterricht. In: ders.: Kunst als Prozeß im Unterricht. Braunschweig (ohne Verlag), S. 40–160.

Parr, Martin/Badger, Gerry (Hrsg.) (2005, 2006, 2014). The Photobook. A History. Vol. I, II, III. London: Phaidon.

Ruscha, Ed (1968). Nine Swimming Pools and a Broken Glass. Los Angeles: Eigenverlag.

Sabisch, Andrea (2018). Bildwerdung. Reflexionen zur pathischen und performativen Dimension der Bilderfahrung. München: kopaed.

Shell Deutschland Holding (Hrsg.) (2015). Jugend 2015. Eine pragmatische Generation im Aufbruch. Konzeption und Koordination Mathias Albert. Frankfurt a. M.: Fischer.

Sowa, Hubert (2013) „Am Anfang dachte ich, dass ich es nicht schaffe…". Sachzeichnen mit Realschülern. In: Kunst und Unterricht 369/370, S. 26–31.

Quellen Internet

Website des Künstlers: Edruscha.com

Ruscha, Ed: Nine Swimming Pools and a Broken Glass: 18×14 cm, 32 Blatt, 10 Farbabbildungen. 1. Auflage: 1968, 2400 Stück, Softcover mit Umschlag aus Transparentpapier. – 2. Auflage: 1976, 2000 Stück, ohne Umschlag aus Transparentpapier.

Videos zum Fotobuch

1) Giulio Maffei: Le vite dei libri 3 – Nine Swimming Pools (2015), 44 Sek.: www.youtube.com/watch?v=mvYYtj5tmYk

2) Nancy Douthey: Nine Swimming Pools and an Interruption (2010), 03:04 Min.: www.youtube.com/watch?v=rW0Dgwa8xEE

3) Blank White: Nine Swimming Pools and a Broken Glass (2012), 10:25 Min.: www.youtube.com/watch?v=MyMipt17o3s

Jochen Krautz
Bildverstehen. Grundlinien einer relationalen Didaktik der Bildbetrachtung im Kunstunterricht

1 Einleitung

Der Beitrag fasst die Grundzüge einer auf Bildverstehen zielenden Didaktik der Bildbetrachtung zusammen, die in einer *relationalen Anthropologie* gründet. Diese betont die grundlegende Beziehungshaftigkeit und Bezogenheit unserer Existenz, also die *soziale Verbundenheit* und *Weltgebundenheit* des Menschen, damit die Aufgabenhaftigkeit des Lebens. Den verantwortungsgebundenen Bezug von Selbst, Mitmenschen und Mitwelt kann man als *Koexistenz* beschreiben: In ihr stellt die Sache einen Anspruch, und eben dieser Anspruch ist bildend, wenn wir in eine je individuelle, aber zugleich der Sache gerecht werdende Auseinandersetzung damit eintreten.

Somit umfasst Relationalität die Beziehung von Lehrenden, Lernenden und Mitlernenden im Lernprozess ebenso wie die Grundverfassung des Menschen im Bezug von Ich, Wir und Welt. Damit ist ein *intersubjektives und weltbezogenes Verständnis des Künstlerischen* verbunden. Kunst ist nicht allein subjektiver „Ausdruck", sondern Welt-Teilung und darin Mit-Teilung: In der Kunst teilen wir die Welt mit anderen. Visuelle Darstellungen antworten auf etwas in dieser gemeinsamen Welt und müssen gegenüber anderen verantwortet werden – genauso wie deren Verstehen und Deuten.

Entsprechend kann eine Kunstdidaktik als relational beschrieben werden, die darauf zielt, Schülerinnen und Schülern einen bildenden Bezug zwischen der Sache Bild und der eigenen sich bildenden Person zu ermöglichen. Die „Wechselwirkung" von Selbst und Welt (Humboldt) über das Bild muss dabei sowohl der Sache gerecht werden wie dem Subjekt des Betrachters. Hierzu werden konkrete didaktische Folgerungen für den Unterricht und dessen Vorbereitung gezogen, knapp zusammengefasst und an Beispielen gezeigt.

2 Relationale Bildbetrachtung

Um in die didaktische Aufgabe und Problematik einer relationalen Didaktik der Bildbetrachtung einzuführen, werden am Beginn zwei Beispiele erörtert, auf die im Weiteren Bezug genommen werden kann.

Abb. 1: Paula Modersohn-Becker: Mädchen im Birkenwald mit Katze, ca. 1904

Abb. 2: Mädchen mit Katze

Beispiel 1: Bildauswahl und relationales Bildverstehen

Das Bild von Modersohn-Becker wählt das „Arbeitsbuch KUNST Band 1" (Glas/Seydel/Sowa/Uhlig 2008, S. 9) für die frühe Sekundarstufe I, also gerade dann, wenn die Schüler sich im neuen Klassenverband kennenlernen müssen. Die didaktische Begründung der Bildauswahl bezieht sich explizit auf diese lebensweltliche Situation und Entwicklungsaufgabe. Den Schülern soll die Möglichkeit gegeben werden, sich mit einem persönlichen, engen emotionalen Bezug zugleich in der Klassengemeinschaft zu verorten (Glas/Seydel/Sowa/Uhlig 2009, S. 14).

Zugleich ermöglicht das Bild in fachlicher Hinsicht durch seine malerische Gestaltung ein grundlegendes Verstehen dessen, was Kunst ausmacht. Anders als etwa ein für das Motiv typisches Foto (Abb. 2) verbindet die Malerin Form und Motiv, Gehalt und Gestaltung untrennbar miteinander: Die Bäume, die sich um das Mädchen schmiegen, die warme, erdige Farbigkeit und die flächige Malweise tragen diese Stimmung des Geschlossenen, des Schutzes, des Geborgenseins wesentlich mit. So ist im Betrachten zu verstehen: Die malerische Form trägt den Ausdruck, die Kunst steckt auch in den Mitteln, nicht allein im Motiv. Diese Mittel sind Ursache der wahrgenommenen Wirkung. Verstehbar wird, dass das Bild kein Abbild ist, sondern „ein Bild einer Idee von Wirklichkeit" (Kowalski 1970, S. 64).

Im Sinne einer relationalen Kunstdidaktik kann somit Verstehen sowohl dem künstlerischen Anspruch des Bildes wie dem Verstehens- und Sinnbedürfnis der Schüler gerecht werden, ja beides bereichernd aufeinander beziehen: In der Kunst steckt die Möglichkeit, eine Empfindung, etwas, das ich zeigen will, in besonders eindringlicher Weise zu zeigen.

Dies macht deutlich, dass Relationalität ein triadisches Verhältnis meint: Das eigene Verstehen ist in das der Klassengemeinschaft eingebettet, das betrachtende Ich steht zu sich selbst in einem reflexiven Bezug und setzt sich zugleich mit der im und durch das Bild repräsentierten Welt in ein Verhältnis. Relationales Bildverstehen ist somit weder rein objektiv, noch rein subjektiv, sondern wird dem Selbst und der Sache gerecht und kann gerade in dieser Bezugshaftigkeit bildend wirken: Ein Bild zeigt einen Sinn, den ich nicht erfinde oder „konstruiere“, der aber auch nicht rein objektiv zu ermitteln und allgemeingültig zu beschreiben wäre. Bildender Sinn entsteht im Zwischen von Selbst, Anderen und Sache (Krautz 2017b).

Beispiel 2: Verstehen und Nichtverstehen

Walter Barth gibt in seinem konzeptionell aufschlussreichen Buch zur „Kunstbetrachtung als Wahrnehmungsübung und Kontextunterricht“ (Barth 2000; Schneider 2018) ein gleichwohl fragwürdiges Praxisbeispiel aus dem Unterricht einer vierten Klasse:

Doch das Bild von Pieter Bruegel (Abb. 3) stellt nicht allein Grundschüler vor Schwierigkeiten, denn der Mythos von Daedalus und Ikarus lässt sich allein aus der Betrachtung kaum rekonstruieren. Leicht übersieht man den gestürzten Ikarus. Hier bildet also die Unbestimmtheit der Bilderzählung eine Zugangshürde. Zugleich darf das Verdrängen des Schlüsselereignisses

Abb. 3: Pieter Bruegel d. Ä.: Landschaft mit Sturz des Ikarus, um 1558

an die Peripherie aber als zentrale Intention des Malers vermutet werden. Der charakterisiert seine Zeitgenossen damit so ignorant, dass sie sich für die höchste menschliche Kunstfertigkeit des Daedalus und den Wage- und Übermut des Ikarus nicht einmal interessieren. Das selbst schon interpretationsbedürftige Thema wird also in Bruegels Darstellung zusätzlich zeitbezogen ausgelegt und ist somit durch unmittelbare Betrachtung ohne Kenntnis des Mythos kaum zugänglich.

Barths „Wahrnehmungsübungen" setzen aufgrund dieser Schwierigkeiten nun bei den Nähe-Ferne-Verhältnissen der Landschaft an, fokussieren also ein formales Problem. Zudem assoziieren die Schüler zu Burg und Schiff ihnen bekannte historisch-narrative Stoffe. Das Bild dient somit als Übungsfeld für das Verstehen von Mitteln der Raumdarstellung und die Anregung narrativer Phantasie. Beides wird damit der „Sache Bild" nicht gerecht. In Barths Schilderung trägt der Lehrer erst dann den Mythos vor, doch auch danach bleiben die Deutungen der Schüler unscharf, weshalb das Resümee des Lehrers am Ende entsprechend unverbindlich ausfällt: „Wir haben gemerkt, man kann das Bild ganz verschieden sehen und sich dabei viele Gedanken machen" (Barth 2000, S. 166). Tatsächlich müsste hier wohl der „Kontext" an erster Stelle stehen: Ohne Kenntnis des Mythos wird die Betrachtung zum Ratespiel, weil sich ein adäquates Vorverständnis nicht bilden kann. Alternativ wäre zu erwägen, dem Bruegel-Bild andere, durch Anschauung zugänglichere Kunstwerke mindestens voranzustellen. So könnte man etwa mit Stefan Balkenhols massiver Bronzeskulptur (Abb. 4) die eine Seite des Mythos thematisieren: den erdenschweren Sturz und die Unmöglichkeit zu fliegen (wobei aber zu fragen bliebe, warum die Flügel zerfetzt sind, der Körper aber nicht zerschmettert ist). Bei dem Scherenschnitt von Henri Matisse (Abb. 5) dagegen sehen wir den Fliegenden mit rot glühendem Herzen gegen den Sternenhimmel, ein ebenso paradigmatisches Bild des menschlichen Traums von Fliegen und Freiheit, den wir immerhin in der Imagination realisieren können. Beide Bilder führen zu zentralen Deutungen des Mythos, die *beide möglich* sind, und zu denen sich Schüler selbst *in Bezug* setzen könnten. Hiernach könnte dann Bruegels Deutung leichter zugänglich sein.

Betont sei abschließend: Damit ist dezidiert nicht argumentiert, dass Balkenhols Realismus und Matisses Abstraktion und Farbigkeit etwa besonders „kindgemäß" seien. Entscheidendes Kriterium ist vielmehr, ob und wie sich jener triadische Bezug von Ich, Wir und Welt für die Schüler *in der Betrachtung* herstellen lässt. Kriterium ist also das *Bildungspotenzial des möglichen Bildverstehens.*

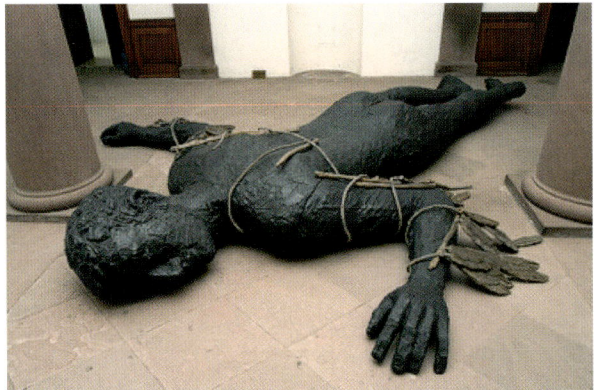

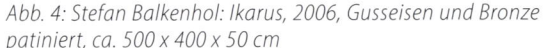

Abb. 4: Stefan Balkenhol: Ikarus, 2006, Gusseisen und Bronze patiniert, ca. 500 x 400 x 50 cm

Abb. 5: Henri Matisse: Icarus, 1947, Scherenschnitt

3 Bilder und Bildverstehen als relationale Phänomene

Die Beispiele zeigen einführend: Bilder sind relational zu verstehen. Bilder sind weder reine Abspiegelungen von Wirklichkeit noch allein Ausdrucksphänomene von Innerlichkeit. Sie vermitteln vielmehr immer schon zwischen einem Bildautor, einem darin sichtbaren Weltausschnitt oder einem welthaltigen Phänomen (etwa gegenstandsloser Form) und dem bzw. den Betrachter/n.

Die im Bild enthaltenen Bezüge und von ihm gestifteten Beziehungen sind als relationale Struktur *triadisch:* Sie vermitteln Ich, Wir und Welt (Krautz 2015). Das heißt: Gerade im Bildbetrachten sind wir nicht allein isoliertes *Ich,* sondern setzen uns zu uns *selbst* in ein Verhältnis. Bilder stiften ebenso einen Bezug zu *anderen,* also dem Bildautor und anderen Betrachtern in Geschichte und Gegenwart. Daraus erwächst ein reales und imaginäres *Uns.* Und die Welt, auf die Bilder verweisen, wird uns so zur *Mit-Welt.* Auch Günther Regel hat diesen anthropologischen Grund der Bilder im existenziellen Mensch-Welt-Bezug treffend formuliert: „Der Gegenstand der bildnerischen Tätigkeit, [...] das ist: das Verhältnis der Menschen, sein eigenes inbegriffen, zur Wirklichkeit, zur Welt, zu den anderen Menschen und zu sich selbst, ihre Suche nach dem Sinn und der Erfüllung des Lebens und Wirkens, nach der Würde des Menschseins und des menschlichen Glücks" (Regel 1986, S. 30). Ein Bild kann daher „als ein von Menschen gemachtes Objekt, dem eine Intention bzw. Zielgerichtetheit zugrunde liegt", verstanden werden (Uhlig 2015, S. 326). Relationalität von Bildern meint daher mehr als das klassische Sender-Medium-Empfänger-Modell der Kommunikationswissenschaft. Die Kommunikation verläuft nicht unilinear, denn Bildurheber und Bildbetrachter sind mit dem Bild selbst *in eine gemeinsame Welt* eingelassen, die ihnen vorausgeht und ihre Situation *historisch* und *kulturell* prägt.

Ein solches Verständnis wird heute durch bestimmte Entwicklungen der Kunst der Moderne erschwert. Diese haben jenes Triadische in das „duale Verhältnis der Avantgarden, wo das Werk dem Betrachter eine Erfahrung ermöglicht, die er mit sich selbst mithilfe der Kunst machen kann", gewandelt (Stegemann 2015, S. 18). Doch ist das nur scheinbar so: Auch in der Versenkung vor gegenstandsloser Farbfeldmalerei erfahren wir nicht nur uns selbst, sondern genauso die Welt, die von Farben geprägt ist und in der es abgegrenzte Flächen gibt, die wir als „Feld" beschreiben. Auch gegenstandslose Kunst ist somit nicht nicht-relational. Bildbetrachtung und Bildverstehen sind

> „in diesem Sinne nichts anderes als ein Beziehungsakt: Der Betrachter sieht auf ein Getanes und Gestaltetes hin, befragt dieses – und damit unwillkürlich sich selbst: was und wie es ist, ob dies Gegenüber etwas entzündet, dadurch dass es ihm nun gegenübersteht; und er fragt zugleich: wie dieses andere im Eigensten beschaffen ist, was es zu sagen, zu zeigen sucht, wie es mit der umgebenden Welt und mit ihm selbst in seinem Gestaltet-Sein umgeht, welchen Platz es ihm zuweist, ob er durch seinen Blick auf das Gestaltete dieses von anderer Hand Gestaltete doch auch verändern wird, dann auch Neues in diesem hervortritt" (Schneider 2017, S. 288).

Didaktische Folgerung: Bildbetrachtung im Kunstunterricht kann nicht allein auf die subjektive „ästhetische Erfahrung" unverbundener Schüler zielen. Eine relationale Didaktik greift vielmehr die in Bildern angelegten Selbst-, Mit- und Weltbezüge auf und öffnet den Schülern Möglichkeiten der verstehenden, dialogischen und sinnbildenden Bezugnahme.

4 Nähe und Distanz

Doch stellen wir diese Bezüge nicht allein her. Bilder selbst sind daran mit ihrer sprichwörtlichen *Macht* beteiligt: Bilder können uns ergreifen, begeistern, bewegen, erschüttern, Ekel erregen und anderes mehr, noch bevor wir uns dazu entschließen. Diese *pathische* (von griech. *pathein:* leiden, erleiden) Dimension des Bilderlebens provoziert geistige, leibliche oder emotionale Reaktionen. Sie ist anthropologisch verwurzelt und kulturübergreifend wirksam (Freedberg 1999). So können wir etwa Empathie für das im Bild Dargestellte entwickeln (Pfennig/Uhlig 2018) und so in Bilder eintauchen

(Immersion), dass wir sie für lebendig und real halten (Sowa, 2017, zeigt dies an figürlicher Plastik; Gleiches gilt etwa auch für Computerspiele). Reaktionen auf Bilder lassen sich oft von der Reaktion auf Wirklichkeit nicht unterscheiden (Fingerhut 2012).

Dies liegt jedoch *nicht* daran, dass wir die ikonische Differenz zwischen Abbild und Gegenstand übersehen, dass wir also *zu dumm* wären, Bild und Wirklichkeit zu unterscheiden. Vielmehr tritt die Wirkung *trotz* und *im Bewusstsein* dieser Differenz auf: Wir *wissen,* dass das Mädchen mit der Katze nur ein Bild ist – und *trotzdem* stellt sich die beschriebene Anmutung ein. Denn wir erfahren Bilder im anthropologischen Urmodus des unmittelbaren *Blickens und Angeblicktwerdens* (Krämer 2011, S. 74f.). Wir übertragen die Erfahrung der interpersonalen Blickbeziehungen auf Bilder (ebd., S. 82). So erleben wir Bilder gewissermaßen als *echtes* Gegenüber, von dem wir *blickend angeblickt* werden.

In dieser *Macht,* Nähe herzustellen, ist zugleich das *Bildungspotenzial* der Bilder begründet: Erst dieses Naherücken, die identifizierende *Nähe,* erlaubt einen persönlichen Zugang zu auch historisch fernen Bildern. Erst dadurch können sie uns *etwas sagen.* Nur durch solche Nähe können Bilder *lebensbedeutsam* werden (Jakobi 1988). Relationales Bildverstehen braucht also Nähe.

Doch zugleich kann diese Macht wie alle Macht missbraucht werden: Mit Bildern kann im politischen Raum getäuscht, manipuliert und agitiert werden. Sie sind Mittel bildrhetorisch ausgefuchster Werbestrategien und erzeugen vollständige Simulationen in der Virtual Reality etwa der Computerspiele. Hier wird die persuasive Wucht der Bilder zum ethischen Problem. Insofern ist zu Analyse und Reflexion auch Distanz nötig.

Didaktische Folgerung: Bildverstehen im Unterricht muss daher emotionale Berührung und identifizierende *Nähe* zum Bild verbinden mit einer kritisch-reflexiven *Distanz* zu den bildlichen Strategien und Wirkmechanismen (Sowa 2017, S. 385). Erst im Wechsel von Nähe und Distanz werden Bilder lebendig; sonst bleiben sie kunsthistorische Fakten.

5   An-Spruch und Geltung der Bilder

Bilder sprechen uns somit an (Pathos) und erheben einen An-Spruch an uns: Sie fordern eine Antwort heraus (Respons), sie wollen verstanden werden. Wenn Bilder aber mit Absicht gestaltet sind, dann muss diese Intention in der gestalteten Bildform sichtbar und erschließbar sein. Bildverstehen *prüft* also diesen *Geltungsanspruch* von Bildern (Krautz 2017c): Was sagt ein Bild wie und warum? Und wie ist die Form in Hinsicht auf die Intention zu beurteilen? Inwieweit kann die Bildlösung Gültigkeit beanspruchen? Daraus kann sich ein Maßstab bilden, um die Qualität eines Kunstwerks von einem Alltagsfoto zu unterscheiden (vgl. Beispiel 1).

Daher muss das Verstehen auch *dem Bild gerecht werden*. Es muss *sachgerecht* sein. Hierin liegt die objektive Seite des Verstehens, die in Beispiel 2 verfehlt wurde. Dabei ist „der hier verwendete Begriff von Objektivität […] als Gerechtwerden gegenüber der Sache – mit anderen Worten als Sachlichkeit – zu verstehen und daher radikal zu unterscheiden, sowohl von ihrer rein subjektiven Vermitteltheit als auch von einem rationalistisch-technizistischen Objektivitätsbegriff" (Breithausen 2014, S. 276). Beide Extreme sind aus dem Kunstunterricht wohlbekannt: Gerne beschränkt man sich entweder auf subjektives Fühlen und Phantasieren oder auf die formalisierte Anwendung vermeintlich wissenschaftlicher Methoden oder lässt beides unverbunden neben- und nacheinander stehen. Sachlichkeit dagegen meint, sich an der *Sache Bild* zu orientieren, also weder an „subjektiver Willkür" noch „gesetzmäßiger Objektivierung" (ebd., S. 276), die beide das Bild verfehlen.

Didaktische Folgerung: Kunstunterricht lehrt demnach, den Anspruch der Bilder so zu prüfen, dass das Verstehen dem Bild gerecht wird. Indem sie den Geltungsanspruch der Bilder prüfen, Bilder also in ihrem intentionalen Gemachtsein beurteilen, lernen Schüler, Urteile über Bilder sachlich zu begründen. So kann sich Urteilsfähigkeit bilden.

6 Kunsterfahrung und Kunstwissenschaft

Damit klärt sich auch die Stellung kunstwissenschaftlicher Methoden im Unterricht: Sie sind Mittel sachlicher Verobjektivierung, ohne damit aber formalisierte Verfahren von „Objektivität" darzustellen (Buchschartner 1998). Sie ermitteln und klären die *Gründe,* warum ein Bild wie wirkt und warum es was wie zeigt (Heinen 2018). Ihre Anwendung muss daher auf der *Erfahrung von Bildwirkungen* beruhen: Was sollen Schüler analysieren und deuten, wenn sie nicht selbst eine Erfahrung am Kunstwerk machen, also Wirkungen erleben, die Fragen provozieren, auf die eine Analyse antworten kann? Am Beispiel: Warum sollte man über Form und Farbe bei Modersohn-Becker sprechen, wenn es dazu nicht den Anlass der Bildwirkung gäbe? Ohne diesen Anlass sind formale, ikonografische, zeit- und kontextbezogene Untersuchungen im Wortsinne sinn-los.

Selbstverständlich müssen kunstwissenschaftliche Methoden immer *implizit* Teil des vom Lehrer didaktisch angeleiteten Bildverstehens sein, wenn dieses fachlich begründet verlaufen soll. Über die Schulstufen wächst dann das Maß, in dem kunstwissenschaftliche Methodenfragen selbst

Thema im Unterricht werden: Warum und wie kommen wir zu welchen Erkenntnissen und wie ist dies begründet und begründbar? Die gymnasiale Oberstufe muss dies im Sinne der Wissenschaftspropädeutik explizit leisten (Sowa / Glas / Seydel 2009).

Didaktische Folgerung:

> „Die schulische Kunstbetrachtung nimmt eine je nach Zielsetzung verschiebbare Position zwischen der Möglichkeit des individuellen Kunsterlebnisses und der Annäherung an kunstwissenschaftliche Methoden ein. Als extremste ‚Ränder' könnte man die private Beliebigkeit und die möglichst absolute Ausschließung des Subjekts in der wissenschaftlichen Bearbeitung ansprechen. Beide Extreme werden der Kunstbetrachtung im Rahmen eines Unterrichtsfaches nicht dienlich sein" (Buchschartner 1998, S. 151).

7 Erklären und Verstehen

Demnach sind *Erklärungen* von bestimmten Wirkursachen oder von historischen Kontexten *Teil* des gesamthaften hermeneutischen Verstehensprozesses. Am Beispiel: Wenn ich erklären kann, dass Bronze ein schweres Material ist, dann vertieft dies das Verstehen der Wirkung von Balkenhols Ikarus-Skulptur (Abb. 4). Gleiches gilt für Erklärungen von originalen Aufstellungskontexten, geistesgeschichtlichen und historischen Hintergründen, künstlerischen Techniken usw.

Allerdings ist didaktisch entscheidend, dass Erklären nicht für Verstehen *gehalten* bzw. damit *gleichgesetzt* wird, wie in manchem Kunstunterricht zu beobachten ist (Barth 2000, S. 131ff.). So ist etwa durch die Bilddaten, die Biografie eines Künstlers oder dessen selbst geäußerte Intention noch *kein* Verstehen geleistet. Vielmehr wird dann vom scheinbaren *Faktum* eine ungeprüfte und falsche *Erklärung* für das Bild abgeleitet: „Der Künstler hat so dunkel gemalt, weil er depressiv war", „… weil er in anderen Werken auch so gemalt hat", „… weil zu der Zeit Krieg war", „… weil er zum Expressionismus gehörte" etc. Solche irreführenden Kausalitäten werden weder der Sache noch den um Sinnverstehen bemühten Schülern gerecht.

Der Philosoph Gerhard Schurz fasst insofern treffend zusammen: *„Erklärungen sind ein Mittel des Verstehens"* (Schurz 2004, S. 169, Hervorh. i. O.) – oder genauer: sie können es sein. Dagegen gilt andersherum sehr wohl: „Etwas verstehen = es erklären können" (ebd.). Wer etwas verstanden hat, kann es auch erklären. Das ist von hoher didaktischer Relevanz: Ob und wie Schüler ein Bild verstanden haben, ist nämlich nur ergründbar, wenn sie ihr

Verständnis (mündlich, schriftlich oder bildnerisch-praktisch) zu erklären versuchen.

Didaktische Folgerung: Erklärungen sind in den Bildverstehensprozess so einzubinden, dass sie diesen nicht unterbrechen oder beenden, sondern begründen und weiterführen. Verstehen ist prüfbar, indem es erklärend expliziert wird.

8 Verstehen als Methode

Verstehen ist insofern zugleich *Ziel und Methode* der Bildbetrachtung.

Methodisch vollzieht sich Verstehen nach hermeneutischer Auffassung in doppelter zirkulärer Vertiefung oder Erweiterung (Danner 2006, S. 60ff.):

a) Man tritt mit einem bestimmten Vorverständnis an ein Bild heran, was etwa in ersten, spontanen Äußerungen („Perzept"; Bering 2003) deutlich wird. Dieses erste Verständnis wird durch die weitere Auseinandersetzung mit dem Werk modifiziert, was ein neues Vorverständnis bildet, mit dem wiederum nächste Schritte am Werk oder dessen Kontexten vollzogen werden. Es entsteht eine „Pendelbewegung" zwischen Vorverständnis und noch Neuem und Unbekanntem (Uhlig 2013, S. 78).

b) Dabei geht der Weg sowohl des Sehens selbst wie der Befassung mit dem Werk jeweils vom Ganzen zum Teil und vom Teil zum Ganzen. Nur in ständigem Rückbezug von Teil und Ganzem machen einzelne Analyseschritte Sinn: Das zeichnerische Erarbeiten einer Bildkomposition etwa ist nur sinnvoll, wenn die einzelnen Elemente interpretativ auf das Ganze des Bildes und dessen Wirkung bezogen werden (vgl. Beispiel 3). Sonst bleibt es formalistische Übung.

Didaktische Folgerung: Mit dem Vorverständnis der Schüler ist didaktisch zu rechnen. Es muss in der Vorbereitung von Unterricht eingeschätzt werden und wird gewöhnlich mittels Erstzugängen (Schoppe 2011) zu Beginn mündlich, schriftlich oder bildnerisch-praktisch explizit gemacht. Daran muss jedoch der Gang der Betrachtung und Analyse im Wechsel von Teil und Ganzem auch tatsächlich anknüpfen, damit die Schüler ihr Vorverstehen weiterführen, modifizieren und umbilden können.

9 Verstehen als Ziel

Verstehen ist somit zugleich *Ziel* der Bildbetrachtung, wenn Kunstunterricht im anspruchsvollen Sinn auf *Bildung* ausgeht: Denn im Verstehen nehmen wir nicht nur etwas unverändert auf, sondern wir *bilden es innerlich nach.* Um ein Bild zu verstehen, müssen wir Intention, Form, Kontext und Entstehen eines Bildes innerlich nachvollziehen, das heißt, eigentlich *selbst vollziehen.* Daher ist für das Bildverstehen im Kunstunterricht auch die eigene bildpraktische Erfahrung wesentlicher Bezugspunkt. Bildverstehen leistet dann wie Bildung überhaupt eine „individuelle Reformulierung von Kultur" (Schwaetzer/Vollet 2012, S. 82ff.): Kultur wird im Verstehen ein persönlich gefärbtes Eigenes.

Zugleich kann Unterricht so dem Anspruch der Aufklärung gerecht werden, Beiträge zu *Urteilsfähigkeit und Mündigkeit* zu leisten (Gruschka 2011). Denn Verstehen zu lehren und zu lernen bedeutet, eine kulturelle Objektivation – seien es Bilder oder mathematische Gleichungen – nicht einfach zur Kenntnis zu nehmen, zu memorieren und wieder anzuwenden, sondern die Gründe, die für den Geltungsanspruch der Gleichung oder der Bildinterpretation sprechen, selbst verstanden zu haben, erklären, beurteilen, kritisieren und gegebenenfalls verwerfen zu können.

Didaktische Folgerung: Kunstunterricht kann gerade das gestaltungspraktische Wissen nutzen, um Bildverstehen als inneren und äußeren Mit- und Nachvollzug anzulegen. Tradierung von Kunst und Kultur vollzieht sich dann als individuelle und kreative Überlieferung und bildet zugleich Kriterien und Argumente, um begründete Urteile abzugeben.

10 Doppelte Sinnbildung

Somit ermöglicht ein auf Bildverstehen angelegter Unterricht eine *doppelte Sinnbildung,* die den *Sinn der Sache Bild* mit einem möglichen *persönlichen Sinn* verbindet, also *Bildsinn* und *Bildungssinn* vermittelt. Doch das ist nur möglich, wenn und wo anhand eines Bildes ein *Allgemeines* sichtbar und verstehbar wird, das von übersubjektiver Relevanz ist, also eine Frage der *Conditio humana.* Diese *existenziellen Sinndimensionen* werfen anhand des Bildes Fragen auf, „wie sich diese Aussage über die Welt des Menschen zu meinen eigenen Erfahrungen und Ansichten verhält; inwiefern mich das Werk etwas angeht, warum es mich erregt, begeistert oder meinen Widerspruch hervorruft" usw. (Regel 1987, S. 50). So macht das Mädchen mit der Katze (Modersohn-Becker) grundlegende Fragen nach Nähe, Vertrautheit, Schutz und Beheimatung altersangemessen zugänglich. Der Traum vom Fliegen und die Macht und Ohnmacht menschlicher Kunstfertigkeit (Daedalus und Ikarus) wirft ebenso fundamentale Fragen menschlicher Existenz auf wie unser Verhältnis zum Tode (Orpheus).

Diese existenzielle Sinndimension als Ausdruck unseres relationalen Selbst-, Mit- und Weltverhältnisses begründet das *Bildungspotenzial* gerade der Bilder der Kunst. Gerade in der Kunst von Geschichte und Gegenwart sind diese Sinndimensionen in einzigartiger Weise präsent. In der Erschließung dieser doppelten Sinndimension ist die Bildbetrachtung im Kunstunterricht bildungstheoretisch begründet.

Didaktische Folgerung: Leitziel von Bildverstehen im Kunstunterricht ist die Verbindung von *Bildsinn und Bildungssinn,* aus Schülersicht also von *„Sinn der Sache"* und *„Sinn für mich",* anhand von Fragen, die die *Conditio humana* betreffen. Beide Dimensionen können phasenweise jeweils eine dominantere Rolle spielen, müssen aber in der Gesamtanlage des Unterrichts zusammengeführt werden.

11 Hermeneutik als Bildung

So verstandenes *hermeneutisches Verstehen* ist daher *selbst ein Bildungsprozess,* denn der Betrachter ist nicht allein distanzierter Analytiker, sondern *Teil* des Auslegungsprozesses: Er verändert sich *in ihm* (Buck 1981). Mit dem Verstehen der Bilder verstehen wir unsere Sichtweise und unser Erleben anders. Am Ikarus-Beispiel (Abb. 3) ist nachvollziehbar: Bruegels Weltsicht zu verstehen, kann dazu führen, die eigene heutige Weltanschauung zu verändern.

Insofern betont auch die kunstwissenschaftliche Hermeneutik zu Recht, dass man das erlebende und verstehende Subjekt gerade *nicht* zugunsten einer missverstandenen Objektivität aus dem Auslegungsprozess heraus definieren dürfe. Vielmehr muss „die Subjektivität nicht weggeleugnet, sondern qualifiziert werden" (Bätschmann 2003, S. 218). Die *Qualifizierung von Subjektivität* bedeutet aber eine Veränderung der Person, also einen *Persönlichkeitsbildungsprozess in Auseinandersetzung mit der Sache.*

Dazu gehören auch das Erlebnis und die Einsicht, dass hermeneutisches Verstehen nie eine *letztgültige Wahrheit* erfasst. *Verstehen ist unabschließbar.* Schon morgen oder auch Jahre später verstehen wir ein Bild und unser Verhältnis zu ihm anders, neu, tiefer – oder sind von ihm enttäuscht, sehen seine Mängel usw. Doch ist Verstehen deshalb *nicht unmöglich.* Die konstruktivistische Annahme völliger Kontingenz der Perspektiven und *Weltkonstruktionen* ist so falsch wie destruktiv (Pongratz 2009). Vielmehr kann und muss

> „die optimistische hermeneutische Überzeugung: Verstehen ist möglich, in einem ‚Mehr' oder ‚Weniger' der Annäherung […] für didaktische Bemühungen im Feld der Kunst und Kulturgeschichte leitend bleiben" (Sowa 2014).

Warum? Weil nur durch Bemühung um Verstehen tatsächliche Annäherung von Weltsichten und sachlich begründeter Respekt vor anderen und anderem gerade in einem kulturell heterogenen Feld möglich ist. Gerade eine *interkulturelle Kunstpädagogik* muss hermeneutisch begründet sein (Sowa 2011; Heiser 2017).

Didaktische Folgerung: Methodisch konsequentes hermeneutisches Bild-verstehen fordert von Schülern und Lehrer eine die eigene Persönlichkeit einbeziehende Auseinandersetzung mit der Sache, die damit auch (selbst-) erziehende Qualitäten hat. Dazu gehört auch, die Unabschließbarkeit und Veränderlichkeit von Verstehen nicht nur zu akzeptieren, sondern wiederum zu begründen und zu verstehen.

12 Individualität in Verstehensgemeinschaft

Relationales Verstehen entfaltet sich in besonderer Weise in einer Betrachtergemeinschaft. Zwar ist „das Interesse an Bildern individuell ver-schieden motiviert" (Uhlig 2008, S. 9), woraus bestimmte Bildpräferenzen entstehen (Lieber 2011). Es beruht also auf *individuellen* und biografisch je verschiedenen Verstehenszugängen. Doch muss Klassenunterricht das *mögliche überindividuelle Allgemeine* aufsuchen, das ein Bild anspricht, sodass sich Schüler in „Gemeinsinn und geteilter Intentionalität" aufeinander beziehen können (Reichenbach 2013, S. 30). Individuelles Sehen und Verste-hen entfalten sich gerade in Bezug auf das Verstehen anderer und unter der Notwendigkeit, eigene Eindrücke und Urteile an mitzuteilende Begründun-gen am Bild zu binden.

Jörg Grütjen zeigt mittels qualitativer Empirie, dass und wie Kunstbe-trachtung im Klassenunterricht zur Bildung einer solchen Verstehensge-meinschaft führt. Die Betrachtung wird

> „von den Beteiligten nicht nur als jeweils individuelles Erlebnis wahrgenommen […], sondern oft viel stärker primär als ein soziales Gruppenerlebnis. […] Die Betrachtung von Bildern bzw. Kunstwerken in der Gruppe führt phasenweise zur Aufhe-bung der Distanz zwischen Einzelbetrachter und Gruppe: Per-sönliches Erleben verschmilzt phasenweise mit einem Grup-penerleben" (Grütjen 2013, S. 192).

In der Gruppe wird „Sinn, Bedeutung, Relevanz, Geltung" verhandelt (ebd., S. 206). Dies werde auch von den Schülern selbst als positive Bildungs-dimension erlebt.

Didaktische Folgerung: Didaktisch ist daher zentral, bei der Auswahl von Bil-dern das *potenzielle Allgemeine und Gemeinsame* zu suchen und im Unter-richtsgespräch zu *fokussieren*. Unterrichtsmethodisch kann sich Individuali-tät in Verstehensgemeinschaft nur im *Klassenunterricht* bilden, weshalb er individualisierenden Methoden vorzuziehen ist, die das Individuum verein-zeln und damit die Bedingungen von bildendem Verstehen unterlaufen.

Beispiel 3: Verstehensprozess und doppelte Sinnbildung

Ein weiteres Beispiel soll diese Zusammenhänge veranschaulichen und zu den methodischen Fragen weiterführen.

Einer Studierendengruppe wird vor der Betrachtung der Mythos von Orpheus und Eurydike vorgetragen. Aufgefordert, daraus eine Szene als Standbild zu inszenieren, wird immer der Moment dargestellt, in dem sich Orpheus umdreht und Eurydike auf immer verloren ist. Dies geschieht in bewegt-dramatischer Haltung und gegebenenfalls Lichtwahl (Abb. 6, 7). Betrachtet man nun das attische Relief (Abb. 8), ergibt sich ein deutlicher Kontrast zu diesem bildhaft gewordenen Vorverständnis. Dessen gelassene, ausgeglichene, ja harmonische Wirkung leitet eine genaue Untersuchung der Form an: Wie wird diese Wirkung kompositorisch erreicht?

Nach der Auswertung dieser Formanalyse wird deutlich, dass hier ein stilles Einverständnis mit dem nach antiker Vorstellung eben unabänderlichen Schicksal zum Ausdruck kommt – damit also ein anderes Verhältnis zum Tod. Die Reflexion auf die eigenen Standbilder führt dann zu den Quellen des eigenen Vorverständnisses: Woher rühren die entsprechenden Vorstellungen? Ein Bildvergleich etwa mit dem Plakat zu einem Film wie „Mission Impossible 4: Ghost Protocol" (kann hier aus bildrechtlichen Gründen nicht abgedruckt werden) zeigt nicht nur die Analogie der szenischen Spannung und Dramatik, sondern verweist auch auf die kulturelle Prägung der eigenen Vorstellungsbilder. Und: Im Gegensatz zu Orpheus scheint für den Hollywood-Helden nichts unmöglich. Er holt die Frau auch aus dem Tod zurück.

Daran können sich weitere Exkurse in die Geschichte der Orpheus-und-Eurydike-Ikonografie anschließen. Bei G. F. Watts' „Orpheus und Euridice" (1887) wird das uns prägende romantische Motiv deutlich; der Vergleich mit Brekers Version (Abb. 9) zeigt dann eine bemerkenswerte Nähe zur Heroisierung im heutigen Film.

Der Verstehensprozess beginnt also mit identifizierender Nähe zum Erleben des Mythos, bildet hierin ein Vorverständnis, das selbst zeitgeschichtlich und kulturell geprägt ist, führt über eine distanzierende und versachlichende Analyse mittels kunstwissenschaftlicher Methodik, die die Geltung des antiken Werks prüft, zu einem vertieften Verstehen, das nun die aufgetretene Irritation einerseits erklären, andererseits die eigene Sicht auf Tod und Schicksal verändern kann. Auch der Bezug auf heutige kulturelle (Vor-)Bilder und der weitere Vergleich kann jene doppelte Sinnbildung anregen, die einerseits mehr und genauer über das Relief als Objekt und antike Kunst im Allgemeinen versteht, andererseits in der Relation dazu vertieftes Selbstverstehen ermöglicht. Im gemeinsamen Auslegungsprozess können sich Selbst,

Abb. 6, 7: Standbilder als Ideenskizzen zum Mythos „Orpheus und Eurydike" (Studentenarbeiten)

Abb. 8: Orpheus, Eurydike und Hermes, Relief, röm. Kopie eines griech. Originals um 410 v. Chr.

Abb. 9: Arno Breker: Orpheus und Eurydike, Relief, 1944

Andere und Mitwelt in eine historisch wie kulturell grundierte Beziehung setzen, die Sinnbildung wie Urteilsfähigkeit bildet.

13 Struktur des Bildverstehens: Mimesis, Schema, Analogie

Wie geht das Bildverstehen selbst nun genau vor sich? Hierfür sind drei kognitive bzw. geistige und leibliche Strukturen zentral (Krautz 2017b, S. 459ff.).

a) Bilder werden *mimetisch* verstanden (Krautz 2017a). Das heißt, wir ahmen sie innerlich mittels Vorstellung und Empathie oder äußerlich etwa in praktisch-rezeptiven Zugängen wie in Beispiel 3 nach. Aber Mimesis bedeutet nicht vollständiges „Nachmachen", also eine Art innere oder äußere fotografische Kopie, sondern ein „kreatives Sich-Anähneln" (Krautz/Sowa 2017). In diesen kreativen Abweichungen liegt die Individualität des Bildverstehens als „individuelle Reformulierung" begründet.

b) Die mimetische Leistung unserer Wahrnehmung und Vorstellung ist in bildhaften und begrifflichen *Schemata* organisiert. Das Zu- und Einordnen in bekannten Kategorien ermöglicht überhaupt ein (Über-)Leben in einer Welt voll chaotischer Eindrücke. Diese Schemata vermeiden *Irritationen* und versuchen sie zu *normalisieren* (Weidenmann 1988, S. 72, Schneider 2016). Normalisierung bedeutet, dass etwa Unbekanntes oder Irritierendes in Bildern schon Bekanntem zu- und untergeordnet, also an vorhandene Schemata *assimiliert* wird (Piaget, vgl. Montada 1998, S. 548f.). Auf diese Weise assoziieren Schüler etwa ganz zwanglos mit Bildern alle möglichen bekannten Eindrücke und Erfahrungen (Uhlig 2013, S. 79). Vertieftes Bildverstehen fordert dann auch die *Akkomodation* der Schemata, also die Um- oder Neubildung von Kategorien der Wahrnehmung und Vorstellung z. B. durch die Klärung von Bildgegenständen. Beides wurde oben am Orpheus-Beispiel deutlich. Hierin hat der Bildungsprozess im Bildverstehen gewissermaßen sein Korrelat auf mentaler Ebene.

c) Doch muss auch die Umbildung von Vorstellungen an schon Bekanntem ansetzen. *Verstehen* bildet insofern innere Analogien, also Ähnlichkeiten zum im Bild Sichtbaren. Beim Verstehen müssen wir auf etwas schon Bekanntes, Ähnliches zurückgreifen können, um das Neue daran anschließend oder davon differenzierend begreifen zu können. Verstehen bedeutet somit die „Anwendung eines früher vorhandenen Allgemeinen auf ein neues Besonderes" (Humboldt 1980, S. 597). Analogisches Verstehen „*vereinfacht die Welt,* indem es deren Vertrautheit multipliziert" (Buck 1989, S. 188). Die Analogiebildung ist somit Grundlage für jene doppelte Sinnbildung, indem sie die Brücke vom Individuellen zum Allgemeinen schlägt.

Didaktische Folgerung: Um eine differenzierte mimetische Bezugnahme auf das Bild anzuregen, sind je nach Werk sowohl visuelle wie körperbezogene und gestalterische Bildzugänge sinnvoll, die Annäherung wie Abweichung vom Vor-Bild deutlich machen.

Die normalisierende Kraft des Schemas lässt didaktisch fragen: Wo wirken Komplexität, Unbestimmtheit und Offenheit tatsächlich produktiv und wo werden sie schlicht übersehen, fraglos assimiliert oder gänzlich abgelehnt?

Auch für die Mikrostruktur des Verstehens ist zu fragen, welche Analogien die Schüler zu bestimmten Bildthemen, Bildgegenständen und -formen bilden können. An welches ihnen schon bekannte Allgemeine knüpft ein Bild an? In Beispiel 2 etwa ist das thematisch Allgemeine das Fliegen, genauer das Fliegen der Vögel, wozu Ikarus analogisch gedacht wird, um von dort aus die Differenzen auszumachen.

14 Modi und Phasen des Bildverstehens

Aus verschiedenen wissenschaftlichen Disziplinen (Kunstwissenschaft, Psychologie, Hermeneutik, Kunstpädagogik) kann man bei allen Differenzen im Einzelnen doch übereinstimmend folgern, dass sich Verstehen in der Bildbetrachtung in zwei grundlegend verschiedenen Weisen vollzieht, die im Unterricht um eine dritte, synthetisierende Phase ergänzt werden:

1. Gegenstände und Wirkungen erfassen

Der Modus des „wiedererkennenden Sehens" (Imdahl 1980, S. 92f.) erkennt und benennt Bildbestände. Es ist gegenständlich orientiert und resultiert aus lebensweltlicher Erfahrung. Man kann ihn daher auch als „ökologischen Verstehensmodus" bezeichnen (Weidenmann 1988, S. 77), weil er auf *lebensweltlicher Nähe* und der *persönlichen Erfahrung* basiert. Im Modell Erwin Panofskys entspräche dies der „vor-ikonographischen Beschreibung" (Panofsky 1978, S. 50), in der nicht nur die Bildgegenstände benannt, sondern zugleich deren *Ausdruck* erfasst wird, also *Wirkungen* beschrieben werden (Heinen 2018). *Hermeneutisch* gesehen, wird hier an das *Vorverständnis* angeknüpft und ein erstes Verstehen des Bildes herausgebildet.

2. Form-Inhalts-Korrespondenzen verstehen

Das „sehende Sehen" (Imdahl 1980, S. 92f.) sieht das Bild als Bild. Anders gesagt: Der „indikatorische Verstehensmodus" „wertet Merkmale des Bildes als Indikatoren für Entscheidungen des Bildproduzenten" (Weidenmann 1988, S. 79). Hier nimmt man das *Bild als bewusst gestaltet* wahr und bezieht die Formgestaltung auf mögliche Wirkungsintentionen. Heinen (2018) beschreibt dies als *Erklären von Bildwirkungen*. Hierzu gehört mit Panofsky (1978, S. 50) auch die entsprechende „ikonographische Analyse", also die Klärung der „konventionalen Sujets". *Hermeneutisch* gesehen, tritt damit das Vorverständnis in eine das Verstehen vertiefende und qualifizierende Auseinandersetzung mit der Sache. In diesem Modus tritt der Betrachter also in eine gewisse *analytische Distanz*. Ein solches bild- und kunstgemäßes Sehen muss erst gebildet werden, da es nicht mehr im oben genannten Sinne „natürlich" ist, sondern eine Kulturleistung darstellt.

3. Bildsinn und Sinnbildung zusammenführen

Für die dritte Ebene hat das psychologische Modell Weidenmanns keinen Begriff mehr, weil sie letztlich ein *Bildungsziel,* nicht eine psychologische Tatsache darstellt. Imdahl (1980, S. 92f.) nennt dies „erkennendes Sehen" als Vereinigung von wiedererkennendem und sehendem Sehen zu einer integrierten Erkenntnis. Panofsky (1978, S. 50) spricht von „synthetischer Intuition", die die „eigentliche Bedeutung oder Gehalt" erfasst, was Heinen (2018) als „Vermutung tieferliegender Gründe" beschreibt. Das ist *hermeneutisch* angemessener formuliert, weil eine *eigentliche* Bedeutung nicht festlegbar ist, sondern in einer methodisch nachvollziehbaren Argumentation nur zu einem vorläufigen Abschluss kommt. Gemeint ist somit ein in der *Integration von Nähe und Distanz* sich erschließender Bildsinn, der auch eine persönliche Sinnbildung ermöglicht, in der sich der *Sinn der Sache mit einem Sinn für mich* verbindet.

Damit zeichnen sich für den Kunstunterricht drei Phasen des Bildverstehensprozesses ab, die Martin Kloß (1987, S. 42) treffend beschreibt:

> „- Ganzheitlich-intuitives Erfassen des Grundausdrucks, der Gesamtwirkung der Werke,
> - tieferes Vordringen in die Besonderheiten der Inhalt-Form-Einheit mit dem Ziel eines bewussten Erfassens der Form und tieferen Erschließens ihrer Inhalts-Funktion,
> - Wiederherstellen der Gesamtwirkung der Werke auf der Grundlage der gewonnenen tieferen Einsichten in die spezifische Inhalt-Form-Einheit und der entwickelten künstlerisch-ästhetischen Wirkungen."

Auch Kloß betont, dass diese Phasierung noch nicht notwendig *Unterrichtsphasen* beschreibt. Doch spiegeln die meisten kunstdidaktischen Modelle eine ähnliche dreistufige Struktur (zur Konkretisierung vgl. Uhlig 2016).

Didaktische Folgerung: Am Beginn der Bildbetrachtung steht grundsätzlich eine eher offene Anmutungsphase, in der Eindrücke gesammelt werden, woran sich eine genauere analytische Phase der Bilduntersuchung und Kontextualisierung anschließt. Den Abschluss bildet eine Form von Synthese der Einsichten und Erkenntnisse zu einer Interpretation, die diese sinnbildend zusammen- und auf die Schüler rückbezieht.

15 Bildgespräch und Gesprächsführung

Wie gezeigt, vollzieht sich Bildverstehen im Kunstunterricht vor allem *im gemeinsamen Sprechen über Bilder im Klassen- oder Kursverband.* Gerade weil Bild und Sprache nie vollständig ineinander übersetzt werden können

(Krautz 2016; Sowa 2016), bietet das Bildgespräch den Vorteil, dass man *gemeinsam in der Anschauung des Bildes* spricht. So kann man beständig sprachlich und gestisch zeigend (deiktisch) auf das sichtbare Bild Bezug nehmen, um sich auch darüber zu verständigen, was schwer benennbar ist.

Didaktisch und pädagogisch ist das Bildgespräch die wohl *anspruchsvollste Unterrichtsform des Kunstunterrichts* – vielleicht auch ein Grund, warum ihr gerne in Formen von individualisierter Stationenarbeit o. Ä. ausgewichen wird. Denn sie verlangt von Seiten des Lehrenden einerseits eine präzise Klärung des Sachgehalts und der Unbestimmtheiten und Schwierigkeiten eines Bildes sowie eine genaue didaktische Reflexion in Hinsicht auf die hier genannten Folgerungen. Andererseits muss das Bildgespräch selbst von tatsächlicher *Offenheit* und *Sensibilität für* sowie *Freude an* den Beobachtungen und Ideen der Schüler getragen sein. Nur so lassen sich deren individuelle Sichtweisen und Erkenntnisse mit den der anderen und der Sache verbinden oder auch begründet zurückstellen (vgl. auch Uhlig 2016, S. 278ff.).

Didaktische Folgerung: Bildgespräche müssen Situationen geteilter Aufmerksamkeit gezielt eröffnen und zwischen Offenheit und Strukturierung changierend leiten, aber nicht besserwissend steuern. Lehrerseits bedürfen sie ständiger Reaktionen auf fachlicher („Ist eine Deutung noch am Bild begründbar, wie ist sie prüfbar?"), auf didaktischer („Wie kann die Äußerung den gemeinsamen Erkenntnisprozess weiterführen?", „Worin liegen mögliche Missverständnisse begründet?") und pädagogischer Ebene („Welche möglichen persönlichen Hintergründe hat eine Deutung?", „Wie können einzelne Schüler ermutigt und gefordert werden"?). Dieser komplexe Prozess aber „bedarf einer Sensibilität und situativen Handlungsfähigkeit, die gelernt sein will" (ebd., S. 280).

16 Bildauswahl, didaktische Begründung und methodische Führung

Die Auswahl von Bildern für den Kunstunterricht kann sich nach dem bislang Erörterten nicht allein an einer Entwicklung des Bildverstehens orientieren (Parsons 1987). Deren Stufungen beschreiben zwar beobachtbare Phänomene, werden diese aber curricular auf Schulstufen aufgeteilt, ergeben sich bedenkliche Engführungen (vgl. den Vorschlag von Penzel 2016). Vielmehr muss *in jedem Alter* der *ganze Prozess* des Bildverstehens ermöglicht werden, um den Bildungsanspruch von Kunstunterricht einzulösen. Insofern kritisiert Bettina Uhlig (2008, 2013) zu Recht die irrige Vorstellung von vermeintlich „kindgemäßen Bildern", zumal die ausgerechnet in der angeblich „kindlichen Formensprache" von Künstlern der Moderne vermutet werden (Paul Klee, Joan Miró, Picasso etc.).

Psychologische Forschung zum Bildverstehen verzichtet zudem aufgrund ihrer diagnostischen Ausrichtung grundsätzlich auf fördernde didaktische Intervention. Das heißt, auch für das Bildverstehen gilt, dass das, was für ein Alter als durchschnittlich festgestellt wird, grundsätzlich individuell über- und unterschreitbar ist und durch Lehren und Lernen dynamisiert werden kann. Kunstdidaktisch gilt also das Primat der Förderung durch angemessene Forderung unter fachlicher Anleitung.

Die Fragen der didaktischen Analyse lauten demnach:

a) Worin liegt das Bildungspotenzial eines Bildes, also seine Sinndimension für das Erleben und Leben der Schüler? *Ermöglicht ein Bild ein Verstehen, das sowohl dem Sinngehalt des Bildes gerecht wird, als auch eine adäquate Sinnbildung der Schüler anregt?* Im Sinne des erziehenden Unterrichts (Herbart) wird hier also nach dem *humanen Gehalt* der Fachgegenstände gefragt. Die aus Schülersicht zu beantwortenden Fragen sind demnach: Was bedeutet das, was wir am Bild verhandeln, für mich, für uns, für unsere Welt, für unser Zusammenleben?

Inhalte werden somit „nicht nur unter dem Gesichtspunkt ihrer Exemplarität für fachliche Ziele, sondern zugleich unter dem Aspekt ihrer lebensweltlichen Bedeutsamkeit" ausgewählt (Rekus 2010, S. 173); auf diese Weise wird „fachliches Wissen so mit Wert- und Normfragen verbunden […], dass daraus Handlungsorientierung entstehen kann" (ebd., S. 171).

b) Wie weit sind Bildgehalt und Bildform für Schüler eines bestimmten Alters und mit bestimmten Voraussetzungen in angeleiteter Anschauung und geführtem Gespräch erschließbar? Wie weit können die Schüler aufgrund ihrer Voraussetzungen dem Geltungsanspruch des Bildes gerecht werden und dazu begründete Urteile entwickeln? Inwieweit ist dies aus der Anschauung möglich, oder muss zunächst so viel an Quellen und Kontexten herangezogen werden, dass diese Erklärungen eigenständiges Verstehen eher behindern? Welche Zugangshürden und Verstehensschwierigkeiten weist ein Bild hinsichtlich seiner inhaltlichen und formalen Komplexität, seiner Unbestimmtheiten und Irritationsmomente auf? (Schneider 2016)

c) Erst hieraus können sich die *methodischen Schritte* für den Unterricht ergeben, für die es aber keine Universalrezepte gibt. Vielmehr müssen Fachmethoden, fachdidaktische Methoden und Unterrichtsmethoden so gewählt sein, dass sie auf den Kern des doppelten Sinnverstehens zielen.

Die Beispiele im Beitrag zeigen, dass und warum diese Fragen der Bildauswahl und deren Zielsetzung weniger mit der Formgestalt des Werks an sich zu tun haben, als mit diesen *Horizonten* des Verstehens: Worauf zielt das Bildverstehen und wie kann es ermöglicht werden?

Literatur

Barth, Walter (2000). Kunstbetrachtung als Wahrnehmungsübung und Kontextunterricht. Grundlagen und Unterrichtsbeispiele. Leicht überarbeitete Neuauflage. Hohengehren: Schneider.

Bätschmann, Oskar (2003). Anleitung zur Interpretation: Kunstgeschichtliche Hermeneutik. In: Belting, Hans / Dilly, Heinrich / Kemp, Wolfgang / Sauerländer, Willibald / Warnke, Martin (Hrsg.). Kunstgeschichte. Eine Einführung. 6. Auflage. Bonn: Reimer, S. 199–228.

Bering, Kunibert (2003). Perzeptbildung: Ein Basisbegriff kunstdidaktischen Handelns. In: Busse, Klaus-Peter (Hrsg.). Kunstdidaktisches Handeln. Norderstedt: Books on Demand (Dortmunder Schriften zur Kunst), S. 206–213.

Boehm, Gottfried (2014). Bildbeschreibung. Über die Grenzen von Bild und Sprache. In: Müller, Michael R. / Raab, Jürgen / Soeffner, Hans-Georg (Hrsg.). Grenzen der Bildinterpretation. Wiesbaden: Springer VS, S. 15–37.

Breithausen, Jutta (2014). Bildung und Sachlichkeit. In: Zeitschrift für Pädagogik. Jg. 60, H. 2, S. 271–285.

Buchschartner, Helga (1998). Kunstbetrachtung zwischen Kunsterfahrung und Kunstwissenschaft. Frankfurt a. M.: Lang.

Buck, Günther (1981). Hermeneutik und Bildung. Elemente einer verstehenden Bildungslehre. München: Fink.

Buck, Günther (1989). Lernen und Erfahrung – Epagogik. Zum Begriff der didaktischen Induktion. 3. Auflage. Darmstadt: Wissenschaftliche Buchgesellschaft.

Danner, Helmut (2006). Methoden geisteswissenschaftlicher Pädagogik. Einführung in Hermeneutik, Phänomenologie und Dialektik. 5., überarb. u. erw. Auflage. München: Reinhardt UTB.

Fingerhut, Jörg (2012). Das Bild, dein Freund. Der fühlende und der sehende Körper in der enaktiven Bildwahrnehmung. In: Feist, Ulrike / Rath, Markus (Hrsg.). Et in imagine ego. Facetten von Bildakt und Verkörperung. Berlin: Akademia, S. 177–198.

Freedberg, David (1989). The Power of Images. Studies in the History and Theory of Response. Chicago: University of Chicago Press.

Gruschka, Andreas (2011). Verstehen lehren. Ein Plädoyer für guten Unterricht. Stuttgart: Reclam.

Grütjen, Jörg (2013). Kunstkommunikation mit der „Bronzefrau Nr. 6". Qualitativ empirische Unterrichtsforschung zum Sprechen über zeitgenössische Kunst am Beispiel einer Plastik von Thomas Schütte. München: Kopaed.

Heinen, Ulrich (2018). Werkanalyse als Erklären von Wirkungen In: IMAGO. Zeitschrift für Kunstpädagogik. H. 6, S. 17–21.

Heiser, Jan Christoph (2017). Interkulturelles Lernen. Anthropologische, ästhetische und relationale Bezugspunkte aus Sicht der pädagogischen Lerntheorie. In: Krautz, Jochen (Hrsg.). Beziehungsweisen und Bezogenheiten. Relationalität in Pädagogik, Kunst und Kunstpädagogik. Schriftenreihe IMAGO – Forschungsverbund Kunstpädagogik. Bd. 4. München: Kopaed, S. 225–246.

Humboldt, Wilhelm von (1980). Ueber die Aufgabe des Geschichtsschreibers. In: ders.: Werke in fünf Bändern. Bd. 1: Schriften zur Anthropologie und Geschichte. 3. Auflage. Darmstadt: Wissenschaftliche Buchgesellschaft, S. 585–606.

Imdahl, Max (1980). Giotto Arenafresken. Ikonographie – Ikonologie – Ikonik. München: Fink.

Jakobi, Wolfgang (1988). Lebensbedeutsame Bilder. Pädagogische Interpretation von Kunst. Weinheim: Deutscher Studienverlag.

Kirchner, Constanze / Kirschenmann, Johannes (2015). Kunst unterrichten. Didaktische Grundlagen und schülerorientierte Vermittlung. Seelze: Klett.

Kloß, Martin (1987). Kunstbetrachtung. Grundlagen und Prozeß der Betrachtung bildender Kunst mit Schülern. 4. Auflage. Berlin: Volk und Wissen.

Kowalski, Klaus (1970). Praxis der Kunsterziehung. 2: Werkbetrachtung. Stuttgart: Klett.

Krautz, Jochen (2005). Erleben – Machen – Verstehen. Praktische Kunstrezeption zwischen Kunst und Subjekt. In: BÖKWE – Fachblatt des Berufsverbandes österreichischer Kunst- und Werkerzieher. H. 2, S. 15–22.

Krautz, Jochen (2015a). Ich, Wir, Welt. Zur Systematik und Didaktik einer personalen Kunstpädagogik. In: Glas, Alexander / Heinen, Ulrich / Krautz, Jochen / Miller, Monika / Sowa, Hubert / Uhlig, Bettina (Hrsg.). Kunstunterricht verstehen. Schritte zu einer systematischen Theorie und Didaktik der Kunstpädagogik. Kunst.Pädagogik.Didaktik. Schriftenreihe IMAGO – Forschungsverbund Kunstpädagogik. Bd. 1. München: Kopaed, S. 221–250.

Krautz, Jochen (2015b). Kompetenzen machen unmündig. Eine zusammenfassende Kritik zuhanden der demokratischen Öffentlichkeit. Streitschriften zur Bildung, Heft 1. Hrsg. Fachgruppe Grundschulen der GEW Berlin. Berlin: GEW.

Krautz, Jochen (2016). Bild, Bildung und Sprache im Kunstunterricht. Theorie und Didaktik des kunstpädagogischen Bildgesprächs. In: Pädagogische Rundschau. H. 6, S. 733–752.

Krautz, Jochen (2017a). Mimesis und Bildverstehen. In: IMAGO. Zeitschrift für Kunstpädagogik. H. 4, S. 70–86.

Krautz, Jochen (2017b). Zwischen Selbst und Sache. Bildungstheoretische Grundlagen einer verstehensorientierten Didaktik der Bildbetrachtung. In: Krautz, Jochen (Hrsg.). Beziehungsweisen und Bezogenheiten. Relationalität in Pädagogik, Kunst und Kunstpädagogik. Schriftenreihe IMAGO – Forschungsverbund Kunstpädagogik. Bd. 4. München: Kopaed, S. 439–478.

Krautz, Jochen (2017c). Gestalten als Geltungsprüfung. Zur konstitutiven Bedeutung von Relationalität für den Gegenstand der Kunstpädagogik. In: Krautz, Jochen (Hrsg.). Beziehungsweisen und Bezogenheiten. Relationalität in Pädagogik, Kunst und Kunstpädagogik. Schriftenreihe IMAGO – Forschungsverbund Kunstpädagogik. Bd. 4. München: Kopaed, S. 529–558.

Krautz, Jochen / Sowa, Hubert (2017). Mimesis. Zur kunstpädagogischen Aktualität eines alten Prinzips. In: IMAGO. Zeitschrift für Kunstpädagogik. H. 4, S. 4–13.

Lieber, Gabriele (2011). „Da muss man voll gut nachdenken." Kindliches Bildinteresse im Spannungsfeld von Wahrnehmungsgewohnheiten und Bildungsansprüchen. In: Danner, Antje / Gansen, Peter / Heyd, Corinna / Lieber, Gabriele (Hrsg.). Ästhetische Bildung. Perspektiven aus Theorie, Praxis, Kunst und Forschung. Norderstedt: Books on Demand, S. 144–158.

Montada, Leo (1998). Die geistige Entwicklung aus der Sicht Jean Piagets. In: Oerter, Rolf / Montada, Leo (Hrsg.). Entwicklungspsychologie. Ein Lehrbuch. 4. Auflage. Weinheim: Beltz, S. 518–560.

Otto, Gunter / Otto, Maria (1987). Auslegen. Ästhetische Erziehung als Praxis des Auslegens in Bildern und Auslegen von Bildern. 2 Bde. Velber: Friedrich.

Ovid (Publius Ovidius Naso) (2004). Metamorphoses. Recogn. brevique adnotatione critica instruxit R. J. Tarrant. Oxford: Classical Texts.

Panfosky, Erwin (1978). Ikonographie und Ikonologie. Eine Einführung in die Kunst der Renaissance. In: ders.: Sinn und Deutung in der bildenden Kunst. Köln: Dumont, S. 36–67.

Parsons, Michael J. (1987). How We Understand Art. A Cognitive Developmental Account of Aesthetic Experience. Cambridge: University Press.

Penzel, Joachim (2016). Kunstrezeption zwischen Bildungsideal und Bildungswirklichkeit. Kompetenzniveaus von Lehrplänen und empirische Studien im Vergleich. In: Impulse. Kunstdidaktik. H. 20, S. 6–17.

Pfennig, Maria / Uhlig, Bettina (2018). In das Gesicht des Anderen blicken. Zur Bedeutung des Sich-Einfühlens in Bildnisse und Porträts. In: IMAGO. Zeitschrift für Kunstpädagogik. H. 6, S. 64–79.

Pongratz, Ludwig A. (2009). Untiefen im Mainstream. Zur Kritik konstruktivistisch-systemtheoretischer Pädagogik. Paderborn: Schöningh.

Regel, Günther (1986). Medium bildende Kunst. Bildnerischer Prozeß und Sprache der Formen und Farben. Berlin: Henschel.

Reichenbach, Roland (2013). Für die Schule lernen wir. Plädoyer für eine gewöhnliche Institution. Seelze: Klett.

Rekus, Jürgen (2010). Erziehender Unterricht. In: Zierer, Klaus (Hrsg.). Schulische Werteerziehung. Baltmannsweiler: Schneider, S. 168–177.

Schneider, Alexander (2016). Unbestimmtheitsmomente. Rezeptionsdidaktische Notate zur Betrachtung von Edward Hoppers „Nighthawks". In: Glas, Alexander / Heinen, Ulrich / Krautz, Jochen / Lieber, Gabriele / Miller, Monika / Sowa, Hubert / Uhlig, Bettina (Hrsg.). Sprechende Bilder – Besprochene Bilder. Bild, Begriff und Sprach-handeln in der deiktisch-imaginativen Verständigungspraxis. Schriftenreihe IMAGO – Forschungsverbund Kunstpädagogik. Bd. 3. München: Kopaed, S. 349–376.

Schneider, Alexander (2018). Passung von Selbst und Sache. Kunstbetrachtung als Wahrnehmungsübung und Kontextunterricht (Rezension). In: IMAGO. Zeitschrift für Kunstpädagogik 2018, H. 6, S. 93–94.

Schneider, Wolfgang Christian (2017). Gestalten, Sehen und Verstehen als relationales Ereignis. In: Krautz, Jochen (Hrsg.). Beziehungsweisen und Bezogenheiten. Relationalität in Pädagogik, Kunst und Kunstpädagogik. Schriftenreihe IMAGO – Forschungsverbund Kunstpädagogik. Bd. 4. München: Kopaed, S. 285–289.

Schoppe, Andreas (2011). Bildzugänge. Methodische Impulse für den Unterricht. Seelze: Klett.

Schurz, Gerhard (2004). Erklären und Verstehen. Tradition, Transformation und Aktualität einer klassischen Kontroverse. In: Jaeger, Friedrich / Straub, Jürgen (Hrsg.). Handbuch der Kulturwissenschaften. Band 2: Paradigmen und Disziplinen. Stuttgart, Weimar: Metzler, S. 156–174.

Schwaetzer, Harald / Vollet, Matthias (Hrsg.) (2012). Werte-Bildung in Europa. Coincidentia – Zeitschrift für europäische Geistesgeschichte. Beiheft 1. Kueser Akademie Bernkastel-Kues.

Sowa, Hubert (Hrsg.) (2011). „Kulturen der Welt". Kunst+Unterricht, H. 349/350.

Sowa, Hubert (2014). Kunstgeschichte lehren und

lernen – Vorbemerkungen zu einer kulturge-schichtlichen Didaktik des Kunstunterrichts; In: onlineZeitschrift Kunst Medien Bildung | zkmb, http://zkmb.de/162 (09.07.2018).

Sowa, Hubert (2016). Wie kommen Bilder ins Ge-spräch? Hermeneutische Überlegungen zu einer Didaktik des kunstpädagogischen Bildge-sprächs. In: Glas, Alexander / Heinen, Ulrich / Krautz, Jochen / Lieber, Gabriele / Miller, Monika / Sowa, Hubert / Uhlig, Bettina (2016). Spre-chende Bilder – Besprochene Bilder. Bild, Begriff und Sprachhandeln in der deiktisch-imaginati-ven Verständigungspraxis. München: Kopaed, S. 241–270.

Sowa, Hubert / Glas, Alexander / Seydel, Fritz (2009). KUNST Arbeitsbuch 3. Stuttgart, Velber: Klett.

Stegemann, Bernd (2015). Lob des Realismus. Ber-lin: Theater der Zeit.

Uhlig, Bettina (2008). Welche Bilder interessieren Kinder? Eine Revision angeblich kindgemäßer Bilder. In: Impulse Kunstdidaktik. H. 4, S. 3–13.

Uhlig, Bettina (2013). Bilder erschließen und verste-hen. In: Kirchner, Constanze (Hrsg.). Kunst-Didaktik für die Grundschule. Berlin: Cornelsen, S. 70–98.

Uhlig, Bettina (2015). An Bildern Sinn entwickeln. Sinnkonstituierende Lernprozesse aus der Per-spektive der Bilddidaktik. In: Glas, Alexander / Heinen, Ulrich / Krautz, Jochen / Lieber, Gabriele / Miller, Monika / Sowa, Hubert / Uhlig, Bettina (2015). Kunstunterricht verstehen: Schritte zu einer systematischen Theorie und Didaktik der Kunstpädagogik. München: Kopaed, S. 323–337.

Uhlig, Bettina (2016). Vom Anfang der Bilder. Bild-gespräche mit Kindern. In: Glas, Alexander / Hei-nen, Ulrich / Krautz. Jochen / Lieber, Gabriele / Miller, Monika / Sowa, Hubert / Uhlig, Bettina (2016). Sprechende Bilder – Besprochene Bilder. Bild, Begriff und Sprachhandeln in der deiktisch-imaginativen Verständigungspraxis. München: Kopaed, S. 271–292.

Weidenmann, Bernd (1988). Psychische Prozesse beim Verstehen von Bildern. Bern, Stuttgart, Toronto: Huber.

Albert Schmelzer

Denken in Bildern. Über die Bedeutung der Imagination in Geschichtserkenntnis und Geschichtsunterricht

1 Vorbemerkung

Im Zuge des „iconic turn" in den 1990er-Jahren ist die Rolle des visuellen wie auch des sprachlich vermittelten Bildes für die Konstitution historischer Erkenntnis in den Fokus der Aufmerksamkeit getreten (Bachmann-Medick 2006, S. 349ff.). Einen grundlegenden Beitrag zu dieser Thematik hat der Historiker Rolf Schörken in seiner Studie „Historische Imagination und Geschichtsdidaktik" gegeben, in welcher er die überragende Rolle des Vorstellungsbildes für das Verstehen historischer Sachverhalte herausgearbeitet hat. Im aktuellen Diskurs über Emotionen, Geschichte und historisches Lernen (Brauer/Lücke 2013) tauchen einige der von ihm besprochenen Motive erneut auf und zeigen die ungebrochene Relevanz seiner Darstellung. In einem ersten Abschnitt werden daher seine Ausführungen nachgezeichnet; damit wird eine Facette des historischen Bildes erfasst. Ein weiterer Aspekt des Imaginativen erschließt sich durch die Beschäftigung mit dem Symbolbegriff Goethes, der in einem zweiten Abschnitt behandelt wird. Hier knüpft Rudolf Steiner an, indem er Goethes Ansatz zum methodischen Weg einer „geschichtlichen Symptomatologie" erweitert; damit wird – so die Erläuterung im dritten Kapitel – die Imagination zum Element eines historischen Denkens in Bildern. Ein Beispiel einer eigenen symptomatischen Geschichtsbetrachtung sowie ein Fazit runden den Beitrag, der sich auf das sprachlich vermittelte Bild konzentriert, ab.

2 Das Vorstellungsbild

In seinem 1994 erschienenen Buch „Historische Imagination und Geschichtsdidaktik" wandte sich Rolf Schörken „einem weißen Fleck" (Schörken 1994, S. 7) auf der Landkarte der Geschichtswissenschaft und Geschichtsdidaktik zu: dem Vorstellungsbild. Innere Vorstellungsbilder – er verwendet synonym den Begriff der Imagination – sind die normalerweise unbewusst bleibende, aber notwendige Voraussetzung für das Vergegenwärtigen und Verstehen historischer Sachverhalte: „Wenn ich ein historisches

Buch lese, eine Vorlesung oder einen Vortrag höre, über Geschichte nach-
denke, so entstehen Vorstellungsbilder in mir, unwillkürlich, flüchtig und
vage, aber immer vorhanden und in Bewegung. Es sind luftige Gebilde, sie
scheinen zu kommen und zu gehen, wie sie wollen, sie strömen dahin"
(Schörken 1994, S. 34).

Solche inneren Vorstellungsbilder haben einen anderen Charakter als
Abbildungen: Sie werden durch Sprache erzeugt, vermögen unterschiedliche Zeitmomente in Beziehung zu setzen und sind nicht für alle Betrachter
gleich; vielmehr können durch eine sprachliche Äußerung verschiedene
Varianten von inneren Bildern evoziert werden. Hier spielt das Kontextwis-
sen der vorstellenden Person eine erhebliche Rolle: Wer eine Landschaft
durch Reisen kennt, wird sie sich intensiver vorstellen können; wer schon
einmal einen historischen Film über Martin Luther gesehen hat, dessen
inneres Bild wird von dieser Erfahrung geprägt sein. Dieser Sachverhalt verweist darauf, dass Lesen und Zuhören, wie besonders der Philosoph Paul
Ricoeur (1988–1991) und der Literaturwissenschaftler Wolfgang Iser (1990)
herausgearbeitet haben, keineswegs passive Leistungen sind; vielmehr verwandeln wir im Akt der lesenden oder hörenden Rezeption „eine Fülle von
optischen oder akustischen Signalen in lebendige Gestalten, sinnhafte
Gebilde, in Handlungsräume und Wirklichkeiten, in die wir eintreten und
an denen wir in bestimmter Weise teilnehmen, als sei es unsere Welt. Diese
zweite Wirklichkeit ist ein Hervorbringen unserer Vorstellungskraft" (Schörken 1994, S. 11).

Die Einsicht in den schöpferischen Charakter des Bildens von Vorstellungen – Schörken spricht in diesem Zusammenhang auch von Phantasietätig-
keit (Schörken 1994, S. 15) – ist für die Ausrichtung der Geschichtsdidaktik
von fundamentaler Bedeutung. Denn seit der durchgreifenden Kritik an dem
bis dahin zentralen didaktischen Mittel der Geschichtserzählung in den
1960er- und 1970er-Jahren des vergangenen Jahrhunderts haftet dem Zuhören der Makel des Passiven an – zu Unrecht, wie sowohl die Rezeptionsästhetik als auch die Unterrichtserfahrung zeigen. Denn der Verzicht auf die
Lehrererzählung und die Konzentration auf das Interpretieren von Quellen
hat nicht etwa die Eigentätigkeit der Schüler*innen erhöht, sondern hat im
Gegenteil vielfach zu einer schleichenden Aushöhlung des Geschichtsinte-
resses geführt. „Das Hauptproblem des Unterrichtens an allen Schulformen
und in fast allen Altersstufen und Fächern", konstatiert Schörken,

> „bildet heute die Dauerunruhe und die Konzentrationsunwil-
> ligkeit oder gar -unfähigkeit. Hier liegt die Ursache dafür, dass
> das pädagogische Geschäft so unerfreulich und der Lehrer-

beruf so anstrengend geworden ist. Offenkundig ist bei dieser Verhaltensänderung ganzer Schülerpopulationen neben vielen anderen Faktoren auch eine Art Unterernährung der imaginativen Kräfte im Spiel. In einer unruhigen Schulklasse kann ein Lehrer, der gut erzählen kann, verblüffend rasch Ruhe und Aufmerksamkeit schaffen. Er braucht eigentlich nur anzufangen und nach dem zweiten oder dritten Satz kann man eine Stecknadel fallen hören. Es ist, als ob die Schüler ausgedörrt danach seien, zuzuhören und – so würde ich jetzt gemäß meiner Theorie fortfahren – ihre eigene Vorstellungskraft spielen lassen zu können, denn dies bereitet einen besonderen Genuss" (Schörken 1994, S. 125).

Vor diesem Hintergrund schlägt Schörken die Wiederbelebung narrativer Darstellungsformen im Geschichtsunterricht vor, allerdings im Zusammenhang methodischer Vielfalt und unter Vermeidung der problematischen Seiten älterer Formen von historischen Erzählungen, wie es der provinzielle Zug zum Gemütvollen, die stille Parteinahme für die „Großen" in der Geschichte oder die emotionale Überwältigung der Schüler*innen durch rhetorische Mittel sind. Als Alternative dazu regt er an, im Unterricht multiperspektivische und opponierende Erzählformen anzuwenden, um zu verdeutlichen, wie Ereignisse aus verschiedenen Blickwinkeln und mit unterschiedlichen Interessenrichtungen betrachtet werden können. Auch soll bei aller Identifikation das Bewusstsein für die Fremdartigkeit des Vergangenen bewahrt bleiben. In diesem Zusammenhang führt er eine kleine Episode an, die von dem mittelalterlichen Geschichtsschreiber Thietmar von Merseburg berichtet wird:

„Ein Hund läuft von weitem auf einen Mann zu, beißt ihm die rechte Hand ab und rennt schweifwedelnd davon. Man fragt den Verletzten, was er getan habe, und der antwortet, er habe vor langer Zeit den Herrn des Hundes im Streit getötet, jetzt aber, als ich alles vergessen glaubte, bin ich Schuldbeladener ihm wieder begegnet. Nun weiß ich, dass hier oder beim Jüngsten Gericht niemand seine ungesühnte Schuld verheimlichen kann" (Schörken 1994, S. 110).

Eine solche Geschichte wirkt auf den modernen Leser irritierend und unglaubwürdig; für den mittelalterlichen Menschen war sie selbstverständlich, ging er doch von der Allgegenwart Gottes aus.

Ein Weiteres ist im Blick auf eine gelungene historische Erzählung zu beachten: Die behandelten Ereignisse und Personen rufen dann die Imaginationskraft am intensivsten auf, wenn sie anschaulich dargestellt werden. Das ist beispielsweise der Fall bei übersichtlichen Szenen mit begrenztem Bildausschnitt, die aus einer nahen Betrachterperspektive geschildert werden, und besonders leicht bei handelnden Personen und bei Motiven, die uns emotional nahestehen wie das Schicksal von Kindern, die Geschlechterbeziehung oder Erfahrungen von Alter und Tod.

Bemerkenswert erscheint, dass ein größerer Detailreichtum der Beschreibung nicht unbedingt zu einer leichteren Vorstellbarkeit führt. Vielmehr brauchen Vorstellungsbilder zu ihrer Entstehung Entfaltungsfreiheit. „Der sprachliche Anstoß tut bessere Dienste für die Aktivierung der Imaginationskraft als die Vollständigkeit der Beschreibung, welche die Imagination erdrücken kann" (Schörken 1994, S. 40). Neben Rolf Schörken haben auch andere Historiker wie Bodo von Borries auf die Bedeutung der imaginativen Kräfte für das Aneignen von Geschichte hingewiesen (Borries 1996). In jüngerer Zeit hat Bärbel Völkel die Aufmerksamkeit auf die herausragende Rolle von Gefühlen gelenkt, die mit historischen Bildern verbunden sind und in die Beurteilung gegenwärtiger Ereignisse einfließen: Ein Plakat, das die deutsche Kanzlerin mit Nazi-Symbolen darstellt, kann unmittelbar das historisch begründete, tief sitzende Misstrauen gegenüber deutschen Großmacht-Ambitionen aktualisieren (Völkel 2013).

Auch von der Seite anthroposophisch orientierter Geschichtswissenschaft und -didaktik aus ist die Bedeutung plastischer Vorstellungsbilder für das Verstehen und Verarbeiten von Geschichte betont worden. Schon Rudolf Steiner hat 1919 kurz vor der Begründung der ersten Waldorfschule in einem Vorbereitungskurs den zukünftigen Lehrer*innen folgenden Hinweis gegeben: „daß die Kinder Bilder bekommen, das ist das Wichtige. Die Bilder werden sie bekommen zunächst durch anschauliche Schilderung" (Steiner 1984a, S. 78). Und zu den Kreuzzügen bemerkte er: „Versuchen Sie, anschaulich diese Geschichte zu schildern, dann werden sie eine wahrere Geschichte geben" (ebd., S. 82). Entsprechend unterzog Steiner ihm vorliegende Geschichtswerke einer herzhaften Kritik: Leopold Ranke schildere die Charaktere so, „daß sie nur Schatten sind", der Historiker Lamprecht stelle nicht Menschen dar, „sondern angestrichene Pappfiguren", Treitschke dagegen „mag tendenziös sein, aber die Treitschke-Persönlichkeiten, die stehen doch auf ihren Beinen!". Ein dickes Lob bekommt Tacitus: „Wenn Sie den Tacitus lesen, dann wird alles bis ins Wort hinein ganz lebendig" (ebd., S. 83).

Christoph Lindenberg hat in seinem 1981 erschienenen Buch „Geschichte lehren" diese Anregungen konkretisiert: Wenn an die Stelle konkreter Einzelheiten allgemeine Aussagen über einen Menschen gemacht würden wie: er sei „sehr schlau", „sehr gut" oder „einfältig", so hinterlasse das keinen bleibenden Eindruck.

> „Wenn aber von grauem Haar, das fast gelb wurde, von blitzen-
> den Augen, die auch im Dämmerlicht leuchteten, die Rede ist,
> wenn die Energie eines Menschen vielleicht dadurch angedeu-
> tet wird, daß man sagt: auch bergauf machte er weite und kräf-
> tige Schritte, immer war er den anderen voran und gönnte sich
> keine Rast, bis er den Bergrücken erklommen hatte, so kann der
> Schüler das auffassen, ja die Schüler begreifen auf diese Weise
> schwierige Dinge" (Lindenberg 1981, S. 60).

Vor allem Handlungen, leibliche Gesten und konkrete Vergleiche seien hilfreich: „Die Schilde waren so groß, daß sie die Männer von Kopf bis Fuß bedeckten und sicheren Schutz boten" (ebd., S. 61).

Auch Andre Bartoniczek erwähnt in seinem umfangreichen Werk „Die Zukunft entdecken. Grundlagen des Geschichtsunterrichts" (Bartoniczek 2014) diese Aspekte und ergänzt sie um weitere. So könne eine räumliche Plastizität gerade durch eine zeitliche Staffelung erreicht werden. Er verweist in diesem Zusammenhang auf die Szene aus Rilkes Erzählung „Cornet", in welcher der junge Soldat seiner Truppe begegnet. Da heißt es nicht: „Zum ersten Mal sah er das große Heer mit seinen Soldaten" oder Ähnliches. Viel-mehr schreibt Rilke: „Einmal, am Morgen, ist ein Reiter da, und dann ein zweiter, vier, zehn. Ganz in Eisen, groß. Dann tausend dahinter: das Heer" (ebd., S. 502). Man kann bemerken, wie die Wucht und Gewalt des Aufmar-sches sich steigert, indem der Blick prozesshaft gelenkt wird. Das gilt auch in einem allgemeineren Sinn: Vorangehende Beratungen zeichnen zumeist ein plastischeres Bild als der fertige Vertragsabschluss, die Schilderung des Baus der Pyramiden wirkt eindrücklicher als die Beschreibung des vollendeten Bauwerks.

Insgesamt lässt sich festhalten: In den letzten Jahrzehnten ist die Geschichtsdidaktik aufmerksam geworden auf die Bedeutung bildhaften Erzählens, das die Produktion plastischer Vorstellungsbilder anregt und in diesem Sinn „imaginierte Geschichte" – so der Titel eines Buches von Bodo von Borries (Borries 1996) – vermittelt.

Allerdings stellt sich die Frage, ob mit dem bisher besprochenen Aspekt der Vorstellungsbilder, die durch eine nachschaffende Phantasie innerlich aufgebaut werden, schon die gesamte Bedeutung des Imaginativen für den Zugang zur Geschichte ausgeleuchtet worden ist. Denn eine Aneinanderrei-hung von Vorstellungsbildern, seien sie auch noch so anschaulich, eröffnet ja noch kein Verständnis von Geschichte. Vielmehr interessiert uns, welche Impulse für eine historische Persönlichkeit wesentlich waren, wo die Ursachen für einen Kriegsausbruch lagen oder welche treibenden Kräfte zu einer Revolution geführt haben. Kurz: Wie lassen sich die realen Lebensprozesse von Geschichte erfassen? Die Fragestellung führt zurück zu einem Erkenntniskonflikt, der für die Entstehung der modernen Geschichtswissenschaft im 19. Jahrhundert konstitutiv war, er sei im Folgenden kurz umrissen.

3   Die Entstehung der Geschichtswissenschaft und Goethes Symbolbegriff

Bis zum Beginn des 19. Jahrhunderts wurde Geschichte vorwiegend in gedanklichen Zusammenhängen erlebt und geschrieben.[1] Ob man Lessings „Erziehung des Menschengeschlechts", Kants Postulat des Fortschritts der Menschheitsgeschichte zur Freiheit oder Herders Geschichtsphilosophie nimmt – Geschichte wurde entworfen im Blick auf die Bestimmung des Menschen und bekam dadurch ihren Sinn. Ob die berichteten Ereignisse wirklich so stattgefunden hatten, ob ihnen eine empirische Faktizität zugesprochen werden konnte, war von nachrangiger Bedeutung. Das änderte sich mit dem Erscheinen des Werkes „Römische Geschichte" von Berthold Georg Niebuhr. In dieser Schrift wies Niebuhr nach, dass die gesamte Überlieferung zur Frühgeschichte Roms von Widersprüchen, Lücken und Unstimmigkeiten durchzogen war, er entlarvte als Schein und Irrtum, was bisher als Wirklichkeit gegolten hatte. Niebuhr strebte danach, ein festes Fundament für die Erkenntnis zu gewinnen, er erkannte den Unterschied zwischen einer „realen Tatsache" und deren gedanklicher Deutung. Die Wirkung seines Werkes war enorm: Die nachfolgenden Historiker wie Leopold von Ranke, Theodor Mommsen, Jacob Burckhardt oder Johann Gustav Droysen vollzogen – wenngleich mit verschiedenem Reflexionsgrad und in unterschiedlicher Intensität – eine Hinwendung zur empirischen Forschung. Die Suche nach „gesicherter Erkenntnis" wurde damit zum zentralen Anliegen der Geschichtswissenschaft, die Methode der Quellenkritik und Quellenanalyse zu ihrem bevorzugten Instrumentarium.

Damit aber tauchte eine Problematik auf, die schon Hegel deutlich gesehen hatte: Ein solcher Ansatz musste, konsequent durchgeführt, in einer zusammenhanglosen Sammlung historischer Fakten enden. Selbst diese aber können niemals theoriefrei sein:

> „Auch der gewöhnliche und mittelmäßige Geschichtsschreiber, der etwa meint und vorgibt, er verhalte sich nur aufnehmend, nur dem Gegebenen sich hingebend, ist nicht passiv mit

seinem Denken und bringt seine Kategorien mit und sieht durch sie das Vorhandene; bei allem insbesondere, was wissenschaftlich sein soll, darf die Vernunft nicht schlafen und muss nachdenkend angewandt werden" (Hegel 1986, S. 23).

Leopold von Ranke sah diese Aporie zwischen historischer Erfahrung einerseits und ideeller Durchdringung andererseits und wollte daher „das Empirische mit der Idee vermählen" (Ranke 1964, Bd. 1, S. 233) – letztlich gelang das nicht (Bartoniczek 2009, S. 28ff.).

Angesichts des skizzierten Dilemmas im Entstehungsmoment moderner Geschichtswissenschaft erscheint es hilfreich, sich mit Goethes Annäherung an Geschichte zu beschäftigen. Dabei wird zunächst Goethes Skepsis auffallen: Geschichtserkenntnis sei zutiefst unsicher, hält er dem jungen Heinrich Luden vor, als dieser 1806, nach dem Tod Schillers, seine Professur für Geschichte in Jena antritt. Über das gleiche Ereignis könne von verschiedenen Zeugen höchst unterschiedlich berichtet werden, nationale oder religiöse Vorurteile verstellten den reinen Blick auf das Geschehen, die Zeiten der Vergangenheit seien letztlich – wie es im „Faust" heiße – „ein Buch mit sieben Siegeln" (Rossmann 1959, S. 135). Entsprechend begrüßte Goethe die Quellenkritik Niebuhrs und schrieb ihm: „höchst erwünscht ist jedem, der zu dem Uranschauen zurückkehren möchte, die Kritik, die alles Secundäre zerschlägt und das Ursprüngliche, wenn sie es nicht wieder herstellen kann, wenigstens in Bruchstücken ordnet und den Zusammenhang ahnden lässt" (Hensler 1839, Bd. 3, S. 361). Goethe betonte also einerseits die Notwendigkeit der Empirie für die Geschichtserkenntnis. Andererseits war ihm klar, dass in einer Sammlung von Dokumenten nur zusammenhanglose „Schlackenhalden vergangener Jahrhunderte" (zit. nach Bartoniczek 2009, S. 68) vorliegen. Genau an diesem Punkt sah Goethe den Künstler gefordert; in einem Brief an Niebuhr schrieb er: „... wir verarbeiten das Gegebene, und wie? Als Poeten, als Rhetoren! Das ist von jeher geschehen, und diese Behandlungsarten äußern große Wirkung! Sie bemächtigen sich der Einbildungskraft, des Gefühls, sie füllen das Gemüth aus, bestärken den Character und erregen die That" (Hensler 1839, Bd. 3, S. 361). Mit diesem Hinweis auf die Einbildungskraft ist ein wichtiges Stichwort gefallen: Es ist die exakte Phantasie, die einen Zugang zur geschichtlichen Wirklichkeit öffnet. Dabei ist auf einer ersten Stufe, ganz wie es im ersten Kapitel dieses Beitrags ausgeführt wurde, die nachschaffende Phantasie gefordert: Sie malt die historischen Gestalten aus: ihre Mimik, ihre Art zu sprechen, sich zu bewegen, zu handeln – sie sollen anschaulich, lebendig, bildhaft vor uns stehen. Aber nach Goethe ist ein Geschichtsschreiber mehr als ein „Bildgenverfertiger zur Chronik" (zit. nach Bartoniczek 2009, S. 149), das geschichtliche Bild ist mehr als das Hereinrufen sinnlicher Präsenz. Eine zweite Stufe ist notwendig: die Anwendung einer produktiven Einbildungskraft, die ein Tableau des geschichtlichen Geschehens entwirft. Ein solches Bild lebt von der Komposition der Einzelereignisse: Es eliminiert Unwesentliches, hebt Zentrales hervor, schafft Zusammenhänge, es führt damit – anders als die erste Stufe des Bildes, die eher als „Abbild" zu bezeichnen wäre, in die geschichtliche Wirklichkeit hinein. Goethe hat ein solches Bild als „Symbol" bezeichnet, es ist ein „im geistigen Spiegel zusammengezogenes Bild" (zit. nach Bartoniczek 2009, S. 157). In seinen dramatischen Werken: dem „Götz von Berlichingen", dem „Egmont", den Entwürfen zu „Cäsar", „Sokrates" und „Mahomet" hat Goethe versucht, solche Bilder zu schaffen. Im „Götz von Berlichingen" etwa lässt sich verfolgen, wie in den verschiedenen Gestalten Kräfte zur Darstellung kommen, die für den Übergang vom Spätmittelalter zur Neuzeit charakteristisch sind: in Franz von Sickingen das untergehende Rittertum, im Bischof von Bamberg und in Weislingen die aufstrebende Welt der Fürsten, die sich auf die Spitzfindigkeit ihrer Juristen stützen, im Kaiser die weitherzige, aber zahnlos gewordene Universalmacht, im Klosterbruder Martin der Freiheitsdrang der anbrechenden Reformation, in den aufständischen Bauern die instinktive Gewalt der Unterdrückten. Und alle Fäden zusammenlaufend im Untergang des „Götz", der noch in der alten feudalen Welt persönlicher Treue und Rechtschaffenheit verwurzelt war: „Stirb Götz. Du hast dich selbst überlebt, die Edlen überlebt." Unter diesem Aspekt hat Goethe – ähnlich wie Shakespeare, Lessing, Schiller, Hebbel und Büchner – in seiner künstlerischen Gestaltung gleichzeitig Geschichtserkenntnis betrieben, er hat in den Erscheinungen tiefer liegende Kräftekonstellationen zur Darstellung gebracht. Allerdings – damit setzt er sich über ein nicht zu hintergehendes Postulat der Geschichts*wissenschaft* hinweg – hat er sich nicht an die ihm vorliegende historische Quelle „Lebensbeschreibung Herr Götzens von Berlichingen, so genannt mit der eisernen Hand" gehalten: Er hat die Lebensdaten verändert und die Bauernkriege vorverlegt, zudem findet sich in der gesamten Lebensbeschreibung vom Götz kein Hinweis darauf, dass er gegen die das Reich zersetzenden Fürsten zum Kaiser gehalten hat. Dennoch hat Goethe mit seinem Symbolbegriff Wesentliches geleistet: Er hat zu der ersten Stufe des Vorstellungsbildes, das durch eine nachschaffende Phantasie auszugestalten ist, aber letztlich nur abbildenden Charakter hat, eine zweite Stufe des Bildes hinzugefügt, indem er in seinen Dramen und Entwürfen durch produktive Einbildungskraft geschichtliche Tableaus gezeichnet hat.

4 Die „geschichtliche Symptomatologie" Rudolf Steiners

Rudolf Steiner hat Goethes naturwissenschaftliche Schriften herausgegeben und am Goethe- und Schiller-Archiv in Weimar gearbeitet; er hat sich auch in seinem Blick auf Geschichte durch Goethe anregen lassen. So teilt er mit ihm die Ablehnung spekulativer Geschichtstheorien. In seinem frühen philosophischen Werk „Grundlinien einer Erkenntnistheorie der Goetheschen Weltanschauung" aus dem Jahr 1886 heißt es:

> „Zu allen Zeiten sind es nur die Individuen, welche für die Wissenschaft gewirkt, nicht das Zeitalter. Das Zeitalter war es, das den Sokrates durch Gift hinrichtete, das Zeitalter, das Hus verbrannt; *die Zeitalter sind sich immer gleich geblieben,* sagt Goethe. Alles apriorische Konstruieren von Plänen, die der Geschichte zugrunde liegen sollen, ist gegen die *historische Methode,* wie sie sich aus dem Wesen der Geschichte ergibt" (Steiner 2003, S. 127).

In diesen Sätzen wird ausgesprochen, was Goethe als das „Inkalkulable, das Inkommensurable der Weltgeschichte" (zit. nach Bartoniczek 2009, S. 71) bezeichnet hat: Geschichte bildet sich durch das Handeln von Individuen, in das Ideen, Interessen und Instinkte in mannigfaltigen Kreuzungen und Antagonismen hineinwirken. Eine erkenntnismäßige Annäherung – das ist schon im ersten Kapitel ausgeführt worden – geschieht auch für Steiner zunächst durch die nachschaffende Phantasie: Die handelnden Personen und die eintretenden Ereignisse sollen in anschaulicher Bildhaftigkeit vergegenwärtigt werden. Ebenso stimmt Steiner in dem nächsten methodischen Schritt mit Goethe überein: Es gilt, das verworrene Mit- und Gegeneinander der geschichtlichen Akteure und Impulse auf sich wirken zu lassen – und sich einzugestehen, dass man ja zunächst vor einer Erkenntnisgrenze steht, dass Geschichte einen Rätselcharakter hat und dass der Forscher angesichts dieser Tatsachen das Gefühl einer existenziellen Ohnmacht haben kann.[2]

Wichtig ist nun, dieses Gefühl nicht zu verdrängen, sondern geradezu als Ausgangspunkt für einen nächsten methodischen Schritt zu nehmen: Im Verweilen an der Erkenntnisgrenze werden – wie bei der Betrachtung eines Kunstwerks – einige Vorstellungsbilder zurücktreten, während bei anderen der Eindruck entsteht, dass sie als „Symptome" auf tiefer Liegendes verweisen, ganz so, wie die Symptome von Fieber und geröteter Haut auf eine Krankheit deuten können. Bildet man diese Symptome innerlich nach, so wird man bemerken, wie sie sich zu einem Gesamtbild, einem geschichtlichen Tableau, zusammenfügen. Steiner spricht hier von einer imaginativen

Tätigkeit (Steiner 1984b, S. 35): Im Abtasten der Gebärdengestalt der „Symptome" zeigt sich dem künstlerischen Blick die Physiognomie eines Vorstellungskomplexes.

Wie das geschehen kann, hat Steiner in Vorträgen vorgeführt, die er gegen Ende des Ersten Weltkrieges, vom 18.10. bis zum 26.10.1918, gehalten hat (Steiner 1982, S. 9ff.). In diesen Darstellungen vor einer gebildeten Zuhörerschaft verzichtet er weitgehend auf die in pädagogischen Kontexten geforderte Anschaulichkeit, um in gedrängter Kürze komplexe historische Sachverhalte zu behandeln. Im vorliegenden Zusammenhang können nur einige Grundzüge angeführt werden; für eine genauere Rezeption sei auf die direkte Lektüre der Vorträge verwiesen.

Im ersten Vortrag lenkt Steiner den Blick auf den gleichen Zeitraum, wie es Goethe im „Götz von Berlichingen" getan hatte, auf die Wende vom Mittelalter zur Neuzeit. Scheinbar ohne Zusammenhang – wie in Traumbildern – tauchen eine ganze Reihe von Ereignissen nebeneinander auf: das Verlegen des Papstsitzes nach Avignon, die Aufhebung des Templerordens, das Herandrängen der Mongolen und Türken im Osten, das Auftreten des nationalen Impulses und der Beginn des Kolonialismus im Westen, der Aufstieg der Habsburger Macht und der Städte, der beginnende Parlamentarismus und – wie ein Rätsel für Europa – die Formierung Russlands. All diese Ereignisse lassen sich nicht durch Kausalketten miteinander verbinden, sie stehen da wie Farbtupfer in einem impressionistischen Bild, aber sie bilden doch eine Physiognomie, die Steiner in lockerer Weise charakterisiert: Der mittelalterliche Universalimpuls verblasst, partikulare Kräfte machen sich geltend – die Nationen, die Städte, der Persönlichkeitsimpuls, der aber zunächst, wie Steiner an dem englischen König Jakob I. aufzeigt, unfruchtbar bleibt.

Danach folgt in den nächsten Vorträgen ein weiterer Schritt. Steiner rückt vor zum 18./19. Jahrhundert und spricht über die inneren Impulse, die in der Neuzeit auftauchen. Zwei Aspekte seien herausgegriffen. In der Französischen Revolution artikuliert sich mit den Idealen von Freiheit, Gleichheit, Brüderlichkeit das „innerste Seelische" (Steiner 1982, S. 40) der Neuzeit. Aber in dem tumultuarischen revolutionären Geschehen gelingt es nicht, diese Impulse zu realisieren. Unter dem nachfolgenden Regime Napoleons erscheint so etwas wie ein Gegenbild des Angestrebten: Die persönliche Freiheit ist durch landesweit operierende Polizeispitzel bedroht, die Pressefreiheit ist unterdrückt. An die Stelle der Gleichheit ist ein erblicher Verdienstadel getreten, der von Napoleon persönlich abhängig ist und mit Ländereien und Titeln ausgestattet wird. Und die Brüderlichkeit? Europa wird mit Kriegen überzogen. Rudolf Steiner charakterisiert:

„Es verbirgt sich eines der größten Rätsel der neuzeitlichen Entwicklungssymptome, sagen wir, in dieser merkwürdigen Zusammenstellung Revolution und Napoleon. Es ist, als ob eine Seele sich verkörpern wollte auf der Welt und körperlos erschien, und unter den Revolutionären des 18. Jahrhunderts herumrumorte, aber keinen Körper finden konnte, und nur äußerlich ihr ein Körper sich genähert hätte, der wiederum keine Seele finden konnte: Napoleon" (ebd., S. 42).

In der deutschen Geschichte ereignet sich Ähnliches: Im Vormärz und in der 48er-Revolution werden die glanzvollen liberalen Ideen formuliert, in denen das Streben nach nationaler Einheit mit den Freiheits- und Gleichheitsrechten verbunden wird, gleichzeitig wächst in der entstehenden Arbeiterbewegung das Streben nach sozialer Gerechtigkeit und Brüderlichkeit. Blickt man rund fünfzig Jahre später zurück, so ist zwar 1871 die deutsche Einheit verwirklicht worden, aber in völlig anderer Form als ursprünglich angestrebt: Die Staatsgewalt geht nicht vom Volke aus, sondern liegt weiterhin bei den Fürsten. Das geistige Leben ist durch Zensur und das Verbot sozialdemokratischer Aktivitäten geknebelt; die soziale Frage ist durch Kranken- und Unfallversicherung sowie durch Altersversorgung bestenfalls entschärft, aber nicht gelöst. Zudem ist der französische Nachbar, besonders durch den Verlust Elsass-Lothringens, zutiefst gedemütigt worden – eine der Ursachen für den Ersten Weltkrieg.

Wie schon in Frankreich, so zeigt sich auch im Blick auf die Entwicklung in Deutschland: Es brechen innerste seelische Impulse auf, hochfliegend, von Kraft und Begeisterung getragen. Aber diese Impulse finden nicht die ihnen adäquate Realisierung, sie geraten in Sackgassen und verkehren sich in ihr Gegenteil – Probleme werden aufgeworfen, aber nicht gelöst.

An diesem Punkt erfolgt ein weiterer Schritt. Steiner stellt zu den bisherigen Bildkomplexen einen dritten hinzu: die moderne Naturwissenschaft und Technik. Mit ihrem Aufstieg ab dem 15./16. Jahrhundert durch das Wirken von Kopernikus, Newton, Galilei und Francis Bacon setzen sich Prinzipien durch, die man in knapper Form mit den Begriffen Isolierung aus dem lebendigen Naturzusammenhang, Mathematisierung und Reduktion auf das Quantifizierbare umreißen kann. Klang, Geschmack und Geruch erscheinen für den wissenschaftlichen Zugriff auf die Natur als ebenso unerheblich wie Gefühle oder ästhetische und moralische Empfindungen, entscheidend allein sind Maß, Zahl, Gewicht und Bewegungsverhältnisse. Erschlossen wird der Weltzugang nicht mehr durch die Beobachtung, sondern durch das Experiment, das eine beliebige Reproduzierbarkeit ermöglicht. Mit alldem aber geschieht etwas, was als Abtöten der Natur bezeichnet werden kann: „Wir ertöten die Natur, um sie erkennen zu lernen im Experiment. Aber nur das, was wir durch das Experiment gewinnen, können wir technisch anwenden" (Steiner 1982, S. 66).

Damit ist auf einen Vorgang von größter Tragweite hingewiesen: Aus der modernen Naturwissenschaft heraus ist der Siegeszug der modernen Technik entstanden, die sich global ausgebreitet und alle Lebensverhältnisse radikal revolutioniert hat. So ist einerseits eine ungeheure Produktivität entfesselt worden mit der Überfülle materieller Güter, mit modernen Verkehrs-, Kommunikations- und Wohnverhältnissen, andererseits trägt die entstandene künstliche Welt Keime der Zerstörung in sich. Dieser Aspekt der Technik, der Steiner durch die Erfahrung des Ersten Weltkriegs vor Augen stand, lässt sich auch aus heutiger Sicht nachvollziehen: Naturvernichtung, Artensterben und Klimawandel sind zu Begleitern des Lebens geworden, zum ersten Mal in der Geschichte verfügt die Menschheit über Waffen, mit denen sie sich selbst auslöschen kann.

Anknüpfend an Steiners Darstellung zum Beginn der Neuzeit sind einige Bildkomplexe etwas näher betrachtet worden: die Französische Revolution und Napoleon, der Umschwung von den liberalen und sozialen Ideen in der ersten Hälfte zum deutschen Kaiserreich am Ende des 19. Jahrhunderts, die Ambivalenz moderner Wissenschaft und Technik. Zunächst erscheinen die Motive ohne Zusammenhang, der forschende Blick stößt an eine Erkenntnisgrenze. Verweilt man aber an dieser Grenze und tastet die Bilder auf ihre Bewegungsgestalt ab, so deutet sich Gemeinsames an: Es wird der Gang in Sackgassen, es werden Sterbeprozesse geschildert. Der Tod erscheint als Imagination der ersten Phase der Moderne.

Eine solche Erkenntnis legt einerseits das Krisenhafte der neueren Zeit offen, sie weist andererseits auf die Chancen hin, die in ihr liegen: Das Stehen vor den destruktiven Kräften birgt in sich die Aufgabe des Aufwachens für das eigene Selbst, das Bewusst-Werden der eigenen Stellung in der Welt:

> „Nicht dadurch wurde das moderne, selbstbewußte Denken groß, daß blühende Lebensprozesse hereingestellt wurden, sondern dadurch wurde gerade das Innerste im Menschen, das selbstbewußte Denken groß, daß Todesprozesse in der modernen Technik, in der modernen Industrie, im modernen finanziellen Zusammenhang in dieses Leben hereingestellt wurden. Denn das forderte dieses Leben in der Bewußtseinsseele" (Steiner 1982, S. 68).

Mit diesem Begriff der „Bewußtseinsseele" ist auf die Quelle gedeutet, auf welche alle die angeführten, zunächst disparat erscheinenden Symptome verweisen; sie bezeichnet eine neue Seelenverfassung, die nach Steiner durch eine Zeitgeistigkeit hervorgerufen wird, die im 15. Jahrhundert zu wirken begonnen hat.[3] Im Zeitalter der „Bewußtseinsseele" gehen Lebensverhältnisse ihrem Ende entgegen, in denen die Menschheit noch stärker in die Naturrhythmen einer zumeist bäuerlichen Lebensweise, in sozial vorgegebene Ordnungen, in einen religiösen Glauben eingebunden war; im Prozess befreiender, oft aber auch schmerzlicher Individualisierung stellt sich die Herausforderung, den Umgang mit der Natur, das gesellschaftliche Zusammenleben und die eigene Sinnfindung auf der Grundlage individueller Erkenntnis zu gestalten. Wie schwer diese Aufgabe zu bewältigen ist, zeigt die tägliche Erfahrung.

Sicher kann man das von Steiner entworfene Tableau der ersten Phase der Neuzeit, das im Übrigen – wie schon erwähnt – deutlich differenzierter ist als im vorliegenden Kontext wiedergegeben werden kann, in manchen Punkten ergänzen, modifizieren oder auch kritisieren. Hier geht es darum, seine Methode einer „geschichtlichen Symptomatologie" zu vergegenwärtigen. Da aber wird deutlich, dass er im Anschluss an Goethe dem Begriff des Bildes eine weitere Dimension verleiht. Zu dem Vorstellungsbild, das durch eine nachschaffende Phantasie aufgebaut wird, tritt die Imagination: ein Sinnbild, das im äußeren geschichtlichen Verlauf gar nicht aufgefunden werden kann, auf das aber die einzelnen Vorstellungsbilder als Symptome verweisen und das sich einer behutsamen produktiven Einbildungskraft ergibt, die damit eine tiefere Schicht geistiger Wirksamkeit berührt.

5   Beispiel einer symptomatischen Betrachtung

Die eben beschriebene Methode symptomatischer Geschichtserkenntnis kann auch für den Geschichtsunterricht fruchtbar gemacht werden. Dazu ein Beispiel: Eines der erschreckendsten Phänomene der jüngeren Geschichte ist die Wiederkehr von nationalem Hass; sie hat in den Balkankriegen der 1990er-Jahre einen brutalen Ausdruck gefunden. Vertieft man sich – etwa als vorbereitende/r Lehrer/in – in die Ereignisse, so erscheint eine Begebenheit besonders folgenreich, die sich 1995 in Srebrenica zugetragen hat.

Die Stadt, deren Bevölkerung zu 75 Prozent aus muslimischen Bosniern besteht, ist seit drei Jahren von serbischen Truppen eingekreist, welche versuchen, sie auszuhungern. Die Lage der Eingeschlossenen ist ernst, sie ernähren sich notdürftig von Wurzeln, Eicheln, Kürbissen und Spreu; Epidemien wie Gelbsucht, Ruhr und Tuberkulose grassieren, eine Reihe von Todes-fällen ist zu beklagen. Angesichts dieser Situation hat die UNO Srebrenica zur Schutzzone erklärt. 570 Soldaten eines holländischen Kontingents sind abgestellt, für die Sicherheit der Bevölkerung zu sorgen. Allerdings haben sie den Auftrag, Gewalt nur zur Selbstverteidigung anzuwenden.

Dennoch zieht sich der Ring um Srebrenica immer enger zusammen: Im März 1995 wird der letzte LKW mit Lebensmitteln durchgelassen, am 9. Juli rücken die Truppen bis auf wenige Kilometer an die Stadt heran und nehmen dreißig Blauhelme gefangen. Am 10. Juli sind die ersten serbischen Panzer in der Stadt, ohne dass die UNO sich zu Luftangriffen hätte entschließen kön-nen. So kommt der 11. Juli, der Tag, an dem Srebrenica zu einem Tollhaus wird. An die 40 000 Muslime begeben sich auf die Flucht. Der eine Treck, hauptsächlich aus Frauen, Kindern und älteren Menschen bestehend, bewegt sich nach Norden in Richtung des fünf Kilometer entfernten UNO-Camps. Der andere mit den wehrfähigen Männern wendet sich nach Nord-westen in die Wälder, um sich zum sechzig Kilometer entfernten, muslimi-schen Territorium durchzuschlagen. Vier Kampfbomber der UNO kommen zum Einsatz. Allerdings werden die Angriffe sofort gestoppt, als General Mla-dic, der Oberbefehlshaber der serbischen Truppen, androht, die gefangenen Blauhelme zu erschießen. Damit ist die Gegenwehr erschöpft, Srebrenica ist in der Hand der Serben.

Nun kommt es zu einer symptomatischen Szene. General Mladic bestellt die UNO-Offiziere in ein Hotelzimmer, in dem ein lebendes Schwein, an den Beinen aufgehängt, von der Decke baumelt. Auf einen Wink tritt ein serbi-scher Soldat vor und schneidet ihm mit einem Messer die Kehle durch. Wäh-rend das Blut spritzt, sagt Mladic zu den Blauhelmen, so werde er jeden behandeln, der sich unter den Schutz der Holländer stelle (Kleine-Brockhoff 1995). Dann drückt er dem Befehlshaber der UNO-Soldaten ein Glas in die Hand, ein Filmteam ist zur Stelle und hält fest, wie Mladic und der Repräsen-tant der UNO einander zuprosten.

Der Fortgang der Ereignisse ist bekannt; sie stellen das größte Massaker dar, das seit dem Ende des Zweiten Weltkriegs in Europa stattgefunden hat. Während Frauen und Kinder auf bosnisches Territorium durchgelassen wer-den, veranstalten die Serben auf die Männer eine regelrechte Treibjagd. Tau-sende werden getötet, Tausende gefangen genommen. Die Gefangenen erwartet ein ähnliches Schicksal; sie werden auf das Land hinaustranspor-tiert, erschossen und in Massengräbern verscharrt. Dieser Schock von Sre-brenica sitzt tief; er wird die weiteren Ereignisse auf dem Balkan stark beein-flussen – bis hin zum Bombenkrieg im Kosovo.

Mit der Szene von der Tötung des Schweins steht ein ebenso entsetzliches wie sprechendes Bild vor uns: Brutalste Gewalt, Hass, entfesselte Willenskräfte kommen zum Ausdruck. Man kann sich fragen, wie es dazu gekommen ist, dass diese Kräfte nicht nur bei den Serben, sondern auch bei den Kroaten und Bosniern in so furchtbarer Weise dominant werden konnten.

Eine solche Frage lässt sich sicher nicht monokausal beantworten, ethnische und religiöse Differenzen, ökonomische Ungleichheiten und unverantwortliche Politiker führten zum wachsenden Nationalismus der verschiedenen Gruppen und schließlich zum Zerfall Jugoslawiens. Aber ein Ursachenstrang weist auch zurück zu den politischen Weichenstellungen nach dem Ersten Weltkrieg. In diesem Kontext findet sich ebenfalls eine eindrückliche Szene: Der amerikanische Präsident Woodrow Wilson ist 1919 nach Europa gekommen, um die Friedensverhandlungen von Versailles vorzubereiten. Dabei geht es nach der Niederlage des Deutschen Reiches und seines Verbündeten, der Doppelmonarchie von Österreich-Ungarn, auch um die Neuordnung auf dem Balkan. Im Vorfeld hat Wilson eine Idee proklamiert, die vom amerikanischen Kongress, aber auch von weiten Teilen der Weltöffentlichkeit mit Begeisterung aufgenommen worden ist: die Idee vom Selbstbestimmungsrecht der Völker; jedes Volk habe das Recht auf seinen eigenen Staat. Es gilt nun, diese Idee für den Balkan, auf dem ja verschiedenste ethnische Gruppen – Deutsche, Österreicher, Ungarn, Slowenen, Kroaten, Serben, Tschechen – zusammenleben, umzusetzen. Damit ist eine kleine Gruppe von Verwaltungsfachleuten, Juristen und Geografen, die sogenannte „inquiry", beauftragt worden, sie hat von dem New Yorker Büro der amerikanischen geografischen Gesellschaft aus die neuen Grenzen aufgrund von Statistiken über die Bevölkerungsverteilung geplant. Die von dieser Gruppe gezeichneten Karten dienen nun als Grundlage für die Vorverhandlungen. Dabei kommt es zu einer der schlagendsten Momentaufnahmen des 20. Jahrhunderts; sie ist brieflich von einem Teilnehmer übermittelt worden:

> „Wir gingen in den Nebenraum, dessen Boden leer war, und Wilson breitete eine große Landkarte (in unserem Büro entstanden) auf dem Fußboden aus und ging hinunter auf Hände und Füße, um uns zu zeigen, was darauf verändert worden war. Die meisten von uns waren auch auf allen Vieren. Ich war in der ersten Reihe und spürte, dass jemand mich drängte. Ich wendete mich ärgerlich um und sah, dass es Orlando (der italienische Premier) war. Auf allen Vieren, wie ein Bär zur Landkarte kriechend" (Will 1992).

Das Ergebnis dieser Beratungen ist bekannt: die Bildung der National-staaten Österreich, Ungarn, der Tschechoslowakei, Rumänien, Bulgarien und Jugoslawien. Damit aber waren neue Konflikte programmiert, gab es doch überall Minderheiten, welche sich auf ihr Recht zur Selbstbestimmung beriefen. Adolf Hitler nutzte diese Situation, um die Österreicher und die Sudetendeutschen aus der Tschechoslowakei herauszubrechen und durch eine Volksabstimmung „heim ins Reich" zu holen; mit dem so gebildeten Großdeutschland provozierte er den Zweiten Weltkrieg. Nach dem Krieg gelang es Tito, die ethnischen Differenzen in Jugoslawien unter dem Dach des Kommunismus zu neutralisieren; nach dem Wegbrechen dieser Klammer und nach dem Tod Titos aber belebten sich die Gegensätze neu und führten zu nationalem Hass und Völkermord.

Es erscheint lohnend, sich noch einmal die vorangehend geschilderte Szene zu vergegenwärtigen. Da gab es Wissenschaftler, die Grenzen zogen für Staaten, deren Bevölkerung sie nur aus Statistiken kannten, da waren Politiker, die Programme umsetzten, deren Folgen sie nicht zu tragen hatten. Bildhaft gesprochen: Es wurde ein Gehirn installiert, welches als Schaltzentrale für den sozialen Organismus dienen sollte; die Folgen waren verheerend.

Zwei historische Bilder sind vor uns hingetreten, sie können uns anregen, in eine imaginative Tätigkeit zu kommen, indem wir ihre wechselseitige Beziehung zu ertasten versuchen. Dabei bildet sich aufgrund ihres plastisch-konturierten Charakters unmittelbar ein Zusammenhang: der Stoß mit dem Messer in das von der Decke baumelnde Schwein und das strömende Blut auf der einen Seite, Politiker, die sich von Wissenschaftlern am Schreibtisch ausgedachte Ländergrenzen auf allen Vieren anschauen, um auf dieser Grundlage weitreichende Entscheidungen zu treffen, auf der anderen Seite – ein größerer Gegensatz erscheint kaum denkbar. Extreme Einseitigkeiten werden sichtbar: eine abstrakte Idee wie die des „Selbstbestimmungsrechts der Völker", verbunden mit abstrakten Grenzziehungen, rührt entfesselte Willenskräfte eines nationalen Fanatismus auf. Angesichts dieses Zusammenhanges gliedern sich weitere Bilder an: der Nahostkonflikt zwischen Juden und Palästinensern, denen einerseits die britische Kolonialmacht schon 1916 als Gegenleistung für ihre Beteiligung am Krieg gegen das Osmanische Reich einen unabhängigen Staat versprochen hatte, während andererseits der britische Außenminister Balfour 1917 den zionistisch gesinnten Juden eine „nationale Heimstätte" in Palästina in Aussicht stellte. Oder die abstrakten Grenzziehungen des Irak aus dem Jahr 1920, durch die verschiedene Ethnien und Religionen in einem Staat künstlich zusammengeschlossen wurden, was im Laufe des 20. Jahrhunderts zu massiven Konflikten geführt hat und weiterhin führt. Oder die Teilung Irlands 1921, wobei in Nordirland die blutigen Konflikte zwischen der ökonomisch dominanten protestantischen Mehrheit und der ärmeren katholischen Minderheit vorprogrammiert waren.

Die angeführten Beispiele zeigen: Das Bewegen von Bildern in einer imaginativen Tätigkeit trägt das Potenzial in sich, tiefer liegende Zusammenhänge aufzudecken, ein „Denken in Bildern" kann zu geschichtlicher Erkenntnis führen. Im vorliegenden Fall macht es auf die Fragwürdigkeit eines Begriffs wie dem des „Selbstbestimmungsrechts der Völker" aufmerksam, der zwar bei der Entkolonialisierung Afrikas eine gewisse emanzipatorische Rolle spielte, im Übrigen aber immer wieder als nationalistische Kampfparole missbraucht wurde, mit der Mehrheiten, die sich zum „Volk" erklärten, die Rechte von Minderheiten unterliefen. Insofern bezeichnete der Soziologe Ralf Dahrendorf das Selbstbestimmungsrecht der Völker als ein „barbarisches Instrument":

„Kollektive Rechte dienen in aller Regel der Unterwerfung von Menschen, nicht ihrer Befreiung. Sie sind einer der großen Irrtümer des 20. Jahrhunderts. Um die These in aller Konsequenz zu formulieren: Es gibt kein Recht der Armenier, unter Armeniern zu leben. Es gibt aber ein Recht für armenische Bürger ihres Gemeinwesens, Gleiche unter Gleichen zu sein, nicht benachteiligt zu werden, ja auch ihre eigene Sprache und Kultur zu pflegen. Das sind Bürgerrechte, Rechte der Einzelnen gegen jede Vormacht. Das sogenannte Selbstbestimmungsrecht hat u. a. als Alibi für Homogenität gedient, und Homogenität heißt immer Ausweisung oder Unterdrückung von Minderheiten" (Dahrendorf 1989).

Wie die angeschnittenen Themen in die Unterrichtspraxis umgesetzt werden könnten, wäre gesondert darzustellen; hier wurde zunächst der Blick auf die vorbereitende Erkenntnisarbeit gelenkt.

6 Fazit

Der vorliegende Beitrag über die Bedeutung des sprachlich vermittelten Bildes für die historische Erkenntnis ist ausgegangen von der Betrachtung der Vorstellungsbilder, die beim Rezipieren von Geschichte evoziert werden, und der damit verbundenen Tätigkeit, die Rolf Schörken als „Imaginieren" bezeichnet. Er verweist auf den schöpferischen Charakter dieser inneren Aktivität, in der er „Phantasiemomente" (Schörken 1994, S. 17) am Werke sieht, und regt die Wiederbelebung der Geschichtserzählung an – allerdings unter Vermeidung von Gefahren wie suggestiver Überwältigung und distanzloser Identifikation mit den „Großen der Geschichte". Eine solche Darstellung solle anschaulich sein, um die Imaginationskraft herauszufordern, das geschehe durch die Schilderung von Handlungen oder übersichtlichen Szenen aus einer nahen Betrachterperspektive sowie charakteristischen, konkreten Details. Im weiteren Verlauf des Beitrags wird angedeutet, dass auch andere Geschichtsdidaktiker die Bedeutung des – nicht nur visuellen, sondern auch imaginierten – Bildes für die Geschichtserzählung herausgearbeitet haben. Ebenso wird gezeigt, welche Rolle das Element des Bildhaften in der waldorfpädagogisch orientierten Geschichtsdidaktik spielt.

Die dann folgenden Überlegungen des Beitrags gehen über die Würdigung der Bedeutung des Vorstellungsbildes für das Aneignen von Geschichte hinaus und fragen – Andre Bartoniczeks Darstellungen und eigenen Vorarbeiten folgend – nach der Relevanz des Imaginativen für das historische Verstehen. Dabei wird, ausgehend vom Konflikt zwischen spekulativen Geschichtsphilosophien einerseits und der Betonung empirischer Faktizität im Entstehungsmoment moderner Geschichtswissenschaft andererseits, auf die Signifikanz der künstlerischen Gestaltung von Geschichtsbildern im Sinne von Goethes Symbolbegriff hingewiesen: Geschichte erscheint als ein „im geistigen Spiegel zusammengezogenes Bild".

Rudolf Steiners Methode symptomatischer Geschichtsbetrachtung schließt an Goethes künstlerischen Zugang zur Geschichte an: Es gilt, die – wie im Traum scheinbar zusammenhanglos auftauchenden – disparaten Vorstellungsbilder auf sich wirken zu lassen, sie charakterisierend abzutasten und Symptome aufzufinden, die auf einen tiefer liegenden Zusammenhang verweisen. An Steiners Vorträgen zur „geschichtlichen Symptomatologie" und einem eigenen Beispiel wird diese Methode näher erläutert; sie führt zur Imagination, einem Sinnbild, in dem, wie in einem Brennglas konzentriert, komplexe Zusammenhänge aufleuchten. Durch Steiners „geschichtliche Symptomatologie" erhält somit der Begriff des „Bildes" eine tiefere Dimension. Ähnliche Ansätze tauchen, soweit ich sehe, in der heutigen Geschichtswissenschaft und Geschichtsdidaktik eher marginal auf, wenn etwa diskutiert wird, wie Bildquellen über einen Symbolisierungsprozess zu einer „verdichteten Erzählung" werden (Borries 2008, S. 102f.). Es würde sich daher aus meiner Sicht lohnen, Steiners Methode einer symptomatischen Geschichtserkenntnis breiter zu rezipieren.

Literatur

Bachmann-Medick, Doris (2006). Cultural Turns. Neuorientierungen in den Kulturwissenschaften. Reinbek: Rowohlt.

Bartoniczek, Andre (2009). Imaginative Geschichtserkenntnis. Rudolf Steiner und die Erweiterung der Geschichtswissenschaft. Stuttgart: Freies Geistesleben.

Bartoniczek, Andre (2014). Die Zukunft entdecken. Grundlagen des Geschichtsunterrichts. Stuttgart: Freies Geistesleben.

Borries, Bodo von (1996). Imaginierte Geschichte. Wien: Böhlau.

Borries, Bodo von (2008). Historisch denken lernen – Welterschließung statt Epochenüberblick. Opladen: Budrich.

Brauer, Juliane / Lücke, Martin (Hrsg.) (2013). Emotionen, Geschichte und historisches Lernen. Göttingen: VuR unipress.

Dahrendorf, Ralf (1989). Nur Menschen haben Rechte. In: Die Zeit, 18/1989.

Hegel, Georg Friedrich Wilhelm (1986). Vorlesungen über die Philosophie der Geschichte. Frankfurt a. M.: Suhrkamp.

Hensler, Dore (Hrsg.) (1839). Lebensnachrichten über D. G. Niebuhr. Band 3. Hamburg: Perthes, S. 359–368.

Iser, Wolfgang (1990). Der Akt des Lesens. Theorie ästhetischer Wirkung. 3. Auflage. München: Fink.

Kleine-Brockhoff (1995). Was geschah in Srebrenica? In: Die Zeit, 3.11.1995. Online: www.zeit.de /1995/45/Was_geschah_in_Srebrenica_ (Abfrage: 29.4.2018).

Lindenberg, Christoph (1981). Geschichte lehren. Thematische Anregungen zum Lehrplan. Stuttgart: Freies Geistesleben.

Ranke, Leopold (1964). Werk und Nachlass. Bd. 1. München, Wien: Oldenbourg.

Ricoeur, Paul (1988–1991). Zeit und Erzählung. Bd. 1–3. München: Fink.

Rossmann, Karl (1959). Deutsche Geschichtsphilosophie von Lessing bis Jaspers. Bremen: Schünemann.

Schmelzer, Albert (2000). Wer Revolutionen machen will … Zum Geschichtsunterricht der 9. Klasse an Waldorfschulen. Stuttgart: Freies Geistesleben.

Schmelzer, Albert (2001). Schritte zu einem vertieften Geschichtsverständnis. In: Erziehungskunst. 1/ 2001, S. 13–24.

Schmelzer, Albert (2008). Exakte Fantasie als Organ der Geschichtserkenntnis – von Goethes Geschichtsauffassung zu Steiners geschichtlicher Symptomatologie. In: Schiller, Hartwig (Hrsg.) (2008). Wirklichkeit und Idee. Stuttgart: Freies Geistesleben, S. 5–94.

Schörken, Rolf (1994). Historische Imagination und Geschichtsdidaktik. Paderborn: Schöningh.

Steiner, Rudolf (1982). Geschichtliche Symptomatologie. 1918 (GA 185). 3. Auflage. Dornach: Rudolf Steiner Verlag.

Steiner, Rudolf (1984a). Erziehungskunst. Seminarbesprechungen und Lehrplanvorträge III. 1919 (GA 295). 4. Auflage. Dornach: Rudolf Steiner Verlag.

Steiner, Rudolf (1984b). Innere Entwicklungsimpulse der Menschheit. Goethe und die Krisis des neunzehnten Jahrhunderts. 1916 (GA 171). 2. Auflage. Dornach: Rudolf Steiner Verlag.

Steiner, Rudolf (1987). Die Ergänzung heutiger Wissenschaften durch Anthroposophie. 1917 (GA 73). 2. Auflage. Dornach: Rudolf Steiner Verlag.

Steiner, Rudolf (1992). Das Ewige in der Menschenseele. Unsterblichkeit und Freiheit. 1918 (GA 67). 2. Auflage. Dornach: Rudolf Steiner Nachlassverwaltung.

Steiner, Rudolf (2003). Grundlinien einer Erkenntnistheorie der Goetheschen Weltanschauung mit besonderer Rücksicht auf Schiller. 1886 (GA 2). 8., durchges. Auflage. Dornach: Rudolf Steiner Verlag.

Völkel, Bärbel (2013). Verstörende Imaginationen. Gedanken zum Zusammenhang von historischen Imaginationen und Emotionen. In: Brauer, Juliane / Lücke, Martin (Hrsg.) (2013). Emotionen, Geschichte und historisches Lernen. Göttingen: VuR unipress, S. 139–164.

Will, George F. (1992). Bedeviled by Ethnicity. Newsweek, 8/24/1992, Vol. 120 Issue 8, S. 47.

Anmerkungen

1 Dieses Kapitel folgt der Darstellung von Bartoniczek 2009, S. 18ff.; Schmelzer 2008, S. 68ff.

2 Vgl. dazu die ersten längeren zusammenhängenden Darstellungen Rudolf Steiners zu einer Methodik der Geschichtserkenntnis vom 7. November 1917, Steiner 1987, S. 56ff., und 14. März 1918, Steiner 1992, S. 177ff.

3 Vgl. zur geistigen Impulsierung von Geschichte: Bartoniczek 2014, S. 131ff.; Lindenberg 1984, S. 42ff.; Schmelzer 2000, S. 11ff.

M. Michael Zech

Die Bedeutung von Imagination, Bild, Mythos und Symptom für die historische Narration

1 Vorgehen

Die folgende Darstellung ist ein differenzierender Überblick über die Bedeutung des Bildhaften für die Geschichtsdarstellung bzw. den Geschichtsunterricht. Sie unterscheidet historische Vorstellungsbilder, ihre spezifische Ausformung in historischen Gemälden sowie Fotografie, mythische Narration bzw. die Mythisierung von Geschichte und setzt sich dann damit auseinander, wie aus dem Ansatz einer symptomatologischen Geschichtsbetrachtung die Ausgestaltung individueller Geschichtsbilder entwickelt werden kann. In den beiden folgenden Abschnitten wird zunächst die konstitutive Bedeutung historischer Imagination und das Problem der Triftigkeit historischer Narration ausgelotet, um dann in den Abschnitten 4 und 5 auf dieser Grundlage die Quellenfunktion von Historiengemälden und Fotografien zu diskutieren. An diese Aspekte der äußeren Verbildlichung schließt sich in Abschnitt 6 eine Untersuchung zum Entstehen und zur Funktion von mentalen Geschichtsbildern sowie in Abschnitt 7 zur latenten Mythisierung historischer Narrative an. In Abschnitt 8 wird die Bedeutung von Steiners phänomenologisch-symptomatologischer Geschichtsbetrachtung für die Waldorfpädagogik erschlossen, um dann abschließend in Abschnitt 9 das Potenzial eines Bildungsprozesses anzudeuten, der Anlass gibt, Geschichtsbilder individuell permanent dialogisch weiter und neu auszuhandeln.

2 Geschichte und Imagination

Geschichte ist ein schwer zu fassendes Erkenntnisobjekt, ist doch das, was sich ereignet hat, unwiderruflich vorbei und nur in Erinnerungsvorgängen oder seinen Nachwirkungen präsent. Geschichtlich wird Vergangenes dadurch, dass Menschen durch Erzählungen von zeitlich Zurückliegendem Vorstellungen wecken und ihm dabei Bedeutung für die jeweilige Gegenwart zumessen. Ein solches „Erzählen ist Sinnbildung über Zeiterfahrung und gehört damit zu den elementaren und allgemeinen Phänomenen kultureller Daseinsbewältigung, die die Menschen als Gattung definieren" (Rüsen 2008,

S. 31). Man kann also den Vorgang, dass sich der Mensch in der Dimension der Zeit selbst zum Erkenntnisgegenstand wird, als anthropologische Konstante bezeichnen. Der Mensch erzählt sich. Da sowohl die Vergangenheit, das Woher des Menschen, als auch die Zukunft, das Wohin des Menschen, nicht unmittelbar erlebt werden können, erzeugt der Mensch in sich Bilder über das, was war bzw. sein könnte, zu denen er eine erlebnisartige, seelisch angereicherte Beziehung pflegt. Insofern funktioniert die narrative Identitätsbildung nur über die (auto)poietische Hervorbringung eines Bilderkosmos, der sich ständig neu ordnet und in Begegnung mit anderen Narrativen fortwährend ausgehandelt und ausgebildet werden muss.

Kulturwissenschaftlich kann dieser Doppelvorgang der Einordnung des Menschen in den Zeitverlauf und der Hervorbringung von zeitlichen Sinngeflechten, in denen sich der Mensch der Welt zuordnet, als Kultivierung eines magischen, mythischen, diskursiven und dialogischen Gedächtnisses differenziert werden. Während das magische Gedächtnis die gewordene Welt als Ausdruck des Immerwährenden deutet, an dem man Anteil hat, indem man ihm an bestimmten Orten in Ritualen „beitritt", dadurch also dem, was war und sein wird, durch den eigenen Mitvollzug Bedeutung und Existenz gibt, wird die Welt im mythischen Bewusstsein als Bilderkosmos erlebt, in dem in unendlichen Differenzierungen und im ständigen Wandel die göttliche und menschliche Dimension des Seins sinnhaft zusammenklingen. In ihrer narrativen Struktur erklären die Mythen Herkunft und Telos, Geburt und Tod, Auf- und Untergang. Bedrohung und Bewahrung, Veränderung und Wiedererstehung sind einige der großen Strukturelemente, die diese Narrative prägen. Insofern sind Mythen „historisch", beziehen aber ihre Bedeutung nicht aus dem, was faktisch fassbar ist, sondern aus den in immer neuen Flexionen variierten Archetypen.

Seit der griechischen Antike wird die Geschichtsschreibung nicht nur mit namentlich bekannten Autoren in Verbindung gebracht, sondern ihre Narrative legitimieren immer auch kulturell-kollektive Positionen, das heißt, in Master-Erzählungen werden aus bestimmten Perspektiven Rechtfertigungen und Deutungen formuliert, die als kollektive Identifikationsgrundlage für bestimmte Kulturen fungieren. Das kollektive Gedächtnis dient mit seinen narrativen Positionen dazu, sich von anderen (oftmals gegnerischen) Entwürfen abzugrenzen und ein Wir zu kreieren, indem diese Erzählungen mit ihren Herkunfts- und Gründergeschichten zum tradierten Bildungsgut einer Kultur werden. Diese politische Funktion einer solchen diskursiven und selbstverortenden Geschichtserzählung erfüllt auch der Typus, der bis heute die Nationalgeschichte prägt.

Erst die global vernetzten und interkulturell verwobenen modernen Gesellschaften stellen die von solchen Narrativen reklamierte Deutungshoheit infrage. Sie legen einen Dialog der Geschichten nahe, der dazu beiträgt, Vergangenes multiperspektivisch zu erschließen. Das heißt, in jedem historischen Lehr-Lernprozess muss individuelle Identität in einer hybriden Lebenswelt im Spannungsfeld zwischen den Geschichten, die familiär sowie kulturell mitgebracht werden, und den wissenschaftlich gestützten Erkenntnissen ausgehandelt werden. Dieser Abgleich vollzieht sich im Medium des Bildes bzw. auf der Ebene von Vorstellungen.

Bis ins 19. Jahrhundert tritt Geschichte im Habitus der Wiedergabe von Gesehenem auf. Hans-Jürgen Pandel weist darauf hin, dass der Muse Klio die Eigenschaft zugeschrieben ist, zu berichten, was gesehen wurde (Pandel 2011, S. 27). Geschichte galt als Wissenschaft, die Licht ins Dunkle der Vergangenheit bringt. Und angesichts des Bewusstseins der Abhängigkeit der Geschichte von den Intentionen und Prägungen ihrer Verfasser, die narrativitätstheoretisch analysiert werden können, operiert Geschichte bis heute mit Begriffen wie Perspektive, Sichtweise oder Fokus. Infolgedessen werden die durch Erzählung evozierten Vorstellungen der Illusion, Widerspiegelungen des Gewesenen zu sein, entkleidet, indem die Perspektivität und narrative Konstruktion der Darstellung reflektiert und bewusst gemacht wird. Insofern ist der Aufbau eines kritischen Geschichtsbewusstseins mit einer Kritik an einer naiven Bildrezeption, mit einer Kritik der naiven Vorstellung über Gewesenes bzw. einer Kritik einer hinsichtlich ihrer Vorannahmen unreflektierten Wahrheitsbehauptung von historischen Erzählungen untrennbar verbunden.

3   Fiktion und Triftigkeit

In seinem grundlegenden Beitrag zur historischen Imagination wies Rolf Schörken auf den Zusammenhang von der Vorstellbarkeit und Verstehbarkeit von Geschichte hin. Denn überall da, wo Schüler*innen keine oder nur vage Vorstellungen bilden konnten, „weil zu wenig Kristallisationspunkte dafür vorhanden waren, [...] haperte es mit der Erklärung" (Schörken 1994, S. 57). Dieser Befund verweist auf zweierlei: Einerseits zeigt er, dass die Schüler*innen auf konkrete und lebensvolle Darstellungen angewiesen sind, um selbst Vorstellungen generieren zu können, andererseits aber auch, dass der Ausbildung von faktisch fundierten Vorstellungen historisches Verstehen unmittelbar inhärent ist.

Schon Humboldt erkannte, dass historischen Darstellungen grundsätzlich dieselben kreativen, Zusammenhang stiftenden Fähigkeiten zugrunde liegen wie Dichtungen: „Es mag bedenklich scheinen, daß die Gebiete des Geschichtsschreibers und Dichters sich auch nur in einem Punkte berühren lassen. Allein die Wirksamkeit beider ist unleugbar eine verwandte" (Humboldt 1959, S. 154). Er sah diese dichterische Phantasie beim Historiker allerdings in den Dienst einer an Fakten und Belegen orientierten Darstellung gestellt. „Da er aber diese [Phantasie] der Erfahrung und der Ergründung der Wirklichkeit unterordnet, so liegt darin der jede Gefahr aufgebende Unterschied. Sie wirkt in dieser Unterordnung nicht als reine Phantasie und heißt darum richtiger Ahnungsvermögen und Verknüpfungsaufgabe" (ebd., S. 154f.). Es geht also um eine Vorstellungskraft, die sich auf Konkretes bezieht und daher Phantasie nicht frei oder um ihrer selbst willen, sondern zur Veranschaulichung bzw. zur Verknüpfung der Fakten zu Ereignissen nützt, das heißt, Phantasie mit Realitätssinn durchdringt:

> „Das Element, worin sich die Geschichte bewegt, ist der Sinn
> für die Wirklichkeit, und in ihm liegen das Gefühl der Flüchtig-
> keit des Daseins in der Zeit, und der Abhängigkeit von vorher-
> gegangenen und begleitenden Ursachen, dagegen das Bewußt-
> sein der inneren geistigen Freiheit und das Erkennen der Ver-
> nunft, daß die Wirklichkeit, ihrer scheinbaren Zufälligkeit
> ungeachtet, dennoch durch innere Notwendigkeit gebunden
> ist" (ebd., S. 157f.).

Heute würde man von der Triftigkcit einer Aussage oder Darstellung sprechen. An ihr muss sich jede historische Imagination messen lassen. Durch Genauigkeit in der Detaildarstellung der Ortsbedingungen, der Lebensumstände, der Kleidung etc. wird eine historische Erzählung beglaubigt. Es ist interessant, in der Unterrichtspraxis wahrzunehmen, wie durch triftige Darstellungen die Vorstellungskraft der Schüler*innen wesentlich nachhaltiger aufgerufen wird, als durch phantasievoll vage Beschreibungen. Es scheint der leibliche Mitvollzug von Bildern die Vorstellungskraft nachhaltiger anzuregen und damit auch den mit der konkreten Ausgestaltung eigener Vorstellungen verbundenen Prozess des Verstehens (Wiehl 2015, S. 208ff.).

Schörken macht zudem deutlich, dass historische Darstellungen vor allem dann Vorstellungsbilder aufrufen, wenn sie dem Leser oder Hörer erlauben, in Vorgänge in ihren Umgebungsbedingungen einzutauchen:

> „Das sind sinnlich-anschauliche Momente, in denen Bewe-
> gung und Spannung steckt, es handelt sich um übersichtliche
> Szenen mit begrenztem Bildausschnitt, die aus einer nahen
> Betrachtungsperspektive geschildert werden. An ihnen wird
> vor allem ein weiterer elementarer Unterschied zwischen

Abbild und Vorstellungsbild deutlich: Wir begeben uns in unserer Vorstellung in eine Handlung hinein. Diese hat für uns Existenz nur vorgestellt, ihr Ort ist unsere Imagination, denn die Vergangenheit ist grundsätzlich abwesend. Von der Fiktion unterscheidet sich dieses Vorstellungsbild dadurch, daß wir wissen, daß sich dieses Vorstellungsbild auf eine vergangene Realität bezieht. Es ist dieses Wissen und nicht die innere Struktur der Vorstellung selbst, die den Bezug zur Geschichte schafft. [...] Vorstellungsbilder sind keine Abbilder, sondern kreative Hervorbringungen des Geistes unterhalb der Reflexionsschwelle. Man sieht etwas, ohne es ‚wirklich' zu sehen. Das Vorstellungsbild setzt ‚die faktische Abwesenheit dessen voraus, was in den Bildern zur Anschauung gelangt'" (Schörken 1994, S. 40).

4 Historische Gemälde

Während also das Vorstellungsbild offen ist, da in dieses immer die Vorerfahrungen derer einfließen, die eine Vorstellung bilden und es sich in der Regel, verbal evoziert, in einem Zeitprozess aufbaut und verändert, ist das gemalte bzw. gezeichnete Bild bestimmt. Es liegt in seiner Ansicht, Perspektive und in seiner Konkretisierung vor. „Bilder sind gedeutete Flächen. Sie deuten – zumeist – auf etwas in der Raumzeit ‚dort draußen', das sie uns als Abstraktionen (als Verkürzung der vier Raumzeit-Dimensionen auf die zwei auf der Fläche) vorstellbar machen sollen" (Berger 1974, S. 10). Der Psychologe Bernd Weidemann differenziert zwei Ebenen bei der Bildrezeption: Das ökologische Bildverstehen ist dem Vorgang der visuellen Wahrnehmung der Umwelt gleichzusetzen und vollzieht sich nahezu unmittelbar; das indikatorische Bildverstehen sieht in den Merkmalen eines Bildes Indikatoren für die Intentionen seines Herstellers, sucht also nach der Botschaft des Bildes (Weidemann 1988, S. 76ff.).

Vor allem letzterer Aspekt ist für den Geschichtsunterricht wichtig, werden doch Bilder in vielen Lehrwerken leichtfertig als Illustrationen eingesetzt und oftmals naiv ökologisch rezipiert. Sie suggerieren dann die Repräsentation des Ereignisses und werden selbst nicht mehr als Objekt der Untersuchung wahrgenommen. Sie sind aber nichts anderes als Quellen, die ausschließlich etwas darüber aussagen, wie ein bildender Künstler (bzw. seine Auftraggeber) ein bestimmtes Ereignis mit Bedeutung belegen. Sie sind also Zeugnisse ihres Produzenten und seiner Zeit, zumal sie meist deutlich später als das dargestellte Ereignis, vor allem aber an einem anderen Ort entstanden sind. Demnach können sie als eher Quellen für die Rezeption denn als Zeugnisse des Ereignisses selbst dienen (Sauer 2016, S. 112). Ihre Aussage ist nicht Dokumentation, sondern Kommentar, der durch indikatorische, also analytische Rezeptionsverfahren erschlossen werden muss.

Gleichwohl lässt sich, ausgehend von einer Bildbetrachtung, die Fragerichtung vom interpretierten Bild zurück auf das Ereignis und dessen Bedeutung aus anderen Perspektiven herstellen. So kann beispielsweise das im Stil des römischen Reiterstandbildes

Abb. 1: Jacques-Louis David (1748–1825), Napoleon überquert die Alpen, 1802

heroisierende Auftragsgemälde, auf dem Jacques-Louis David 1802 Napoleon siegstrebend darstellte, zur Erschließung von dessen Selbstverständnis als Imperator herangezogen werden. Weniger wichtig ist hier das dem Gemälde zugrunde liegende historische Ereignis, Napoleons Alpenüberquerung vor seinen Italienfeldzügen 1796, als vielmehr die Pose des militärisch erfolgreichen Führers. „Bilder füllen Begriffe mit Anschauung" (Pandel 2011, S. 24), vor allem wenn sie wie hier eine allegorische Aussage enthalten.

Dieser Bilddarstellung kann in einem Unterrichtszusammenhang, der Napoleons Selbst- und Herrschaftsverständnis analysiert, das von Adolph Northen 1851 erstellte Gemälde vom Rückzug Napoleons aus Moskau gegenübergestellt werden. Wieder geht es nicht um eine Illustration des historischen Ereignisses, sondern um die Art, wie der Imperator ein halbes Jahrhundert nach dem Ereignis dargestellt wird, das heißt, das Bild ist keine historische Quelle für das Ereignis, sondern für dessen Rezeption und spätere Deutung. Von einer solchen Betrachtung ausgehend, kann das Scheitern des imperialen Vorhabens bzw. der imperialen Selbstinszenierung erschlossen, aber auch der Frage nachgegangen werden, welche politische Aussage mit dem Bild Mitte des 19. Jahrhunderts verbunden wurde.

Pandel weist mit der Aussage „Bilder machen das Imaginäre sichtbar" (Pandel 2011, S. 26) auf eine weitere, über die Dimension der Dokumentation bzw. der Abbildfunktion hinausreichende Bedeutung von Gemälden mit his-

Abb. 2: Adolph Northen (1828–1876), Napoleons Rückzug aus Moskau, 1851

torischen Sujets hin. Denn sie können in der Art ihrer Darstellung Aussage über Psychisches, Weltanschauliches und Politisches liefern. Dies soll an dem 1604 entstandenen Gemälde von Peter Paul Rubens zu dem Habsburger Kaiser Karl V. (1500–1558) gezeigt werden.

Es entstand also fast ein halbes Jahrhundert nach dem Tod des Herrschers. Mit den dargestellten Attributen ritterlicher Herrschaft, den Kroninsignien, dem Globus, aber auch durch die Art des Herrscherportraits wird

das Bild ein polyvalenter Kommentar zu dem Kaiser, in dessen Reich die Sonne nie unterging. Es ist somit für den Schulunterricht durchaus geeignet, um den spätmittelalterlichen bzw. frühneuzeitlichen Rahmen für diese Herrschaft zu thematisieren, weil es imaginiert, was an weltanschaulichen Ebenen in diesem Herrschaftsverständnis zum Ausdruck kommt. Es ist eine Aufgabe des Geschichtsunterrichts, zu verdeutli-

Abb. 3: Peter Paul Rubens (1577–1640), Allegorie auf Kaiser Karl V. als Weltenherrscher, 1604

chen, „dass ein Bild nicht Wirklichkeit abbildet, sondern eine intentionale Aussage über sie ist" (Bernhardt 2006, S. 57). Michael Sauer arbeitet die Differenzierung der Bildtypen und ihrer historischen Funktionen für den Geschichtsunterricht grundlegend aus und geht dabei im abschließenden Abschnitt auch auf das Gebiet der visuell-bildhaften Schriften ein, auf das in diesem Überblick nur verwiesen werden kann (Sauer 2016).

5 Historische Fotos

Erstmals gelang es 1826 dem Franzosen Joseph Nicéphore Niépce, nach achtstündiger Belichtungszeit eine Fotografie zu erstellen. Seither hat sich die Technik bis zum heutigen Digitalbild so verbessert, dass die fotografische Dokumentation all dessen, was visuell zu erfassen ist, selbstverständlicher Bestandteil unserer Lebenswelt ist. Fotografie scheint ein Medium der objektiven Wiedergabe der Realität, ist die Erstellung des Bildes doch nicht vom Vermögen eines Menschen abhängig, sondern vom technisch einwandfreien Funktionieren eines Gerätes. Bei genauerer Analyse entpuppt sich die Auffassung jedoch als naive Illusion. Fünf Argumente listet Pandel auf, die infrage stellen, dass Fotografie ein Abbild von Wirklichkeit ist (Pandel 2011, S. 59f.):

- Die Fotografie ist in der Regel vom Fotografen oder anderen Regisseuren durch Interventionen arrangiert. Sie fordert die Abzulichtenden zu Posen, Symbolgesten und Standorteinnahmen auf bzw. sie sucht durch Perspektive, Bildausschnitt und Lichteffekte eine bestimmte und intendierte Atmosphäre einzufangen.
- Die Perspektive legt die Ansicht des Bildgegenstandes unwiderruflich fest, bei der Aufnahme von Personen können schon hierdurch stimmungsrelevante Effekte beim späteren Bild-betrachter evoziert werden.
- Jedes Foto ist ein Ausschnitt aus einem Raumkontinuum, das heißt, es liegt der Wahl des Ausschnitts auch die Entscheidung zugrunde, was nicht gezeigt werden soll.
- Ein Foto entsteht durch moderne Technik in Bruchteilen eines Augenblicks. Damit können Bildserien in hoher Anzahl „geschossen" werden, aus denen dann Bilder intentional ausgewählt werden können. Entgleiste Gesichtszüge bzw. für das Auge der Betrachter*innen kaum wahrnehmbare Zwischenphasen beim Wechsel der Miene werden so verabsolutiert und legen den Ausdruck von Personen in einem komplexen Geschehen eindeutig fest.

- Bilder werden oft nachträglich bearbeitet. Retusche oder Hinzufügungen und weitere Bildbearbeitungsprogramme sind technisch längst Normalstandard für digitale Fotografie; sie können ästhetisch, aber auch informationsverändernd eingesetzt werden.

Vom Gesichtspunkt der Ästhetik aus ist das Foto deshalb hinsichtlich seiner Aussageebenen nicht anders zu behandeln als die Zeichnung oder das Gemälde. Da es jedoch ein Geschehen zum aktuellen Zeitpunkt festhält, hat es zweifelsohne auch dokumentierende Funktion. Gerade weil es – sieht man einmal von den heutigen technischen Möglichkeiten der Bildmanipulation ab – ein unmittelbares Zeugnis zu sein scheint, bedarf es eines sorgfältigen Analyseprozesses, um es jenseits der ökologischen Rezeption auch indikatorisch zu erfassen. Dies soll an einem der bekanntesten Bilder der zweiten Hälfte des 20. Jahrhunderts gezeigt werden: Dem Kniefall des damaligen Bundeskanzlers der Bundesrepublik Deutschland, Willy Brandt, wurde nicht zuletzt, weil er aus einer bestimmten Perspektive aufgenommen worden ist, hohe symbolische Aussage zugeschrieben. In dieser – nach Aussage Brandts intuitiven – seelisch also authentischen Handlung wird nicht nur eine individuelle, sondern eine staatlich und national repräsentative Geste der Erschütterung und des Bittens um Vergebung für die von den Nationalsozialisten an den im Warschauer Ghetto internierten Juden begangenen verbrecherischen Unmenschlichkeiten gesehen. Dies ist ein Erfolg der Perspektive, des Ausschnitts und der Auswahl eines festgehaltenen Moments.

Abb. 4: 7. Dezember 1970 in Warschau – Bundeskanzler Willy Brandt am Ehrenmal der Helden des Warschauer Ghettos

Das hier gezeigte Foto suggeriert einen zentralen und großen Ort der Öffentlichkeit, an dem ein Mensch seinen Gefühlen, wenn auch umgeben von Journalisten, ganz hingegeben ist. Was der Ausschnitt nicht zeigt: Die Gedenkstätte ist kaum größer als ein Grab, ein fast bescheidener, intimer Ort, auf einem Parkgrundstück gelegen. Brandt wurde begleitet von einer Heerschar internationaler Journalisten; er wusste, dass jede seiner Gesten in die mediale Öffentlichkeit getragen werden würde. Damit soll ihm nicht abgesprochen werden, dass er das, was er tat, aus einer authentischen Haltung unmittelbarer Menschlichkeit tat, aber durch diese Bilder wurde seine Geste zur Handlung des Repräsentanten für das Volk, von dem das erschütternde Unrecht ausgegangen war. Solchermaßen kontextualisiert und einem Millionenpublikum zugänglich gemacht, entfaltet das Bild – und nicht nur die dort abgelichtete Handlung – eine pathetische, Geschichtlichkeit generierende Wirkung.

Für den Schulunterricht ist im Sinne der historischen Kompetenz sowie der Medienkompetenz also ins Bewusstsein der Schüler*innen zu heben, dass Fotos zwar Dokumente sind, aber nicht als objektive Abbilder, sondern als intentional arrangierte, wirkmächtige Deutungen zu behandeln sind. Fotos wollen zeigen und nutzen dazu die Blicklenkung der Rezipienten. Sie scheinen zu bezeugen, was sich zu einem bestimmten Zeitpunkt ereignete, erzeugen bzw. beglaubigen oder verändern dabei aber Narrative. Die inflationäre Ausstattung vieler Geschichtsbücher mit Bildern zur Illustration und Veranschaulichung haben bislang eher zur naiven als zur kritischen Bildrezeption von Fotografien beigetragen. Insofern ist das Einüben eines medien- und quellenkritischen Umgangs im Geschichtsunterricht eine dringende Bildungsaufgabe.

6 Geschichtsbild und Narration

Wesentlich mehr noch als das gemalte bzw. gezeichnete Bild oder die Fotografie steht im stark auf sprachlicher Vermittlung basierenden Geschichtsunterricht das verbal kodierte Vorstellungsbild im Vordergrund. Dass hier ebenso zwischen ökologischem und indikatorischem Bildverstehen differenziert werden muss, machen die Diskussionen um den Begriff des „Geschichtsbildes" deutlich.

Der Begriff „Geschichtsbild" ist vorbelastet, galt es doch traditionell als oberstes Lernziel des Geschichtsunterrichts, den Schülerinnen und Schülern einen gewissermaßen zum Bilde geronnenen, definierten Deutungszusammenhang zu vermitteln. Zu Recht distanzierte sich die moderne Geschichtsdidaktik mit ihrem kritischen narrativitätstheoretischen Ansatz von solchen politisch aufgeladenen Überwältigungen: „Diese Bestimmung setzt das

Geschichtsbewusstsein ab vom ‚Geschichtsbild', in dem Vergangenheitsverständnis zum gültigen Abbild der Geschichte erstarrt. Geschichtsbilder gehören zur historischen Dimension der gesellschaftlichen Konstruktion von Wirklichkeit" (Jeismann 1997, S. 42). Natürlich gab und gibt es

> „die zu allen Zeiten nachweisbaren Versuche verschiedener Gruppen, Instanzen, Institutionen, die Bevölkerung auf eine bestimmte Sicht der Geschichte zu verpflichten, eigene Herrschaft […] mit Blick auf diese Geschichte zu legitimieren, gegebenenfalls zu stabilisieren, aktuelles und künftiges Verhalten der Menschen, ihre Normen und Werthaltungen, Handlungen und Bereitschaften auf eine gewünschte Richtung hin zu beeinflussen, um ein möglichst kollektives Geschichtsbild zu befördern" (Schneider 1997, S. 290).

Sie sind aus Sicht einer der Individuation verpflichteten Pädagogik abzulehnen.

Trotzdem halte ich den Begriff „Geschichtsbild" unter Einbeziehung der Haltung, dass sich geschichtliche Vorstellungen im Individuum ständig zwischen lebensweltlichen Erfahrungen und schulisch-wissenschaftlich vermittelten Inhalten ausgestalten, mit Schneider nach wie vor für relevant:

> „Unter Geschichtsbild versteht man eine sich in Auseinandersetzung mit der gesellschaftlichen Wirklichkeit verändernde, durch Alltagserfahrungen, Umwelteinflüsse, politische, religiöse, soziale und wirtschaftliche Momente sowie durch die wissenschaftliche Entwicklung sich differenzierende bzw. ausweitende, nach Inhalt und Umfang individuell verschiedene subjektive Gesamtvorstellung vom Sinn, Wesen, Verlauf und Ziel der Geschichte sowie der sie bestimmenden Kräfte, Ereignisse und Gestalten" (ebd., S. 290).

Es gilt also die individuelle Fähigkeit und Haltung, geschichtliche Narrative in dialogischen Prozessen individuell ständig neu auszuhandeln, zu fördern, wofür die Vermittlung eines kollektiv sanktionierten, definierten Geschichtsbildes eben kontraproduktiv wäre. Insofern geht es im schulischen Geschichtsunterricht gegenwärtig darum, die Produktion individueller Vorstellungen über Geschichte anzuregen, da ohne diese Imaginationen Geschichte auf die Vermittlung von Information reduziert ist, an die sich individuelle Orientierung und ein personaler Transformationsprozess nicht anschließen können. Mit anderen Worten: Geschichte ist für ein Individuum bedeutend und interessant, weil sie im Individuum bildhaft zum Selbstverständnis beiträgt und somit unmittelbar persönlichkeitskonstituierend wirkt. Individuelle Narrative sind Sinngeflechte, die geeignet sein müssen, in Konfrontation mit anderen Sichtweisen und neuen Erfahrungen umgebaut und ausgestaltet werden zu können. In einem solchen offenen Vorstellungskomplex gestalten sich historische Erfahrungen und Erkenntnisse zu individuellen Geschichtsbildern aus.

7 Bild und Mythos

Da gegenwärtig eine Renaissance des Nationalismus und damit einhergehend auch der Mythisierung von Geschichte in nationalistischen Narrativen festzustellen ist, soll auf diese hochmanipulativen Bildkonstrukte gesondert eingegangen werden. Mythen sind Narrative, die in narrativ strukturierten Bildern Sinnzusammenhänge herstellen. Sie haben archetypische Grundmuster wie Geburts- und Gründungsmythen, Untergangsmythen, Wiederkunftsmythen, Widerstands- und Erhebungsmythen. Sie waren in vorwissenschaftlicher Zeit oral tradierte, immer neu interpretierte Welt-erklärungen. Sie bildeten einen grundsätzlich ständig erweiterbaren Bilderkosmos, der Herkunft und Ziele einer Kultur narrativ erklärte. Mythen waren somit Bildungsinhalt, Sinnstiftung und Ausdruck von Bewusstseinshaltungen. Die Erzählungen drückten Werte und Wertewandel aus, indem die Erzählungen immer wieder neu interpretiert und kontextualisiert wurden. Sie können, kulturwissenschaftlich analysiert, insofern als Quellen für Mentalität und Weltverarbeitung gesehen werden. Oft werden in ihnen religiöse und säkular-historische Elemente amalgamiert, um kollektiv identitär aufgeladene Kontexte zu schaffen. In vielen Kulturen wird insofern zwischen Historie und Mythos keine trennscharfe Unterscheidung getroffen.

Immer dann, wenn historische Narrative als Meistererzählungen, also mit einem ausschließlichen Geltungsanspruch vermittelt werden, tendieren sie zur Mythisierung. Sie werden dann nicht mehr oder nur scheinbar diskursiv begründet, sondern entfalten ihre Wirkmächtigkeit durch Wiederholung und Selbstreferenz. Sie werden dann als gesellschaftlich oder ideologisch legitimierter Bildungskanon vermittelt. Seit dem 19. Jahrhundert bildeten sich so nationalgeschichtliche Narrative, die vor allem die Funktion der historischen Legitimation der jeweiligen Gesellschaft bzw. Kultur dienen. Die ältere Forschung, aber bis heute auch die national-populistische Politik, sieht Nationen als ontologische Gegebenheiten, die in ihrer Genese erzählt werden können. Dabei bedienen sich Nationalisten einer Reihe kultureller Bindungs- bzw. Identitätselemente, wie:

- Sprache
- Berufsgruppen (z. B. Arbeiter- und Bauernstaat)
- bürgerliche Emanzipation eines Volkes
- Religion
- regionale Kulturen
- der Idee des auserwählten Volkes (Volksmission)
- biologistisch-ethnischer Identitäten (Rassismus)
- Abgrenzung gegen Bedrohung und Fremdbestimmung (Solidarisierungseffekt)
- Aufbau von Nationalgeschichten unter Einbeziehung mythischer Herleitungen
- mythische Topoi: Erhebung, Wiedergeburt, Befreiung, Widerstand und Behauptung
- der Tradition von Verwaltungseinheiten

Diesem steht seit über dreißig Jahren eine Kulturwissenschaft gegenüber, die Nation als ein überaus erfolgreiches Konstrukt der europäisch-westlichen Kultur beurteilt. Die Kernthese, die u. a. bei Anderson (1996), Hobsbawm (2005) oder Wehler (2011) expliziert wird: Nicht Nationen bewirken Nationalismus, sondern Nationalismus konstruiert das Phänomen Nation.

Mit Anderson (1996, S. 115) und Hobsbawm (2005, S. 155) sehe ich den Höhepunkt des Nationalismus zwischen den Weltkriegen, wobei er als Gegenbewegung zur globalen Vernetzung und zu offenen, interkulturellen Gesellschaften sich zu Beginn des 21. Jahrhunderts mit antidemokratischen, populistischen und autokratischen Zügen nochmals wirkmächtig in Szene setzt.

Für den Geschichtsunterricht bedeutet dies erstens, die Funktion historischer Narrative zu dekonstruieren und durch multiperspektivische Annäherung an bestimmte Ereigniskomplexe den Absolutheitsanspruch von Deutungen infrage zu stellen; zweitens aber als Unterrichtsziel nicht die Vermittlung bestimmter Erkenntnisse zu verfolgen, sondern durch wissenschaftlich fundierte, plurale Angebote bei den Schülerinnen und Schülern die individuelle Erstellung von Geschichtsbildern konsequent anzuregen. Das wirksamste Mittel gegen die Mythisierung von Geschichte ist es, Geschichtsbildung als individuellen Konstruktions- und Produktionsakt zu fördern (Völkel 2017, S. 116ff.). Der Lehrplan der Waldorfschulen intendiert eben dies (Zech 2016a, S. 286).

8 Symptomatologische Geschichtsbetrachtung

Der Geschichtsunterricht an den Waldorfschulen wurde aufgrund von Steiners Anregungen von Anfang an kulturgeschichtlich ausgerichtet (Zech

2012, S. 234ff.). War damit ursprünglich die Vermittlung eines Narratives intendiert, welches die Menschheitsgeschichte als Folge von sich sukzessive aus dem Fernen Orient nach Europa verlagernden Hochkulturen darstellte (Zech 2016b, S. 822ff.), ist der heute in den Waldorfschulen verhandelte Kulturbegriff von prinzipieller Offenheit und Pluralität geprägt. Er schließt, darin vergleichbar der Kulturphilosophie Ernst Cassirers, die Vielfalt der in unterschiedlichen Lebensbereichen und Kulturzusammenhängen ausgestalteten Formen des symbolischen Weltbezuges ein, zu denen Cassirer neben der Sprache, dem Mythos und der Kunst auch die Wissenschaft zählt (Cassirer 2001–2002). Damit bezieht Kultur in lebensweltlicher Weitung „alle Felder der Gesellschaft ein" (Pandel 2011, S. 35). Dieses Kulturverständnis steht dem im 19. Jahrhundert gebräuchlichen entgegen, da es weder eine geschlossene, häufig ethnisch definierte kollektive Identität noch das klassische Konzept der Hochkulturen, sondern die Summe der menschlichen Lebensäußerungen, Institutionalisierungen und Begründungen meint. In diesem Sinne kommunizieren diese Bereiche in offenen Prozessen und bedingen und durchdringen einander. So aufgefasst, besteht Kultur aus einem Geflecht von Kulturen, zu dem auch das Feld der Politik gehört: „Kultur ist in diesem Sinne eine analytische Kategorie, mit der politisches Handeln, Ereignisse und Institutionen untersucht werden können" (Pandel 2011, S. 35f.).

Vor allem aber ist Kultur, so verstanden, der vielfältige Ausdruck menschlichen Bewusstseins. Es kommt in jeder Handlung, Objektivation und Äußerung zum Ausdruck. Insofern können die Hinterlassenschaften, Überlieferungen und narrativen Elemente als Symptome für diverse Bewusstseinshaltungen und Intentionen gelten.

Steiner formulierte als kulturwissenschaftliche Ausgestaltung seiner spezifischen Phänomenologie die Grundsätze einer symptomatologischen Geschichtsbetrachtung:

> „Dasjenige, was man gewöhnlich empfängt als Geschichte, dasjenige was verzeichnet wird in dem, was man schulmäßige Geschichte nennt, das sollte man nicht ansehen als das wirklich Bedeutungsvolle im Entwickelungsgange der Menschheit, sondern man sollte das nur ansehen als Symptome, die gewissermaßen an der Oberfläche ablaufen und durch die man durchblicken muß in weitere Tiefen des Geschehens, wodurch sich dann enthüllt, was eigentlich die Wirklichkeit ist im Werden der Menschheit" (Steiner 1982, S. 9).

Im Sinne Goethes fasst er demnach jede Besonderheit als Symbol für einen umfassenderen und insofern übergeordneten Prozess auf: „Wer nun dieses Besondere lebendig faßt, erhält zugleich das Allgemeine mit" (Goethe 1998, S. 471). Natürlich macht es einen erheblichen Unterschied, ob man dabei historischen Wandel als These aus einer Folge von zueinander in Bezug gesetzten Symptomen ableitet, oder ob, wie in der Vergangenheit auch an den Waldorfschulen üblich, sogenannte Symptome als Belege für ein teleologisches Geschichtsbild vereinnahmt werden. Goethe unterscheidet Symbol und Allegorie:

> „Die Symbolik verwandelt die Erscheinung in Idee, die Idee in ein Bild, und so, daß die Idee im Bild immer unendlich wirksam und unerreichbar bleibt und, selbst in allen Sprachen ausgesprochen, doch unaussprechlich bliebe. Die Allegorie verwandelt die Erscheinung in einen Begriff, den Begriff in ein Bild, doch so, daß der Begriff im Bilde immer noch begrenzt und vollständig zu halten und zu haben und an demselben auszusprechen sei" (Goethe 1998, S. 470).

Ein historisches Ereignis, das im Sinne Goethes symbolisch betrachtet wird, ist Ausdruck von etwas in ihm nicht vollständig zur Erscheinung Kommenden und weist über sich hinaus auf eine Idee, die letztendlich offenbleiben muss und daher nie endgültig zu definieren ist. Ein historisches Ereignis, welches als Beleg für einen Begriff bzw. ein Konzept gilt, wäre im Begriffsverständnis Goethes allegorisch, denn es steht für etwas Bestimmtes. Ob beispielsweise ein Faustkeil vor allem Werkzeug oder ästhetisches Objekt war, können wir nicht pauschal beantworten. Wenn ich ihm eine dieser beiden Funktionsbeschreibungen eindeutig zuordnen will, unterstelle ich deren allgemeine Gültigkeit und ziehe nur solche Eigenschaften des Objekts als Beleg heran, die meine Zuordnung zu bestätigen scheinen. Im symptomatologischen Verfahren hingegen untersuche ich das Objekt vor allem hinsichtlich der zu seiner Herstellung erforderlichen Fähigkeiten und Fertigkeiten, beziehe mich auf Aspekte wie ein in dem Objekt zum Ausdruck kommendes Empfinden für Symmetrie, Formkonstanz, oder Hinweise auf zielgerichtetes Handeln zur Erstellung des Objekts, und komme so zu validen Aussagen über praktische und mentale Kompetenzen des Frühmenschen. Die vielleicht gegensätzlichen Thesen über das mögliche Motiv der Herstellung bzw. die mutmaßliche Funktion des Artefakts können auf dieser Grundlage sachgerecht offen verhandelt werden, ohne sich auf der Basis von Spekulationen festzulegen. Die Hinterlassenschaften menschlichen Handelns lassen sich nur selten umfassend erklären.

Historische Symptome sind aber nicht nur Ausdruck des kulturell Gewordenen, sondern beziehen ihre Bedeutung unter Umständen aus gegenwärtig nicht gelösten Problemen. Fasst man beispielsweise die Mauer, die Teile des palästinensisch besiedelten Gebietes vom israelischen Sektor trennt, als historisches Symptom, als Bild von Gewordenem und zugleich als Bild einer aktuellen Situation, können Motive, die mit ihrer Errichtung verbunden sind, ebenso diskutiert werden wie die Zweckmäßigkeit der gegenwärtigen Einrichtung. Es gibt einen beschreibbaren Weg zum gegenwärtigen Zustand, der allerdings nicht von Zwangsläufigkeit, sondern von vielen Ebenen des Handelns, der Unterlassungen, von bewussten und unbewussten, da emotional geprägten Handlungen, geprägt wurde, das heißt, verzweigt ist. Es gibt also keinen logisch zwingenden Weg zum gegenwärtigen Zustand bzw. zum historischen Faktum, sondern ein Konglomerat von umgesetzten und nicht umgesetzten Intentionen, deren tragische Verstrickung den Betrachter berührt. Nur Ideologen können hier kausale Strukturen und eindeutige Narrative konstruieren. Die Mauer kann aber auch als Symptom für die Herausforderung, eine Lösung des politischen Konflikts zu finden, gelten. Der Sinn, der ihr zugeordnet werden kann, liegt unter diesem Gesichtspunkt im impliziten Aufruf, den hier manifest gewordenen Konflikt zu überwinden, indem eben nicht aus der Vergangenheit, sondern aus der Zukunft argumentiert wird. In der Regel gelingt so etwas nur, wenn die Denkweisen und Wertzuschreibungen verändert werden, die zur gegenwärtigen Situation beitrugen und in der Mauer ihren manifesten Ausdruck finden. Die Offenheit der noch nicht umgesetzten Idee, die eben nicht in einem eindeutig bestimmbaren Telos liegt, kann so mit dem historischen Strom in Beziehung gesetzt werden.

Andre Bartoniczek schlägt für die Waldorfpädagogik ein stufenweise dimensioniertes historisches Verfahren vor, das von konkreten historischen Imaginationen ausgeht und über Urteilsprozesse zu Erkenntnisprozessen führt, die nicht nur über den Gegenstand gebildet werden, sondern dem erkennenden Subjekt eine erweiterte Selbsterfahrung ermöglichen (Bartoniczek 2009, S. 170ff.). Dieser Bildungsvorgang geht vom Evozieren historischer Imaginationen aus, in die sowohl die aus Quellen gewonnene faktische Triftigkeit, als auch die mentalen bzw. denkerischen Aktivitäten der diese Imaginationen bildenden Subjekte einfließen. Auch Schörken sieht in der Bildung solcher historischen Imaginationen den Ausgangspunkt für historische Erkenntnis:

> „Wir suchen die Imagination an einem ganz anderen Ort im historischen Denkprozeß auf – vereinfacht gesagt: nicht am Ende des wissenschaftlichen Erkenntnisweges, also bei den inhaltlichen Resultaten, sondern am Anfang. Mit Anfang sind die Denkvoraussetzungen und Rezeptionsbedingungen gemeint. Die

> Imagination in dem hier verwendeten Sinne hat ihren Ort unter
> den geistigen Akten, die eine Rekonstruktion der Vergangenheit
> überhaupt erst möglich macht" (Schörken 1994, S. 9).

Würde es im Geschichtsunterricht lediglich um die Vermittlung historischer Wissensbestände gehen, könnte man hier einwenden, dass solche Imaginationen aufgrund fertiger Ergebnisse entstehen, also suggestiv wirken und sich einer kritischen Analyse entziehen. Wenn aber der Bildungsprozess darauf abzielt, die Entstehung individueller und sich wandelnder Geschichtsbilder anzustoßen, sind sie der Ausgangspunkt einer subjektbezogenen Erkenntnisbewegung:

> „Es geht [...] um elementare Denkakte, die in eine Hermeneutik
> des historischen Bewußtseins und in eine Phänomenologie der
> historischen Rezeption gehören, die also dem wissenschaftli
> chen Umgang mit Geschichte nicht nur nicht im Wege stehen,
> sondern ihn bedingen" (Schörken 1994, S. 13).

Auch Steiner stellt in diesem Sinne für den an den Waldorfschulen etablierten kulturgeschichtlichen Ansatz fest:

> „Wenn heute gesagt wird, man soll mehr Kulturgeschichte trei
> ben, dann denken die Leute, sie müssen recht trocken schil
> dern, wie das eine aus dem anderen folgt. Geschichte sollte
> aber [...] so geschildert werden, daß man subjektiv dabei ist,
> daß man Bilder entwickelt, daß die Zeit wirklich aufersteht"
> (Steiner 1984, S. 82).

Dabei sind es nicht historische Abbilder, sondern historische Vorstellungen, die den Ausgangspunkt der symptomatologischen Betrachtungsweise bieten. Indem die historische Imagination als Symptom genommen wird, wird sie Sinnbild und wirft im selben Prozess die Frage nach ihrem Kontext auf. Es kann auf dieser Grundlage gefragt werden, was sich in diesem als Bild aufgefassten Ereignis oder Ereigniskomplex ausdrückt. Zur Klärung dieser Frage müssen in diesen Urteilsprozess in der Regel komplexe Zusammenhänge einbezogen werden. Diese Urteilsbildungen wiederum führen, indem die Perspektive der Zukunft bzw. der eigenen, individuellen Selbstansprüche einbezogen wird, zum Evidenzerleben bzw. Wirksamwerden einer Idee im eigenen Selbst. Der historische Begriff wird so nicht finales Ergebnis einer Geschichtsdeutung, sondern individuelle Erkenntnis, deren Zustandekommen als Selbstwirksamkeitserfahrung wahrgenommen wird und an die sich potenzielle Handlungsbereitschaft und Teilhabe anschließen lässt. Erst wenn eine solche intuitive Erkenntniserfahrung zu einer momentanen Ganzheitserfahrung bzw. zum Resonanzerlebnis wird, führt der an der Geschichte ent zündete Bildungsvorgang zu personaler Transformation. Potenziell wird so ein historisches Symptom zum Aufruf, die eigenen Lebensumstände mitzugestalten und an Problemlösungen teilzunehmen.

9 Dialogische Geschichtsbilder

Für einen zeitgemäßen, der interkulturellen und globalen Lebenswelt gerecht werdenden Unterricht kann es nicht das Ziel sein, Geschichte schulisch zu vermitteln, sondern einzuüben, dass sich Geschichte in jedem Individuum lebenslang aus- und umgestaltet. Dieser individuelle Konstruktionsprozess vollzieht sich in Auseinandersetzung mit den wissenschaftlichen und gesellschaftlichen Diskursen, die in der Schule fachkompetent erschlossen werden müssen. Die individuelle lebensweltliche Erfahrung bzw. das individuelle Geschichtsbewusstsein können denkerisch durchdrungen werden, indem das individuelle Geschichtsbild zu allgemeinen und anderen Positionen in Beziehung gesetzt wird und dadurch eine ständige Infragestellung und Transformation erfährt. Nicht mehr geschlossene, sondern offene, dialogisch ausgehandelte Geschichtsbilder resultieren aus einem Unterricht, der den Einzelnen nicht mehr in kollektive Gedächtnisstrukturen sozialisiert, sondern stattdessen jedes Individuum darin unterstützen will, sich als Mitgestalter und Hervorbringer einer vielfältigen Geschichtskultur zu verstehen (Zech 2018, S. 335ff.). Insofern intendiert ein solcher Geschichtsunterricht nicht nur die Förderung von Bildrezeption und Bilddekonstruktion, sondern einer Bildproduktion, die den individuellen Sinnstiftungsvorgang als personalen Transformationsprozess bzw. als Selbstsetzung unterstützt.

Literatur

Anderson, Benedict (1996). Die Erfindung der Nation. Zur Karriere eines folgenreichen Konzepts. 2., erw. Auflage. Frankfurt, New York: Campus.

Bartoniczek, Andre (2009). Imaginative Geschichtserkenntnis. Rudolf Steiner und die Erweiterung der Geschichtswissenschaft. Stuttgart: Freies Geistesleben.

Berger, John (1974). Sehen. Das Bild in der Welt der Bilderwelt. Reinbek: Rowohlt.

Bernhardt, Markus (2006). Verführung durch Anschaulichkeit. Chancen und Risiken bei der Arbeit mit Bildern zur mittelalterlichen Geschichte. In: Bernhardt, Markus / Henke-Bockschatz, Gerhard / Sauer, Michael (Hrsg.). Bilder – Wahrnehmungen – Konstruktionen. Reflexionen über Geschichte und historisches Lernen. Festschrift für Ulrich Meyer zum 65. Geburtstag. Schwalbach/Ts.: Wochenschau, S. 47–61.

Cassirer, Ernst (2001–2002). Philosophie der symbolischen Formen. 3 Bde. Neuausgabe (bearbeitet von Claus Rosenkranz). In: ders. (2001–2002): Gesammelte Werke, Bd. 11–13. Hamburg: Meiner.

Goethe, Johann Wolfgang von (1998). Maximen und Reflexionen. In: ders. (1998): Werke. Hamburger Ausgabe. Band 12. München: dtv, S. 365–547.

Hobsbawm, Eric J. (2005). Nationen und Nationalismus. Mythos und Realität seit 1780. 3. Auflage. Frankfurt a. M., New York: Campus.

Humboldt, Wilhelm von (1978). Über die Aufgabe des Geschichtsschreibers. In: Rossmann, Kurt (Hrsg.) (1959). Deutsche Geschichtsphilosophie von Lessing bis Jaspers. Reprint 1978 Birsfeld-Basel: Schibli-Doppler.

Jeismann, Karl-Ernst (1997). Geschichtsbewusstsein – Theorie. In: Bergmann, Klaus / Fröhlich, Klaus / Kuhn, Annette / Rüsen, Jörn / Schneider, Gerhard (Hrsg.) (1997). Handbuch der Geschichtsdidaktik. 5., überarb. Auflage. Seelze-Velber: Kallmeyer, S. 42–44.

Pandel, Hans-Jürgen (2011). Bildinterpretation. Die Bildquelle im Geschichtsunterricht. Bildinterpretation I. 2. Auflage. Schwalbach/Ts.: Wochenschau.

Rosa, Hartmut (2017). Resonanz. Eine Soziologie der Weltbeziehung. 6. Auflage. Berlin: Suhrkamp.

Rüsen, Jörn (2008). Historisches Lernen. Grundlagen und Paradigmen. Schwalbach/Ts.: Wochenschau.

Sauer, Michael (2016). Bilder im Geschichtsunterricht. Typen, Interpretationsmethoden, Unterrichtsverfahren. Seelze-Velber: Kallmeyer & Klett.

Schneider, Gerhard (1997). Geschichtsbild. In: Bergmann, Klaus / Fröhlich, Klaus / Kuhn, Annette / Rüsen, Jörn / Schneider, Gerhard (Hrsg.) (1997). Handbuch der Geschichtsdidaktik. 5., überarb. Auflage. Seelze-Velber: Kallmeyer, S. 290–292.

Schörken, Rolf (1994). Historische Imagination und Geschichtsdidaktik. Paderborn: Schöningh.

Steiner, Rudolf (1982). Geschichtliche Symptomatologie. Neun Vorträge, gehalten in Dornach 1918 (GA 185). 3., neu durchgesehene Auflage. (Vortrag vom 18.10.1918. Dornach: Rudolf Steiner Verlag.

Steiner, Rudolf (1984). Erziehungskunst Seminarbesprechungen und Lehrplanvorträge. 1919 (GA 295). 4. Auflage. Dornach: Rudolf Steiner Verlag.

Völkel, Bärbel / Pacyna, Tony (Hrsg.) (2017). Neorassismus in der Einwanderungsgesellschaft. Eine Herausforderung für die Bildung. Bielefeld: transcript. Wehler, Hans-Ulrich (2011). Nationalismus. Geschichte, Formen, Folgen. 4. Auflage. München: Beck.

Weidemann, Bernd (1988). Psychische Prozesse beim Verstehen von Bildern. Bern, Stuttgart, Toronto: Huber.

Wiehl, Angelika (2015). Propädeutik der Unterrichtsmethoden in der Waldorfpädagogik. Frankfurt a. M.: Lang.

Zech, M. Michael (2012). Der Geschichtsunterricht an Waldorfschulen. Genese und Umsetzung des Konzepts vor dem Hintergrund des aktuellen geschichtsdidaktischen Diskurses. Frankfurt a. M.: Lang.

Zech, M. Michael (2014). Geschichte als Sinnstiftung und das Wirklichkeitsproblem. Online: www.rosejourn.com Vol 5/Special issue pp. 90–99, August 2014.

Zech, M. Michael (2016a). Geschichte. In: Tobias Richter (Hrsg.). Pädagogischer Auftrag und Unterrichtsziele – vom Lehrplan der Waldorfschule. 4. erweiterte und aktualisierte Auflage. Stuttgart: Freies Geistesleben, S. 284–312.

Zech, M. Michael (2016b). Das anthroposophische Geschichtsverständnis vor dem Hintergrund waldorfpädagogischer, erziehungswissenschaftlicher und fachdidaktischer Positionen. In: Schieren, Jost (Hrsg.) (2016). Handbuch Waldorfpädagogik und Erziehungswissenschaft. Standortbestimmung und Entwicklungsperspektiven. Weinheim, Basel: Beltz Juventa, S. 814–856.

Zech, M. Michael (2018). Geschichte. In: Sigler, Stephan/Sommer, Wilfried/Zech, M. Michael (2018). Handbuch Oberstufenunterricht an Waldorfschulen. Weinheim, Basel: Beltz Juventa, S. 289–346.

Christoph Lange
Sprache als Verschiebung.
Zur pädagogischen Relevanz der Metapher

1 Einleitung

Angeregt durch das gleichnamige Forschungskolloquium und ausgehend von Rudolf Steiners Grundlagentexten zur Pädagogik, stellt der folgende Text die Frage nach dem Verhältnis von Bild und Pädagogik aus philosophischer Sicht. Auf welche Weise also kann der schulische Unterricht bildhaft sein, der doch über weite Strecken sprachlich verfasst ist? Dabei geraten das sprachliche Bild – namentlich die Metapher – und der Zusammenhang von philosophischer Begriffsbildung und sprachlicher Metaphorik in den Blick. Zugleich müsste zu begründen sein, warum und in welcher Weise bildhafter Unterricht überhaupt pädagogisch wirksam ist. Antworten auf diese Fragen sucht der Text vor allem bei Aristoteles, dessen Philosophie der Seele schon früh eine Theorie des Lernens durch Bilder entwickelt. Nahe liegt der Rückgriff auf Aristoteles insofern, als Rudolf Steiner direkt auf ihn verweist (Steiner 2012, S. 221ff.).

2 Umkehrung des Syllogismus

Im neunten Vortrag der „Allgemeinen Menschenkunde als Grundlage der Pädagogik" (Steiner 2005, S. 152ff.) entwickelt Rudolf Steiner eine Didaktik des Unterrichts an Waldorfschulen als „Lehre des Verstehens" (Schieren 2008, S. 16), das „auf wirklicher Erkenntnis der Tatsachenwelt" (Steiner 2005, S. 152) beruhen soll. Hierbei bezieht er den Menschen, respektive den Schüler oder die Schülerin, als vielschichtiges und sich entwickelndes Wesen in seine Ausführungen ein.

Ausgehend von den Grundlagen der philosophischen Logik, insbesondere bei Aristoteles, kehrt er das logische Schlussverfahren – den Syllogismus (Aristoteles 1980, S. 141ff., Rhetorik 1395b ff.) – kurzerhand um: Anstatt durch einen Obersatz (Allgemeinbegriff) und einen Untersatz (Urteil) zu einer Schlussfolgerung (Konklusion) zu kommen, sollte die Reihenfolge im Unterricht laut Steiner lauten: 1. Schluss, 2. Urteil, 3. Begriff. Das heißt, die Konklusion, also das Endergebnis des Denkprozesses, steht am Beginn des Unterrichtsverlaufs und mündet über eine gründliche Beurteilung des Einzelfalles in eine Begriffsbildung (Steiner 2005, S. 152ff.). Man könnte sagen, die Schüler*innen finden in jeder Unterrichtseinheit die Überschrift zum behandelten Thema jeweils selbst.

Nun ist diese Verdrehung oder Umkehrung, wenn man so will, auch aus der Sicht der antiken Philosophie gar nicht so verwunderlich. Denn der Syllogismus dient nach Aristoteles der Argumentation, das heißt, dem Austausch oder Wettstreit vernünftiger Argumente. Es geht dabei um die Mittel, einen Zuhörer von der eigenen Position zu überzeugen. Im Unterrichtsgeschehen steht aber etwas anderes, nämlich Erkenntnisbildung, im Vordergrund. Man kann mit Steiner so weit gehen zu sagen, dass dabei intendiert ist, das werdende Menschenwesen in seiner Entwicklung, zu fördern und zu unterstützen. In der Oberstufe, also ab der neunten Klasse, wird diese Unterstützung insbesondere auch darin bestehen, Anregungen zur Bildung eigenständiger Urteile im Umgang mit der Welt zu geben, um so etwas wie Erkenntnis oder Wissen zu ermöglichen (Steiner 2005, S. 153).

3 Hinführung durch Beispiele

Wirft man einen Blick in die „Analytica Posteriora", das Hauptwerk des Aristoteles zum Thema „Wissen und Wissenserwerb" (Braun 1974, S. 90), findet man gleich einleitend Sätze, die denen Steiners frappierend ähneln:

> „Jede Unterweisung und jedes verständige Erwerben von Wissen [mathésis dianoētikē] entsteht aus bereits vorhandener Kenntnis. […] Denn sowohl die mathematischen unter den Wissenschaften kommen auf diese Weise zustande als auch jede der übrigen Künste, und ähnlich auch, was die Argumente angeht, sowohl diejenigen, die durch Deduktion [dia syllogismōn], als auch diejenigen, die durch Induktion [di'epagōgēs] entstehen" (Aristoteles 1993, S. 17).

Bei Steiner heißt es:

> „Die Schullogik bedenkt nicht, daß wir schon einen Schluß ziehen, wenn wir ein einzelnes Ding ins Auge fassen. Denken Sie sich, Sie gehen in eine Menagerie und sehen dort einen Löwen. Was tun Sie denn zuallererst, indem Sie den Löwen wahrnehmen? Sie werden zuallererst das, was Sie am Löwen sehen, sich zum Bewußtsein bringen, und nur durch dieses Sich-zum-Bewußtsein-Bringen kommen Sie mit Ihren Wahrnehmungen gegenüber dem Löwen zurecht. […] Was Sie da aus dem Leben gelernt haben, bringen Sie schon mit in die Menagerie" (Steiner 2005, S. 154).

Das heißt, die Conclusio als Schluss aus dem, was ich aus „bereits vorhandener Kenntnis" weiß, und dem, was ich aktuell wahrnehme, findet sofort statt. Man muss mir dazu nicht die Überschrift „Löwe" vorweg liefern. Ich komme von alleine auf den Begriff, nämlich über den konkret wahrgenommenen Löwen. Steiner favorisiert hier also ganz eindeutig das Lernen durch Induktion: Ich schließe vom einzelnen Sachverhalt auf das Allgemeine. Oder mit Aristoteles gesprochen, ich lerne durch epagōgē: Hinführung durch Beispiele.

Im Weiteren wird Aristoteles konkreter, indem er sagt, dass Wissen vorrangig durch den Beweis (apódeiksis) entstehe, der sich aus dem Unverborgenen, dem Ersten und Unvermittelten, aus Bekannterem und Vorgängigerem ableiten lasse. Denn einen logischen Schluss (syllogismós) könne es auch ohne alle diese Voraussetzungen geben, nicht aber einen Beweis, oder aber dieser werde kein Wissen zustande bringen (Aristoteles 1993, S. 18f., Anal. Post. 71b 20–25).

4 Tote und lebendige Begriffe

Folglich ist auch das, was heute gängige Grundlage von Waldorfpädagogik ist, nämlich das möglichst direkte Ausgehen von einer Begegnung mit der Welt als Anlass zu Lernprozessen, in der Aristotelischen Philosophie bereits vorgeprägt. Vorschnell könnte man sagen: Worum es im Grunde bei Aristoteles und eben auch bei Steiner geht, ist wissenschaftliche Erkenntnis (epistemē), und das heißt, dass Lernen im Unterrichtsgeschehen der Waldorfschulen sich als Erkenntnisprozess vollzieht und nicht als Verinnerlichen von bereits feststehendem Wissen. Dies ist ein entscheidender Unterschied zu anderen pädagogischen Ansätzen und daher rührt auch die Umkehrung des logischen Schlussverfahrens.

In diesem Zusammenhang sagt Steiner: „Das heißt, man soll recht viel Rücksicht darauf nehmen, daß man alles, was sich auf die Schlüsse bezieht, mit den Kindern bespricht und sie nicht fertige Schlüsse immer bewahren läßt, sondern nur das bewahren läßt, was zum Begriff ausreift" (Steiner 2005, S. 159). Auch hier zeigt sich ein philosophisches Verfahren: In der aufmerksamen Wahrnehmung des Unverborgenen, Unvermittelten usw. soll die Vorstellung, die Meinung, die die Schüler*innen bereits mitbringen, so weit aufgebrochen werden, dass es zu einer Neubewertung und möglicherweise Umbenennung des so verstandenen Sachverhalts im gemeinsamen Denkprozess kommt. „Das Denken ist somit ein Element, das mich über mein Selbst hinausführt und mit den Objekten verbindet" (Steiner 1995, S. 60).

In der Sprache der antiken Philosophie: Der Ursprung aller Erkenntnis und damit der Auflösung vorgefasster Meinung (dóksa) liegt im Erleiden des – zunächst wortlosen – Staunens (thaumátsein) (Platon 1991, S. 196f., Theaitetos 155d).[1]

Und nun folgt die unausweichliche Frage:

> „Aber was ist dazu notwendig? Denken Sie sich, Sie bilden Begriffe, und diese Begriffe sind tot. Dann impfen Sie den Menschen Begriffsleichname ein. […] Wie muß der Begriff sein, den wir dem Menschen beibringen? Er muß lebendig sein, wenn der Mensch mit ihm soll leben können" (Steiner 2005, S. 159).

Es sollen im Unterricht „lebendige Begriffe" (ebd.; Kiersch 1998, S. 75ff.; Wiehl 2017, S. 94) gegeben werden. Was heißt das?

> „Wenn Sie dem Kind fortwährend Definitionen geben, wenn Sie sagen: Ein Löwe ist … – und so weiter und das auswendig lernen lassen, dann impfen Sie ihm tote Begriffe ein. […] Das heißt, das viele Definieren ist der Tod des lebendigen Unterrichts" (Steiner 2005, S. 160).

Ein toter Begriff, das ist, wenn man so will, ein Begriff, der nicht mehr begreift. Der seine welterschließende Funktion verloren hat. Ein entseeltes Wesen. Eine Reliquie, ein Überrest, ein Skelett. Ein toter Begriff ist wie eine Pupille, die ihre Sehkraft verloren hat, ein Auge, das nichts mehr sieht (Aristoteles 1995, S. 62ff., De Anima 412b 18ff.).

Ein lebendiger Begriff ist ein Wort, das bei den Dingen ist, sie begreift, berührt, fasst. Im Erkennen ist der Mensch bei den Dingen, weiter noch: Er ist die Dinge. „Die Kräfte, welche innerhalb meiner Leibeshaut wirken, sind die gleichen wie die außerhalb bestehenden. Ich bin also wirklich die Dinge" (Steiner 1995, S. 104). Auch für Aristoteles ist die Seele nicht im Gefängnis des Körpers, sondern in einem Zwischenraum, sie ist gewissermaßen innerlich außer sich und dadurch ist sie das Seiende (Aristoteles 1995, S. 184f., De Anima 431b 16ff.), und zwar so, dass sie die Form (eidos) dieses Seienden annimmt, wir würden sagen: sich einfühlt, ihm ähnlich wird (Gruber 2001, S. 81ff.; Picht 1992, S. 311ff.). Die Konsequenzen dieser Überlegung für die Pädagogik sind kaum zu überschätzen. Sie lauten: „Im Unterschied zu den uns geläufigen Theorien über den Lernprozess wird hier das Lernen nicht als die Summe des Erwerbens von einzelnen Informationen oder Fertigkeiten verstanden, vielmehr wird jeder Schritt des Lernens als eine Verwandlung der fundamentalen Seinsverfassung interpretiert" (Picht 1992, S. 312).

Der Schritt zur Erkenntnis, die epagōgē, kann also nur gemacht werden, wenn man sich die Begriffe „nicht mehr nur schenken" lässt, wie Nietzsche sagt, „nicht nur sie reinig[t] und aufhell[t]", sondern man muss sie „allererst machen, schaffen, hinstellen und zu ihnen überreden" (Nietzsche 1988b,

S. 486), und zwar weil „Pietät" und moralische Verpflichtung gegenüber mehr oder weniger intelligenten Vorfahren, von denen die geschenkten Begriffe stammen, im Erkennen nichts zu suchen haben.

5   Die Metapher als verdeckte Verschiebung

Wie macht oder schafft man Begriffe? Steiner gibt eine verblüffend einfache und sehr pragmatische Antwort: „Wir sollten im Unterricht nicht definieren, wir sollten versuchen zu charakterisieren. Wir charakterisieren, wenn wir die Dinge unter möglichst viele Gesichtspunkte stellen " (Steiner 2005, S. 160). Dem entspricht der frei gehaltene Lehrervortrag, der auf einem eigenen inneren Miterleben, einem Sich-in-die-Stimmung-Hineinversetzen beruht, ohne die sachlichen Bedingungen aus dem Blick zu verlieren. Aristoteles nennt das ein „Vor-Augen-Führen" (Aristoteles 1980, S. 191, Rhetorik 1410b ff.). Der freie Vortrag seinerseits führt zur spontanen Suche nach einer der Sache angemessenen Sprache.

Man muss Nietzsches erkenntnistheoretischen Skeptizismus nicht teilen, um seine Beschreibung dieser Suche als treffend anzuerkennen: „Ein Nervenreiz zuerst übertragen in ein Bild! erste Metapher. Das Bild wieder nachgeformt in einem Laut! zweite Metapher" (Nietzsche 1988a, S. 879). Das heißt, das Verfahren der Bildung von Sprache ist im Kern metaphorisch. Metaphérein oder -phōrein heißt wörtlich: verlegen, wegbringen, verwechseln und übertragen, eben auch im Sinne von hinübertragen. Etwas bleibt nicht an seinem Ort, es wird weggebracht. Etwas wird woandershin getragen oder gelegt. Das Entscheidende der Bildung des sprachlichen Ausdrucks ist die Differenz, die Verschiebung. Sofort aber wird klar, dass dieser Beschreibungsversuch selbst metaphorisch ist. Sprache ist ja gerade nicht räumlich, Worte haben keinen bestimmten Ort, an dem sie liegen oder zu dem sie hingebracht werden können. Die Bildung von Sprache als Metapher zu verstehen oder, schärfer, als diaphorá: Verschiebung, Unterschied, Aufschub, Streit (Derrida 1999a, S. 47), ist also streng genommen ein Kategorienfehler.

So fördert Sprache zuallererst die Paradoxie aller Abbildungsverfahren zutage, weil sich in ihr die Spannung zwischen Identität (Es ist dies.) und Differenz (Es ist es eben nicht, weil die Sprache nicht die Sache ist.) offen zeigt. Die Metapher zeigt diese Spannung, die der Sprache inhärent ist, aber nur, wenn man sie sich genauer ansieht. Sie zeigt also die Differenz, indem sie sie verdeckt. Die „lebendigen Begriffe" Steiners sind selbst eine Metapher, so wie das Sprechen von „Bildlichkeit" in der Sprache eine Metapher ist. Häufig lautet dann auch der Einwand der philosophischen Kritik: Das ist ja nur eine Metapher! Und das heißt: Die Argumentation ist poetisch, als Argumentation nicht tauglich, weil sie nicht kategorial, nicht begrifflich ist.

6 Die Signatur des Begriffs

Was ist ein Begriff?

> „Jedes Wort wird sofort dadurch Begriff, dass es eben nicht für
> das einmalige ganz und gar individualisierte Urerlebnis, dem es
> sein Entstehen verdankt, etwa als Erinnerung dienen soll, son-
> dern zugleich für zahllose, mehr oder weniger ähnliche, das
> heißt, streng genommen, niemals gleiche, also auf lauter
> ungleiche Fälle passen muss. Jeder Begriff entsteht durch
> Gleichsetzen des Nicht-Gleichen" (Nietzsche 1999a, S. 880).

Das heißt, Begriffe sind eigentlich Metaphern, von denen man irgendwann vergessen hat, dass sie welche sind. Abgesehen davon, dass sich die
Paradoxie hier auf einer anderen Ebene noch einmal wiederholt, denn das
ganz Individuelle ist ja eben nicht (mit)teilbar, und damit unsagbar. Begriffe
also sind „Metaphern, die abgenutzt und sinnlich kraftlos geworden sind"
(Nietzsche 1999a, S. 881), wobei das den Rückschluss auf ihre Unwahrheit
noch lange nicht rechtfertigt. Im Gegenteil wird hier deutlich gemacht, dass
die Metapher über mehr Sinnlichkeit und Kraft verfügt als der Begriff. Und
dass der Begriff diese Kraft nur als lebendiger Begriff bewahren kann. „Es gibt
keinen Himmel für Begriffe. Sie müssen erfunden, hergestellt oder vielmehr
erschaffen werden und wären nichts ohne die Signatur derer, die sie erschaffen" (Deleuze/Guattari 1996, S. 10). Klar wird: Waldorfunterricht ist ein emi-
nent philosophisches Unterfangen, denn die „Signatur", der „Geschmack"
(Deleuze/Guattari 1996, S. 13) des zu schaffenden Begriffs liegt bei seinen
Schöpfern und das heißt letzten Endes bei den Schüler*innen. Man darf also
unterrichtlich das Fass (die Bildung des Begriffs) nicht zu früh zumachen,
und man darf den Schülern die Arbeit am Begriff und damit am Begreifen
nicht abnehmen. Hilfestellung zu geben, ist erlaubt!

7 Fazit: Erkenntnis durch Ähnlichkeit und Unterschied

Woher kommt nun die pädagogische Relevanz der Findung oder Bildung
von Begriffen über den Weg des metaphorischen Sprechens? Warum ist bildhafter Unterricht (Wiehl 2016, S. 18ff.) besser als abstrakter, was in der Praxis
sicher niemand bestreiten wird?

Der Zusammenhang von Pädagogik und sprachphilosophischen Überlegungen liegt in der pädagogischen Relevanz der Metapher selbst: „Man muss
aber Metaphern bilden", sagt Aristoteles in der „Rhetorik", „von verwandten,
aber auf den ersten Blick nicht offen zutage liegenden Dingen, wie es z. B.
auch in der Philosophie Charakteristikum eines richtig denkenden Men-

schen ist, das Ähnliche auch in weit auseinanderliegenden Dingen zu erkennen" (Aristoteles 1980, S. 194f., Rhetorik 1412a 10–12). Das Metaphorische als das sprachliche Zusammennehmen von weit auseinanderliegenden Dingen ist also weder unphilosophisch noch unwissenschaftlich, im Gegenteil: Es ist ein Kennzeichen von richtigem Denken, im Auseinanderliegenden, im Unterschied, der diaphorá, das Zusammengehörige zu erkennen. Aristoteles verwendet hier das Wort (den Begriff?) des Ähnlichen: tò homoion. Homoios heißt gleichartig, ähnlich, aber auch gemeinsam, gemeinschaftlich. Ein homoien ist ein Bürger, ein Gleicher unter Gleichen, aber auch ein Vergleich. Aus dieser Gleichheit in der Ungleichheit entsteht ein Gleichnis, ein homoiōma, ein Abbild. Die Bildhaftigkeit ist nichts Sekundäres, sondern ein noumenales Phänomen: Sie ist als mentales, inneres Bild schon da, wenn aus einer Erkenntnis ein sprachliches Bild wird.

Der „Esprit" der Metapher, so Aristoteles weiter, basiere „in den meisten Fällen auf […] einer hinzukommenden Täuschung; denn es wird dem Hörer eher klar, daß er etwas gelernt hat, wenn es sich entgegen seiner Erwartung verhält, und die Seele scheint zu sich selbst zu sagen: ‚Wie richtig, doch befand ich mich im Irrtum'" (Aristoteles 1980, S. 195, Rhetorik 1412a 18–21).

Das Moment der Erkenntnis der Ähnlichkeit des Nicht-Ähnlichen, und dies hat gar nichts mit sinnlicher Wahrnehmbarkeit im Sinne eines transzendentalen Vermögens zu tun, drückt Wahres aus und ist somit ein Moment der philosophischen Erkenntnis. Insofern hat die Metapher nicht nur pädagogische, sondern auch ontologische Relevanz. Denn unsere Erkenntnis entspringt aus „vielen durch die Erfahrung gegebenen Gedanken", aus denen sich „eine allgemeine Annahme über das Ähnliche [homoiōn hypólēpsis] bildet" (Aristoteles 1989, S. 4f., Metaphysik 981a 5–7). Dabei ist natürlich – ein Signum der Sprache des Aristoteles – hypólēpsis selbst eine Metapher: hypo = darunter, zurück oder auch durch. Lēpsis kommt von légein = sagen, reden, zählen, meinen. Hypólēpsis heißt also wörtlich: Zurücksagen, Gegenrede, Antwort, Einwand, Vermutung im Sinne von etwas zum Darunter- oder Zurückliegenden sagen, Bezug nehmen auf etwas bereits Gesagtes. Und dies – nämlich eine neue Art des Sagens mithilfe einer alten Art des Sagens zu erkunden – wiederum beschreibt exakt die Funktionsweise der Metapher.

Das Entdecken solcher Unterschiede im Ähnlichen und solcher Ähnlichkeiten im Unterschiedenen bereitet uns – so Aristoteles – Freude (chaírein), ja größtes Vergnügen, weil wir „beim Betrachten (theorein) etwas lernen (manthánein) und zu erschließen (syllogítsesthai) suchen, was ein jedes sei" (Aristoteles 1982, S. 10ff., Poetik 1448b 15–18). Hier entspringt Bildung im wörtlichen Sinne. Die Metapher verbirgt und entfaltet zugleich eine Entdeckung (alétheia) oder Aufdeckung. Es handelt sich hier um ein „ekstatisches Moment der Sprache", die Sprache stürzt gewissermaßen im Sein und Nichtsein zugleich über sich selbst hinaus (Ricoeur 2004, S. 241).[2] Und es zeigt sich, dass die Metapher, paradigmatisch als erste unter den sogenannten bildlichen Wendungen, so etwas wie Lernen oder wissenschaftliche Erkenntnis nicht verstellt, sondern gerade erst möglich macht.

Literatur

Aristoteles (1980). Rhetorik. Übers. v. F. G. Sieveke. München: Fink.

Aristoteles (1982). Poetik. Übers. v. M. Fuhrmann. Stuttgart: Reclam.

Aristoteles (1989). Metaphysik. Bücher I-VI. Übers. v. H. Bonitz. Hamburg: Meiner.

Aristoteles (1993). Analytica Posteriora. Übers. v. W. Detel. Berlin: Akademie Verlag (= Werke in deutscher Übersetzung, Bd. 3, II).

Aristoteles (1995). Über die Seele. Übers. v. W. Theiler u. H. Seidl. Hamburg: Meiner.

Braun, Edmund (Hrsg.) (1974). Aristoteles und die Paideia. Übers. v. E. Braun. Paderborn: Schöningh.

Deleuze, Gilles / Guattari, Félix (1996). Was ist Philosophie? Übers. v. B. Schwibs u. J. Vogl. Frankfurt a. M.: Suhrkamp.

Derrida, Jacques (1999a). Die différance. In: ders.: Randgänge der Philosophie, hrsg. v. P. Engelmann. Wien: Passagen, S. 31–56.

Derrida, Jacques (1999b). Die weiße Mythologie. Die Metapher im philosophischen Text. In: ders.: Randgänge der Philosophie, hrsg. v. P. Engelmann. Wien: Passagen, S. 229–290.

Gruber, Bernhard (2001). Topographie des Ähnlichen. Aristoteles und die gegenwärtige Kritik an „Repräsentation". München: Fink.

Kiersch, Johannes (1998). „Lebendige Begriffe". Einige vorläufige Bemerkungen zu den Denkformen der Waldorfpädagogik. In: Bohnsack, Fritz / Kranich, Ernst-Michael (Hrsg.). Erziehungswissenschaft und Waldorfpädagogik. Der Beginn eines notwendigen Dialogs. 2. Auflage. Weinheim, Basel: Beltz, S. 75–94.

Nietzsche, Friedrich (1988a). Über Wahrheit und Lüge im außermoralischen Sinne. In: ders. (1988): Kritische Studienausgabe. Hrsg. v. G. Colli u. M. Montinari. 2. Auflage. Berlin/New York: de Gruyter, Bd. 1, S. 871–890.

Nietzsche, Friedrich (1988b). Nachlass 1884–1885. 2. Auflage. Berlin/New York: de Gruyter (= Kritische Studienausgabe, hrsg. v. G. Colli u. M. Montinari, Bd. 11).

Picht, Georg (1992). Aristoteles' „De anima". 2. Auflage. Stuttgart: Klett-Cotta.

Platon (1991). Theaitetos. Übers. v. F. Schleiermacher u. a. Frankfurt a. M., Leipzig: Insel (= Sämtliche Werke, Bd. 6).

Ricoeur, Paul (2004). Die lebendige Metapher. Übers. v. R. Rochlitz. 3. Auflage. München: Fink.

Schieren, Jost (2008). Schluss, Urteil, Begriff – Die Qualität des Verstehens. In: ders. (Hrsg.): Was ist und wie entsteht Unterrichtsqualität an der Waldorfschule? München: Kopaed, S. 11–31.

Steiner, Rudolf (1995). Die Philosophie der Freiheit. Grundzüge einer modernen Weltanschauung. (GA 4). 16. Auflage. Dornach: Rudolf Steiner Verlag.

Steiner, Rudolf (2005). Allgemeine Menschenkunde als Grundlage der Pädagogik I. 1919 (Tb 617). Dornach: Rudolf Steiner Verlag.

Steiner, Rudolf (2012). Anthroposophie – Psychosophie – Pneumatosophie. 1909–1910 (GA 115). 5. Auflage. Rudolf Steiner Verlag.

Wiehl, Angelika (2016). Bilderfahrung als pädagogisches Paradigma. Anschauungsunterricht versus bildhafte Unterrichtsmethoden in der Waldorfpädagogik. In: Research on Steiner Education (RoSE) 7, No.1 (July 2016), S. 31–41. Online http://www.rosejourn.com/index.php/rose/article/viewFile/341/325 (Abruf: 31.07.2018).

Wiehl, Angelika (2017). Erzählen – eine grundlegende Methode der Waldorfpädagogik. In: Lehrerrundbrief 106 (Mai 2017), S. 86–104.

Anmerkungen

1 Schleiermacher übersetzt m. E. in der angegebenen Ausgabe zu schwach pathos mit „Zustand" und thaumátsein als „Verwunderung".

2 Es sei nicht verschwiegen, dass ich dieser Arbeit von Paul Ricoeur, einer Folge von sechs, im französischen Original sogar acht Studien zur „lebendigen Metapher", die Inspiration zu diesem Text und viele wichtige Überlegungen verdanke!

Jörg Soetebeer
Erfahrung und Bild bei Goethe. Ästhetische Verarbeitung von sinnlicher Anschauung und Imagination

„Was ist das schwerste von allem? Was dir das leichteste dünket,
Mit den Augen zu sehen, was vor den Augen dir liegt." (FA 1, S. 512)

1 Methodische Vorbemerkungen

Mit *Erfahrung und Bild bei Goethe* ist ein weitgespannter Untersuchungs-
bereich meiner Arbeit angedeutet, der von sinnlichkeitsbasierter Wahrnehmung, deren produktiver ästhetischer Verarbeitung in Bildern bis zu Formen
einer Rezeption gespannt ist. Thematisch konzentriere ich mich auf die
Rekonstruktion der Erfahrung von Wasserfällen und entsprechender ästhetischer Motivgestaltung bei Goethe. Vorab möchte ich zunächst meine
methodisch-konzeptionellen Gesichtspunkte offenlegen.

Als methodische Referenz dienen mir Theoriekonzepte im Anschluss an
Edmund Husserls Bildtheorie und seine Phänomenologie. Husserls bild-
theoretische Differenzierung von Bildträger, Bildobjekt und Bildsujet
bestimmt den Wirklichkeitsstatus von Bild als „artifizielle Präsenz" (Wiesing
2005, S. 44ff.) und die ontologische Diskussion von Bild versteht dieses nicht
als bloß parallele Matrix, sondern als den Teil der Wirklichkeit, mit dem sich
diese präsentiert und ihrerseits medial geformt wird.

Für diese ontologische Konzeption spielt deren erkenntnistheoretische
Basierung eine entscheidende Rolle. Im Wechselspiel von Wahrnehmung
durch die Sinne und Intentionalität des Bewusstseins wird im Akt der Protention Wirklichkeit konstituiert (Husserl 2002). Erfahrung von Sein ist unter diesen wahrnehmungs- und bewusstseinstheoretischen Prämissen eine Synthe-
seleistung von sinnlicher Anschauung und Performationen anschauenden
Denkens, wie sie beispielsweise Imagination oder Intuition formieren.

Diese philosophische Referenz hat insbesondere für Konzeptionen der
Rezeptionsästhetik eine bedeutende Funktion. Unter ihren Vorzeichen
begründet beispielsweise Michael Bockemühl eine Theorie der Bilderfahrung, welche das Sehen als Interaktion eines produktiven Anschauens versteht, mit welchem der Rezipient zugleich der Produzent der Wirklichkeit des
Bildes ist (Bockemühl 1985). Für den Umgang mit Literatur liegt eine anthro-

pologisch orientierte Rezeptionsästhetik als Selbstbildungskonzept vor (Soetebeer 2019). Im Kontext der Atmosphärenästhetik (Böhme 2013) wird über die Grenzen der Rezeptionsästhetik hinaus eine wahrnehmungstheoretisch umfassende Theorie von Aisthesis formuliert.

Für meine Erkundungen des Verhältnisses von Erfahrung und Bild bei Goethe sind die genannten Theoriekonzeptionen in zweierlei Hinsicht von Bedeutung. Zunächst als Referenz, eine bestimmte Art von Bild aus der Hand Goethes genauer zu verstehen. Dafür untersuche ich anhand von Goethes Zeichnung des Wasserfalls der Reuß vom Juni 1775 exemplarisch den Zusammenhang mit ihren sprachlichen Notaten, wie er auch sonst vielfach in Goethes Briefen, Tagebüchern, Schriften und literarischen Texten zu finden ist. Im korrelativen Arrangement von Bild und Wort manifestiert sich eine besondere Art des Sehens und dessen multivalenter ästhetischer Formung bei Goethe. Das Erlebnis des Rheinfalls von Schaffhausen 1797 wird dagegen mit einer einzigartig expressiv-konzentrierten Tagebuchprosa festgehalten, die geradezu fordert, in der Rezeptionserfahrung erst Sinnhorizonte zu modellieren. In diesem Untersuchungszusammenhang dienen mir demzufolge die rezeptionstheoretischen Referenzen auch dafür, Formen und Mittel produktiver ästhetischer Verarbeitung von Wirklichkeitserfahrung bei Goethe zu rekonstruieren. Damit rücken bildungsphilosophische Fragen in den Blick, etwa die einer Selbstbildung im Medium ästhetischer Erfahrung bei Goethe (Soetebeer 2018).

Abhandlungen zum Thema liegen von Werner Hofmann, Petra Maisak, Uwe Pörksen sowie Margrit Wyder vor. Hofmann und Maisak untersuchen das ästhetische Verhältnis von Wort und Bild bei Goethe (Hofmann 2009, Maisak 2009); Pörksen versteht die Zeichnungen Goethes im Kontext von dessen Naturforschung als visualisierte Ideen und als Denkformen theoriegeleiteter Landschaftszeichnung (Pörksen 1999); Wyder arbeitet heraus, dass Goethe in bestimmten Zeichnungen Informationen dergestalt vermittelt, dass er einfache Symbole oder Figuren wie Icons einsetzt, um im Bild einen weiterführenden Subtext des Dargestellten anzubieten (Wyder 2004, S. 164). Goethes Elementeparadigma hat jüngst Hartmut Böhme in einem ideengeschichtlichen Horizont untersucht (Böhme 2016).

2 Wasserfälle und ihre Ästhetik im Blick Goethes

„Auf Reisen reizen neue Gegenstände unsere Aufmerksamkeit. Nachdenken und Urteil" (WA I, 32, S. 470).

Goethes Reisen und Exkursionen folgten nicht dem Programm und den Konventionen einer Bildungsreise des 18. Jahrhunderts. Vielmehr suchte er mit dem Verlassen des vertrauten Lebensraums neue Erfahrungen; biografische Reflexion und die Hoffnung auf Transformation in besonderer Lebenslage waren damit verbunden. So suchte Goethe Räume und Orte um ihrer spezifischen Natur und Kultur willen auf, um inspirierende Wirkungen zu empfangen: die Höhen der Berggipfel und deren Panorama in der Atmosphäre von Licht, Luft und Wolken oberhalb der Sphäre des Lebens; die Täler und ihre differenzierten Zonen des Lebens, aber auch das verborgen Schaffende in den Tiefen der Bergwerke. In der je besonderen Fusion der Elemente einer bestimmten Landschaftsnatur hat Goethe dabei *Wasser* in vielfachen Formen und Varianten erlebt und seiner Erfahrung ästhetischen Ausdruck verliehen. So auch auf seinen drei Reisen in die Schweiz.

Die erste Reise 1775 stand ganz im Zeichen der Liebe und der Frage der zukünftigen Verbindung mit Lili Schönemann (Schnyder-Seidel 1989, S. 16). Goethe befand sich in einer labilen Lage der Unentschiedenheit und suchte sich eine Orientierung zu geben, die in Frankfurter Verhältnissen nicht möglich erschien. Es ist bekannt, dass Goethe unmittelbar nach der Reise sein Frankfurter Leben hinter sich ließ und nach Weimar an den Fürstenhof ging. Ohne vorschnell Kausalitätsmuster zu bemühen, sind hier die Reiseerfahrungen und deren mögliche Wirkungen in den Blick zu nehmen.

Goethe sucht das Abenteuer in wildem Terrain der Schweiz: „Ich bin sehr in der Lufft. Schlafen Essen Trincken Baden Reiten Fahren, war so ein Paar Tage her der seelige inhalt meines Lebens" (Brief vom 5.6.1775 an Johanna Fahlmer, in FA 28, S. 454). Die Bergwelt und in ihr die Spielarten der Wassernatur sind dabei die entscheidenden Erfahrungsräume. Goethe sucht den Rheinfall von Schaffhausen, um sich „in die grose Idee einzuwickeln", von der er andeutet, sie könne ihm den „Hauptzweck" (FA 28, S. 454) seiner Reise aufschließen. Wenige Tage später unternimmt er am 15. Juni 1775 eine Ruderfahrt auf dem Zürichsee. Im Reisetagebuch notieren er und wohl auch seine Freunde eine Reihe zum Teil fragmentarischer Verse (Schnyder-Seidel 1989, S. 31f.); es folgt die Urfassung des Gedichtes „Auf dem See" von Goethes Hand:

> „Ich saug an meiner Nabelschnur
> Nun Nahrung aus der Welt.
> Und herrlich rings ist die Natur
> Die mich am Busen hält.
> Die Welle wieget unsern Kahn
> Im Rudertackt hinauf
> Und Berge Wolcken angethan
> Entgegnen unserm Lauf.

Aug mein Aug was sinckst du nieder
Goldne Träume kommt ihr wieder
Weg du Traum so Gold du bist
Hier auch Lieb und Leben ist.
Auf der Welle blincken
Tausend schwebende Sterne
Liebe Nebel trincken
Rings die türmende Ferne
Morgenwind umflügelt
Die beschattete Bucht
Und im See bespiegelt
Sich die reifende Frucht" (FA 16, S. 9f.)

Wenig später notiert das Tagebuch:

„Wenn ich liebe Lili dich nicht liebte
Welche Wonne gäb mir dieser Blick
Und doch wenn ich Lili dich nicht liebt
Wär! Was Wär mein Glück" (FA 16, S. 9).

Auch wenn umstritten ist, ob die Verse unmittelbarer Erfahrung entspringen – man geht davon aus, dass die tatsächlichen Reisenotizen erst am 16. Juni einsetzten (Schnyder-Seidel 1989, S. 31) –, so variieren sie doch einen für Goethe bedeutenden Erfahrungszusammenhang von Wasser, den er zeitnah zum Erlebnis in eine erste ästhetische Form bringt. Kontrastiv zur Offenbarungshoffnung gegenüber der wilden Gewalt des im Brief erwähnten Rheinfalls hier ein ozeanisches Gefühl, dem sich das Ganze der Natur als ein in sich ruhender korrespondierender Zusammenhang offenbart, symbolisch aufgeladen als Erlebnis einer neuen Geburt. Doch die *goldnen Träume* um Lili Schönemann behaupten ihre Macht, wie auch die vier letzten Verse verdeutlichen. So ist die Natur mehr *Bühnenraum* einer Melancholie, deren Schwanken zwischen Hingabe und Zweifel sich immer wieder an der Naturkulisse bricht (Soetebeer 2018, S. 171).

Die Tagebuchaufzeichnungen vermerken dann im Fortgang der Reise für den 20. Juni „gebadet im Schnee Wasser" (FA 16, S. 11) des Flusslaufs der Reuß bei Amsteg. Die Wanderung auf der Gotthardroute kulminiert mit dem „Scheideblick vom Gotthard nach Italien d. 22. Juni 1775" (Schnyder-Seidel 1989, S. 57ff.). Auf Hin- und Rückweg passiert Goethe neben der Teufelsbrücke auch den Wasserfall der Reuß. Ich gebe zunächst die Tagebuchnotate dieser Wandertage wieder:

„20. ½7 nach dem Steeg. Fische gebachen geschmackt gebadet im Schnee Wasser 3 Uhr fort. berg auf. Schnee Laue. Saumross. Schneehölen. Steeg. Grose Fichten. Abgrund. ½8. in Wasen. Strahlen.

21. halb 7. Aufwärts. allmächtig schröcklich.

Geschten. gezeichnet. Noth und Müh und schweis. Teufelsbrücke u. der Teufel. Schwizen u. Maten u Sincken biss ans Urner Loch hinaus u belebung im Thal. an der M a t t e trefflicher Käss. Sauwohl u Projeckte. ab 35 Min. auf 4. Schnee, nackter Fels u Moos u Sturmwind u. Wolcken. Das Gerausch des Wasserfalls der Saumrosse Klingeln. Öde wie in Thale des Todts – mit Gebeinen besät Nebel See.

eine Stunde aus dem Liviner Thal ins Urseler. Das mag das Drachen Thal genannt werden – (Einer der herlichsten Wasserfälle der Gegend)" (FA 16, S. 11).

Der letzte Satz in Klammern stammt aus der Hand des Reisegefährten Passavant (Kommentar FA 16, S. 708). Im 18. Buch von „Dichtung und Wahrheit" findet sich die autobiografische Erzählung der Erlebnisse (FA 14, S. 806ff.). Goethes Schilderung des Wasserfalls dort: „Aber doch erheitert und erhoben fühlte man sich durch einen der schönsten, am meisten zum Bilde sich eignenden, in allen Abstufungen grandios mannigfaltigen Wasserfall, der gerade in dieser Jahreszeit vom geschmolzenen Schnee überreich begabt, von Wolken bald verhüllt bald enthüllt, uns geraume Zeit an die Stelle fesselte" (FA 14, S. 808). Diese literarische Erinnerung legt nahe, Goethes Zeichnung vom „Wasserfall der Reuß" in enger Korrelation zu den Tagebuchnotaten zu verstehen. Hier zunächst die Zeichnung:

Abb.: Goethezeichnung „Wasserfall der Reuß"

Goethe fertigte in seinem Tagebuch eine Reihe von Zeichnungen während seiner Reise und folgte damit einem von ihm schon länger praktizierten Verarbeitungsmuster von Naturerfahrung, das jedoch gegenüber der gewaltigen Naturkulisse der Schweizer Bergwelt seine Grenze fand. Er entwickelte ob seiner empfundenen künstlerischen Unzulänglichkeit ein besonderes ästhetisches Verfahren:

> „Die Gewohnheit von Jugend auf die Landschaft als Bild zu sehen, verführte mich zu dem Unternehmen, wenn ich in der Natur die Gegend als Bild erblickte, sie fixieren, mir ein sicheres Andenken von solchen Augenblicken festhalten zu wollen. Sonst nur an beschränkten Gegenständen mich einigermaßen übend fühlt' ich in einer solchen Welt gar bald meine Unzulänglichkeit. Drang und Eile zugleich nötigten mich zu einem wunderbaren Hülfsmittel: kaum hatte ich einen interessanten Gegenstand gefaßt, und ihn mit wenigen Strichen im allgemeinsten auf dem Papier angedeutet, so führte ich das Detail, das ich mit dem Bleistift nicht erreichen noch durchführen konnte, in Worten gleich daneben aus und gewann mir auf diese Weise eine solche innere Gegenwart von dergleichen Ansichten, daß eine jede Lokalität wie ich sie nachher in Gedicht oder Erzählung nur etwa brauchen mochte, mir alsobald vorschwebte und zu Gebote stand" (FA 14, S. 813).

Ich habe an anderer Stelle ausgeführt, dass Goethes Einsicht in die Unzulänglichkeit der eigenen künstlerischen Mittel als ein Widerfahrnis mit umbildender – transformatorischer – Wirkung verstanden werden kann. Die Bewältigung dieser Erfahrung mit verschiedenen medialen Mitteln visueller und narrativer Modi ermöglicht Goethe, das aktuelle Scheitern zu unterlaufen und in einen Prozess zu überführen, an späterer Stelle eine ästhetische Formung zu gestalten, die seiner Selbstbildung dient (Soetebeer 2018, S. 172ff.). Im vorliegenden Zusammenhang interessiert nun zunächst Goethes Bildbegriff im Kontext der Landschaftswahrnehmung. Von diesem wahrnehmungstheoretischen Zusammenhang aus möchte ich *Zeichnung* und *Wort* in ihrer Besonderheit und ihrer Korrelation untersuchen.

3 Das Bild einer Landschaftserfahrung Goethes

Goethe bezeichnet eine bestimmte Art der Erfahrung einer *Gegend* als *Bild* der Landschaft im Wahrnehmungsprozess, das er mit einer Zeichnung festhält. Er verfolgt damit ein Erinnerungskonzept. Offensichtlich hat nach Goethes Worten nicht jeder Natureindruck diesen Bildcharakter. Was ihn dazu macht, ist, so kann man mit Husserl schließen, in einem besonderen anschauenden Denken in der sinnlichen Wahrnehmung zu suchen. Ohne dessen Aktivität bleibt es bei zufälligen, flüchtigen Impressionen, die sich durch die Anwesenheit in einem konkreten Erfahrungsraum ergeben, denen sich das Subjekt der Wahrnehmung jedoch nicht intentional zuwendet. Erst eine solche, wenn auch noch so anfängliche Aufmerksamkeit würde die Voraussetzung sein, dass ein Eindruck eine bestimmte Protention (Husserl 2002) bewirkt. Die Bildqualität einer solchen Landschaftswahrnehmung würde demnach durch bestimmte Denkmuster geprägt, die das Subjekt durch Erfahrungen entwickelt hat und mit denen es weiterreichende Erwartungen realer Wahrnehmung antizipiert. So legt es auch Goethes Gedanke nahe.

Für derartige Landschaftserfahrungen können nun eine Reihe von Betrachtungsweisen angeführt werden. Dabei muss betont werden, dass es dem jungen Goethe 1775 nicht nur an künstlerischen Mitteln gebrach, sondern dass ihm auch keines der erwähnten Denkmuster als explizit praktizierte Betrachtungsweise zur Verfügung stand (FA 14, S. 803). Seine Aufzeichnungen dokumentieren vielmehr unvermittelte und überwältigende Erfahrungen. Unter dieser Voraussetzung sind jedoch Merkmale der Naturerfahrung rekonstruierbar, welche Goethes Erfahrung prägen und ihn im Alter vom Bild einer Landschaft sprechen lassen. Zentral ist dafür die Idee der Landschaft als eines lebendigen Organismus, die letztlich in der Auffassung von der Erde als einem Lebewesen gründet. Versucht man nun, dieses vormoderne Paradigma Goethes (Wyder 1998) in seinen wesentlichen Teilen zu differenzieren, so lassen sich in seinen Tagebuchaufzeichnungen drei Ausdrucksformen erkennen:

- Die Mimik der Landschaft. Diese ist geprägt durch die sich stetig verändernden Erscheinungsformen im Lauf der Jahreszeiten, den Wandel der Farben, die Wachstumsphasen der Pflanzen (Schnee, Wind, Wolken).
- Die Gebärde der Landschaft. Sie umfasst die Gestaltformen, die sich aus dem Gesamten der Landschaftsnatur ergeben. In der Gebärde zeigen sich die Entstehungsbedingungen der Berge (Landschaftsrelief), Gesteine (u. a. Verwitterungsgeschehen), Bäume, Wälder, des Bodens und des Wassers (See, Wildbach, Klamm, Wasserfall).
- Die Physiognomie der Landschaft. Zu ihr gehört der besondere Wuchs von Pflanzen gemäß ihren Umweltbedingungen ebenso wie das Leben der Tiere sowie deren Stimmen und deren Klänge und Töne der Natur (Rauschen des Wasserfalls).

Diese von Jochen Bockemühl (1992) beschriebenen Erscheinungsformen in ihrer wechselseitigen Wirkung in einem Zusammenhang erzeugen ein Ganzes. Damit gewinnt die erfahrene Landschaft Ausdruckscharakter (Cassirer 1964) in dem Sinne, als in den Erscheinungen ein gemeinsames inneres Bildeprinzip wirkt. Diesen Ausdruck nennt Goethe „Bild seiner Landschaftserfahrung".

Betrachtet man unter diesen Voraussetzungen einer impliziten Betrachtungsweise Goethes und seiner Versuche, die Natureindrücke zu medialisieren, die Tagebuchnotate und die Zeichnung, so besticht die Zeichnung durch den Eindruck unmittelbarer Fixierung einer aktuellen Erfahrung. Mit wenigen Strichen wird atmosphärische Dichte erzeugt; in der wilden Dynamik des Sturzes vermeint man das Rauschen des Wassers zu vernehmen, das Spiel von Licht in Wassernebel, Gischt und Wildbach, die Kraft des Wassers gegen den Widerstand der Felsen (Goethe 2009, S. 106). Dabei bleibt die Zeichnung *Bild* in dem Sinne, als sie auf zeichnerische Mittel eingeschränkt ist. Sie vermag das Erlebte nur als Moment auszudrücken, kann in dieser Begrenzung das reale Erlebnis lebendiger Dynamik und permanenter Bildung und Veränderung allenfalls antizipieren: eine konstitutive Differenz von Erfahrung und Ausdruck. Andererseits vermag das Bild die Erfahrung durchaus auch zu steigern, indem es die ganze Erscheinungsvielfalt, welche sich eventuell im zeitlichen Verlauf einer Betrachtung sukzessive zeigt, simultan in ein Ganzes komponiert: Auch eine Differenz zwischen Erfahrung und Ausdruck, aber als expansive Ausweitung des Erfahrungsraumes. Es käme also ganz auf die Kunstfertigkeit des Zeichners an, dem Ideal nahezukommen.

Nun ist es nicht die ontologische Differenz, sondern Goethes Urteil über das persönliche zeichnerische Vermögen, welches die autobiografische Reflexion über seine besonderen „Hülfsmittel" bestimmt. Vielleicht noch prägnanter als die Zeichnung vermittelt die parataktisch-additive Reihung und besonders auch der willkürliche sprachliche Stil der Tagebucheintragungen ein flüchtiges Notieren unmittelbarer momentaner Erlebnisse, ohne dass eine besondere ästhetische Anordnung damit angestrebt zu sein scheint. Für sich genommen wären sie damit allein Dokumente einer Wandererfahrung. In der bewusst arrangierten Verbindung mit der Zeichnung jedoch erlangen die Notate eine ästhetische Funktion. Sehr viel intensiver noch als die Zeichnung öffnen sie einen assoziativen Spielraum, aufgeladen mit Bedeutung. In der ästhetischen Anordnung werden die Ortsnamen zu einem Wanderweg, auf dem sich besondere Sehenswürdigkeiten (z. B. die Teufelsbrücke, ein *Teufel* genannter Felsbrocken), Landschaftsformen –

Lebenswelt der Täler, wildes, raues Gebirge – und Gemütslagen des Wanderers zu einer erzählten Zeitgestalt entfalten. Das Arrangement bedeutungstragender Leerstellen (Iser 2013) dieser Bildsprache erfährt dabei erst durch die Phantasie des Rezipienten ihre je besondere Ausgestaltung.

Nach diesen Überlegungen lenkt und konzentriert die Zeichnung den Rezipienten auf einen besonderen Inhalt, während die Tagebuchaufzeichnungen dazu aufrufen, die Landschaft in der Phantasie als großen Erfahrungszusammenhang zu modellieren. Die unterschiedlichen Medien mit ihrem je besonderen perspektivischen Format korrelieren demnach als Varianten von Ausdruck.

Was dergestalt für die Rezeption gilt, das ist auch für den mit verschiedenen Mitteln künstlerisch tätigen Goethe in seiner aktuellen biografischen Lage von Bedeutung. In den Tagebuchnotaten tritt Wasser als ein variantenreiches Motiv hervor; Erscheinung, Bewegung und Qualität von Wasser werden in wechselnden Naturzusammenhängen zwar unterschiedlich erfahren, gehen aber in einem geahnten Natur-Ganzen auf. Der Wasserfall erscheint dabei als ein besonderes Teil des Ganzen, in welchem sich ein ungeduldiges Vorwärtsdrängen zeigt, dem immer wieder Steine im Weg liegen. Damit wird der Wasserfall zu einer überwältigenden Erfahrung, vor der die intentionalen Ordnungsmuster des Bewusstseins versagen: die Naturgewalt als Widerfahrnis mit umbildender Wirkung. Denn Bild und Wort zeugen von der Arbeit an der Differenz, dem Versuch einer Bewältigung der Erfahrung wilder Bergwelt. So tritt in dem naturhaften Gegenraum zur Ordnung und Konvention der Stadtwelt Frankfurts mit den wild-ursprünglichen Naturelementen Wasser und Fels, gerade weil diese zugleich von ihrer Herkunft und ihrer erdgeschichtlichen Modulation erzählen, von der „Unentschiedenheit dessen, was […] wird" (Blumenberg 2012, S. 33), das Moment des Schicksals prägnant hervor. In jedem Moment kann das Spiel der Elemente eine neue, unvorhersehbare Richtung nehmen. Dem ahnenden Bewusstsein eines bildenden Ganzen kontrastiert Widerstand, Unsicherheit und Schwanken – eine widerständige Differenzerfahrung, deren innere Spannung bestehen bleibt (Soetebeer 2018, S. 175): Der *Hauptzweck* der Reise zeichnet sich zu diesem Zeitpunkt nicht in der erhofften Deutlichkeit ab. Die Antagonismen wirken gerade mit dieser Entwicklungsoffenheit produktiv, weil sie einen Umbildungsprozess provozieren, mit welchem sich die Person als Ganze neu formieren wird.

Ein kurzer Ausblick legt den Schluss nahe, dass in Goethe diese – biografische – Erfahrung aktiv weitergelebt hat. Der „Gesang der Geister über den Wassern", nur vier Jahre später auf der zweiten Schweizer Reise 1779 im Erlebnis des Staubbachfalls im Lauterbrunnental entstanden, verdichtet die sinnliche Erscheinung des Wasserfalls zum imaginativen Sinnbild von Seelenwanderung, in welchem Himmel und Erde, Realität und Idealität als Bezüge in einem Ganzen erscheinen, in welchem sich seelische Bildung vollzieht. Zwang und Nötigung des Schicksals treten zurück zugunsten einer leichten, scheinbar zwanglosen Bewegung der Seele durch Räume und Zeiten.

4 Symbol als ästhetisches Mittel

22 Jahre nach der ersten Reise, auf seiner dritten Reise in die Schweiz, besucht Goethe am 18. September 1797 erneut den Rheinfall von Schaffhausen. Der durch Studien der Geologie, Anatomie, Botanik, Farbenlehre und Witterungslehre geschulte Betrachter möchte die Anschauung erneut und vertiefend wirken lassen (Brief an Schiller vom 14.10.1779, FA 31, S. 437ff.). Er praktiziert damit ein „Travelling Concept" (Bal 2002) des 18. Jahrhunderts. Goethe verbringt den Tag von morgens früh bis zum Sonnenuntergang im Umkreis des Wasserfalls. Dieser ist zu jeder Tageszeit, ob aus der Nähe, von einem Kahn aus oder von verschiedenen Punkten der Umgebung betrachtet, das Zentrum der Landschaftserfahrung, welche schriftlich dokumentiert wird (FA 16, S. 190ff.).

Den ausführlichen Tagebucheintragungen ist eine philosophische Betrachtung über das Verhältnis von Bild und Wort, Sehen und Beschreiben vorangestellt. Die besondere Bedeutung des geschriebenen Wortes für das Sehen des Auges wird hervorgehoben. Was 1775 als Mittel ästhetischer Produktion entwickelt worden ist, wird nun als Rezeptionsästhetik reflektiert. Goethe versteht die gelungene Beschreibung einer Naturgegebenheit wie eine Art kenntnisreichen und *unterhaltenden Gesellschafter,* der die Aufmerksamkeit belebt und die Phantasie anregt (FA 16, S. 189). Unter diesen Vorzeichen versteht er sein Tagebuch als eine Art *Übung,* die Erfahrung des Wasserfalls in narrativer Form zu fixieren. Damit liefert Goethe selbst für meine Untersuchung des Tagebuchauszugs einen Interpretationsansatz, mit der Methodik der Anschauung besonders auch die sprachliche Ästhetik zu beachten: ein Schreiben im Erleben der Dinge.

Zunächst die Wiedergabe zentraler Textpassagen:

> „Den 18. September
>
> Früh um 6½ Uhr ausgefahren, um den Rheinfall zu sehen. Grüne Wasserfarbe, Ursache derselben.
>
> Die Höhen waren mit Nebel bedeckt, die Tiefe war klar, und man sah das Schloß
>
> *Laufen* halb im Nebel. Der Dampf des Rheinfalls, den man recht gut

unterscheiden konnte, vermischte sich mit dem Nebel und stieg mit ihm auf.

Gedanke an Ossian. Liebe zum Nebel bei heftigen innern Empfindungen.

Man kommt über *Unwiesen,* ein Dorf, das oben Weinberge, unten Feldbau hat.

Der Himmel klärte sich langsam auf, die Nebel lagen noch auf den Höhen.

Laufen. Man steigt hinab und steht auf Kalkfelsen.

Teile der sinnlichen Erscheinung des Rheinfalls, vom h ö l z e r n e n V o r b a u gesehen. Felsen, in der Mitte stehende, von dem höhern Wasser ausgeschliffene, gegen die das Wasser herabschießt. Ihr Widerstand, einer oben, der andere unten, werden völlig überströmt. Schnelle Wellen, Laken-Gischt im Stürz, Gischt unten im Kessel, siedende Strudel im Kessel.

Der Vers legitimiert sich:

Es wallet und siedet und brauset und zischt pp.

Wenn die strömenden Stellen grün aussehen, so scheint der nächste Gischt leise

purpur gefärbt.

Unten strömen die Wellen schäumend ab, schlagen hüben und drüben an's Ufer, die Bewegung verklingt weiter hinab, und das Wasser zeigt im Fortfließen seine grüne Farbe wieder.

Erregte Ideen über die Gewalt des Sturzes. Unerschöpfbarkeit als wie ein Unnachlassen der Kraft. Zerstörung, Bleiben, Dauern, Bewegung, unmittelbare Ruhe nach dem Fall. […]

Bisher war Nebel, zu besonderm Glück und Bemerkung des Details […]. Das Sonnenlicht teilte nun die Massen ab, bezeichnete alles Vor- und Zurückstehende, und verkörperte die ungeheure Bewegung. Das Streben der Ströme gegen einander schien gewaltsam zu werden, weil man ihre Richtungen und Abteilungen deutlicher sah. Stark spritzende Massen aus der Tiefe zeichneten sich nun beleuchtet vor dem feinern Dunste aus, ein halber Regenbogen erschien im Dunste."

Nach einer Kahnfahrt über den Rhein zum Schloß Wörth war Goethe gegen 10 Uhr wieder zurück am Wasserfall:

„Der Regenbogen erschien in seiner größten Schönheit; er stand mit seinem ruhigen Fuß in dem ungeheuren Gischt und Schaum, der, indem er ihn gewaltsam zu zerstören droht, ihn jeden Augenblick neu hervorbringen muß.

Betrachtungen über die Sicherheit neben der entsetzlichen Gewalt. Durch das Rücken der Sonne entstanden noch größere Massen von Licht und Schatten, und da nun kein Nebel war, so erschien der Gischt gewaltiger, wenn er über der reinen Erde gegen den reinen Himmel hinauffuhr. Die dunkle grüne Farbe des abströmenden Flusses ward auffallender."

Goethe erkundet im Laufe des weiteren Tages die Gegend, immer wieder kommt dabei der Rheinfall in unterschiedlichen Ansichten in den Blick.

„Bei der Abendsonne sah ich noch den Rheinfall von oben und hinten, die Mühlen rechts, unter mir das Schloß Laufen, im Angesicht eine große herrliche aber faßliche, in allen Teilen interessante aber begreifliche Naturszene: man sieht den Fluß heranströmen und rauschen, und sieht wie er fällt."

Und wieder direkt vor dem Wasserfall:

„… und es war eben wieder als wenn man das Schauspiel zum ersten Mal sähe. In dem ungeheuern Gewühle war das Farbenspiel herrlich. Von dem großen überströmenden Felsen schien sich der Regenbogen immerfort herabzuwälzen, indem er in dem Dunst des herunterstürzenden Schaumes entstand. Die untergehende Sonne färbte einen Teil der beweglichen Massen gelb, die tiefen Strömungen erschienen grün und aller Schaum und Dunst war lichtpurpur; auf allen Tiefen und Höhen erwartete man die Entwickelung eines neuen Regenbogens.

Herrlicher war das Farbenspiel in dem Augenblick der sinkenden Sonne, aber auch alle Bewegung schien schneller, wilder und sprühender zu werden" (FA 16, S. 190ff.).

Die Wahrnehmung ist durch eine Reihe von wiederkehrenden Merkmalen und Motiven geprägt. Da ist zunächst die Variation von Nähe und Ferne zum Objekt, das dadurch in sehr verschiedener Weise in den Blick gerät. Die ruhige, konzentrierte Betrachtung des Details wechselt mit eher flüchtigen Eindrücken in der Bewegung durch die Landschaft; Überblick an exponierten Orten, Panoramaeindrücke verschaffen vielfältige Perspektiven, deren orientierendes Zentrum immer wieder der Wasserfall ist, „Übersicht sowohl des Ganzen als die Einsicht ins Einzelne" (FA 31, S. 439). Zugleich mit der vielfältigen Raumperspektive ergibt sich eine reizvolle Veränderung der Wahrnehmung in der Zeit. Morgen und Abend lassen bei aufgehender und untergehender Sonne ein intensives Zusammenspiel der Farben erleben, welches die Gestalten zu verbinden scheint; die Mittagssonne bewirkt dagegen konturierte Differenzierung des einzelnen Gegenstandes in seiner Umgebung.

Die Tendenz einer Fusion im Ganzen wandelt sich in klare Abgrenzung der Teile, die sich bei zunehmender Dämmerung wieder zu vereinen scheinen.

Das Naturganze lässt sich als Fusionszusammenhang mit der Betrachtungsweise der griechischen Elementenlehre einsichtig machen: dem Zusammenwirken von Erde, Wasser, Luft und Feuer-Licht (Böhme 1996). In der vitalen Gewalt von Fels und Wasser bewirken das sich im Tagesverlauf verändernde Sonnenlicht und dessen Wärme vielfältige Wasser-Luft-Variationen: die Gischt als wassergesättigte Luft, den Frühnebel als Feuchte, die Verbindung beider, die klare *reine* Luft; und als besondere Expression: den Regenbogen als Gestalt des Zusammenwirkens von wogendem Wasser, widerständigem Fels und Licht.

Das Auge Goethes ist geschult. In seinem Anschauen fusionieren Betrachtungsweisen seiner Naturforschungen ebenso wie seine ästhetischen Erfahrungen. Goethes Erlebnis des Wasserfalls verdankt sich deshalb weniger dem glücklichen Moment, als vielmehr langer Übung im Betrachten der Dinge. Seine Methode hat er seit seiner Straßburger Zeit entwickelt. Gegenüber den Rationalitätskonzepten der Aufklärung praktiziert er ein Anschauen der Welt, welches weniger diskursiv, als vielmehr von den Dingen selbst her zu erkennen bemüht ist. Es handelt sich dabei um Betrachtungsweisen eines anschauenden Erkennens, welches sich mit seinen Denkmustern immer wieder neu auf Erfahrung einlässt, nicht nur seine Wissenskonzepte kumuliert, sondern seinen intentional-konstruktivistischen Zugriff zurückhält, Staunen kann, sich überwältigen lässt, sich dem Widerfahrnis aussetzt. Der Klufterfahrung folgt die Arbeit an der Differenz, ein zeitintensiver Aneignungsprozess, denn es bleibt nicht beim einmaligen Erlebnis sinnlicher Anschauung. Multiperspektivisch organisierte Betrachtung, auf Amplifikation angelegt, bringt den Betrachter Goethe in immer neuer Weise in die Nähe der Dinge, und Erfahrung selbst wird zu einer besonderen Form anschauender Erkenntnis (Soetebeer 2018, S. 130ff.). Goethe kann damit als Typus der Betrachtungsmethode gelten, die ich als Referenz vorangestellt habe.

Und Goethe wird an der Erfahrung produktiv; Einbildungskraft und Phantasie greifen die gemachte Erfahrung auf und komponieren eine ästhetisch geformte Wirklichkeit. Schon in der Erfahrung steigert sich die sinnliche Anschauung zur Imagination, beispielsweise wenn Gedanken an Ossian oder Schillers Verse Bilder in der Wahrnehmung evozierend verstärken. Dem korrespondiert die ästhetische Form der Tagebuchnotate. Schieben sich Reflexionen in die Betrachtung, so tendiert die Darstellung zu hypotaktischem Satzbau: Gedanke und Auge korrespondieren. Dagegen ist die reine Erfahrung des Wasserfalls durch parataktischen Satzbau festgehalten: durch

Satzellipsen sowie einen stark eingeschränkten Einsatz von Konjunktionen und Satzzeichen. Goethe reduziert die grammatikalischen Mittel gedanklicher Verknüpfung zwischen den Teilen und vermittelt damit einerseits eine unmittelbare Diversität im Erleben, andererseits forciert er mit der rhapsodischen Anordnung eine Ästhetik imaginierter komplexer Wirklichkeit als produktiver Ergänzungsleistung, die sowohl dem Rezipienten im Allgemeinen als auch ihm selbst als Leser seines Tagebuches abverlangt wird.

Die Teile einzeln betrachtet, weisen unter diesen Gesichtspunkten markante Merkmale auf. Das Wasser erscheint als gewaltige nötigende Kraft, aber auch als lebendig mäanderndes Strömen, als unruhig forteilendes Werden. Gestein und Fels verkörpern eherne Form, das Alte unverrückbar Gewordene. Der Regenbogen ist ruhig-anmutiges freies Spiel von Schönheit, Gleichgewicht und Harmonie. Durch Goethes ästhetische Anordnung dieser Elemente vermögen Sinnlichkeit und Sinn sich immer wieder in neuen Variationen zu bilden: „… und ich fühle mehr Freiheit als jemals mannigfaltige Formen zu wählen um das Verarbeitete für mich oder andere darzustellen" (FA 31, S. 438).

Damit intendiert Goethe eine ästhetische Umorganisation, die Wolfgang Iser als Emergenz bezeichnet (Iser 2013). Dabei wird das im Angesicht der Dinge Erlebte über die persönlich bedeutende Dimension hinaus in übergreifende Fragen nach Zusammenhang und Sinn angesichts der Erfahrung von Kontingenz transformiert. Durchtränkt von weiteren Erfahrungen des Lebens, werden die Aufzeichnungen in exponierter biografischer Lage zu Vorlagen einer je aktuell bedeutsamen ästhetischen Formung; die vorliegende beispielsweise im Eingangsmonolog von Faust im zweiten Teil der Dichtung:

> „So bleibe denn die Sonne mir im Rücken!
> Der Wassersturz, das Felsenriff durchbrausend,
> Ihn schau ich an mit wachsendem Entzücken,
> Von Sturz zu Sturzen wälzt er jetzt in tausend,
> Dann abertausend Strömen sich ergießend,
> Hoch in die Lüfte Schaum an Schäume sausend.
> Allein wie herrlich diesem Sturm entsprießend,
> Wölbt sich des bunten Bogens Wechsel-Dauer
> Bald rein gezeichnet, bald in Luft zerfließend,
> Umher verbreitend duftig kühle Schauer.
> D e r spiegelt ab das menschliche Bestreben.
> Ihm sinne nach, und du begreifst genauer:
> Im farbigen Abglanz haben wir das Leben."
> (FA 7, 1, S. 206, Vers 4715–4727)

Das Wort *Abglanz* poetisiert an dieser Stelle das, was Goethe unter Gleichnis oder Symbol versteht. An zwei Gedanken möchte ich abschließend die besonderen Eigenheiten dieses Symbolischen aufzeigen. Im Rahmen der Naturwissenschaftlichen Schriften Goethes heißt es dazu: „Das Wahre mit dem Göttlichen identisch, läßt sich niemals von uns direkt erkennen, wir schauen es nur im Abglanz, im Beispiel, Symbol, in einzelnen und verwandten Erscheinungen; wir werden es gewahr als unbegreifliches Leben und können dem Wunsch nicht entsagen, es dennoch zu begreifen" (FA 25, S. 274). Das Symbol wird damit zu dem ästhetischen Mittel, etwas eigentlich Unfassbares und zugleich Unsagbares mit den Möglichkeiten der Sprache dennoch zum Ausdruck zu bringen. Ähnlich stellt sich für Goethe das Problem, die Vielfalt des Lebens eines Menschen als biografisches Bild in ein erzähltes „congruentes Ganze zusammenzufügen" (FA 17, S. 238). Das konkrete Leben zeigt Brüche und Klüfte kontingenter Entwicklung; und dennoch kann man das Kontinuum eines Ganzen ahnen. In autobiografischer Reflexion zu „Dichtung und Wahrheit" heißt es dazu:

„in der nächsten Epoche, zu der ich schreiten müßte, fallen die Blüten ab, nicht alle Kronen setzen Frucht an und diese selbst, wo sie sich findet, ist unscheinbar, schwillt langsam und die Reife zaudert. Ja wie viele Früchte fallen schon vor der Reife durch mancherlei Zufälligkeiten, und der Genuß, den man schon in der Hand zu haben glaubt, wird vereitelt" (FA 14, S. 972).

Literatur

Bal, Mieke (2002). Travelling Concepts in the Humanities. A Rough Guide. Toronto, Buffalo, London: University of Toronto Press.

Blumenberg, Hans (2012). Quellen, Ströme, Eisberge. Hrsg. von Ulrich von Bülow und Dorit Krusche. Berlin: Suhrkamp.

Bockemühl, Jochen (1992). Die Landschaft als Organismus und ihre Sprache durch die Naturreiche. In: ders. (Hrsg.): Erwachen an der Landschaft. Dornach: Naturwissenschaftliche Sektion am Goetheanum, S. 200–268.

Bockemühl, Michael (1985). Die Wirklichkeit des Bildes. Bildrezeption als Bildproduktion, Rothko, Newman, Rembrandt, Raphael. Stuttgart: Urachhaus.

Böhme, Gernot / Böhme, Hartmut (1996). Feuer, Wasser, Erde, Luft. Eine Kulturgeschichte der Elemente. München: Beck.

Böhme, Gernot (2013). Atmosphäre. Essays zur neuen Ästhetik. Berlin: Suhrkamp.

Böhme, Hartmut (2016). Natur und Figur. Goethe im Kontext. Paderborn: Fink.

Cassirer, Ernst (1964). Philosophie der symbolischen Formen. Dritter Teil. Phänomenologie der Erkenntnis. Darmstadt: Wissenschaftliche Buchgesellschaft.

Goethe, Johann Wolfgang (FA, Bd., S.) (1985–1999). Sämtliche Werke, Briefe, Tagebücher und Gespräche, Frankfurter Ausgabe. Hrsg. von Fridmar Apel u. a., 40 Bde., Frankfurt a. M.: Deutscher Klassiker Verlag.

Goethe, Johann Wolfgang (WA, Abt., Bd., S.) (1887–1919). Werke, Weimarer Ausgabe. Hrsg. im Auftrag der Großherzogin Sophie von Sachsen, 143 Bde. in 4 Abteilungen. Weimar: Böhlau.

Goethe, Johann Wolfgang (2009). Landschaftszeichnungen. Im Auftrag der Klassik Stiftung Weimar hrsg. von Javier Arnaldo und Hermann Mildenberger. Frankfurt a. M., Leipzig: Insel.

Hata, Kazunari (2017). Phantasie als Methode der poietischen Wissenschaft Goethes. Naturwissenschaft und Philosophie im Spiegel seiner Zeit. Wiesbaden: Springer VS.

Hofmann, Werner (2009). „Geh im Endlichen nach allen Seiten". In: Johann Wolfgang Goethe: Landschaftszeichnungen. Im Auftrag der Klassik Stiftung Weimar hrsg. von Javier Arnaldo und Hermann Mildenberger. Frankfurt a. M., Leipzig: Insel, S. 26–33.

Husserl, Edmund (2002). Die Prätention der Wahrnehmung. In: Lambert Wiesing (Hrsg.). Philosophie der Wahrnehmung, Modelle und Reflexionen. Frankfurt a. M.: Suhrkamp, S. 203–222.

Iser, Wolfgang (2013). Emergenz. Nachgelassene und verstreut publizierte Essays. Hrsg. von Alexander Schmitz. Konstanz: Konstanz University Press.

Maisak, Petra (2009). Zeichnen an den Rändern der Sprache. In: Johann Wolfgang Goethe: Landschaftszeichnungen. Im Auftrag der Klassik Stiftung Weimar hrsg. von Javier Arnaldo und Hermann Mildenberger. Frankfurt a. M., Leipzig: Insel, S. 42–54.

Pörksen, Uwe (1999). Raumzeit. Goethes Zeitbegriff, abgelesen an seinen sprachlichen und zeichnerischen Naturstudien. Stuttgart: Franz Steiner.

Schnyder-Seidel, Barbara (1989). Goethe in der Schweiz anders zu lesen. Von der Wahrheit in der Dichtung letzten Teil. Bern, Stuttgart: Francke.

Soetebeer, Jörg (2018). Umbildende Erfahrung. Goethes Begriff von Selbstbildung. Köln, Weimar, Wien: Böhlau.

Soetebeer, Jörg (2019). Rezeptionsästhetik aus der anthropologischen Perspektive von Selbstbildung. Grundlinien fachwissenschaftlicher Basierung des Literaturunterrichtes an Waldorfschulen. In: Hüttig, Albrecht (Hrsg.) (2019). Wissenschaften im Wandel. Zum Oberstufenunterricht an Waldorfschulen. Berlin: Berliner Wissenschaftsverlag, S. 251–294.

Wiesing, Lambert (2005). Artifizielle Präsenz. Studien zur Philosophie des Bildes. Frankfurt a. M.: Suhrkamp.

Wyder, Margrit (1998). Goethes Naturmodell. Die Scala Naturae und ihre Transformation. Köln, Weimar, Wien: Böhlau.

Wyder, Margrit (2004). Vom Brocken zum Himalaja. Goethes „Höhen der alten und neuen Welt" und ihre Wirkungen. In: Goethejahrbuch 2004, Nr. 121, S. 141–164.

Walter Kugler

DenkBilder. Der Balanceakt zwischen Bild und Wort auf den Tafelzeichnungen Rudolf Steiners

1 Von der pädagogischen Provinz in die Kunst

Generationen von Schülern war sie aufs Beste vertraut: die Schultafel. Würde man sämtliche Tafelbilder, die im Verlauf einer Schul- und Ausbildungszeit an einem vorübergezogen sind, aneinanderreihen, so hätte man wohl ein einzigartiges Panorama des Wissens und der Wissensvermittlung vor sich, eine kleine Weltenchronik in Wort und Bild, die in diesem Ausmaß in der Biografie eines jeden wohl einmalig ist. Zweifellos ist all das, was von der Tafel ins Gedächtnis eines Schülers eingeht, von unschätzbarem Wert, doch nicht weniger von Bedeutung scheint mir der Vorgang des Zeichnens und der Rezeption selbst. Denn hier bilden Schultafel, Lehrer*in und Schüler*in eine Art Symbiose auf Zeit, lassen ein Ereignisfeld entstehen, bei dem schon im nächsten Moment nichts mehr so ist, wie es einmal war. Linien ordnen sich zu Zeichen, Buchstaben zu Worten, Zahlen zu Formeln, und was einmal innen war, erscheint im nächsten Augenblick außen; das Oben fordert das Unten ein, das Einzelne synthetisiert zum Ganzen, das Kleinste konkurrenziert das Größte und umgekehrt.

Dieses variantenreiche Tafelgeschehen findet letztlich seine Entsprechung im Vorgang der physischen wie auch seelisch-kognitiven Entwicklung eines Heranwachsenden, dem Tafelbild vergleichbare formale Strukturen und ihre Dynamisierung durch metamorphotische Prozesse im Sinne von Goethes „Polarität und Steigerung" inklusive. Auch hier geht es um Fixierung und Auflösung, geht es um die Austarierung von Form und Leben in der Zeit. Dass die Schultafel auch instrumentalisiert wurde z. B. zum Zwecke der Rebellion der Schüler, ist kein Geheimnis. Von einer solchen Erfahrung erzählt Carl Zuckmayer, der, mit 15 Jahren gnadenlos dem Nietzsche'schen „Zarathustra", jenem „verführerischsten und genialsten ,Antichristen' unserer Zeitläufe" verfallen, einmal vor einer Religionsstunde an die Schultafel sein „Gott ist tot!" geschrieben hat und „es nur der Güte des Geistlichen [verdankte], daß es nicht zur Katastrophe kam" (Zuckmayer 1966, S. 154).

Als im letzten Viertel des 20. Jahrhunderts die klassische Schultafel durch den Einsatz von Overheadprojektoren, Flipcharts und Schulfernsehen drohte auszusterben, tauchte sie ganz unerwartet in einem ganz anderen Kontext auf: in der zeitgenössischen Kunst. Es war zunächst Joseph Beuys, der in größerem Stil Tafeln in seine Kunstaktionen integrierte. Hier dienten sie nicht in erster Linie der Vermittlung von Wissen, sondern waren unmittelbar Teil des Handlungsverlaufs einer Aktion im Sinne einer Zäsur, die der Künstler dazu nutzte, mit den Teilnehmern zu diskutieren, wie bei der Aktion „Infiltration Homogen für Konzertflügel, der größte Komponist der Gegenwart ist das Contergankind" in der Düsseldorfer Kunstakademie am 28. Juli 1966. Ein Relikt dieser Performance ist eine Skulptur gleichen Namens im Centre Pompidou-Metz. Die Skulptur besteht aus einem in Filz eingenähten Konzertflügel. Durch diese Metapher und die um sie herum entwickelte Performance wollte Beuys in Erinnerung rufen, dass ein Ding oder ein Wesen, das schweigt, dennoch eine Aussage produzieren kann, oder, wie Beuys sagt, einen „Innenton" von sich gibt. Einen weiteren Aspekt hielt er mit Worten an der Tafel fest:

IN DAS ZIMMER DES CONTERGANKINDES EINGEDRUNGEN
HILFT IHM DIE MUSIK DER VERGANGENHEIT

An diese Worte fügte er zwei Fragezeichen an, eine Zeile darunter folgen noch einmal fünf Fragezeichen. Den zweiten Teil der Schultafel zog er sodann von unten herauf und schrieb darauf untereinander die Worte:

DAS LEIDEN / DIE WÄRME / DER KLANG / DIE PLASTIZITÄT

Abb. 1: Joseph Beuys, Aktion in der Kunstakademie Düsseldorf am 28. Juli 1966

Einige Jahre später, 1974, hat er im Rahmen der Ausstellung „Art into society – society into Art" im Londoner Institute of Contemporary Art insgesamt nicht weniger als hundert Tafeln mit Diagrammen, Skizzen und Begriffen *bearbeitet* und nach Fertigstellung jede einzelne Tafel in Fluxus-Manier im Gleitflug auf den Boden befördert. Heute sind sie Bestandteil der Installation „Richtkräfte", die 1977 von der Berliner Nationalgalerie erworben wurde. Die Absicht, die diesem Werk zugrunde liegt, lässt sich aus Äußerungen des Künstlers, vor allem aber aus dem Werk selbst ableiten. Es geht Beuys hier vor allem um den exakt geführten Blick auf all das, was wir *Welt* nennen. Jedoch so, wie im Allgemeinen die Welt gesehen, beschrieben und gehandhabt wird, sei man noch weit von der Realität entfernt, denn, so ist auf einer der Tafeln (Nr. 37) zu lesen: „Die Welt sieht doch ganz anders aus!" Was erforderlich ist, um die hier gemeinte Realität ins Blickfeld zu nehmen, lehrt uns die Tafel Nr. 27 (Abb. 2): Im Zentrum steht das Wort *Truth*, aus dem strahlenförmig Linien nach außen an die Peripherie führen und jeweils einmünden in die Begriffe Phänomenalismus, Realismus, Mathematismus, Monadismus, Pneumatismus, Spiritualismus, Idealismus, Rationalismus, Dynamismus, Sensualismus und Naturalismus. Anders betrachtet: Die Begriffe an der Peripherie, die für ganz unterschiedliche Methoden und Inhalte stehen, wie die Welt anzuschauen und zu denken ist, drängen nach innen, in die Mitte – zur Wahrheit. Den entscheidenden Hinweis auf die Voraussetzung für eine substanzielle Handhabung der einzelnen Denkmethoden und -inhalte hat Beuys schließ-

Abb. 2: Joseph Beuys, Truth, Richtkräfte, Tafel 27

lich mit dem Werktitel *Richtkräfte* ganz bewusst aufgegleist, ein Begriff, der für eine gesteigerte Erkenntnistätigkeit im Sinne von *Intuition* steht.

Abb. 3: Per Kirkeby, untitled, 1987

Diesen für Beuys geradezu zentralen Begriff hat er schon Jahre zuvor auf den Boden einer Holzkiste festgeschrieben und 1968 als Multiple tausendfach in Umlauf gebracht. Ohne Intuition, ohne *Richtkraft* und – später auch – *ohne Rose* geht eben gar nichts.

Ganz ähnliche Tafelbilder, allesamt als Ideenvorlage für ein substanzielleres Weltverständnis bis hinein in ökonomische Fragestellungen kreiert, findet man auch in seinen Installationen „Kapital Raum" (Museum Schaffhausen), „Zeige Deine Wunde" (Lenbachhaus) und der legendären „Feuerstätte" im Basler Museum für Gegenwartskunst.

In den Achtzigerjahren hat auch der dänische Künstler Per Kirkeby die Tafel als Träger seiner Bildwelten entdeckt und sie auf schwarz eingefärbten Masonitplatten mit Email und Kreide sichtbar gemacht. Im Gegensatz zu den Beuys-Tafeln zeichnen sich Kirkebys Tafelbilder durch ihre Farbigkeit aus und sind zudem wortlos: kein Begriff, keine Formel, die an einen pädagogisch-didaktischen Diskurs erinnert. Eher lassen sie sich als Referenz eines studierten Geologen und notorischen Denkers, der sich unentwegt durch die Systeme der Philosophen hindurchbuchstabiert, betrachten. So hat Kirkeby in Gesprächen mit Künstlern, Kritikern und Freunden immer wieder leidenschaftlich Wittgensteins ersten Satz aus dem „Tractatus" zitiert, das Eingeständnis im Hinterkopf, dass er an die aus der Feststellung, dass die Welt alles ist, was der Fall ist, sich ergebende Frage: Was ist eigentlich der Fall? intellektuell nicht herankommt. Was ihn daran hinderte oder auch davon befreite, waren jene Momente, in denen er mithilfe seiner eigenen Malerei „die Welt wirklich sehe in all ihrer Wirklichkeit", denn seine Erfahrung lehrte ihn, dass es „gar keine Entsprechung in dem Wort ‚Baum' für den Baum, der da steht", gibt (Kirkeby 1994, S. 47).

Kirkeby wäre nicht der Maler, der er ist, wenn nicht das ihm eigene Bild ihm die Sicherheit geben würde, dass das, was er „von der Welt einmal gese-

Abb. 4: Goshka Macuga, Sleep of Ulro, 2006

hcn habe, wie es wirklich ist, und aufgrund der Erinnerung daran" sein ureigenstes Enlightenment und eine „merkwürdige Trieb-kraft" zugleich ist (ebd.).

Während die Tafeln von Beuys und Kirkeby weitestgehend dem Format der klassischen Stand-tafel entsprechen, erscheinen die von der in London lebenden polnischen Künstlerin Goshka Macuga im Rahmen ihrer auf ein Poem von William Blake Bezug nehmenden Installation „Sleep of Ulro" (Liverpool 2006) verwen-deten Tafelbilder in geradezu monumentaler Größe. In ihren furiosen Notaten auf schwarzem Grund dreht sich alles um den Widerspruch von historischer Wahrheit und ideologischer Verblendung, von alltäglich Belanglosem und den Wundern großer Kosmogonien.

Was alle drei Künstler gleichermaßen ausmacht, ist ihre legitime Unge-duld, das eigene Seh- und Erfahrungsfeld permanent zu befragen, zu revi-dieren, in Schwingungen zu versetzen und letztlich auch zu erweitern. Und alle drei benutzten, jeder auf seine Weise, die Tafel, ein Medium, auf dem sich Bild und Denken, Kunst und Wissenschaft nicht zu fliehen brauchen.

Dass sich inzwischen auch noch weitere Künstler des Mediums Tafel bedienen, zeigte jüngst eine Ausstellung im Museum Artipelag in Stockholm (2013–2014), in der Tafelbilder von Elis Eriksson, Marcel Broodthaers, Alejan-dro Guijarro, Tacita Dean, Per Kirkeby, Lars Siltberg, Gary Simmons, Rudolf Steiner, Andrea Geyer und anderen zu sehen waren. Bo Nilsson, Kurator der Ausstellung, kommt zu der Schlussfolgerung, dass die *Tafel*

„heute weder ein Medium der Wissensvermittlung noch der Wissensaneignung ist, sondern eher erscheint als ‚Ready made', mit deren Hilfe Künstler sich entschlossen haben, ver-schiedene Konglomerate von Erkenntnissen aus ganz unter-schiedlichen Quellen zusammenzuführen, was eine aktivere Teilhabe an der Entstehung oder der Interpretation eines Kunstwerkes braucht, im Sinne einer Interaktivität" (Nilsson 2014, S. 142).

Einen ganz anderen Weg ging Candy Chang, deren Aktionen weltweit Aufsehen erregten. Das Besondere an ihren Tafelbildern ist, dass sie erst vollständig werden durch das Publikum, das aber zunächst für die Künstlerin unsichtbar ist. In New Orleans hatte sie die Front eines leer stehenden alten Gebäudes mit Tafelfarbe bestrichen und achtzigmal einen halben Satz daraufgeschrieben: „Before I die I want to …" (Bevor ich sterbe, möchte ich …). Hinter jedem Halbsatz ließ sie eine Lücke. Dann montierte sie eine Kiste mit farbiger Kreide an die Wand und wartete darauf, was geschehen würde. Schon bald waren sämtliche Lücken gefüllt. Vorübergehende Passanten hatten ihre Einladung angenommen und an die Tafelwand jeweils das geschrieben, was sie noch zu tun gedachten, bevor es mit ihrem Leben zu Ende ging:

Bevor ich sterbe, möchte ich *Sarah heiraten.*

Bevor ich sterbe, möchte ich *mein Ego auslöschen.*

Bevor ich sterbe, möchte ich *Französisch lernen.*

Bevor ich sterbe, möchte ich *meiner Mutter danken.*

Bevor ich sterbe, möchte ich *eine Theorie entwickeln.*

Die wohl größte Aufmerksamkeit aber haben die Tafeln eines bis in die Neunzigerjahre hinein in der Ausstellungswelt gänzlich Unbekannten auf sich gelenkt: die des Goethe-Forschers, Schulgründers, Sozialreformers und Anthroposophen Rudolf Steiner (1861–1925). Begonnen hat alles im Sommer 1992, als eine Auswahl von vierzig Tafelbildern[1] in der Kölner Galerie Monika Sprüth erstmals im Kunstkontext zu sehen war. Es folgte ein geradezu beispielloser Ausstellungsreigen. Bis heute waren – in immer anderen Zusammenstellungen – die Zeichnungen in mehr als fünfzig Einzelausstel-

Abb. 5: Candy Chang, Before I die, 2011

lungen in zumeist namhaften Museen rund um den Globus zu sehen.[2] Zudem wurden einzelne oder auch mehrere Tafeln in verschiedene thematische Museumsausstellungen rund um Fragen der Genese und Bedeutungsgeschichte der modernen Kunst in Paris, Berlin, Wien und andernorts integriert.[3] Besucher wie auch Kunstkritiker waren gleichermaßen berührt und irritiert angesichts dessen, was auf den Tafeln Steiners verhandelt wurde, das, so der Kritiker Reinhard Stumm, „Zeugnis ablegt von der Ganzheit eines Wesens, das sich überall ausprägt, wo es sich äußert, das sich nie verleugnen kann" (Stumm 1993, S. 36).

Irritierend an dem ganzen Vorgang war, dass Monika Sprüth, programmatisch ausgerichtet ausschließlich auf die Präsentation von Avantgardekünstlern der Nachkriegsgeneration, scheinbar mühelos die siebzig Jahre seit Entstehung der Tafeln überbrückte und sie in der Gegenwart ankommen ließ. Darüber hinaus war es auch erst einmal nicht von Bedeutung, dass die Arbeiten nicht im Atelier, auch nicht im Zusammenhang spektakulärer Environments oder provokativer Installationen, sondern während er, Steiner, einen Vortrag hielt, entstanden waren. Beinahe noch erstaunlicher ist, wie die Kunstkritik mit dem „Auftauchen dieser in sich stimmigen Denkbilder" (Metken 1992, S. 12) umging. Die in zahllosen Besprechungen in vielfältigen Variationen immer wiederkehrenden Überlegungen kreisen zumeist um dieselben Themen: den Zusammenhang von Bild und Denken sowie von Kunst und Wissenschaft, bisweilen modifiziert durch Reflexionen über das Verhältnis von Bild und Wort, ein Thema, das Gadamer in seinem Essay „Bildkunst und Wortkunst" eindrucksvoll bearbeitet hat und schon gleich zu Beginn den Titel begründete mit der Verwurzelung von Bild und Wort „in ihrem gemeinsamen Kunstcharakter" (Gadamer 1995, S. 90) – ein Gedanke, der sich bei den Tafeln geradezu aufdrängt, wie noch zu zeigen sein wird.

Inzwischen sind die Steiner-Tafeln auch im wissenschaftlichen Diskurs angekommen. So hat in einem Kolloquium 1995 im Literaturhaus Berlin (Adamopoulos 1997) der Literaturwissenschaftler Hans-Dieter Zimmermann zusammen mit dem Mathematiker Klas Diederich, dem Aachener Museumskurator Adam Oellers und einigen Künstlern eingehend das Wechselspiel von Bild und Wort erörtert. Und in einer im Oktober 2005 von Horst Bredekamp in der Berliner Akademie der Künste und im Kulturforum am Potsdamer Platz initiierten Tagung unter dem Titel „Räume der Zeichnung" hat Astrit Schmidt-Burkhardt den „Koordinatenraum der Faktographie" abgeschritten unter eingehender Bezugnahme auf die Steiner-Tafel vom 17. März 1923, die im Rahmen eines Vortrages über die mittelalterlichen Kreuzzüge entstanden ist:

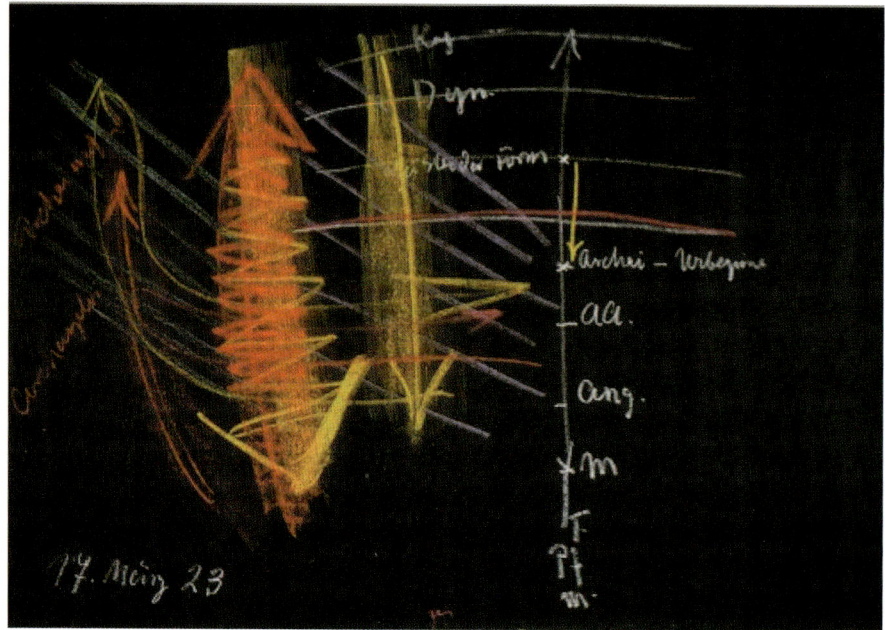

Abb. 6: Rudolf Steiner, Tafelzeichnung zum Vortrag vom 17. März 1923

„Die Zeichnung [thematisiert] nicht so sehr historische Spannungen bzw. Gegensätze als vielmehr das abgestufte Dazwischen, das er vom Mineralreich ganz unten bis zur Engelshierarchie oben mit Buchstaben und Abkürzungen durchdekliniert und durch Verdoppelung bzw. Überlagerung der Pfeile sowie quergelegte Kraftlinien miteinander verschliffen hat. Ausgehend von den Kreuzzügen als einem paradigmatischen Exemplum aus der Geschichte für die Gegenwart, hat Steiner über eine ausgereifte Dramaturgie der Pfeile einen historiographischen Aktionsraum skizziert, dessen normativ-ideologische Dimension wegen der Implementierung spiritualistischer Konzepte mitnichten unterschätzt werden darf" (Schmidt-Burkhardt 2007, S. 32).

2 Ästhetisch-philosophischer Doppelreflex

Was macht nun die Faszination dieser vor bald einem Jahrhundert entstandenen Tafelbilder aus? Von den zahlreichen Reaktionen seitens der Kunstkritiker sei als Ausgangspunkt weiterer Überlegungen eine Äußerung von Günter Metken angeführt, publiziert am 10.11.1992 in der Süddeutschen Zeitung anlässlich der Ausstellung im Frankfurter Portikus:

Abb. 7: Rudolf Steiner, Tafelzeichnung zum Vortrag vom 7. Dezember 1923

„Vierzig dieser 100 x 150 Zentimeter messenden Blätter sind unter Glas, meist zu zweit übereinander, in Frankfurt zu sehen. Ein schwebend poetischer Kunstgenuss, der nicht selten an Cy Twombly denken lässt. Was der Portikus anpeilt, ist der Dialog mit dem heutigen Kunstschaffen. Das Auftauchen dieser siebzig Jahre alten, doch ganz frischen und in sich stimmigen Denkbilder gehört vermutlich zu den Anstößen, deren unser orientierungslos gewordenes Fin de siècle bedarf" (Metken 1992, S. 12).

Lassen wir einmal die unmittelbar auf Künstler und den Kunstbetrieb bezogenen Überlegungen beiseite, dann bleibt der Begriff *DenkBilder*. Metken als versierter Kunstkritiker geht von der Bildgestalt, also von den einzelnen grafischen Notaten, ihren An- und Zuordnungen, von den Proportionen und Spannungen sowie von der Art der Anwendung von Farben aus und kommt schließlich beim Denken an, dessen Bezugspunkt aber immer das Bild selbst mit seinen Diagrammen, Farbflächen und Worten ist. Einmal danach gefragt, wie er auf den Begriff des DenkBildes gekommen ist, antwortete er, ohne zu zögern: Es war der Zusammenschluss, der Akt der Synchronisation von Wirkung und Ursprung der Tafelbilder. So sei ihm ganz unmittelbar bewusst geworden, dass die Bildaussagen Ausdruck eines denkerischen Vorgangs sind, ihn einmal unterstreichend, nachvollziehend, entschlüsselnd, ein anderes Mal vorwegnehmend und zugleich verrätselnd. Da schließt sich wie von selbst ein Kreis, laufen zwei vermeintliche Antipoden aufeinander zu: Denken und Bild, Wissenschaft und Kunst.

Das Beziehungsgefüge von Bild und Denken wird auch in einem Bericht über die Kölner Ausstellung in der FAZ vom 22. Juli 1992 behandelt:

> „Die Zeichnungen in farbiger und weißer Kreide leuchten vor dem dunklen Hintergrund wie ephemere Botschaften aus einer Welt des Geistes. Sie veranschaulichen Steiners beständiges Bemühen, Intellekt und Anschauung, Denken und Gestalten zu einer Synthese zu führen, dokumentieren aber auch den Einfluss, den Steiners anschauliches Denken auf das Werk von Joseph Beuys ausübte."

Und im Münchner Merkur vom 26. März 1993 gibt Simone Dattenberger ihren Eindruck angesichts der Ausstellung der Steiner-Tafeln im Münchner Lenbachhaus – zwischen Kandinsky und Beuys platziert – unter der Überschrift „Bildpoesie illustriert offene Denksysteme" mit folgenden Worten wieder:

> „Die Exposition ‚Rudolf Steiner. Vom Raum in die Zeit' […] erweitert die dem Museum gemäße dominierende Perspektive auf die Bildende Kunst hin zu einer Art von Denksystemen, die es kaum mehr gibt. […] Die Ausstellung wird philosophisch Interessierte bereichern und bietet gleichzeitig Freunden der Bildenden Kunst überraschende Einblicke. Ganz offensichtlich ist es die Thematisierung dieser Doppelspurigkeit, dieses Neben- und Ineinander von Kunst und Wissenschaft, was die Anziehungskraft der Steiner'schen Tafeln ausmacht."

In einem Kommentar der Kleinen Zeitung (Wien) vom 13. Januar 1993 war dies in aller Kürze so auf den Punkt gebracht worden: „Ein Raum mit Tafeln Rudolf Steiners fasziniert als ästhetisch-philosophischer Doppelreflex."

3   In und mit Gegensätzen leben

Beim Anblick der Wandtafelzeichnungen Steiners wird der Betrachter unmittelbar von den markant kontrastierenden Farben sowie den vielfältigsten grafischen Merkmalen angesprochen. Linien, mal parallel verlaufend oder sich kreuzend, mal von einem Mittelpunkt ausgehend, um sich dann in der Peripherie zu sammeln oder zu verlieren. Frei aus der Hand gezeichnete Kreise und Umkreise, Spiralen von innen nach außen oder von außen nach innen sich bewegende Flächen, die einander gegenseitig berühren oder ineinander verschmelzen, lassen Räume entstehen, um sie im Gegenzug wieder

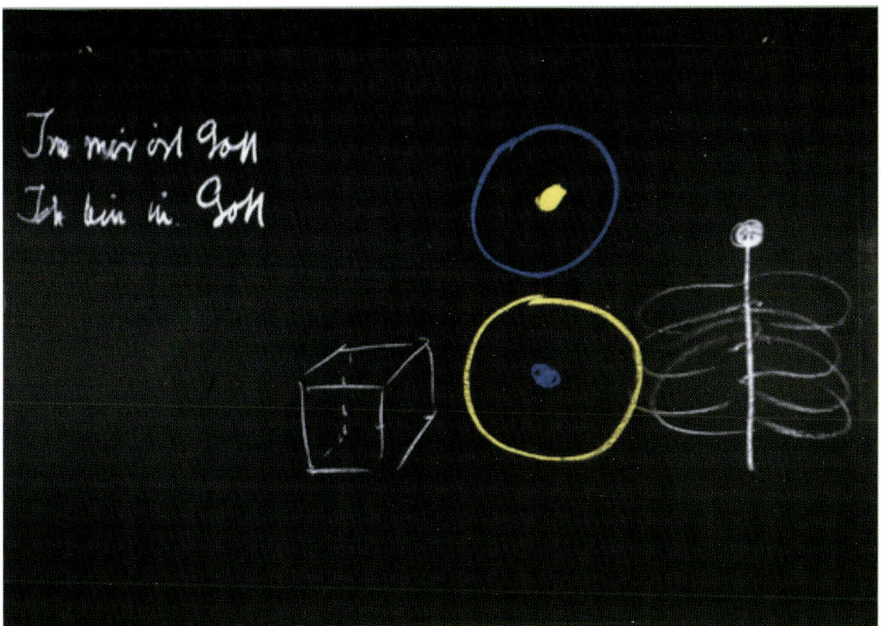

Abb. 8: Rudolf Steiner, Tafelzeichnung zum Vortrag vom 5. Juli 1924

aufzulösen. Durch Pfeile werden Richtungen fixiert und wieder aufgehoben, werden Wendepunkte markiert und Transformationen auf eine andere Ebene provoziert. Konzentriert man sich auf die Farbe, so sieht man, wie sie einzelne grafische Zeichen und Diagramme verstärkt und damit der Richtung eines Pfeiles Dauer gibt oder nimmt, je nach Intensität der Farbe oder des Druckes, mit der die Kreide aufgetragen wurde. Häufig bewirkt die Farbe auch, dass sich die Statik der Linien auflöst und dadurch eine fast ins Unendliche reichende Tiefe oder Weite entstehen lässt, verstärkt vor allem dann, wenn die Farben in großzügiger, Flächen beherrschender Manier auftreten. Der axiomatische Charakter dieser Zeichnungen lässt sich vielleicht so umschreiben: Die Tafeln werden dominiert von der Statik und Dynamik gezielt komponierter Gegensätze. Damit entsprechen sie auch dem inneren Kompositionsgefüge der Vorträge Steiners. Hier wie dort – immer geht es um die Vermittlung des Erlebnisses des Gegensatzes von Geist und Materie, von Mikrokosmos und Makrokosmos, von Form und Leben, von Nicht-Sinnlichem und Sinnlichem. Zugleich artikuliert sich die so oft verleugnete Nähe von Kunst und Wissenschaft, genauer noch: ihr gemeinsamer Ursprung und ihr gemeinsames Ziel. Bisweilen wie in das Schwarz hineingestreut, mal wie aus dem dunklen Untergrund herausgesendet, erscheint vor dem Betrachter dieser DenkBilder das ganze Universum, ersteht das Woher und Wohin menschlichen Seins und Sinns in immer wechselnden Konfigurationen. Ein weißer Knäuel markiert da den Niedergang von Ephesus, ein Punkt und ein Kreis zitieren das zu allen Zeiten spannungsreiche Gefüge von Innen und Außen, Zahlenkolonnen entschlüsseln die Geheimnisse der menschlichen Entwicklung oder veranschaulichen Verhältnisse, die sich die Menschheit über Jahrtausende geschaffen hat, oder sie verweisen auf das, was zwischen Himmel und Erde, oben und unten an Berechenbarem und Unerklärlichem ruhelos hin und her mutiert.

Geradezu ein Schulbeispiel ist die Tafel vom 5. Juli 1924, entstanden während einer Vortragsreihe für Heilpädagogen. Anziehungspunkt sind zwei Kreise, der obere blau, der untere gelb. Die Farbe der deutlich markierten Mittelpunkte ist jeweils umgekehrt zum Kreis: dort gelb, hier blau. Konzentration und Weite, Weite und Konzentration, das ist die alles beherrschende Geste, deutlich wahrnehmbar über die Grafik, aber auch über die Farbe. „Andacht zum Kleinen. Ja zum Kleinsten" ist gefragt, wenn man die Wirklichkeit ergreifen will, so Steiner in dem entsprechenden Vortrag (Steiner 1995, S. 155). Der Gegensatz zum Kleinsten ist das Größte: Gott. Er erscheint als geschriebenes Wort an der Tafel. Gott als der Repräsentant des Makrokosmos, ihm gegenüber das menschliche Ich, repräsentierend den Mikrokosmos. Wort und Zeichen – ein Gegensatz – korrespondieren mit zwei Farben, die mal die Konzentration, mal die Ausdehnung verkörpern, ein weiterer Gegensatz. Die auf die Tafel geschriebenen Worte und die grafische Geste neigen sich einander zu, verschmelzen ineinander, werden ein Bild. Mit der Bildgestalt von *Punkt und Kreis* hat sich auch schon Angelus Silesius beschäftigt und das, was Steiner auf seiner Tafel mit zwei Figuren sehr schlicht, aber eindeutig dargestellt hat, so zum Ausdruck gebracht: „Ich weiß nicht, was ich bin; ich bin nicht, was ich weiß; ein Ding und nit ein Ding, ein Stüpfchen und ein Kreis" (Silesius 1657 / 1949, S. 7).

Den gleichen kompositorischen Ansatz findet man auf vielen weiteren Tafeln, insbesondere auf jener, die schon thematisch keinen größeren Gegensatz bieten könnte: die Tafel zum Vortrag vom 11. August 1919, in dem Steiner Begriffe aus dem Gebiet der Ökonomie erörtert. Im Kreis das Wort *Kapital*, im allgemeinen Ausdruck für die ganz materielle Seinsebene. Außerhalb, direkt in Opposition zum Kapital stehend, das Wort *Intuition*. Darüber die Begriffe *Freiheit* und *Geistesleben*. Durch die richtungweisenden, sich um den Kreismittelpunkt bewegenden Pfeile treten die innerhalb des Kreises befindlichen Begriffe jeweils in ein neues Verhältnis zu den Begriffen außerhalb des Kreises und erzeugen so neue Sichtweisen und Herausforderungen an das Denken. Das ist es, worauf es dem Redner und Zeichner offensichtlich

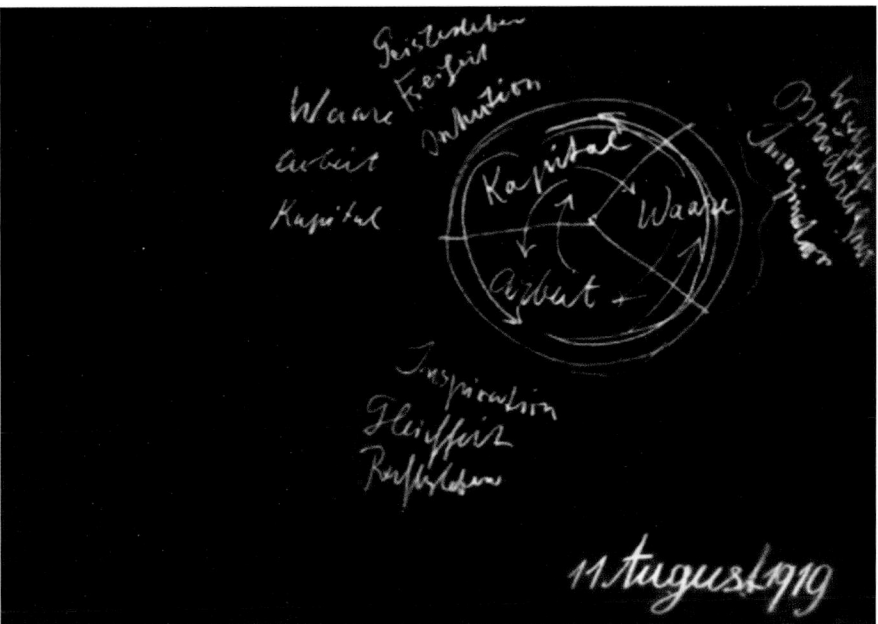

Abb. 9: Rudolf Steiner, Tafelzeichnung zum Vortrag vom 11. August 1919

auch ankam, denn ökonomische und mithin soziale Vorgänge lassen letztlich keine in Erstarrung verharrenden Begriffe zu. Um zu verstehen, was
„Ware" tatsächlich ausmacht – so die Botschaft Steiners, bedarf es eines krea
tiven Denkens mit all seinen Facetten in Richtung Imagination, Inspiration
und Intuition. Was die einen rechnerisch zum Jahresabschluss eines Unter-
nehmens als „Gewinn" ausweisen, kann für die andere Seite „Verlust" bedeuten, und ein Arbeit*nehmer* ist auch immer zugleich einer, der seine Arbeit
gibt. Das Kleinste und das Größte, das Geistigste und das Materiellste, mal
verhandelt vor Heilpädagogen, mal vor Ökonomen, die Tafelbilder machen
sichtbar: Kein Verstehen dessen, was Kapital ist, ohne Intuition, kein Begreifen des Göttlichen ohne die Andacht zum Kleinsten.

Es wäre vermutlich zu einseitig gedacht, wenn man behaupten wollte,
das Bild erweitere das Wort. Näher liegt hier, dass das Bild vor allem den Mangel, der ihm wie allem anderen, so auch dem Wort, eigen ist, korrigiert. Der
Mangel ist es, der keinen Stillstand zulässt. Das Bild verweist darauf, dass es
keinen Garanten für die Vollkommenheit gibt. Es verweist auf ein Stück
Leere, die jedem Denken, jedem Wort und auch jeder Wahrheit innewohnt.
Es geht jedoch nicht um den Anspruch an das Vollkommene, sondern um die
Freisetzung von etwas, das in sich selbst gefangen ist oder, wie es Hegel in
seiner „Jenenser Realphilosophie" formulierte: Es geht um die *Nacht der*

Welt, denn: „Der Mensch ist diese Nacht, dies leere Nichts, das alles in ihrer Einfachheit enthält, ein Reichtum unendlich vieler Vorstellungen, Bilder, deren keines ihm gerade einfällt oder die nicht als gegenwärtige sind. Dies ist die Nacht, das Innre der Natur, das hier existiert – reines Selbst […] es hängt die Nacht der Welt einem entgegen" (Hegel 1805/06, S. 180f.).

Einer, der an den Steiner-Tafeln zu einer Art neuer synthetischer Sichtweise gelangt ist, war der Kunstkritiker Reinhard Stumm, der seine Eindrücke in einem Bericht in der Basler Zeitung vom 10. Juni 1993 aus Anlass der Ausstellung der Tafelzeichnungen im Kunstmuseum Bern so beschrieben hat:

> „Diese Ausstellung ist auf Wanderschaft, sie war vorher in Köln, Frankfurt und München, und sie hat dort viele Menschen bewegt, sie hat eine Botschaft mitgetragen, die auch in Bern deutlich zu hören ist – man muss nicht Anthroposoph sein, um sie lesen zu können. Es ist die Botschaft von der einen Energiequelle, der sich die ganze Welt beugt – und nur ein Kind des materialistischen Zeitalters kann das materiell verstehen. Hier ist spürbar die geistige Kraft der Zusammenschau, die es tatsächlich möglich macht, in nationalökonomischen Kursen über Werte und Preise die gleichen Energien am Werk zu sehen wie in den Betrachtungen zum Wirken des Geistes in der Natur" (Stumm 1993, S. 36).

Dass Steiner auf seinen Tafeln ganz offensichtlich und mit Nachdruck mit Gegensätzen operierte, geht letztlich auf seine Erfahrungen und Erlebnisse zurück, die er in einer Zeit machte, in der er sich intensiv mit den Werken Nietzsches und Schopenhauers auseinandergesetzt hat. Sichtbare Resultate seiner damaligen Studien waren seine 1895 erschienene Monografie „Friedrich Nietzsche, ein Kämpfer gegen seine Zeit" und die Herausgabe einer zwölfbändigen Schopenhauer-Ausgabe in der Cotta'schen Bibliothek der Weltliteratur 1894–96. Über jene Schaffensphase berichtet er sehr ausführlich in seinen autobiografischen Aufzeichnungen:

> „Ich empfand den Gegensatz [von Geist und Materie] nicht als etwas, das durch irgendwelche philosophischen Gedanken – etwa zu einem Monismus – ausgleichend geführt werden müsste. Ich empfand vielmehr, daß ganz voll mit der Seele in diesem Gegensatz drinnen stehen, gleichbedeutend ist mit Verständnis für das Leben haben. Wo die Gegensätze als ausgeglichen erlebt werden, da herrscht das Lebenslose, das Tote. Wo Leben ist, da wirkt der unausgeglichene Gegensatz; und das Leben selbst ist die fortdauernde Überwindung, aber zugleich Neuschöpfung von Gegensätzen" (Steiner 2000, S. 316).

4 Vom Begreifen der Kunst zur Kunst des Begreifens

Als leidenschaftlicher Erkenntnistheoretiker war sich Steiner seines Tuns an der Tafel offensichtlich sehr bewusst. So strapazierte er einmal im Vortrag vom 20. April 1923 seine Zuhörer mit einer außergewöhnlichen Übung zur Schulung eines anschauenden Denkens:

> „Sie können ein Dreieck auf die Tafel zeichnen. Aber ist das ein Dreieck? Das, was auf der Tafel steht, ist kein Dreieck, das ist eine große Anzahl von Kreideklümpchen, die da an der schwarzen Tafel kleben […] Es ist ein Unsinn zu glauben, daß da auf der Tafel das Dreieck ist. Das Dreieck können Sie nur in der Seele haben, in dem Gedanken, den Sie sich anhand dieser Kreideklümpchen machen. Und wenn Sie auch absehen von den Kreideklümpchen […], dann können Sie, ohne daß Sie eine Tafel haben, wenn Sie einfach sitzen oder stehen, selbst ohne einen Finger zu bewegen, bloß in Gedanken die Vorstellung des Dreiecks haben, und dann können Sie verfolgen, wie Sie – aber alles nur in Gedanken – hier anfangen, einen Strich zu ziehen, dann einen zweiten, dann einen dritten. Sie können leben in dieser inneren Tätigkeit, ohne daß Sie irgendetwas da außen machen" (Steiner 1986, S. 93).

Damit war die Aufmerksamkeit seiner Zuhörer geweckt und er konnte, angeregt durch eine gesteigerte Wahrnehmung des *Bildes,* also des Dreiecks, das Ganze nun auch rein gedanklich durchdringen. Das Gestaltbildende an der Tafel wurde so zum Ausgangspunkt für das Gestaltbilden des Bewusstseins.

Für Steiner war das Zeichnen ein wesentlicher Bestandteil des Erkenntnisvorganges selbst, um die oft recht flüchtigen, in jedem Fall äußerst beweglichen Erscheinungen des Geistigen zu fassen, zu formen, richtig zu denken oder zu erinnern. Wie er selbst hierbei vorging, schildert er einmal so:

> „Ich habe die Angewohnheit, eigentlich alles das, was sich mir aus der geistigen Welt ergibt, immer mit dem Stift in der Hand zu formulieren, entweder in Worten oder in irgendwelchen Zeichnungen. Dadurch ist die Anzahl meiner Notizbücher viele Wagenladungen. Ich habe sie nie wieder angeschaut. Sie waren notwendig, um mit dem ganzen Menschen das zu verbinden, was im Geiste erforscht wird, sodaß es nicht bloß mit dem Kopf aufgefasst ist, um mit Worten mitgeteilt zu werden, sondern mit dem ganzen Menschen erlebt ist" (Steiner 1986, S. 39).

Ähnlich beschreibt er diesen Vorgang auch in seinem Vortrag vom 27. September 1923. Hier spricht er davon, dass es für ihn nur möglich sei, die Erlebnisse des Geistigen in übliche Sprachformen zu transponieren und damit auch dem Gedächtnis einzuverleiben, indem er „einige Striche zeichne oder aufschreibe, so daß nicht nur der Kopf, sondern auch die ganzen anderen Organsysteme beteiligt sind" (Steiner 1986, S. 195). Denn, so Steiner, wir denken eben nicht nur mit dem Kopf, sondern auch mit den Fingern und den Zehen (Steiner 1993a, S. 205).

5 Worte als Bilder

Steiner geht es dabei nicht so sehr um den fixierten Gedanken, sondern um die Gedankenbewegung. Sie ist das eigentliche Agens, denn das Erfassen etwa eines kausalen Zusammenhanges, der Vorgang des Begreifens an sich, löst nach Steiner stets das Bedürfnis aus, sich selbst zu bewegen. So kann man Steiners Tafelbilder als einen Gestus des Vortragenden verstehen, der aus der Bewegung heraus vorläufige Fixierungen vornimmt, die im nächsten Moment schon wieder durch eine andere zeichnerische Geste aufgelöst und neu aktiviert werden, um im nächsten Moment zu einem Stillstand, zur Ruhe zu kommen. „Alle Worte gehen auch auf Bilder zurück", dozierte Steiner gegen Ende seines am 21. März 1922 in Bern gehaltenen Vortrages, denn, so fügt er wenig später hinzu:

> „Worte sind nur elementarere, einfache Bilder. Dasjenige, was man durch die Worte ausdrückt, liegt ja nicht in den Worten drinnen. Wenn es nun kompliziertere Wesenhaftigkeiten gibt, die man nicht mit Worten so ausdrücken kann, muß man eben Bilder formen. Wenn man also von Ahasver [der ewige Jude] spricht und von Sagen des Ahasver, wie man sonst bei den Bildern spricht, so sind das nur kompliziertere Ausdrucksformen, die auf die geistige Seite hinweisen. Derjenige, der in diesem Sinne über Mythologie schimpft, der sollte nur auch gleich darüber schimpfen, daß die Menschen eine Sprache ausgebildet haben, durch die sie einen Inhalt ausdrücken wollen. Er sollte gebieten, daß die stumm werden, denn die nächste Stufe nach dem, zu verbieten, daß sie eine Mythologie ausbilden, wäre, daß man dem Menschen verbietet zu sprechen, denn es ist ganz derselbe Vorgang des Verbildlichens in der gewöhnlichen Sprache wie beim höheren Verbildlichen, wenn man so etwas behandelt wie den Ahasver" (Steiner 2006, S. 30f.).

Der enge Zusammenhang von Wort und Bild, ist schon seit alters her bekannt. So schildert Steiner in seinem Vortrag vom 18. Februar 1907, welche Bedeutung Zeichnungen und Linien z. B. für die Schüler der Turanier an den alten Adeptenschulen hatten. Damals wurden die Schüler durch bereits Erleuchtete in das Wissen großer Weltzusammenhänge eingeweiht:

> „Und von jenen Erleuchteten empfing man Formeln und Zeichnungen, denn auch durch Zeichnungen konnte man wirken. Wenn die Linie eine bestimmte Gesetzmäßigkeit hatte, dann wirkte sie so, daß sie den Menschen unmittelbar zu den großen Weltengeheimnissen hinführte. […] Solche Linien wurden dann von den Adeptenschulen aus überliefert und später durch die verschiedenen Religionsstifter den Menschen gegeben" (Steiner 1989, S. 232).

In der von Steiner entwickelten Pädagogik, die heute weltweit Verbreitung gefunden hat, war natürlich der Umgang mit der Wandtafel eine Selbstverständlichkeit. Er selbst erläutert dessen Stellenwert in einem Vortrag vor Lehrern am 22. Juni 1922 im Zusammenhang mit methodischen und didaktischen Überlegungen für Schüler der neunten und zehnten Klassen so:

> „Das Können wird in diesem Alter aber nur erreicht, wenn man alles bis zum Bilde bringt. Da spielen die Nebensächlichkeiten zuweilen eine außerordentlich große Rolle. Es ist z. B. wirklich etwas anderes, ob man, sagen wir, wenn man Mathematik betreibt, zunächst eine Zeile von Buchstaben und Zahlen, die breiter ist, anordnet, und dann eine andere folgen lässt, die kürzer ist, oder ob man die Buchstaben und Zahlen an den Anfang oder in die Mitte stellt. Man kann aus dem, was eine Rechenoperation ist, zuletzt ein Bild machen, das die Schüler vor sich haben, und auf so etwas einen gewissen Wert legen, daß das, was man auf die Tafel schreibt, ein Bild wird" (Steiner 1993b, S. 94).

Und ein Jahr später heißt es:

> „Ich habe vor Ihren Augen Zeichnungen gemacht, die ganz aus dem Augenblick heraus entstanden sind. Da konnten Sie sehen, was ich mit jedem Strich will, da konnten Sie auch unmittelbar mitdenken. Das ist auch das, was schon im Unterricht für Kinder heute einziehen muß: Möglichst wenige fertige Zeichnungen, möglichst viel von dem, was da im Augenblick entsteht, in dem das Kind jeden Strich entstehen sieht. Dadurch arbeitet das Kind innerlich mit, und dadurch werden die Menschen zur innerlichen Tätigkeit angeregt […]. Man soll ja den Kindern auch nicht bloß fertige Theorien vortragen, denn dann werden sie dogmatisch. Denn worauf es ankommt, das ist, die Kinder zur Selbständigkeit zu führen" (Steiner 1991, S. 207).

Steiners Engagement galt vor allem einer neuen Wegbeschreibung, die hinführen soll zu einer umfassenderen Anschauung der Dinge und Nicht-Dinge und ihr Verhältnis zueinander. So entwickelte er nach und nach eine grenzüberschreitende Strategie, die das Oben und Unten, das Kosmische und Irdische, das Heilige und das Profane wieder miteinander in Beziehung setzt. „Der Laboratoriumstisch wird zum Altar werden müssen" (Steiner 1923e, S. 207), rief er immer wieder seinen Zuhörern zu. In die gleiche Richtung zielte mehr als ein halbes Jahrhundert später Joseph Beuys mit seinem viel zitierten Ausspruch:

„Die Mysterien finden im Hauptbahnhof statt" (Beuys 1984).

Das charakteristische Merkmal von Steiners Methode ist ihre Durchlässigkeit, ihre Vermittlungskraft von der Geisteswissenschaft hin zur Naturwissenschaft, zur Kunst und zur Religion. Aber auch das soziale Leben, die Politik, die Wirtschaft bleiben nicht ausgespart. Im Rahmen einer Aussprache während eines Hochschulkurses im Herbst 1920 wird er das Wechselspiel von Philosophie und Kunst so auf den Punkt bringen:

„Ich glaube, das wird gerade das Bedeutsame in der weiteren
Entwicklung der Geisteswissenschaft sein, daß sie, indem sie
die Kunst begreifen will, selber eine Kunst des Begreifens
schaffen will" (Steiner 1987, S. 63).

Mit dem simultanen Geschehen von Sprechen und Zeichnen, in dem aus den einzelnen Worten und Zeichen sich im Verlauf eines Vortrages Bilder in und vor der Zuhörerschaft entwickeln, haben wir es mit einem prozessualen Vorgang zu tun. Denn es ist das Wort, das ein Bild im Zuhörer auslöst, und dieses wird umso vielgestaltiger, je mehr Bildcharakter der Redner dem Wort ursächlich zugesteht, das heißt, je mehr rhetorische Erfahrungen z. B. durch die Verwendung von Gleichnissen oder Metaphern der Redner in die Gestaltung seiner Worte einbringt. Dieses so im Zuhörer entstandene *innere Bild* kann bestätigt, verstärkt oder auch verworfen werden durch das *äußere Bild*, also das Bild, das im Verlauf einer Rede an der Tafel entsteht. Der Vorgang der Rezeption selbst kann als ganzheitlich bezeichnet werden, denn jedes gesprochene Wort und jedes einzelne Notat an der Tafel wird im Moment seines Hervorbringens mitvollzogen. Der Vorgang des Speicherns der Worte wie auch der Bildzeichen jedoch verläuft – je nach Fähigkeit – selektiv. Überprüfen lässt sich dies anhand der Erinnerung an das Wort und an das Bild. Solche Beobachtungen führen natürlich zu einer der ganz grundlegenden Fragen, deren Beantwortung auch in der gegenwärtigen Bildforschung weitestgehend offenbleibt: Warum überhaupt ist der Mensch in der Lage, Bilder zu erzeugen, Bilder wahrzunehmen? – Steiners Antwort hierauf lautet lapidar: Weil der Mensch selbst Bild ist (Steiner 1924, S. 70ff.).

Abb. 10: Venedig, Biennale 2013, das Logo der Biennale basiert auf einer Tafelzeichnung von Rudolf Steiner

Literatur

Adamopoulos, Konstantin, Hrsg. (1997). Das andere Auge der Götter. Kolloquium zu den Wandtafelzeichnungen von Rudolf Steiner. Köln: König.

Beuys, Joseph (1984). Gespräch mit Peter Brügge, Der Spiegel, 4. Juni 1984.

Dattenberger, Simone (1993). Bild-Poesie illustriert offene Denksysteme, Münchner Merkur vom 26. März 1993.

Frankfurter Allgemeine Zeitung (1992). Anschauliches Denken unterwegs zu Beuys – Die Lehrtafeln Rudolf Steiners. FAZ vom 22. Juli 1992 (gez. Nis).

Gadamer, Hans-Georg (1995). Bildkunst und Wortkunst. In: Boehm, Gottfried (Hrsg.). Was ist ein Bild? München: Fink.

Hegel, Georg Wilhelm Friedrich (1805/06). Jenenser Realphilosopie, Band 2 der Philosophischen Bibliothek. Hamburg: Meiner.

Kirkeby, Per (1994). Im Gespräch mit Siegfried Gohr. In: Kunst heute, Nr. 13, hrsg. von W. Dickhoff. Köln.

Metken, Günter (1992). Kräfte im Weltall, kosmische Phantasie. In: Süddeutsche Zeitung, 10. November 1992.

Nilsson, Bo (2014). Svarta tavlan om Konst och Lärande / Blackboard – Teaching and Learning from Art, Museum Artipelag. Stockholm: Artipelag.

Schmidt-Burkhardt, Astrit (2007). Gezeichnete Geschichte. Im Koordinatenraum der Faktographie. In: Lammert, Angela / Meister, Carolon / Frühsorge, Jan-Philipp / Schalhorn, Andreas: Räume der Zeichnung, Akademie der Künste Berlin. Nürnberg: Verlag für moderne Kunst.

Silesius, Angelus (1657/1949). Cherubinischer Wandersmann. In: ders. (1949): Sämtliche Poetische Werke, Band 3 (1949). München: Hanser.

Steiner, Rudolf (1924). Die Bildnatur des Menschen. In: ders. (1994): Die Konstitution der Allgemeinen Anthroposophischen Gesellschaft und der Freien Hochschule für Geisteswissenschaft. Der Wiederaufbau des Goetheanum. 1924–1925 (GA 260a). 5., erg. Auflage. Dornach: Rudolf Steiner Verlag, S. 70–72.

Steiner, Rudolf (1986). Was wollte das Goetheanum und was soll die Anthroposophie? 1923–1924 (GA 84). 2. Auflage. Dornach: Rudolf Steiner Verlag (Vorträge vom 14., 20. und 30. April 1923).

Steiner, Rudolf (1987). Das Wesen des Musikalischen und das Tonerlebnis im Menschen. 1912–1923 (GA 283). 3. Auflage. Dornach: Rudolf Steiner Verlag (Fragenbeantwortung vom 30.9. 1920).

Steiner, Rudolf (1989). Ursprungsimpulse der Geisteswissenschaft. Christliche Esoterik im Lichte neuer Geist-Erkenntnis. 1907 (GA 96). 2. Auflage. Dornach: Rudolf Steiner Verlag (Vortrag vom 18.2.1907).

Steiner, Rudolf (1991). Rhythmen im Kosmos und im Menschenwesen. Wie kommt man zum Schauen der geistigen Welt? Bd. IV. 1923 (GA 350). 3. Auflage. Dornach: Rudolf Steiner Verlag (Vortrag vom 18.7.1923).

Steiner, Rudolf (1993a). Der Mensch als Zusammenklang des schaffenden, bildenden und gestaltenden Weltenwortes. 1923 (GA 230). 7. Auflage. Dornach: Rudolf Steiner Verlag (Vortrag vom 11.11.1923).

Steiner, Rudolf (1993b). Erziehung und Unterricht aus Menschenerkenntnis. 1920–1923 (GA 302a). 4. Auflage. Dornach: Rudolf Steiner Verlag (Vortrag vom 22.6.1922).

Steiner, Rudolf (2006). In: Das Sonnenmysterium und das Mysterium von Tod und Auferstehung. 1922 (GA 211). 3., durchges. und erw. Auflage. Dornach: Rudolf Steiner Verlag (Vortrag vom 21.3.1922).

Steiner, Rudolf (2000). Mein Lebensgang. 1924 (GA 28). 9. Auflage. Dornach: Rudolf Steiner Verlag.

Steiner, Rudolf (1995). Heilpädagogischer Kurs. 1924. 8. Auflage (GA 317). Dornach: Rudolf Steiner Verlag.

Stumm, Reinhard (1993). Augenblicke der Entfaltung. In: Basler Zeitung vom 10. Juni 1993.

Zuckmayer, Carl (1966). Als wär's ein Stück von mir. Horen der Freundschaft. Frankfurt a.M.: S. Fischer.

Anmerkungen

1 Von einem nicht genau bestimmbaren Zeitpunkt an wurde vor einem Steiner-Vortrag die Tafel von Mitarbeitern mit schwarzem Papier bespannt, auf das Steiner während des Vortrages seine Zeichnungen anbrachte. Nach dem Vortrag wurde die Kreide fixiert, das Blatt datiert und aufbewahrt. Sämtliche Tafeln, insgesamt sind es 1100, sind im Rahmen der Rudolf Steiner Gesamtausgabe (GA) publiziert.

2 Darunter Portikus Frankfurt, Württembergischer Kunstverein Stuttgart, Kunstmuseum Bern, Albertina Wien, Lenbachhaus München, Museum Fridericianum Kassel, Museum of Contemporary Art Watari-Um Tokyo, University Art Museum Berkeley, Triennale Mailand, Kiasma Helsinki, National Gallery of Victoria Melbourne, Museo Nacional de Bellas Artes Buenos Aires und Santiago de Chile, Kunsthaus Zürich, Narodni Galerie Prag, Biennale Venedig.

3 So u. a. in: Wille zur Form, Wien, Messepalast / Kristall, Metapher der Kunst, Quedlinburg, Lyonel Feininger Museum / Das XX. Jahrhundert – Ein Jahrhundert Kunst in Deutschland, Berlin, Neue Nationalgalerie / ArquiEscultura, Bilbao, Guggenheim-Museum / Traces du sacré, Paris, Centre Pompidou.

Angelika Schmitt
Die imaginative Chiffrenschrift von Andrej Belyjs kulturphilosophischem Spätwerk

1 Hinführung zum Thema

Für Andrej Belyj besteht die Aufgabe des Kulturhistorikers darin, die imaginative Chiffrenschrift zu entziffern, die die in ihrer Evolution voranschreitende Menschheit im Prozess des Kulturschaffens in die Schöpfungen von Kunst, Literatur und Wissenschaft prägt. Die diskursiv-begriffliche Darstellungsweise klassischer Geschichtsphilosophien ist in seinen Augen nicht in der Lage, diese „Schriftzüge" adäquat wiederzugeben, weshalb er sich poetischer Verfahren bedient. Vor dem Hintergrund der esoterischen Praxis der Anthroposophie und Rudolf Steiners Lehre von den höheren Erkenntnisstufen hat er in seinem Spätwerk eine komplexe Poetologie entwickelt, die er mit dem Begriff der (Selbst-)Bewusstseinsseele verbindet. Einen Aspekt derselben bildet die metaphorische Textschicht, die an die Fähigkeit der Imagination appelliert. Hier zeigt sich eine Facette des besonderen Verhältnisses von Wort und Bild in Belyjs kulturphilosophischem Spätwerk, das in diesem Beitrag einführend vorgestellt wird.[1]

2 Andrej Belyj und sein Opus Magnum

Andrej Belyj (1880–1934), mit bürgerlichem Namen Boris Bugaev, war einer der führenden Theoretiker des russischen Symbolismus und einer seiner bedeutendsten Schriftsteller. Mit seinen Erstlingswerken, die, von Wagner und Nietzsche beeinflusst, aus musikalischen Improvisationen am Klavier hervorgegangen sind und von Belyj als „Symphonien" bezeichnet wurden,[2] begründete er am Beginn des 20. Jahrhunderts eine neue Richtung innerhalb der russischen Literatur, die poetisierte Prosa. Von 1912 bis 1916 war er esoterischer Schüler von Rudolf Steiner, durch dessen meditative Praxis er wichtige Anregungen erhielt, die in den Folgejahren zu weiteren Neuerungen der grafischen und rhythmischen Textgestaltung führten. Die Russische Moderne ist maßgeblich von diesen literarischen Innovationen Belyjs beeinflusst worden.

Während des ersten Jahrzehnts des 20. Jahrhunderts trat Belyj außerdem als Theoretiker auf mit dem Anspruch, den philosophischen Hintergrund des russischen Symbolismus auf ein sicheres theoretisches Fundament zu stellen. Außerdem entwickelte er ein neuartiges Verfahren zur Rhythmusanalyse von Gedichten, das bis heute die Grundlage der russischen Verstheorie bildet. Durch die Begegnung mit Rudolf Steiner und der Anthroposophie wuchs sein Interesse an kulturhistorischen Fragestellungen, die er zunächst in Anlehnung an Darstellungen Steiners, später aber zunehmend selbstständig ausarbeitete. Nach seiner Rückkehr ins revolutionäre Russland entfaltete er in den Jahren 1917 bis 1921 eine rege Vortragstätigkeit, die u. a. der Entwicklung einer eigenen Kulturtheorie gewidmet war. Nach einem zweijährigen Intermezzo in Berlin kehrte er 1923 als Geächteter ins sowjetische Russland zurück, wo er ab 1925 ein zurückgezogenes Leben auf einer Datscha bei Moskau führte. In diesen Jahren entstand der 600-seitige Entwurf seines kulturphilosophischen Hauptwerks „Die Geschichte des Werdens der Selbstbewusstseinsseele" (russ. „Istorija stanovlenija samosoznajuš ej duši", im Folgenden „Istorija") sowie eine Ausarbeitung des ersten Teils, der dem pränatalen „Werden" der neuen Seelenkraft von der Spätantike bis zur Hochscholastik gewidmet ist, und des letzten zusammenfassenden Teils, der bis auf die letzten beiden Kapitel „Antroposofija" und „Duchovnaja nauka" (Geisteswissenschaft) ausgeführt wurde.[3] Die Schrift ist somit Fragment geblieben, wobei gerade die entscheidenden Kapitel über die Entfaltung der Selbstbewusstseinsseele seit der Renaissance über einen ersten skizzenhaften Entwurf nicht hinausgekommen sind.[4]

Belyjs Schrift verfolgt die abendländische Kulturentwicklung über fast zweitausend Jahre, wobei er die unterschiedlichsten Gebiete von der Theologie und Philosophie über Naturwissenschaften und Mathematik bis hin zu den verschiedenen Künsten (Literatur, Malerei, Architektur, Musik) in ihrem kulturgeschichtlichen Verlauf betrachtet. Die Grundlage seines Geschichtsmodells bilden in erster Linie Steiners „Rätsel der Philosophie" (Steiner 1985a); die Geschichte des menschlichen Denkens wird allerdings in der „Istorija" auf weitere Kulturfelder ausgeweitet. Diese entwirft daher eine von Steiners Modell der Kulturepochen abweichende Auffassung der kulturellen Entwicklung, die gleichwohl in vielfältiger Weise an die anthroposophische Lehre anknüpft. So geht Belyj von einer Beschleunigung der historischen Ereignisse aus, wodurch sich bei ihm eine exponentiell zunehmende Verkürzung der Kulturepochen ergibt. Die fünfte nachatlantische Kulturepoche, in der die (Selbst-)Bewusstseinsseele zur Entfaltung kommen soll, beginnt bei ihm etwa 1350 n. Chr. und endet bereits im 24. Jahrhundert. Seine Gegenwart sah Belyj als die Mitte dieser Epoche an.[5]

Die historische Entwicklung seit dem Christus-Ereignis verläuft nach Belyj in einer sich horizontal ausdrehenden Spirale, wodurch sich sein Konzept von allen bisher bekannten geschichtsphilosophischen Modellen unterscheidet, die neben der linearen Modellierung (Chamberlain, Marx) von sich separat entfaltenden Kulturkreisen ausgehen (Danilevskij, Leont'ev, P. Sorokin, russische Eurasier, Spengler) oder aber die geschichtliche Entwicklung in Form einer Parabel imaginieren (Schelling, Solov'ev, russische Historiosophen, Steiner, Gebser). Belyj entwickelt zu Beginn des ersten Teils der „Istorija" den Gedanken, dass sich die Qualität der historischen Zeit durch den Einzug des Christus-Logos in den menschlichen Körper des Jesus von Nazareth verändert und zu einer Spirale eingedreht habe, die seither in immer größer werdenden Umdrehungen verläuft. Auf diese Weise werden sukzessive die niederen Wesensglieder des Menschen in höhere umgewandelt, da Belyj die geschichtliche Entwicklung im Rahmen eines Koordinatensystems mit den Koordinaten Raum (Wesensglieder) und Zeit (Kulturepochen) imaginiert. Die folgende Aquarellskizze (Abb. 1), die Belyj 1927 in Georgien nach Beendigung des ersten Entwurfs der „Istorija" anfertigte, zeigt

Abb. 1: Historiosophische Aquarellskizze, Georgien 1927

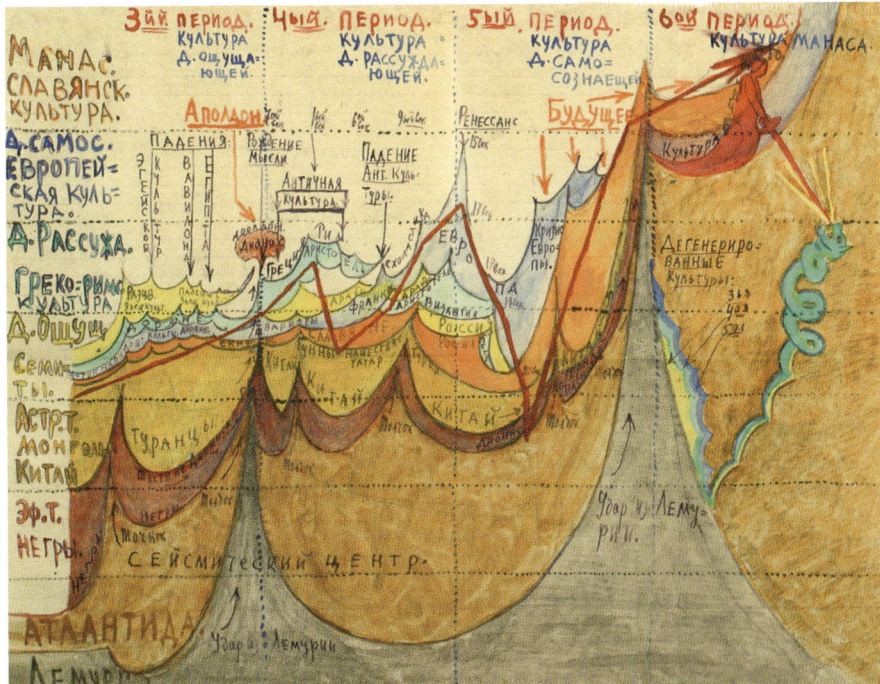

diesen Verlauf der Geschichtskurve, die durch die rote Linie gekennzeichnet ist. Auf der Horizontalachse stehen oben in roter Schrift die Kulturepochen, auf der Vertikalachse sind die anthroposophischen Wesensglieder eingezeichnet, angefangen vom Ätherleib bis zum Manas, wobei das ockerfarbene Feld mit der Aufschrift „ATLANTIS" (АТЛАНТИДА) dem physischen Leib zugeordnet werden kann.

Den russischen Ausdruck für die Benennung des anthroposophischen Begriffs der „Bewusstseinsseele" prägt Belyj selbst und in Abweichung von der durch Minclova eingeführten Variante „duša soznatel naja". Belyj übernimmt den Terminus der „selbstbewussten Seele" aus den „Rätseln der Philosophie" (Steiner 1985a), benutzt aber statt des Adjektivs (samosoznatel naja) eine Partizipialkonstruktion im prozessualen Aspekt, wodurch die „selbstbewusste Seele" zu der „sich ihres Selbst bewusst werdenden Seele" (duša samosoznajuš aja) wird. Außerdem verbindet Belyj diese Seele mit drei Erkenntnisprinzipien, die er im Laufe der ihrer Entfaltung gewidmeten Epoche sukzessive in Erscheinung treten sieht. Mit der Geburt der neuen Seelenfähigkeit in der Renaissance kommt das Prinzip der „Raumkomposition" zum Tragen, mit der Begründung der klassischen Instrumentalmusik im 18. Jahrhundert das des „Themas in Variationen der Zeit," und am Beginn des 20. Jahrhunderts wird das Symbol in seinem spezifischen, durch den russischen Symbolismus geprägten Verständnis durch diesen wie auch durch die Anthroposophie in das Kulturleben eingeführt. In diesen drei Prinzipien, die die besondere Erkenntnisweise der Selbstbewusstseinsseele nach Belyj auszeichnen (Schmitt 2014), spiegeln sich seiner Auffassung nach die höheren Erkenntnisstufen der Imagination, der Inspiration und der Intuition im seelischen Element der Selbstbewusstseinsseele. Die drei Erkenntnisprinzipien Komposition, Variation und Symbol liegen auch der konzeptionellen und literarischen Gestaltung von Belyjs Werk zugrunde: Zum einen betrachtet er seine Kulturphilosophie als räumliche Komposition und zeitliche Variation zum Thema der Selbstbewusstseinsseele und versteht sie insgesamt als das gedankliche Symbol der sich in ihm selbst verwirklichenden neuen Seelenfähigkeit; zum anderen aber ist der Text auf der metaphorisch-bildhaften, der rhythmisch-klanglichen und der grafisch-symbolisierenden Ebene so gestaltet, dass die Sinnvermittlung nicht primär über die diskursiv-begriffliche Aussage geschieht. Er erschließt sich erst, wenn die genannten poetisierenden Verfahren berücksichtigt werden.

Der aktuelle Beitrag wird diese Vorgehensweise anhand eines Beispiels zur metaphorischen Textschicht erläutern. Ausgewählt wurde der Metaphernkomplex, den Belyj mit der Renaissance und somit der Geburt der neuen Seelenkraft verbindet.

3 Die Metaphorik der „Geburt" der Selbstbewusstseinsseele

Jeder Abschnitt auf der Geschichtskurve in der „Istorija" ist mit einem bestimmten Motivkomplex verbunden. Die Metaphorik, die die „Geburt" der neuen Seelenfähigkeit illustriert, steht in Zusammenhang mit Belyjs Begriff des Individuums, das eine komplexe symphonische Persönlichkeit darstellt. Seine Charakteristika der anthroposophischen Seelenglieder zeichnen sich dadurch aus, dass er die Entwicklungen, die Steiner in kultureller Hinsicht mit denselben verbindet, jeweils um eine Stufe antizipiert. So versteht er das Erwachen des Gedankens während der griechischen Antike bereits als die Herausbildung des intellektuellen Denkens, das nach Steiner erst mit der Neuzeit in Erscheinung tritt (Steiner 1982), und die römische Antike ist ihm Ausdruck der sich aus dem kosmischen Zusammenhang herauslösenden und sich vereinzelnden Persönlichkeit.[6] Die Selbstbewusstseinsseele dagegen verbindet er mit einer in Christus als kosmischem Universalbewusstsein gründenden multidimensionalen Persönlichkeitsstruktur, die er als „Individuum" bezeichnet.

Dahinter stehen neben seinen eigenen Initiationserfahrungen, auf die im folgenden Abschnitt eingegangen wird, die Rezeption von Heinrich Rickerts Begriff des historischen Individuums, die dynamische Monadologie seines Vaters, des Mathematikers Nikolai Bugaev (1837–1903), sowie die Theologie des Apostels Paulus, die in der russischen Sophiologie eine bedeutende Rolle spielt. Der Neukantianer Rickert, mit dem sich Belyj zwischen 1904 und 1911 intensiv auseinandersetzte, entwickelt in „Die Grenzen der naturwissenschaftlichen Begriffsbildung" den Gedanken, dass das Wort „In-dividuum" eine zweifache Bedeutung besitze: „die der Einheit einer Mannigfaltigkeit und die der Einzigartigkeit" (Rickert 1902, S. 343). Einzigartig ist das menschliche „In-dividuum" nach Rickert, weil es sich im Gegensatz zum Tier auf einen Wert bezieht; diesen findet es kraft seiner Persönlichkeit als Kern und Zentrum seines spezifischen Seins (ebd., S. 352f.).

Nikolai Bugaev, international anerkannter Mathematikprofessor seiner Zeit und Dekan der Moskauer Universität, hatte in Erweiterung des statischen Modells von Leibniz eine dynamische Monadologie entwickelt. Er verstand unter einer Monade eine „lebendige Einheit", ein „selbständiges und selbsttätiges Individuum" (Bugaev o. J., S. 27). Den Menschen bestimmt er als eine Monade erster Ordnung, die sich aus Monaden zweiter (Zellen), dritter (Teilchen) und vierter Ordnungen (Atome) zusammensetzt (ebd., S. 30). Einfache Monaden schließen sich nach Bugaev zu komplexen Monaden höherer Ordnung zusammen, so Menschen (einfache Monaden erster Ordnung) zu Völkern oder Staaten (komplexe Monaden höherer Ordnung).

Diese Zusammenhänge plasticiert er mathematisch mithilfe von Buchstabenvariablen, wobei es ihm wichtig ist zu betonen, dass jede Monade ein Individuum darstellt und daher die Beziehungen ab und ba der Monaden a und b zu unterscheiden sind. Belyj hat sich diese Gedanken und auch die Vorgehensweise seines Vaters zu eigen gemacht, wodurch die in der „Istorija" dargestellten kulturphilosophischen Zusammenhänge mathematisch modellierbar werden. Es ergibt sich daraus für Belyj folgende Bestimmung des Individuums als Persönlichkeitskomplex:

> „Das Wesen des Individuellen liegt darin, dass es ein Ganzes ist, das seine Teile als in einer bestimmten Ordnung organisiert annimmt, in der jedes Teil seine unersetzbare, einzigartige Rolle spielt, wo ein Teil alle persönlichen Eigenschaften besitzt; […] wo im Komplex ‚A', bestehend aus den Teilen ‚abcd', diese Teile durch ihre Stellung zueinander besondere Beziehungsgesten entwickeln […]; jedes Element in solch einer Aufstellung ist nicht einfach ¼ ‚A', sondern eine ‚Persönlichkeit'; und die Zusammenfügung dieser Persönlichkeiten bildet ein Ganzes, das unteilbar und einzigartig ist; dieses Ganze und Unteilbare ist das *Individuum;* […] der Begriff des *Individuellen* kann im Sinne der neuesten Erkenntniswissenschaft als Begriff eines unteilbaren Komplexes bestimmt werden, in dem die Lage der Teile persönlich ist und das Ganze, das Allgemeine jedes Mal aufs Neue nicht durch die Summe der es konstituierenden Teile, sondern durch den Stil, die Gestik, die Komposition der Anordnung bestimmt werden muss; in diesem Sinne ist alles *Individuelle* kollektiv; es ist ein Kollektiv, das sich zu einer Persönlichkeit höherer Ordnung zusammengefügt hat" (ISSD II, Bl. 28f.; Belyj 2004, S. 85ff.; kursiv im Original.).[7]

Das Individuum also ist in Belyjs Verständnis ein vielschichtiger Komplex von Persönlichkeiten, der sich durch seine besondere Kompositionsweise auszeichnet, in der seine je individuelle Natur zum Ausdruck kommt. Das Individuum oder die Selbstbewusstseinsseele besitzt somit für Belyj eine multipersonale, kollektive Struktur: „im ‚*Individuum*', das nichts anderes ist als die Selbstbewusstseinsseele, ist das ‚*Ich*' selbst das Ganze, das in sich ein Kollektiv von ‚*Ichen*' umschließt" (ISSD II, Bl. 29; Belyj 2004, S. 87).

Den Kern dieses Persönlichkeitskomplexes bildet für Belyj die Erfahrung der Christusförmigkeit des menschlichen Bewusstseinszentrums, das in der vielzitierten Formel aus dem Galaterbrief (Gal 2,20: „nicht ich, sondern Christus in mir") zu Recht als das Leitmotiv der „Istorija" bezeichnet wurde (Mischke 2011, S. 96). Aus der paulinischen Theologie greift Belyj außerdem die Idee der christlichen Gemeinschaft auf, die Christus als das Haupt, die Gemeindemitglieder aber als den Leib der Kirche versteht (Eph 4,12–16). Daran anknüpfend, entwickelt er eine dreischichtige Theorie des Individuums als „Tempelkomplex", der in einem Urbild-Abbild-Verhältnis zur göttlichen Trinität steht: Der geistige Kosmos mit dem Vatergott im Zentrum, umgeben von den Engelshierarchien, bildet als „Tempel des Vaters" das Urbild des Individuums; der „Tempel des Sohnes" stellt die zu erstrebende Gemeinschaft der Menschen in einem „Organismus der Liebe" dar; der „Tempel der Wahrheit" bzw. des Heiligen Geistes dagegen betrifft den einzelnen Menschen, der seine „Persönlichkeiten" in Harmonie zueinander zu bringen hat (ISSD I, Bl. 40f.). Der letztere Aspekt wird von Belyj in der „Istorija" wiederholt aufgegriffen und in unterschiedlicher Weise exemplifiziert. Den zu erstrebenden harmonischen Zusammenklang der Persönlichkeitsanteile eines Menschen sieht er etwa in der Persönlichkeit Goethes auf beispielhafte Weise verwirklicht, in dessen vielseitigen Interessen und Begabungen er das die Selbstbewusstseinsseele auszeichnende „selbstbewusste Ich" zum Ausdruck kommen sieht. Und in der kulturellen Bedeutung des deutschen Dichters, der es verstand, bedeutende Persönlichkeiten seiner Zeit um sich zu scharen und in ihrer Entwicklung zu fördern, sieht Belyj das Prinzip der christlichen Gemeinschaft als „Kulturkirche" verwirklicht:

> „Das Erstaunliche an Goethe ist, dass es nicht einen Goethe in Goethe gibt, sondern mehrere Goethe: den Gelehrten Goethe und den Künstler Goethe; den Romantiker und den Klassiker; den Physiker, den Zoologen, den Botaniker, den Meteorologen, den Dichter, den Dramaturgen, den Philosophen; den Weltoffenen und den Zurückgezogenen, den Sich-Beherrschenden und den sich kopflos Hingebenden [...] Goethe [...] ist ein *Individuum* aus Persönlichkeiten; er ist das selbstbewusste ‚Ich‘, das seine konkrete Mannigfaltigkeit [...] im Mysterium seines Lebens auslebt [...] wir haben es hier mit der Wirklichkeit eines Menschen zu tun, der um sich die Magie eines Ähnliches anziehenden und mit sich zu einer Ganzheit verwachsenden Kreises von Menschen entfaltet hat, die sich zu ihm aus ganz Europa hingezogen fühlten [...] das ist wahrlich eine lebendige Illustration dessen, was die Modulation der Persönlichkeiten a, b, c, d im Ganzen des Individuums ‚A‘ bedeutet" (ISSD II, Bl.117f.; 2004, S. 163f.).

Seinen Begriff des Individuums sieht Belyj in vielfältiger Weise in den kulturellen Innovationen der Renaissance zum Ausdruck kommen. Indem sich das Interesse der Künstler von der Bildhauerei zur Malerei verlagert, macht sich, seiner Ansicht nach, der Übergang von der einzelnen Persönlichkeit zum Individuum als kompositorische Anordnung vieler Persönlichkeiten geltend.

Verbunden mit der Erschließung des menschlichen Selbst als multipersonaler Struktur ist für Belyj die Herausbildung des neuen Raumbewusstseins während der Renaissance, das in seinem Verständnis von dem Willen zur Komposition bestimmt ist. Die Zentralperspektive, die, beginnend bei Giotto, in der Malerei Einzug hält, spiegele die Tatsache, dass der irdische Raum bewusst ergriffen und kompositorisch vom Menschen gestaltet wird. Das gleiche Prinzip lebt sich nach Belyj in den großen Entdeckungsfahrten und in der Astronomie aus, die das mittelalterliche Weltbild zu Beginn der Neuzeit auf den Kopf stellen.

Aufgrund technischer Neuerungen in der Statik gelang es Brunelleschi, zwischen 1418 und 1434 in Florenz den ersten christlichen Kuppelbau zu errichten (Krämer 2013, S. 179ff.). In dem Gegensatz zwischen der Renaissancekuppel und dem gotischen Baustil mit seinen Spitzbögen im Kircheninnenraum sowie den Stützpfeilern im Außenbereich manifestiert sich für Belyj der von Selbstbewusstseins- und Verstandesseele (ISSD I, Bl. 211ff.). Die hoch aufragenden Spitzbögen interpretiert er als Ausdruck der Sehnsucht nach dem Neuen, das geboren werden soll, die beiden Spitztürme am Eingangsportal der gotischen Kathedrale als die das Mittelalter kennzeichnenden Antinomien (Realismus versus Nominalismus, Wissen versus Glaube usw.), das Rosettenfenster unterhalb der beiden Türme als die fehlende Mitte. Diese breche mit der Renaissance auf, wölbe sich aus zur Kuppel, die ihrerseits das Symbol des neuen Menschen, des „Čela Veka" darstellt:

> „In der Verstandesseele, genauer gesagt über ihr, öffnete sich der gesuchte Punkt der zwei gotischen Türme: es öffnete sich ein neues Zentrum [...]; die Kuppel, die die Aufgabe hatte, die zwei gotischen Türme zu verbinden, die *runde* Kuppel der Renaissance, stellt sich dar als Haupt eines gewaltigen Menschen [čeloveka]: des ela [Stirn/Adept] Veka [des Jahrhunderts/ Zeitalters]; und dies ist der ,*Čelo Veka*', der den Selbstbewusstseinspunkt aufgebrochen hat, der sozusagen erstmals in die Schale der Persönlichkeit herabgestiegen ist" (ISSD II, Bl. 9f.; Belyj 2004, S. 69).

Die Renaissancekuppel wird in Belyjs Imagination zum Abbild eines überdimensionalen Menschenschädels, der den Urmenschen der jüdischkabbalistischen Tradition Adam-Kadmon symbolisiert (ISSD II, Bl. 34; Belyj 2004, S. 91). Es wird damit auf die kosmische Dimension der Selbstbewusstseinsseele verwiesen, die ihr Bewusstseinszentrum in dem auferstandenen Christus als dem ‚Zweiten Adam' finden soll. Das russische Wort für Mensch wird von Belyj in die Bestandteile „čelo – Stirn" und „vek – Jahrhundert, Zeitalter oder Äon" zerlegt. Im russischen Genitiv wird jeweils ein A angehängt, wodurch eine weitere Lautassoziation heraufbeschworen wird, nämlich die des Sanskritbegriffs Chela, was in der indischen und theosophischen Terminologie esoterischer Schüler oder Adept bedeutet. Die Wölbung des menschlichen Hauptes ist also Abbild der Himmelskuppel, die mit den zwölf Tierkreiszeichen und den Wandelgestirnen ihrerseits Ausdruck der himmlischen Hierarchien ist, die, wie Steiner in der „Geheimwissenschaft im Umriss" (Steiner 1989a) ausführlich dargelegt hat, die kosmische Weltentwicklung lenken und den Menschen durch die verschiedenen Erd- und Kulturzeitalter führen. Der „Čelo Veka" verweist damit auf den Menschen als den durch die Jahrhunderte und Zeitalter wandelnden Mysterienschüler, der in der Abfolge von Tod und Wiedergeburt im Wechsel das Diesseits und das Jenseits durchschreitet, um selbst zu einem das kosmische Geschehen mitgestaltenden Engelwesen zu werden. Die metaphorische Textschicht deutet damit bereits über die Selbstbewusstseinsseelenentwicklung hinaus auf die folgende Stufe der Bewusstseinsentwicklung: Was in der „sich ihres Selbst bewusst werdenden Seele" aufleuchtet, ist das zukünftig zu verwirklichende geistige Selbst, das den irdischen Menschen transzendiert hin zu einer symphonischen kosmischen Persönlichkeit, deren erweitertes Bewusstsein die gesamte Sternen- oder Astralsphäre umspannen wird. Auf der Aquarellskizze von 1927 kommt dies dadurch zum Ausdruck, dass das dunkelblaue Feld, das der Selbstbewusstseinsseele zugeordnet ist, zum Zeitpunkt der Renaissance seinen höchsten Punkt erreicht und fast bis zum Niveau des Geistselbst vorstößt (Abb. 1: „Ренессанс / 15 век").

Die Metapher der Schale, die sich als Gegenbild zu Kuppel und Schädel ergibt und die Persönlichkeit symbolisiert, die das höhere Ich empfängt, steht mit dem Gralsmotiv, der Jordantaufe und der christlichen Kommunion in Verbindung. Die Gralslegende ist für Belyj die imaginativ-literarische Gestaltung dessen, was sich in der Kulturentwicklung des ausgehenden Mittelalters und der beginnenden Neuzeit ereignet: Der Gralskönig Amfortas symbolisiert die gespaltene Verstandesseele, während Parsifal für die neue Seelenfähigkeit steht. Der Gral aber ist Sinnbild der zukünftig zu erringenden geistigen Bewusstseinsstufen:

„in den erstaunlichen mittelalterlichen Mythen von Parsifal [...]
ist die Gegenüberstellung von Parsifal und Amfortas die Gegenüberstellung der gespaltenen Verstandesseele, die zwischen
Glaube und Wissen, Nominalismus und Realismus, der historischen Kirche, die sich auf die Dogmen beschränkt, und der Kirche, [...] die verborgen in dem die Epoche der Selbstbewusstseinsseele vorbereitenden Kultursauerteig umherwandelt, –
die Gegenüberstellung der gespaltenen Seele des Verstandes,
die tödlich verwundet ist, – mit der neuen, harmonischen
Ganzheitlichkeit; der ‚Gral‘, oder die Schale, über der sich die
Taube des Heiligen Geistes niedersenkt – muss zwischen den
Augenbrauen aufgestellt werden, im Punkt des ‚Ich‘; der ‚Gral‘
ist nichts anderes als das ‚Ich‘ des freien Individuums der
zukünftigen Jahrhunderte geistiger Kultur, in Bezug auf die die
Periode der ‚Selbstbewusstseinsseele‘ selbst nur eine Durch-
gangsphase darstellt, – der Gral ist der Punkt des ‚Ich‘, das sich
seiner selbst als Gefäß des Impulses des Apostels Paulus
bewusst geworden ist: ‚*Nicht Ich, sondern Christus in mir*‘.“
(ISSD II, Bl. 4f.; Belyj 2004, S. 64).

In den Augen Belyjs vollzieht sich mit der „Empfängnis" der die Selbstbewusstseinsseele auszeichnenden Ich-Kraft gesamtmenschheitlich, was sich
im Moment der Jordantaufe ereignet hat: Im Symbol der Taube senkte sich
der Heilige Geist auf den Menschen Jesus von Nazareth herab, in dem von da
an der göttliche Logos wohnte. Die Geburt der Selbstbewusstseinsseele
bedeutet für Belyj, dass die Menschheit insgesamt dieses kosmischen Selbst-
bewusstseins anfänglich teilhaftig wird, was sich im Bild der Kuppel auf der
einen, in dem der Schale auf der anderen Seite ausdrückt. Die Metaphorik
der Schale findet sich auch im liturgischen Geschehen wieder, das sich
unterhalb der Renaissancekuppel im Altarraum abspielt. Die während des
Gottesdienstes in den Leib Christi verwandelte Hostie bildet ab, was sich historisch ereignet: Die Jahrhunderte der nachchristlichen Kulturentwicklung
dienten der Umarbeitung der Empfindungsseele in die neue Seelenfähigkeit,
– „das Produkt der Arbeit des ‚Ich‘ an der Empfindungsseele ist die Transsub-
stantiation derselben zur Selbstbewusstseinsseele" (ISSD I, Bl. 97). Durch die
besondere Erkenntnisweise der Selbstbewusstseinsseele wird der Mensch in
Belyjs Verständnis fähig, im lebendigen Denkvollzug am weltenschaffenden
Logos unmittelbar teilzuhaben, wohingegen das Erkennen der Verstandesseele „im Gehirnkasten" eingeschlossen und daher abstrakt und schatten-
haft war (ISSD II, Bl. 342; 2004, S. 350).

4 Anthroposophische und autobiografische Konnotationen

Hinter dem Bild der Renaissancekuppel als architektonischem Ausdruck des sich in der Selbstbewusstseinsseele ankündigenden kosmischen Bewusstseins stehen weitreichende anthroposophische Konnotationen, die auch in Belyjs Meditationsleben eine wichtige Rolle spielten.

Einen bleibenden Eindruck hatte in ihm Steiners Zyklus „Der menschliche und der kosmische Gedanke" (Steiner 1990a) hinterlassen, den er während der zweiten Generalversammlung der Anthroposophischen Gesellschaft im Januar 1914 in Berlin hörte. Im darauffolgenden Jahr entwarf Belyj in der philosophisch-kontemplativen Schrift „Rudolf Steiner und Goethe in der Weltanschauung der Gegenwart" ein Modell der zwölf Weltanschauungen, sieben Stimmungen und drei Töne, das dem zeitgleich vor seinem Fenster entstehenden Mysterientempel des ersten Goetheanums nachempfunden war. Zwölf kleine Säulen sind hier eingerahmt von sieben großen, darum herum gruppieren sich die drei Seelentöne, und das Ganze wird als die „Gradation von Goethes Farbenlehre in der Anschauung Dr. Steiners" bezeichnet (Belyj 2000, S. 174).

In der „Istorija" wird das Bild des Tempels auf die werdende Selbstbewusstseinsseele übertragen, deren Persönlichkeitsstruktur als die von Säulen getragene Kuppel der Renaissancekathedrale imaginiert wird, wobei die Kuppel das kosmisch erweiterte Individualbewusstsein und die Säulen die zu harmonisierenden Persönlichkeitsanteile darstellen. Unter Meditationsaufzeichnungen, die Belyj 1918 bei der Vorbereitung eines Kurses zu Steiners Mysteriendramen angefertigt hat, findet sich das Verhältnis von Verstandesseele, Selbstbewusstseinsseele und Manas wie folgt abgebildet (Abb. 2).

Im Gehirn eingeschlossen, sitzt, kaum erkennbar, ein kleiner Mensch – die Persönlichkeit, die das Verstandesbewusstsein aus-

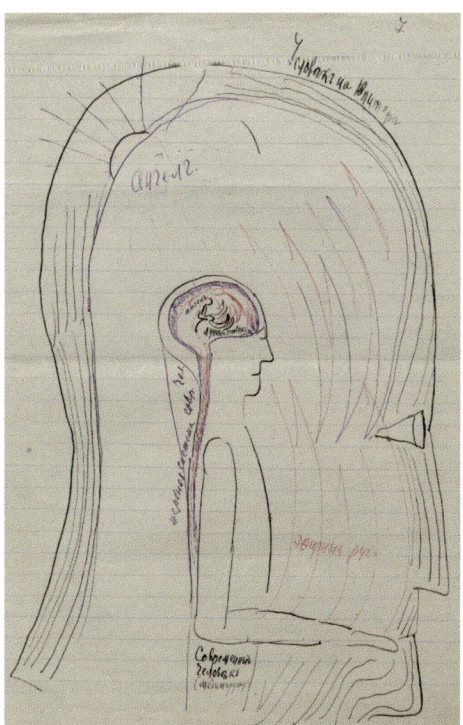

Abb. 2: Andrej Belyj, Meditationsaufzeichnungen

zeichnet (личный человек). Der aufrecht sitzende Mensch mit der Aufschrift „heutiger Mensch meditierend" (сегонящний человек медитирующий) entspricht der aktuellen Verfassung der Selbstbewusstseinsseele. Hier ist die Enge des an das Gehirn gebundenen Verstandesbewusstseins überwunden. Die vom physischen Leib losgelösten „Ätherhände" (эфирные руки) zeigen, dass der irdische Mensch sich hier als Ganzheit von physisch-mineralischem und vital-ätherischem Körper ergriffen hat und in der Lage ist, seine Lebenskräfte als Grundlage der inneren Bewusstseinsverrichtungen zu nutzen. Der Hinweis, dass es sich um den heutigen Menschen im Zustand der Meditation handelt, scheint zu verdeutlichen, dass das heute möglich gewordene dynamisch-organische Denken nicht naturgegeben ist, sondern bewusst entwickelt werden muss. Der den „meditierenden Menschen" umgebende überdimensionale Mensch, der nur durch seinen die Himmelskuppel nachbildenden Schädel zu sehen ist, hat das hinter dem ersteren stehende Engelwesen in sich integriert. Er ist mit der Aufschrift „Mensch auf dem Jupiter" (человек на юпитере) versehen. Hier haben wir es also mit dem zukünftigen Geistselbst-Bewusstsein zu tun, das auf der planetarischen Stufe des Jupiters voll zur Entfaltung kommen soll, sich aber bei der Geburt der Selbstbewusstseinsseele bereits ankündigt.

In seinen autobiografischen Schriften rekonstruiert Belyj zurückblickend ein wichtiges Ereignis, das ihn am Ende des für ihn so bedeutenden Zyklus „Christus und die geistige Welt" am 2. Januar 1914 bei einem Besuch am Grab Nietzsches heimgesucht hatte:

> „als ich die Knie vor seinem [Nietzsches] Grab beugte, geschah etwas Merkwürdiges mit mir: mir schien, dass der Konus der Geschichte von mir abgefallen war; ich war aus der Geschichte herausgetreten ins Übergeschichtliche: die Zeit selbst stand im Kreis um mich her; und über diesem Kreis wölbte sich die Kuppel des geistigen Tempels; und gleichzeitig war dieser Tempel mein Kopf, mein ‚ich' war zum ‚Ich' geworden (zum großen ‚ich'; aus einem Menschen [iz čeloveka] war ich zur Stirn des Zeitalters [Čelom Veka] geworden" (Belyj 2016, S. 148; Übersetzung A. S.).

Hier wird das Erleben eines Übertritts in einen überzeitlichen Bereich beschrieben, in dem das persönliche menschliche Ich zu einem kosmischen „großen" Ich heranwächst. Sein Haupt empfindet es – wie auf der Meditationszeichnung abgebildet – als die Kuppel eines die geistige Welt umspannenden Tempels, was auch hier als die Verwandlung des kleingeschriebenen zum großgeschriebenen Menschen (čelovek → Čelo Veka) gekennzeichnet wird. Die Verbindung des Tempelmotivkomplexes mit Steiners „spiritueller Astrologie" (Steiner 1990a, S. 71) und dem jüdischen Urmenschen Adam Kadmon deutet darauf hin, dass Belyj im Kuppelbau der Renaissance, den er in der Doppelkuppel des ersten Goetheanums widergespiegelt sah, den symbolisch-architektonischen Ausdruck des sich aus der Enge seines irdischen Seins befreienden zukünftigen Menschheitsbewusstseins sah, das sich im Beginn der Neuzeit bei der Geburt der Selbstbewusstseinsseele ankündigte. In der Anthroposophie Rudolf Steiners sieht Belyj die neue Seelenfähigkeit erstmals verwirklicht, allerdings bildet die von Steiner inaugurierte Geisteswissenschaft in seinen Augen nur das erste Propädeutikum einer noch zu entfaltenden Wissenschaft der Zukunft.

Das Gralsmotiv steht mit der Darstellung der Christus-Mysterien durch Rudolf Steiner und seinem Selbstverständnis als Eingeweihter der Rosenkreuzerströmung in engem Zusammenhang. Nach Steiner bildete sich nach Christi Tod um Joseph von Arimathia, der das Blut des Gekreuzigten in einer Schale aufgefangen haben soll, eine Gemeinschaft. Diese „Bruderschaft des Heiligen Grals" habe die esoterischen Geheimnisse der Ereignisse in Palästina gehütet (Steiner 2000, S. 117). Die Gralsschale bildet in diesem Kontext das Symbol für den Einzug des höheren Ich in den vergänglichen Menschen, da das Blut nach Steiner den physischen Träger des Ichs darstellt. Das höhere Ich sei durch den Kreuzestod Christi in die Menschheit als Ganzes hineingelegt worden, müsse jedoch durch Initiation erweckt werden. Dieses Wissen, das nach Steiner dem Johannes-Evangelium und der Apokalypse zugrunde liegt, sei zunächst von den „Johannes-Christen" bewahrt und dann den Grals- und Tempelrittern in Nordspanien anvertraut worden, um im 15. Jahrhundert von den Rosenkreuzern in eine neue, der fünften Kulturepoche angemessene Form gegossen zu werden (Steiner 1998, S. 261; ders. 1984, S. 9ff.). Auch das Rosenkreuz in Steiners Auffassung ist Symbol für den geschilderten Zusammenhang, nur dass sich das passive Aufnehmen des höheren Prinzips im Bild der Gralsschale in ein aktives Aus-sich-selbst-Hervorbringen gewandelt hat: Aus dem Vergänglichen und Sterblichen des Menschen, dem ‚irdischen Adam' oder seiner niederen Natur, die durch das tote, schwarze Holz des Kreuzes symbolisiert wird, sprießt im Bild der roten Rosen das ewige, unvergängliche Leben hervor, der ‚neue Adam' oder die höhere, geistige Menschennatur (Steiner 1984, S. 19).

Dass Steiner sich selbst in dieser Traditionslinie verortet, geht u. a. aus Verweisen in der „Geheimwissenschaft" hervor, die er als eine „Wissenschaft vom Gral" bezeichnet, wie sie in den neuzeitlichen Mysterien gepflegt werde

(Steiner 1989a, S. 407).[8] Für Belyj spielten diese Zusammenhänge im Erleben seiner eigenen Initiation eine zentrale Rolle. Im „Material zur Biographie – intim" (auf Deutsch in Auszügen erschienen als „Geheime Aufzeichnungen") beschreibt Belyj eine Imagination, die er Ende Dezember 1913 während des Leipziger Kurses „Christus und die geistige Welt. Von der Suche nach dem heiligen Gral" hatte:

> „An einem dieser Tage, am 29. oder 30., erlebte ich – ich weiß nicht, was: einen Traum oder eine Fortsetzung der abendlichen Meditation; ich meditierte, und plötzlich: öffnete sich innerlich vor mir eine Reihe von Zimmern […]; der Dr. erschien in einem seltsamen rosaroten Gewand; und er selbst war ein Rosenkreuz; er ergriff mich und zog mich durch eine Reihe von Zimmern […]; und ich fand mich vor einem runden Tisch […]; auf dem Tisch […] stand ein Kelch; und ich begriff, dass dies der Gral ist; rechts von mir saß der Dr., links M. J. [Maria Jakovlevna, gemeint ist Marie von Sivers – A. S.]. Der Doktor fragte mich deutlich: ‚So sind Sie bereit, sich dem zu widmen?' Und ich bemerkte, wie ich antwortete: ‚Ja, ich bin bereit!' […] Dann nahmen der Dr. und M. J. den Kelch, den Gral, und hielten ihn mir gleichsam an den Kopf; jemand (anscheinend der Doktor) machte mit einem kleinen Messer einen fast angenehmen kreuzförmigen Schnitt auf meiner Stirn oder salbte mich mit einem wohltuenden Öl, wovon ein Tropfen Blut von der Stirn oder ein Tropfen Öl oder mein Ich in den Kelch, den Gral tropfte; aber dieser Kelch war kein Kelch mehr, sondern mein Herz, und der Tropfen war mein Bewusstsein, das ins Herz sank: in mich und durch mich; und als der Tropfen den Kelch berührte, da verband sich der Christus mit mir: und aus mir, in mir, durch mich sprühten Strahlen einer unsagbaren Liebe und des Christus-Impulses" (Belyj 2002, S. 47f.).

Steiner erscheint hier als Hierophant in der Gestalt eines Rosenkreuzes. In den Jahren vor dem Ersten Weltkrieg hielt er seine Vorträge oft vor der Abbildung eines Rosenkreuzes, so auch bei Belyjs erstem Vortrag am 6. Mai 1912 in Köln, der sich ihm tief ins Gedächtnis einschrieb. Die Symbolik der Schnittwunde und des in eine Schale fallenden Blutstropfens erinnert an Illustrationen des alchemistischen Weges, die in der frühen Neuzeit geschaffen wurden (Völlnagel 2012). Belyj lässt es aber nicht bei der reinen Bildlichkeit bestehen, sondern entschlüsselt sie gleichzeitig: Der Kelch ist sein Herz, der Blutstropfen das Ich-Bewusstsein, das sich mit dem Christus-Impuls verbindet. Ein

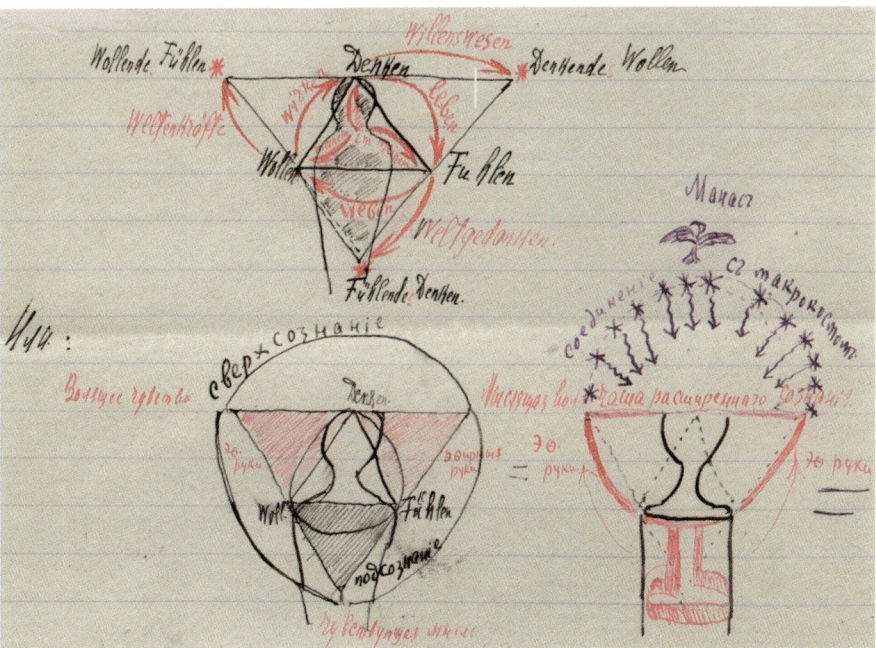

Abb. 3: Andrej Belyj, Meditationsaufzeichnungen[9]

ähnliches Erlebnis schildert er in Zusammenhang mit einem Vortrag Michael Bauers zur Christusliebe: „während des Vortrags geschah mit mir etwas Ähnliches wie das, was ich während des Vortrags über das Licht des Apollo erlebt hatte; die Decke schien zu verschwinden, mein Schädel öffnete sich; mein Herz wurde ein Kelch; und ein Strahl des Herabsteigens Christi ging mir durch und durch" (Belyj 2002, S. 56). Die gleichen Kontexte sind Gegenstand einer Reihe von Meditationsaufzeichnungen aus dem Jahr 1918 (Abb. 3).

Als eine seiner ersten Meditationen hatte Belyj von Steiner eine Paraphrase aus den Mysteriendramen erhalten (Belyj 1977, S. 212). Es ist sehr wahrscheinlich, dass es sich dabei um das Mantra „Für einen russischen Anthroposophen. 1912" handelt, das mit den Worten beginnt: „In meinem Denken leben Weltgedanken / In meinem Fühlen weben Weltenmächte / In meinem Wollen wirken Willenswesen" (Steiner 1999, S. 49). Aus verstreuten schriftlichen Zeugnissen Belyjs geht hervor, dass er die drei Seelenkräfte in Form eines Dreiecks imaginierte, das er in eine rotierende Bewegung versetzte. Dadurch entstand der Bewegungsverlauf einer sich ausdrehenden Spirale, die es ihm ermöglichte, bei vollem Bewusstsein seinen physischen Leib zu verlassen und sich auf höhere Bewusstseinsebenen zu begeben.[10]

Genau dies bringt die erste der Zeichnungen (Abb. 3, in der Zeichnung oben) zum Ausdruck. Weiter sind es die „Ätherhände" (эфирные руки), die sich aufgrund der wechselseitigen Durchdringung der Seelenkräfte (vgl. „Wollende[s] Fühlen", „Denkende[s] Wollen", „Fühlende[s] Denken" auf Zeichnung 1, „Волящее чувство", „Мыслящая воля", „Чувствующая мысль" auf Zeichnung 2 (Abb. 3, Zeichnung unten links) herausbilden und eine Schale, den kelchförmigen Gral, formen (Abb. 3, in der Zeichnung unten rechts, in Rot: „чаша расшириннаго сознания – Kelch des erweiterten Bewusstseins"). Die Schädeldecke des meditierenden Menschen steht hier offen – ein Phänomen, das Belyj des Öfteren in Verbindung mit seinen übersinnlichen Erlebnissen schildert (Belyj 2002, S. 46). In diesen „Kelch" senkt sich in Form einer Taube „Manas" (Манас) herab. Das bis zur Astralsphäre erweiterte Bewusstsein wird hier durch dreizehn Sterne versinnbildlicht, über denen steht: „Verbindung mit dem Makrokosmos" (соединение съ макрокосмомъ).

Bereits in „Die Krisis des Gedankens" wendet Belyj diese Zusammenhänge auf die Kulturentwicklung an, wobei er sich hier auch auf das Motiv des Neuen Jerusalem bezieht: „[die] Schale ist der obere Teil des Menschen; die Ränder der Schale, – das ist der Schädel mit dem geöffneten Scheitel, der das Bewusstsein mit dem Himmel verbindet; der Fuß der Schale aber ist der Kehlkopf, welcher durch das innere Wort die Taube zum Herzen lenkt; die TAUBE ist der GEIST; das Herz ist der Altar der Neuen Stadt; die Stadt die Sonnenbeleuchtung des Lebens" (Belyj 1922, S. 157).

Weiter verbindet er die Metaphorik der Schale mit der des Tempels. Die menschliche Erkenntnis wird hier zur Kommunion, zu einer Einung mit dem Geist, die sich im menschlichen Leib als Abbild des Makrokosmos vollzieht. Die aus Holz und Stein erbauten Tempel erscheinen vor diesem Hintergrund als Fingerzeige auf das, was sich im menschlichen Bewusstsein ereignen soll:

> „Die Form der Erkenntnis, der Verstand, ist die Schale, die in das Herz gestellt ist, zur Aufnahme des geistigen Inhaltes der Erkenntnis. […] Die Intuition ist ein Tempel. Der Altar darin ist unser Herz; und die Himmelskuppel ist das Bewusstsein; während der Intuition ist der Mensch innerhalb des Tempels; nicht ist die Intuition in ihm, sondern er ist in ihr; die Erkenntnis ist hier die Liturgie, welche Geheimnisse erschafft; die von Händen erbauten Tempel sind Andeutungen dessen, wohinein man gehen, wohinein man erwachen muss" (Belyj 1922, S. 160).

Diese Worte schrieb Belyj 1916/1917 in Dornach und Moskau nieder, also unmittelbar während und nachdem er aktiv an der Entstehung des ersten anthroposophischen Mysterientempels mitgewirkt hatte.

5 Konklusion

Die aufgezeigten Bezüge verdeutlichen, dass Belyjs Geschichtsauffassung durchtränkt ist von dem, was er im Umfeld Steiners aufgenommen und erfahren hat. Für die metaphorische Textschicht und damit das Verhältnis von Wort und sprachlichem Bild gilt, dass hier konkrete Initiations- und Meditationserlebnisse aufgegriffen und im Verlauf der Kulturentwicklung als gestaltprägende Verhältnisse aufgefunden werden. Kulturgeschichte stellt sich für Belyj dar als Einweihungsgeschehen, durch das die Menschheit auf höhere Bewusstseinsstufen geführt wird. Wie Steiner versteht er die Kulturentwicklung als die Wiederholung des dreijährigen Christuswirkens auf der Erde, durch die die Menschheit ihre dreifaltige Leiblichkeit umbilden und zu höheren Stufen des Seins emporheben soll. Die „Istorija" stellt also eine Variation des von Steiner verwandelten biogenetischen Grundgesetzes dar, wobei hier biografische Erfahrung auf die kulturhistorische Entwicklung angewandt wird. Die Kulturschöpfungen erscheinen in der „Istorija" als die äußeren Manifestationsformen oder symbolischen Abdrücke innerer geistig-seelischer Entwicklungsgesetze, die sich sowohl in der Einzelbiografie wie auch in der Menschheitsgeschichte aufzeigen lassen und insgesamt durch das Christusgeschehen vorweggenommen worden sind.

Literatur

Beiträge zur Rudolf Steiner Gesamtausgabe (1949–2000). Nr. 1–122. Dornach: Rudolf Steiner Verlag.

Belyj, Andrej (1920). Na perevale III. Krizis kul'tury. Petersburg: Alkonost'.

Belyj, Andrej (1922). Die Krisis des Gedankens. Auf der Wasserscheide. Zweites Buch. Einzige autorisierte Übersetzung aus dem Russischen von H. Bidder. 1. Auflage. Stuttgart: Der kommende Tag.

Belyj, Andrej (1927). Pravda ritmov vremeni. Pis'mo ot 8-go janvarja 1927-go goda. Online unter: www.rudolf-steiner.ru/50000016/1448.html (Abfrage: 25.7.2017).

Belyj, Andrej (1977). Verwandeln des Lebens. Erinnerungen an Rudolf Steiner. Aus dem Russischen von Svetlana Geier. 2. Auflage. Basel: Zbinden.

Belyj, Andrej (1995). Die zweite Symphonie, die Dramatische. Die Argonauten. Aus dem Russischen von Thomas Menzel. 1. Auflage. Ostfildern: Edition Tertium.

Belyj, Andrej (2000). Rudol'f Štejner i Gete v mirovozzrenii sovremennosti. Vospominanija o Štejnere. Zusammengestellt, kommentiert und mit Nachwort versehen von I. N. Lagutina. 1. Auflage. Moskva: Respublika.

Belyj, Andrej (2002). Geheime Aufzeichnungen. Erinnerungen an das Leben im Umkreis Rudolf Steiners (1911–1915). Aus dem Russischen übersetzt und herausgegeben von Christoph Hellmundt. 2. Auflage. Dornach: Verlag am Goetheanum.

Belyj, Andrej (2004). Duša samosoznajuščaja. Zus.gest. v. Élvira Čistjakova. 2. Auflage. Moskva: Kanon+.

Belyj, Andrej (2016). Material k biografii. In: Avtobiografičeskie svody. Material k biografii. Rakurs k dnevniku. Registracionnye zapisi. Dnevniki 1930-ch godov. Sostaviteli A. Lavrov i Dž. Malmstad. 1. Auflage. Moskva: Nauka. S. 29–328.

Bugaev, Nikolaj (o. J.). Osnovnyja načala évolucionnoj monadologii. Online unter: http://www.narod-akademia.com/files/files/H.%20Бугаев%20.pdf (Abfrage: 11.4.2015).

Krämer, Thomas (2013). Florenz und die Geburt der Individualität. Ghiberti. Brunelleschi. Donatello. Masaccio. 2. Auflage. Stuttgart: Freies Geistesleben.

Mischke, Eva-Maria (2011). „Apostle of (Self-)Consciousness": The Figure of Saint Paul in Andrej Belyjs „Istorija stanovlenija samosoznajuščej duši". In: Russian Literature 70, 1–2. S. 89–108.

Rickert, Heinrich (1902). Die Grenzen der naturwissenschaftlichen Begriffsbildung. Eine logische Einleitung in die historischen Wissenschaften. 1. Auflage. Tübingen, Leipzig: Mohr.

Schad, Wolfgang (2000). Vom Verstehen der Zeit. In: Was ist Zeit? Die Welt zwischen Wesen und Erscheinung. Herausgegeben von Georg Kniebe. 1. Auflage. Stuttgart: Freies Geistesleben, S. 121–130.

Schmitt, Angelika (im Druck). Hermetischer Symbolismus: Andrej Belyjs Istorija stanovlenija samosoznajuščej duši. 1. Auflage. Berlin: Lang.

Steiner, Rudolf (1982). Geschichtliche Symptomatologie. 1918 (GA 185). 3. Auflage. Dornach: Rudolf Steiner Verlag.

Steiner, Rudolf (1984). Das Johannes-Evangelium im Verhältnis zu den drei anderen Evangelien, besonders zu dem Lukas-Evangelium. 1909 (GA 112). 6. Auflage. Dornach: Rudolf Steiner Verlag.

Steiner, Rudolf (1985a). Die Rätsel der Philosophie in ihrer Geschichte als Umriss dargestellt. 1914 (GA 18). 9. Auflage. Dornach: Rudolf Steiner Verlag.

Steiner, Rudolf (1985b). Die Theosophie des RosenkreuzerS. 1907 (GA 99). 7. Auflage. Dornach: Rudolf Steiner Verlag.

Steiner, Rudolf (1986). Aus der Akasha-Chronik. 1904–1908 (GA 11). Dornach: Rudolf Steiner Verlag.

Steiner, Rudolf (1989a). Die Geheimwissenschaft im Umriß. 1910/23 (GA 13). 30. Auflage. Dornach: Rudolf Steiner Verlag.

Steiner, Rudolf (1989b). Ursprungsimpulse der Geisteswissenschaft. Christliche Esoterik im Lichte neuer Geist-Erkenntnis. 1906–1907 (GA 96). 2. Auflage. Dornach: Rudolf Steiner Verlag.

Steiner, Rudolf (1990a). Der menschliche und der kosmische Gedanke. 1914 (GA 151). 6. Auflage. Dornach: Rudolf Steiner Verlag.

Steiner, Rudolf (1990b). Vor dem Tore der Theosophie. 1906 (GA 95). 4. Auflage (verbesserte Textfassung nach neugefundenen Hörernotizen). Dornach: Rudolf Steiner Verlag.

Steiner, Rudolf (1998). Das christliche Mysterium. Die Wahrheitssprache der Evangelien. Luzifer und Christus. Alte Esoterik und Rosenkreuzertum. Erkenntnisse und Lebensfrüchte der Geisteswissenschaft. 1906–1907 (GA 97). 3. Auflage. Dornach: Rudolf Steiner Verlag.

Steiner, Rudolf (1999). Mantrische Sprüche. Seelenübungen Band II, 1903–1925 (GA 268). Dornach: Rudolf Steiner Verlag.

Steiner, Rudolf (2000). Das Prinzip der spirituellen Ökonomie im Zusammenhang mit Wiederverkörperungsfragen. Ein Aspekt der geistigen Führung der Menschheit. 1909 (GA 109). 3., neu durchgesehene Auflage. Dornach: Rudolf Steiner Verlag.

Steiner, Rudolf (2002). Rudolf Steiner – Marie Steiner-von Sivers. Briefwechsel und Dokumente. 1901–1925 (GA 262). Neu herausgegeben zur hundertjährigen Wiederkehr der Begründung der anthroposophischen Bewegung 1902–2002. Dornach: Rudolf Steiner Verlag.

Völlnagel, Jörg (2012). Alchemie. Die königliche Kunst. 1. Auflage. München: Hirmer.

Anmerkungen

1 Dieser Artikel greift einzelne Aspekte auf, die in Schmitt (im Druck). Hermetischer Symbolismus: Andrej Belyjs „Istorija stanovlenija samosoznajuščej duši" ausführlich dargestellt sind.

2 Ins Deutsche übertragen wurde bisher nur „Die zweite Symphonie, die Dramatische" (Belyj 1995).

3 Das Manuskript der Schrift galt bis 2007 als verschollen. Die Herausgabe des russischen Textes erfolgt durch ein bilaterales Editionsprojekt unter der Leitung von Henrieke Stahl (Universität Trier) und Monika Spivak (Belyj-Hausmuseum Moskau). Die Publikation ist für 2020 geplant.

4 Der russischen Publikation von 1999 (2. Auflage 2004) „Duša samosoznajuščaja" liegt eine fehlerhafte Abschrift des Entwurfs der Schrift von 1926 zugrunde, der in vielem vom Originalmanuskript abweicht und zudem nur den Rohzustand des geplanten Vorhabens spiegelt.

5 Die Epoche der Verstandesseele entspricht in etwa den Angaben, die sich auch bei Steiner finden (7. Jh. v. bis 14. Jh. n. Chr.), die der Empfindungsseele dagegen erstreckt sich bei Belyj über etwa 3300 Jahre (genauer dazu vgl. Schmitt [im Druck]: V.1.4. Das Spiralmodell in der ISSD). Belyj kannte aber durchaus den Rhythmus des platonischen Weltenjahres, wie aus einem 1927 verfassten Brief hervorgeht (Belyj 1927). Er hat sich also bewusst für eine alternative Modellierung entschieden, zu der sich bei Steiner verstreute Anregungen finden (Steiner 1986, S. 158f.; Steiner 1998, S. 284). Auch der Goetheanist Wolfgang Schad, dem ich die entsprechenden Hinweise verdanke, spricht von einer logarithmischen Kontraktion der Zeit mit Bezug auf evolutionsbiologische und kulturelle Entwicklungsprozesse (Schad 2000).

6 Belyj folgt hier der Charakteristik des „sokratischen Menschen" bei Nietzsche (etwa § 15 der „Geburt der Tragödie"), dessen Werke während seiner Jugend großen Einfluss auf ihn ausgeübt hatten.

7 Nachweise von Zitaten aus Belyjs Selbstbewusstseinsseelengeschichte beziehen sich 1. auf die Handschrift (ISSD = „Istorija stanovlenija samosoznajuščej duši", Blatt der Handschrift; RG, f. 25, k. 45/1 und 2), 2. auf die Publikation Belyj 2004: „Duša samosoznajuščaja", die nur ISSD II enthält. Übersetzungen von Angelika Schmitt.

8 Vgl. neben wichtigen früheren Vorträgen zur Rosenkreuzerschulung (Steiner 1990b, S. 111ff.; 1989b, S. 138ff.; 1998, S. 179ff.; 1985b) auch die Begegnung mit dem „Meister" (Steiner 2002, S. 15f., 86f.; Steiner-Beiträge 83/84, S. 18).

9 Andrej Belyj: Meditativnaja zapis' i schema. 1918. OR RGB, f. 25, k. 46, ed. chran. 28, Bl. 4.

10 Solche meditativen „Reisen" finden sich beschrieben in „Die Krisis des Gedankens" (Belyj 1922, S. 68ff.); bisher ohne deutsche Übersetzung in der Erzählung „Jog" (Der Yogi) oder in „Krizis kul'tury" (Krisis der Kultur – Belyj 1920, S. 63ff.). Vgl. auch Belyjs Feststellung im „Material zur Biographie" für den Dezember 1913, er habe erlernt, „im Wachzustand geistig" aus sich herauszutreten (Belyj 2002, S. 46).

Elmar Lampson
Bildlichkeit im musikalischen Prozess

1 Einleitung

Wenn ich über Bildlichkeit spreche, meine ich keine Abbilder, keine Metaphern, Vorstellungen, keine Träume, Visionen, Aquarelle oder Kinobilder, keine Tonmalereien und zunächst auch keine Klangfarben. Ich spreche von Bildlichkeit als einer Gestimmtheit des menschlichen Bewusstseins, die sich normalerweise auf das Sehen bezieht, aber auch ganz ohne visuelle Elemente auskommen kann; Bildlichkeit als Fähigkeit zur Auffassung vielschichtiger, über das Gedankliche hinausgehender oder es unterlaufender Wirklichkeit; Bildlichkeit als Instrument, mit dem sich musikalische Wirklichkeit in die gedankliche Welt hinüberspielen lässt oder begriffliches Denken sich zur musikalischen Erfahrung hin öffnet, sodass ein Wechselspiel zwischen diesen zwei Bereichen entstehen kann, die zunächst davon leben, dass sie einander vergessen.

Im ersten Schritt wird an Elementen der Musik und durch einen kurzen Exkurs in die europäische Musikgeschichte gezeigt, wie Musik durch einen Akt der Distanzierung bildlich gehört werden kann, und wie durch diese Bildlichkeit innerhalb der musikalischen Zeit eine Tendenz zu räumlicher Gegenständlichkeit entsteht. Dann werden im zweiten Schritt anhand von Vergleichen zwischen Gesang und Sprache die Besonderheiten des musikalischen Zeitbewusstseins gegenüber dem von räumlichem Sehen, Sprache und Denken geprägten Gegenstandsbewusstsein herausgearbeitet. Der dritte Teil geht nicht von der Musik, sondern vom gegenständlichen Alltagshören aus und beschreibt ein bewusstes Hören, das zur Hörerfahrung vom Sinn des Klingenden führt, indem es sich ein Bild von den Zeitgebärden des Klingens macht und so, ohne begrifflich zu denken, eine Bewusstseinsleistung vollbringt, die dem Erkenntnisakt parallel läuft. Viertens wird der musikalische Ton als besondere Ebene des Hörens von anderen Bereichen des Hörbaren abgegrenzt und als sinnliche Vergegenwärtigung der zeitlichen Dimension des Leibes beschrieben, in der der Hörende sich selbst als Sinn im Vorgang des Hörens hört. Und schließlich stelle ich zum Schluss die Frage nach einem Denken, das dieses Hören nicht vergisst und das dadurch Qualitäten der Zeit direkt erfährt, von denen es sonst nur indirekt weiß.

2 Bildlichkeit als Raum in der Zeit

Von der Betrachtung der C-Dur-Tonleiter[1] ausgehend, wird hier Bildlichkeit im musikalischen Prozess beschrieben: Aufwärts gespielt, entfaltet diese Tonleiter ihre auf die Oktave zielgerichtete melodische Dynamik. Alle ihre Töne ordnen sich dem Grundton C unter. Die Töne der C-Dur-Tonleiter legen den Weg vom Grundton zur Oktave fest. Jeder Ton erhält Sinn durch seinen eindeutig definierten Platz in Bezug zum Grundton und zur Oktave. Diese Eindeutigkeit ist aber vom vollständigen Erklingen der Tonleiter abhängig. Bricht die Leiter bei der Septime H ab, so ist das, als würde man in einem Satz das Verb …

… die Worte hängen plötzlich in der Luft – sie bekommen ihren sicheren Bezug zueinander und ihren klaren Sinn erst, wenn das Wort „fortlassen" ausgesprochen wurde.

In dem Satz, der vollständig lautet: – „Bricht die Leiter bei der Septime H ab, so ist das, als würde man in einem Satz das Verb fortlassen" – spielt das Verb eine ähnliche Rolle wie die Oktave in der Tonleiter. Die Oktave bildet den Schluss der Skala und festigt dann rückwirkend den Sinn der vorangegangenen Töne, der in ihnen quasi provisorisch im Hinblick auf die sicher zu erwartende Oktave schon vorweggenommen wurde, ähnlich wie das am Ende des Satzes stehende Verb den bereits vorweg verstandenen Sinn des Satzes bestätigt und in den einzelnen Worten verankert. Durch die Oktave wird die Skala zur in sich geschlossenen Form, deren Elemente aufeinander verweisen und nur im Zusammenhang musikalischen Sinn ergeben. Diese Form ist erst da, wenn die Tonleiter vorbei ist, und lässt sich also erst im Rückblick erfassen oder, wie schon gesagt, im Vorblick auf den Rückblick.[2]

Dieses musikalische Erfassen der Form nenne ich „Bildlichkeit im musikalischen Prozess". Es ist ein Akt der Distanzierung, ein Heraustreten aus der Identifizierung mit dem musikalischen Zeitstrom. Aus der Distanz erscheint die klingende Form im Bild.

Für die abendländische Musik vom Beginn der Mehrstimmigkeit bis ins 20. Jahrhundert war das Wechselspiel zwischen der Verschmelzung mit dem musikalischen Zeitfluss und dem Heraustreten aus diesem Strom, um von einer anderen Ebene aus Bewusstsein für die Form zu erlangen, eine Grundbedingung. Bereits die frühe Mehrstimmigkeit, die sich seit etwa dem 10./11. Jahrhundert zunächst als Solistenkunst in engem Zusammenhang mit der Notenschrift entwickelt hat, lebte aus diesem Wechselspiel. Die Notenschrift macht die „bildlose" Bildlichkeit der Musik als abstraktes Bild für die Augen sichtbar und zwingt dazu, entweder vom Schreiben (als Komponist) oder vom Lesen her (als Interpret) in die Musik einzutauchen. In diesem Sinne entsteht abendländische Musik immer an der Grenze zur Sichtbarkeit; sie wird zuerst komponiert, also geschrieben, dann gelesen und zur erklingenden Musik „reanimiert". Die Notenschrift, die seit Beginn des mehrstimmigen Musizierens wie konstitutionell zur abendländischen Musik gehört, die alle ihre Entwicklungsschritte begleitet und zum Teil sogar bedingt, bildet eine Musik in allen Einzelheiten ihrer Form und Struktur ab, bevor sie zum ersten Mal erklingt; es wird eine neue Musik zuerst geschrieben, bevor sie gespielt und gehört werden kann (Flender/Rauhe 1998, S. 71ff.). Diese Art des Schreibens unterscheidet sich scharf von älteren Formen der Notenschrift, etwa den mittelalterlichen Neumen, die bereits bekannte Gesänge durch schriftliche Zeichen vor dem Vergessen bewahrten. Die abendländische Notenschrift bildet die Musik als etwas Unsichtbares ab, das niemals als das, was es ist, sichtbar werden kann, weil es sich ganz und gar im Hören realisiert. Die Notenschrift unterscheidet sich von der geschriebenen Sprache dadurch, dass sie nicht nur eine Aufforderung zum Lesen und Verstehen ist, sondern der genau ausgearbeitete Plan für eine klingende Aktion.[3] Aber der enge Zusammenhang zwischen Musik und Notenschrift verweist dennoch auch auf die Qualität der Bildlichkeit innerhalb der Musik selbst, und er ist Ausdruck einer Musikalität, die sich nun jede Nuance des musikalischen Geschehens bewusst machen kann und muss.

Mit dem Notenschreiben wurde ein radikaler Akt der Distanzierung vom unmittelbaren musikalischen Erleben zur Bedingung für alle europäische Kunstmusik. Musik kann seitdem nicht mehr durch Nachahmung allein entstehen und tradiert werden. Sie setzt eine individuelle Bewusstseinsleistung voraus: In der Übersetzung von Musik in Schrift wie in der Umwandlung von Schrift in Musik muss sich das musikalische Bewusstsein an der Grenze zwischen außen (Schrift) und innen (Musik) immerfort neu bestimmen; es kann sich nicht mehr einfach dem Schatz der musikalischen Erinnerungen überlassen und singen, was es kennt. Aber auch die mehrstimmige Musik selbst – abgesehen von ihrem Zusammenhang mit der Schrift – erfordert diesen bewussten Balanceakt zwischen einem Außen und einem Innen – und jedes mehrstimmige Singen oder Musizieren bedarf dieses Balanceaktes immer wieder von Neuem.

Man betrachte den Schritt vom einstimmigen Gregorianischen Gesang zu den frühen Formen der Mehrstimmigkeit einmal unter der Fragestellung, welche Bewusstseinsleistung nötig war, um von der Einstimmigkeit zur Mehrstimmigkeit zu gelangen. In der chorisch gesungenen Einstimmigkeit löst sich die Eigenständigkeit der einzelnen Stimme vollständig in der Gemeinsamkeit der Gruppe auf. Der Schritt zur solistisch besetzten Zweistimmigkeit setzt nun voraus, dass der einzelne Sänger seine Stimme Ton für Ton – „punctus contra punctum" (Jeppesen 1978, S. 1) – nach genauen harmonischen Gesetzen (nur Quinten, Quarten und Oktaven kommen als Zusammenklänge infrage) mit der anderen Stimme in Beziehung setzt. Das kann nur gelingen, wenn die eigene Stimme vorher Ton für Ton bewusst neu gelernt wird, und der Sänger jeden Ton als *Jetzt* (Georgiades 1985, S. 31ff.) ergreift, ihn singt, also von innen heraus produziert, und ihn gleichzeitig wie von außen hört. Darüber hinaus gilt es, die andere Stimme genauso bewusst zu hören wie die eigene und die eigene Stimme auf die andere abzustimmen, also eine Hördisposition einzunehmen, die gleich weit von beiden Stimmen entfernt ist und so die eigene und die fremde Stimme in gleicher Weise wahrnehmen kann. So entsteht jedes einzelne zweistimmige *Jetzt.* Der Verlauf eines ganzen Stückes bildet sich im Fadenkreuz zwischen Zukunft und Vergangenheit, Innen und Außen aus einem im *Jetzt* verankerten Überblick über die ganze Form. Gleichzeitig ist der beschriebene Prozess immer auch die gegenseitige musikalische Wahrnehmung zweier Menschen und damit eine von der individuellen Hörfähigkeit ausgehende gesteigerte Vergegenwärtigung von Gemeinsamkeit.

Von der Notenschrift über die Zusammenschau der Form, das Verhältnis zwischen Innen und Außen in der Beziehung der beiden Stimmen zueinander bis hin zum einzelnen Ton, der gleichzeitig produziert und gehört werden muss, lassen sich vielschichtige Akte der Distanzierung beschreiben; aber diese gewonnene Distanz hat in der Konsequenz nicht zur Loslösung von der unmittelbaren Musikalität geführt, sondern im Laufe der Musikgeschichte im Gegenteil eine außerordentliche Steigerung der individuellen Identifizierung mit den musikalischen Prozessen bewirkt.

Mit der Erfindung der Notenschrift und der Entdeckung des mehrstimmigen Musizierens wachte ein reflexives und selbstreflexives Tonbewusstsein anfänglich auf, das – mit dem 10./11. Jahrhundert allmählich beginnend – Schritt für Schritt die persönliche Innerlichkeit erobert hat;[4] allerdings weniger in dem Sinne, dass Musik Subjektivität *ausgedrückt* hätte, sondern insofern die menschliche Psyche von ihrer musikalischen Seite her entdeckt, erweckt und gestaltet wurde. Vom archaischen Aufschimmern persönlicher Empfindungen in den Liebesliedern der italienischen Renaissance über die Affekte der Barockoper bis hin zu Mozarts Don Giovanni oder Beethovens Fidelio entstand eine zur übrigen Welt parallele *europäische Zivilisation* des musikalischen Hörens. Diese *Zivilisation* trennte die Musik von der *Natur.* Die Naturwirklichkeit der Klangwelt, etwa Geräusche um ihrer selbst willen, direkte Gefühlsäußerungen, Nachahmung von Tierlauten, Rhythmen, die

unmittelbar die Bewegung stimulieren und zu Ekstase- oder Trancezustän-
den (Flender/Rauhe 1989, S. 80ff.) führen, oder musikalische Geisterbe-
schwörungen – der gesamte Reichtum archaischer Musikkulturen bleibt von
der abendländischen Kunstmusik kategorisch ausgeschlossen. Man fühlt
sich an Heinrich Heines Äußerung erinnert, dass die heidnischen Naturgeis-
ter des vorchristlichen Europas vom Christentum zu Dämonen umgewertet
würden (Heine 1978, S. 523), die nur noch außen an den Kirchen als Fratzen
Platz fanden. Im selben Sinne bleibt die Naturwirklichkeit des Klanges vom
Innenraum der europäischen Kunstmusik ausgeschlossen; sie dient lediglich der Akzentuierung und Kolorierung ihrer *Außenseite*. Dieser zivilisierte
Innenraum der neuzeitlichen Musik wendet sich zwar *empfindsam* der Natur
zu: So erscheint der Dreiklang *natürlich*, weil er mit einem Ausschnitt der
akustischen Gesetzmäßigkeit der Obertonreihe übereinstimmt. Er wird
musikalisch allerdings nicht als akustisches Naturphänomen behandelt,
sondern er ist rein musikalischer Ausdruck: Im Dreiklang wird Mehrstimmigkeit nicht mehr nur (wie im späten Mittelalter) als Ergebnis der Zusammen-
fügung von Tönen erreicht, sondern als eigenständige Qualität im Sinne
eines Akkordes aufgefasst. Zwar erinnert der Dreiklang an die Natur, aber er
wird von Anfang an unabhängig vom Naturzusammenhang sowohl als Dur-
als auch als Molldreiklang verwendet,[5] und der *Natürlichkeit* sind enge Grenzen gesetzt: Sie wird nur zugelassen, soweit sie im Quintrahmen bleibt. Hindemith bezeichnet den Quintrahmen als „heiligen Bezirk", der nicht überschritten werden dürfe (Hindemith 1940, S. 57), und Georgiades weist darauf
hin, dass die musikalischen Intervalle sich zwar im „Naturphänomen" wie-
derfinden, umgekehrt die über den Dreiklang hinausgehende Naturwirklichkeit der Obertonreihe von der Musikalität jedoch nicht akzeptiert würde
(Georgiades 1985, S. 80ff.). Ihre „natürlichen Rohstoffe" erscheinen in der
neuzeitlichen Musik ausschließlich als Reflexion von autonomen musikalischen Gesetzmäßigkeiten. Weitere Beispiele dafür sind die Taktstruktur, die
den rhythmischen Fluss durch die Regelmäßigkeit ihrer Perioden begrenzt,
und das zwölftönig temperierte Tonsystem, das die „Naturreinheit" sämtli-
cher Zahlenproportionen der Intervalle (mit Ausnahme der Oktave) einem
übergreifenden System opfert (Progner 1953). Aber innerhalb ihrer Grenzen
übersteigert die europäische Musik sowohl in der Komplexität ihrer Strukturen als auch an klanglicher Intensität, rhythmischer Wucht und Subtilität des
Ausdrucks alles, was es jemals musikalisch gegeben hat: Diese Musik – mit
ihrer Spannweite von der kontrapunktischen Kunst der Niederländer oder
Bachs, der Dialektik der klassischen Sonatenform, über die Möglichkeit, in
der Oper jegliche menschliche Gefühlsnuance musikalisch zu fassen, bis zur

„Apotheose des Tanzes" etwa bei Beethoven oder Strawinsky – ergreift den Hörer in seinen emotionalen Tiefen (Eggebrecht 1977, S. 37ff.) –, aber sie lässt ihn immer auch gleichzeitig Beobachter dessen bleiben, was er erlebt; denn sie ist in allen ihren Elementen so gestaltet, dass er hörend anschauen kann, was ihn musikalisch bewegt. Sie lebt aus der Ambivalenz zwischen der Beobachterposition und dem unmittelbaren Ergriffensein von der musikalischen Dynamik. Es ist eine Musikkultur des sitzenden Menschen; erst nach dem Schlussakkord, wenn es den Hörer *vom Sitz reißt,* darf er für einen kurzen (zum Konzertritus gehörenden) Moment die natürliche Einheit zwischen Musik, Emotion und Körperbewegung ausleben. In gewisser Hinsicht ist es eine „Als-ob-Kultur" – im Sessel sitzend hat man das Gefühl, als ob man tanzen, singen, lieben oder hassen würde, man schaut hörend zu, wie die gesamte Palette des Menschlichen einen berührt, aufwühlt und begeistert.[6]

Die abendländische Musik setzt überall Grenzen, an denen die verschiedenen Formteile im wechselseitigen Bezug zueinander hörend „gesehen", also bildlich erfasst werden können. Diese Grenzen ermöglichen die Lösung des musikalischen Hörens vom zeitlichen Vorher und Nachher und öffnen eine Zeitebene, von der aus sich die verschiedenen Zeitdimensionen überblicken lassen. Diese zweite Zeitebene verhält sich zu der ersten wie Raum zu Zeit.

Das musikalische Bewusstsein wird ständig dazu herausgefordert, zwischen beiden Ebenen zu balancieren, die Haltung des Eintauchens und die des Heraustretens aus dem Zeitstrom quasi kontrapunktisch aufeinander zu beziehen, also den musikalischen Raum aus dem Zeitstrom herauszuhören oder das Nacheinander der Zeit im musikalischen Raum entstehen zu lassen. – Dieser Aspekt von *Bildlichkeit im musikalischen Prozess* betrifft die Musik als reines Zeitphänomen, als räumliche Dimension innerhalb eines bewusst gesteigerten musikalischen Zeiterlebens.

Die Auffassung der musikalischen Form als räumliches, äußerlich durch die Notenschrift fixierbares Bild nähert das musikalische Hören aber gleichzeitig einen Schritt weit an das durch räumliches Sehen geprägte Bewusstsein an, wodurch die abendländische Musik eine Tendenz zur Gegenständlichkeit und eine gewisse Nähe zum Alltagshören und zur Sprache erhält (Georgiades 1974).

3 Gesang, Sprache und Denken

Im Unterschied zum musikalischen Hören drängt das Alltagshören – also das normale Hören eines Geräusches – dazu, das Gehörte auch als sichtbaren Gegenstand begrifflich zu erfassen und sprachlich zu benennen. Georgiades weist auf den Zusammenhang und den gleichzeitigen Gegensatz zwischen Hören und Sehen hin (Georgiades 1985, S. 121). Die sichtbare Welt wird als zusammenhängend gesehen, und sie ist – verglichen mit der hörbaren – dauerhaft und statisch. Ein Grenzphänomen zwischen Sichtbarkeit und Hörbarkeit ist die sichtbare Bewegung, insofern sie die Zeit abbildet (vgl. Aristoteles, zitiert nach Georgiades 1985, S. 35). Die hörbare Welt ist vorübergehend; sie klingt auf und verklingt wieder. Gegenstände werden nur dann hörbar, wenn sie in Schwingung versetzt werden. Die hörbare Welt setzt also die Bewegung der Dinge im äußeren Raum voraus (vgl. Euklid, zitiert nach Georgiades 1985, S. 64f.). Anders als das Ohr lässt sich das Auge schließen und das Sehen der dauerhaft vorhandenen sichtbaren Welt unterbrechen, während das Ohr immer offen ist und kontinuierlich, auch während des Schlafes, hört, also fortwährend für die sporadisch auftretenden Geräusche empfänglich ist. Die Sprache benennt das unmittelbare Verweisen des Hörbaren auf das Sichtbare in der Regel so, dass gesagt wird, was das Sichtbare tut: Ein Ast knackt, Wasser rauscht, ein Motorrad heult auf, eine Katze miaut, ein Mensch singt. Dem Alltagshören erscheint das Geräusch als hörbare Eigenschaft der dinglichen räumlichen Welt. Solange es sich zu keinem sichtbaren Gegenstand zuordnen oder aus der Funktion eines gesehenen Gegenstandes erklären lässt, wirkt ein Geräusch (wie andere unerwartete Sinneswahrnehmungen auch) irritierend und beängstigend. Von der uns umgebenden Geräuschkulisse erwarten wir normalerweise nichts kontinuierlich Zusammenhängendes, und für neu auftretende oder ungewohnte Geräusche suchen wir nach Erklärungen im Zusammenhang mit den sichtbaren Dingen im Raum. Wir sind erst befriedigt, wenn wir sehen, was das ist, was wir hören. – Allerdings können sich die Verhältnisse auch umkehren, sodass wir in besonderen Situationen gerade von einem Geräusch Kontinuität erwarten; so verlassen wir uns auf die Dauerpräsenz des Motorengeräusches eines Flugzeugs, und seine plötzliche Unterbrechung würde uns in extremen Schrecken versetzen. Auch kann es nötig sein, weitere Sinnesempfindungen wie z. B. das Tasten, Riechen oder Schmecken zur näheren Bestimmung eines Gegenstandes zu Rate zu ziehen, oder wir klopfen einen sichtbaren Gegenstand ab, um ihn über seinen Klang näher zu erkunden. Zahlreiche weitere Übergangsphänomene ließen sich anführen, denn unser Bewusstsein bildet sich an der gegenseitigen Durchdringung der verschiedenen Sinnesbezirke und an deren Wechselbeziehungen. Das alltägliche Gegenstandsbewusstsein wird aber von räumlichen Vorstellungen dominiert, die vorwiegend am Sehen gebildet werden; die Tatsache, dass auch ein Blinder ein räumliches Bewusstsein entwickelt und sich ein räumliches Vorstellungsbild von der gegenständlichen Welt macht, unterstreicht diese Dominanz des äußerlich räumlich Erfahrbaren für die Statik des Alltagsbewusstseins.

Im Folgenden wird der grundlegende Unterschied zwischen dem musikalischen Hören und dem an die räumliche Welt gebundenen Alltagshören dargestellt, und es werden die Besonderheiten dieses musikalischen Hörens aufgezeigt, das sich nicht auf die räumlich-dingliche Außenwelt bezieht, sondern ein Zeitbewusstsein konstituiert. Es wird ein Begriff vom musikalischen Ton entwickelt und darauf aufbauend ein musikalisches Bewusstsein beschrieben, das sich an der Wechselwirkung zwischen dem Hören und dem Gesang bildet und das dem im Sprechen und Denken verankerten Weltbezug polar entgegengesetzt ist. Singen steht hier paradigmatisch für Musikalität; das große Gebiet des primär Rhythmischen und sein Zusammenhang mit Tanz und Bewegung wird hier der gebotenen Kürze halber ausgeklammert.

Dem Gesang wie der Sprache liegt das Verhältnis zwischen Hören und Stimme zugrunde (Barthes 1990). Die Trennungslinie zwischen Singen und Sprechen lässt sich an der je unterschiedlichen Art aufzeigen, wie die Stimme von Bewusstsein und Gedanken durchdrungen und gestaltet wird, sowie an ihrem jeweils unterschiedlichen Verhältnis zur gegenständlichen Welt und zum Menschen selbst. Gesang und Sprache trennen sich an der Verschiedenheit ihres Verhältnisses zu Zeit und Raum. Im Gesang unterwirft sich die Stimme – und mit ihr die Sprache – vollständig der Dominanz der Zeit, sie wird durch die Sinnhaftigkeit der musikalisch gestalteten Zeit erfüllt. Die Sprache bezieht sich auf die Dinge im Raum und wird von den Gedankeninhalten und den grammatischen Formen geprägt. Allerdings spielt sowohl im Gesang wie in der Sprache auch das unmittelbare Gefühl eine Rolle, das entweder von den musikalischen bzw. gedanklich/sprachlichen Gesetzmäßigkeiten gefasst wird oder als direkter stimmlicher Ausdruck zur Geltung kommt.

Um die Besonderheit des musikalischen Bewusstseins im Vergleich und im Gegensatz mit dem denkenden Sprachbewusstsein genauer zu fassen, sei hier zunächst auf einige Grundtatsachen des kindlichen Spracherwerbs und der Entwicklung des Denkens verwiesen.[7]

Die Stimme umgreift das Singen und das Sprechen. Vom ersten Moment des Lebens an folgt sie dem elementaren Impuls des Menschen, sich hörbar zu machen. Der erste Schrei ist noch gleich weit vom Gesang wie von der Sprache entfernt. Erst in der unterschiedlichen Art der Kultivierung, in der Verschiedenartigkeit der Durchdringung der Stimme mit Sinn und Bedeutung trennen sich Gesang und Sprache. Die Wegscheide bildet in der frühesten Kindheit das jeweils unterschiedliche Verhältnis von Sprechen und Singen zum Aufwachen bzw. zum Einschlafen: Das Kind wird in den Schlaf gesungen, und am Sprechen wacht es auf; im Halbschlaf führt es beide Ebenen im Lallen zusammen. Allmählich bemerkt das kleine Kind im Wachzustand die Dinge im Raum und deutet auf sie hin. Es sagt „da" und meint etwas, das außerhalb von ihm ist, und es unterscheidet damit anfänglich sich von der Welt. Durch das Benennen der äußeren Dinge differenziert sich die Welt und wird für die gedankliche Durchdringung vorbereitet; als Gegenbewegung und in der Unterscheidung dazu wird der eigene Name *Ich* nennbar, er gewinnt Eigenständigkeit, Form und Inhalt. Als Kind nehme ich sinnlich wahr, was jetzt *da* ist (auch ich selbst bin jetzt *da* und war übrigens schon *da*, bevor ich es bemerkt habe), drücke mein Begehren aus und gewinne Einsicht in die Eigenschaften und Tätigkeiten der benennbaren Dinge, in ihre Beziehungen zueinander und zu mir, und erarbeite mir allmählich Gedanken darüber, was nicht nur jetzt *da* ist, sondern was immer *so* ist. Die erarbeiteten Gedanken haben ihre Gesetze aus sich selbst heraus und geben der wahrgenommenen Welt Zusammenhang und Sinn. Gedanken sind einleuchtend und einsehbar, aber nicht immer logisch. In der Allgemeingültigkeit der logischen und mathematischen Gesetze liegt die Überlegenheit der Gedanken, aber auch zugleich ihre Schwäche, weil sie den konkreten Einzelfall zum notwendigerweise unvollkommenen Beispiel für das Allgemeingültige degradieren. Mit der allgemeingültigen „anonymen" (Georgiades 1985, S. 132) Richtigkeit machen sie die wahrgenommene Welt im Rahmen ihrer Gesetze erklärbar und in der Folge technisch beherrschbar. Aber sie verlieren den Bezug zur einfachen, unmittelbar einleuchtenden Sinnhaftigkeit der wahrnehmbaren Wirklichkeit. Ich bezeichne etwas Gesehenes mit dem Begriff „Haus", „Blume" oder „Schaf", nicht weil das logisch wäre, sondern weil ich es einleuchtend finde. Dieses Einleuchten ist ontogenetisch lange vor dem logischen Verstehen da und konstituiert in der Kindheit den Bezug zur Welt, auf den der Mensch sein gesamtes späteres Erkenntnisleben aufbaut. Ein Beispiel: Das kleine Kind sagt „da Mäh", weil ihm aus dem Hören und Sehen heraus unmittelbar einleuchtet, dass dort ein Schaf ist, lange bevor es das verstehen und erklären kann; und es sagt „da Mäh" nur dann, wenn es das Schaf oder das, was es für ein Schaf hält, wirklich sieht oder hört. Mit „da Mäh" werden die hörbare und die sichtbare Welt in ihrem Zusammenhang benannt. Der Name des sichtbaren Schafes ist das, was es hörbar tut. Im „Da" realisiert das Kind den Unterschied zwischen sich und der Welt, im „Mäh" überbrückt es die Distanz wieder, indem es das, was es *da* sieht und hört, nachahmt. Der Impuls zum Lautebilden entsteht zwar in der Nachahmung der Erwachsenen, die es sprechen hört – vielleicht hat ihm der Erwachsene das „Mäh" auf das Schaf deutend vorgesagt –, aber die Tatsache, dass dem Kind die Verbindung zwischen dem deutend gesprochenen „Mäh" des Erwachsenen mit dem Schaf einleuchtet, dass ihm intuitiv klar wird, dass mit „Mäh" das ganze Schaf gemeint ist und nicht nur sein „Mäh", und dass dann das Kind in der Nachahmung nicht den Erwachsenen, der „Mäh" gesagt hat, sondern das Schaf, dessen Laut deutlich anders klingt als das menschlich gesprochene „Mäh", mit „Mäh" benennt, ist ein Akt, den es aus sich selbst heraus vollbringt. Die individuelle Fähigkeit, etwas einleuchtend zu finden, ist die Voraussetzung dafür, sich von der Nachahmung zu lösen und selbstständig sprechen und denken zu lernen. Das Kind lernt erst Laute bilden, mit ihnen auf etwas deuten, es benennen und mit ihnen Begehren auszudrücken, und an diesem anfänglichen Sprechen lernt es denken. Die räumliche Welt wird also an der Sprache denkbar, und dann wird diese denkbare und durchdachte Welt wieder aussprechbar und anderen Menschen mitteilbar. Sprache überbrückt die Kluft zwischen dem Subjekt und der dinglich-räumlichen Welt, sie verbindet den Menschen mit Gedanken und Begriffen auf der einen und mit der gegenständlichen Welt auf der anderen Seite. Sie ist das zwischenmenschliche Kommunikationsmedium schlechthin. Im Klang der Sprache drückt der Mensch über seine Gedanken hinaus auch seine innere Befindlichkeit aus und umgibt sie mit den Klängen seiner Gefühle, z. B. im Lachen und Weinen oder im Schreien. Und jede Sprache prägt ihrerseits die Gedanken und inneren Befindlichkeiten des Menschen durch ihren Charakter, den Klang ihrer Lautfolgen und Worte und die Besonderheiten ihrer grammatischen Formen.

Parallel zur Sprachentwicklung lernt das Kind im Singen einen grundlegend anderen Bewusstseinsinhalt kennen.[8] Die Stimme folgt im Singen weder dem unmittelbaren Affekt, noch benennt sie Dinge, Tätigkeiten oder drückt Begehren aus. Sie ist ihr eigener Inhalt, der in einem intensiveren Lauschen gleichzeitig erfahren und hervorgebracht wird. Sie folgt in ihren eindeutigen Tonhöhen, ihren Intervallen und Rhythmen ihren eigenen Gesetzen. Das Kind lebt etwa in seinen ersten beiden Lebensjahren zwar vorwiegend in einem lautierenden Klangstrom der Stimme, der sowohl zur Sprache als auch zum Gesang hin offen ist und der immer auch nah am direkten Ausdruck von Affekten ist, aber es erfasst gleichzeitig mit der Sprachentwicklung immer selbstständiger die Besonderheiten des Singens. Allmählich lernt es, Melodien „sauber" nachzusingen, und erfasst parallel zum intuitiven Erlernen der sprachlichen Grammatik die Gesetzmäßigkeiten desjenigen Tonsystems, das zu seinem Kulturkreis gehört.[9] Immer wacher und selbstständiger ergreift das Kind im Laufe seiner Entwicklung den musikalischen Bereich,

der zwar jetzt nicht mehr zum Einschlafen führt, aber immer eine Bewusst-
seinsform bleiben wird, die sich fundamental von der des Denkens und Sprechens unterscheidet.

Für den Gesang spielen Klang und Hören eine andere Rolle als für die
Sprache. Der Sinn eines Wortes, Satzes und Textes ist nicht an einen
bestimmten Sprachklang gebunden. Er klingt in den verschiedenen Sprachen unterschiedlich. Ein Text lässt sich chinesisch, arabisch oder hollän-
disch, ausführlicher oder knapper sagen, ohne dass sein Sinn sich wesentlich
ändert; ein Begriff kann auch innerhalb einer Sprache mit unterschiedlichen
Worten (also Klängen) bezeichnet oder umschrieben werden: Mit Ross ist
auch ein Pferd gemeint, mit Haupt der Kopf, und wenn von einer großen
Pflanze mit dickem Stamm, Ästen und Blättern die Rede ist, wird jeder verstehen, dass von einem Baum gesprochen wird. Von einem bestimmten
Klang hängt das Verstehen von Sprache ebenso wenig ab wie von einem festgelegten Zeitverlauf. Der Klang ist austauschbar oder kann im Lesen und
Denken auch ganz verschwinden; nur von sekundärer Bedeutung für das
Verstehen des gemeinten Sinnes ist die Zeit, also wie schnell gesprochen
oder gelesen wird, ob mit oder ohne Unterbrechung oder ob Worte oder Satz-
teile im Rahmen des grammatikalisch Möglichen vertauscht werden.

Auch für die Musik ist der Klang nicht das allein bestimmende Element,
sonst könnte es keinen Klavierauszug einer Oper geben oder keine Umdeu-
tung von Des zu Cis im Klang eines Tons. – Die Musik wird als Zeit konkret. In
der unverwechselbaren zeitlichen Folge und Dauer der Töne und Klänge, im
aktuellen Eintauchen in die Zeit hören wir musikalisch. Das lässt sich auch
am Verhältnis von Sprache zur Schrift im Vergleich mit der Beziehung von
Musik zur Notenschrift (Mazzola 1997) zeigen: Ein geschriebener Sprachtext
muss nicht notwendigerweise laut vorgelesen werden. Der Sinn lässt sich
auch im stummen Lesen erfassen. Notenschrift soll konkret zeitlich realisiert
werden, in festgelegten Längen und Kürzen, in bestimmten Tönen und Klängen, die sich als bestimmte Zeit ereignen sollen; selbst in einem zeitgenössischen Werk, das z. B. eine in Worten aufgeschriebene Anweisung zur Impro-
visation enthält, geht es nicht darum, nur zu verstehen, was mit der Anweisung gemeint ist, sondern um die vielleicht sogar von Zufällen abhängige
gegenwärtige Realisation der Anweisung als Zeit. Musik ist von Zeit nicht zu
trennen, sie existiert als Zeit, nicht in der Zeit (Georgiades 1985, S. 52). Durch
den hörbaren Klang wird das Bewusstsein in der Gegenwart verankert, denn
das Sinnliche ist nur jetzt erfahrbar. Selbst im stillen Lesen einer Partitur geht
es um das innere Vergegenwärtigen von Tönen und Klängen in ihrer zeitlichen
Folge, also um eine stille „Aufführung".

Auch hörbar gesprochene Sprache verankert das Bewusstsein in der Gegenwart. Die Sprache hält das denkende Bewusstsein in Zusammenhang mit der Zeit. Aber je logischer und abstrakter das Denken wird und je mehr es sich von der Sprache löst, desto unabhängiger wird es von der konkreten Dauer der Zeit. Ein logischer Schluss vernichtet in seiner abstrakten Allgemeingültigkeit den Zusammenhang mit der Zeit. Sprache wird in dem Maße zum Gesang, in dem die konkreten zeitlichen Proportionen der Laute und Töne zueinander wichtiger werden als Vorstellungen und gedankliche Inhalte. Gesang kann deshalb nie abstrakt sein.

Wie an der C-Dur-Tonleiter exemplarisch gezeigt wurde, regen die zeitlichen Formelemente der europäischen Musik aus ihrer Eigengesetzlichkeit heraus dazu an, Zeitabschnitte wie räumlich zu überschauen. Damit findet sich innerhalb der musikalischen Zeit ein ähnlicher Zusammenhang zwischen Hörbarem und räumlich Sichtbarem wieder, wie er auch für das Alltagshören charakteristisch ist, und die Musik entwickelt eine zeitliche Gegenständlichkeit und eine Nähe zur Sprache. Die Grenze zur Sprache wird aber nicht überschritten, weil diese musikalische Gegenständlichkeit nicht durch ein Wort benannt und einen Begriff verstanden werden muss, da Musik eben primär ein gegenwärtig sinnhaftes Zeiterlebnis ist, das überhaupt erst durch einen Akt der Distanzierung als überschaubare Zeitform wie ein *Etwas* bewusst wird. So entsteht innerhalb des musikalischen Hörens ein Bewusstsein für das Hören selbst, das dazu befähigt, die gewisse Nähe der europäischen Musik zum Alltagshören umzukehren und im Alltagshören eine gewisse Nähe zur Musik zu finden. Diese Umkehr wird am praktischen Beispiel einer *Gehörbildungsübung* in Seminaren mit Studenten beschrieben.

4 Vom Alltagshören zur Wahrnehmung von Sinn im Sinnlichen

Die Gruppe wird gebeten, die Augen zu schließen. Dann werden sie vom Klang eines alltäglichen Gegenstandes überrascht – es kann ein Kochtopfdeckel, ein Wasserglas, eine Pfanne oder etwas anderes sein. Die Frage (nachdem alle die Augen wieder geöffnet haben, der klingende Gegenstand aber noch nicht gezeigt wurde) „Was habt ihr gehört?" ergibt ein ganzes Spektrum von Antworten, das von Vermutungen darüber, was für ein Gegenstand es war und wie er angeschlagen wurde („ein Kochtopfdeckel mit einem Kochlöffel angeschlagen") über den Hinweis auf störende Umweltgeräusche bis zu Bekundungen von Sympathie und Antipathie und oft weit hergeholten Assoziationen („es erinnert mich an den Gong, mit dem meine Großmutter in den Ferien zum Essen gerufen hat") bis zur Beschreibung körperlicher Resonanzen („ich fühle das im Bauch") und der synästhetischen Beschreibung des Klanges (dunkel, warm, rotviolett) führt. Durch das Hören mit geschlossenen Augen kann das Geräusch nicht sofort als räumliches Ding gesehen und verstanden werden, und so drängt sich die Frage danach auf, von welchem Gegenstand es herrührt. Außerdem wird deutlich, dass das Hören über seinen Zusammenhang mit dem Gegenstandsbewusstsein hinaus unmittelbar alle Bereiche der menschlichen Psyche erfasst und eine umfassende körperliche Resonanz hat.[10] Auffällig ist, dass in den spontanen Beschreibungen in der Regel der Hinweis auf den Klang als Klang fehlt. Würde man jetzt schon den Gegenstand zeigen, käme ein allgemeines „aha, ein Kochtopfdeckel", und man könnte sich weiter darüber unterhalten, wie sehr man im Alltag von der sichtbaren Gegenständlichkeit der Dinge und von den Zwecken, zu denen man sie benutzt, gefangen ist, und dass man auf den Klang kaum achtet; oder es könnte sich eine physikalische Betrachtung der Materialeigenschaften anschließen. Unversehens hätte man sich von dem Hören abgewandt und befände sich in einem Prozess des Denkens, Urteilens und Sprechens, in dem das Hören selbst nur noch eine untergeordnete Rolle spielt. In der *Gehörbildungsübung* wird die entgegengesetzte Richtung eingeschlagen. Der Gegenstand wird nicht gezeigt, sondern die Übung mit geschlossenen Augen fortgesetzt, und die Teilnehmer werden dazu aufgefordert, das Hören ausschließlich auf den Klang als Klang zu richten, also nicht zu fragen, was es ist, sondern zu hören, wie es klingt. Diese Intention zu hören, wie es klingt, unterläuft das Alltagshören, das sich ein gegenständliches Bild vom Hörbaren machen möchte; je intensiver auf den zeitlichen Verlauf des Klanges geachtet wird, desto mehr koppelt sich das Hören von räumlichen Vorstellungen ab. Aus methodischen Gründen wird die Übung nun, gegliedert in zwei Teile mit je drei Abschnitten, fortgesetzt. Im ersten Schritt wird der Beginn des Geräusches gehört, im zweiten der Moment, in dem es verklingt. Erst nachdem mit dem wiederholten genauen Hören des Beginns und des Endes des Klanges die Grenzen abgesteckt sind, geht es dann drittens um den gesamten Verlauf des Geräusches – von Anfang bis zum Schluss. – Immer wieder werden zwischendurch die hörbaren Qualitäten des Klanges mit Worten beschrieben.

Nach diesen intensiven Versuchen, den Klang differenziert wahrzunehmen, folgt der zweite Teil der Übung: Jetzt lenken die Teilnehmer die Aufmerksamkeit auf die Aufmerksamkeit, die aufgebracht wurde, um das Hören von den räumlichen Vorstellungen und gedanklichen Vermutungen zu trennen und auf den zeitlichen Verlauf des Geräusches zu richten. Auch das wird in drei Schritten durchgeführt, bezogen auf den Anfang, den Schluss und den ganzen Verlauf des Klanges. Dadurch wird deutlich, dass auch die Aufmerksamkeit selbst zum Wahrnehmungsgegenstand werden kann und dass sie unterschiedliche Qualitäten hat, je nachdem, wie sie ausgerichtet wird: Die Aufmerksamkeit des gespannten und gleichzeitig offenen Voraushörens unterscheidet sich von der des aufmerksam rückblickenden Weiterhörens nach dem Verklingen oder von dem beweglichen Mitvollziehen des ganzen Klangverlaufs. Durch das aufmerksame Voraushören und Nachlauschen beginnt und endet das Zeitbewusstsein des Hörens nicht mit dem hörbaren Klang, es wird nicht durch das von außen kommende Schallereignis geweckt, sondern umschließt den Wahrnehmungsinhalt mit Zeit. Nur wenn die sinnliche Tätigkeit des aufmerksamen Hörens vor dem Erklingen des Geräusches beginnt und nach dem Verklingen weitergeführt wird, kann der ganze Klang von Anfang bis Ende gehört werden. Der Klang wird dadurch von Stille umgeben. Aber es ist eine Stille, die nicht aus der Abwesenheit von Hörbarem einfach *da* ist, sondern sie wird aus der Aufmerksamkeit des Voraushörens und Nachlauschens als Zeitverlauf erzeugt; es ist also auch keine Leere, denn die Stille ist identisch mit dem aufmerksamen Voraushören und Nachlauschen selbst. Durch den Klang wird diese hörend erzeugte stille Zeit dann nicht unterbrochen, sondern mit Qualitäten erfüllt. Das Hören nimmt die zeitliche Gestalt des Klanges an. Im Voraushören, im Hören und Nachlauschen entsteht Zeit als sinnlicher Prozess, in dem sich die Aufmerksamkeit selbst als Hören wahrnimmt und das Hören sich selbst als Aufmerksamkeit erfährt; Zeit entsteht so immer als Gegenwart: den Klang aktuell erwartend auf die Zukunft gerichtet, von der Zeitgestalt des Geräusches geführt, während es äußerlich erklingt, oder vom Klang konkret erfüllt zur Vergangenheit gewandt. In diesem bewusst geführten sinnlichen Prozess trennt sich die *Gestimmtheit zur Bildlichkeit* von ihrer alltäglichen Bindung an die gegenständliche Sichtbarkeit, die die Aufmerksamkeit immer unbewusst vom Hören auf das Sehen ablenkt. Bildlichkeit wird jetzt zum Zeitbewusstsein *umgestimmt,* indem die Formen des zeitlichen Klangverlaufs hörend überschaubar werden.

Die Versuche, das Gehörte sprachlich zu beschreiben, bringen zum Bewusstsein, wie sehr wir gewohnt sind, mit der Sprache ein *Etwas* zu benennen, dessen Sinn uns im Durchdenken begrifflich klar wird. Zwar kann die Sprache den Klang auch naiv nachahmen und sich damit dem Gesang annähern; versucht sie aber das Gehörte begrifflich zu beschreiben, so wird deutlich, dass nur ein Teil der Begriffe sich direkt auf den Klang bezieht (laut, leise, knackend, klirrend, summend, anschwellend, verklingend etc.), und dass sonst Begriffe gewählt werden, die aus anderen Sinnesbezirken, aus räumlichen Vorstellungen oder aus Verweisen auf das vermutete Material stammen (hoch, tief, hell, dunkel, grell, luftig, hohl, metallisch, hölzern etc.). Je länger man nun den Wechsel zwischen Hören und Beschreiben fortsetzt, desto deutlicher wird die Kluft zwischen dem, was die Sprache bezeichnen kann, und dem Klang als Ereignis. Zwar können Begriff und Sprache das Bewusstsein für das Hören schärfen, wirklich bezeichnen können sie die Realität des Klanges nicht. Sie müssen es auch nicht erst erklären, weil der Sinn im sinnlichen Vollzug gehört werden kann. Dazu sind der klingende (also bewegte) Gegenstand nötig und ein sich seiner selbst bewusstes Hören, das den Klang als charakteristische zeitliche Gestalt mitvollziehen kann. Es ist ein Ereignis, das sich nur sinnlich gegenwärtig im Hörprozess realisiert. Alles, was den Klang ausmacht, muss in diesem sinnlichen Prozess gehört werden. Die Zeit des Klanges, sein Klingen, wird im Hörprozess geschaffen und gleichzeitig mitvollzogen. Kein Gedanke kann dieses in der sinnlichen Wirklichkeit geleistete Hören ersetzen. Die Wahrnehmung von Sinn im Sinnlichen bleibt an den Vollzug des Wahrnehmens gebunden. Wenn der wahrgenommene Sinn des Sinnlichen im Bewusstsein Dauer erlangen und nicht mit dem Verklingen vergessen werden soll, muss innerhalb der sinnlichen Präsenz eine Ebene der Distanzierung gefunden werden, die der Differenz zwischen Wahrnehmen und Begreifen im Erkenntnisakt entspricht. Die beschriebene Hörübung erreicht diese Distanzierung, ohne dass sie den Hörprozess verlässt: Die Aufmerksamkeit des Hörens setzt ein, bevor der Klang beginnt, und wird fortgesetzt, nachdem er verklungen ist. Im Vorhören und Nachhören werden die Grenzen gesetzt, innerhalb derer der Klang als Gebärde von Anfang bis zum Ende erfahren und von wo aus diese Klanggebärde als Klangbild im Bewusstsein gehalten werden kann. Das Klangbild erscheint auch hier, ebenso wie es an der Tonleiter beschrieben wurde, im Vor- und Nachhören als Raum in der Zeit. Im Hörbild bleibt die im aufmerksamen Hören erfahrene Sinnqualität des Klanges dem Bewusstsein unabhängig von seiner sinnlichen Gegenwart erhalten, und das Hören kann aus diesem Bild heraus die Zeitgebärde eines bestimmten Klanges im stillen Hervorbringen des Wahrnehmungsprozesses reproduzieren. Da darüber hinaus, wie beschrieben, auch die Aufmerksamkeit des Hörens Gegenstand der hörenden Aufmerksamkeit werden kann, schließt sich also der Kreis: Es entsteht eine der denkenden Erkenntnis parallele Doppelbewegung, hier nicht zwischen Welt- und Selbsterkenntnis, sondern zwischen Welt- und Selbstwahrnehmung. – In seiner konsequenten Identifizierung mit dem sinnlichen Vollzug des Hörens leistet das Bewusstsein einen Prozess, der dem Erkenntnisakt parallel läuft, der also nicht zur begrifflichen Erkenntnis von Sinn, sondern zur Wahrnehmung von Sinn im Sinnlichen führt.

5   Zeitliche Körperlichkeit

Dieser Wahrnehmungsvorgang hat weitere Tiefendimensionen: Beim bewussten Hören eines Geräusches kommt die Wahrnehmung der zeitlichen Sinnqualitäten eines materiellen Gegenstandes ins Bewusstsein. Anders ist es bei dem Sonderfall eines Geräusches, der als musikalischer Ton bezeichnet wird. An einer schwingenden Saite, der Luftsäule eines Blasinstruments, der reinen konstanten Schwingung einer Metallplatte, dem Ton eines Sängers interessiert sich die Wahrnehmung nicht in der beim Geräusch beschriebenen Art für Qualität und Sinn des Materials (Ruland 1981); sie wird von dem Klang des Materials „gestimmt", also zum Singen angeregt. Das Singen des Tons ist aber nicht die stimmliche Nachahmung des Materialklanges, sondern die selbstständige Äußerung des Singenden als Person. Im musikalischen Ton äußert sich der Mensch als Hörender. Der *Gegenstand* des Gesanges ist der Hörprozess selbst und damit die Vergegenwärtigung des Zeit hervorbringenden Bewusstseins. Im Gesang wird nicht primär ein Gedanke geäußert oder auf Gegenständliches verwiesen. Im Singen äußert der Mensch seine Zeit. Wie er im Geräusch die zeitliche Gestalt des Klanges als Sinn erfahren kann, wenn das Hören seine Aufmerksamkeit darauf richtet, wie es selbst die zeitliche Form des Geräusches annimmt, so bringt er im Gesang die zeitliche Gestalt seiner eigenen Körperlichkeit zum Klingen. Aber er tut das so, dass es weniger um den klingenden Sinn des körperlichen Materials geht als um den Sinn des Hervorbringens von Zeit selbst. Mit diesem sinnvollen Hervorbringen von Zeit kann nun ein anderer Mensch als Zuhörer im wahrsten Sinne des Wortes *übereinstimmen.* Er hört das Hervorbringen von Zeit und schließt sich innerlich mitsingend diesem Prozess an. Im Hören und Hervorbringen des musikalischen Tones bildet das menschliche Bewusstsein die zeitliche Gestalt seiner Körperlichkeit, es vergegenwärtigt quasi einen zeitlichen Leib, wie es sich im Benennen und Erkennen der äußeren Dinge räumlich körperlich verortet. Im musikalischen Hören wird ein Bewusstsein gebildet, das sich sowohl von der räumlichen Gegenständlichkeit der gehörten Dinge wie von der eigenen räumlichen Gegenständlichkeit löst. Musikalisch werden keine Gegenstände wahrgenommen, sondern nur die Proportionen der hörend hervorgebrachten Zeit. Das blitzartige Einleuchten des Sinnes eines Gegenstandes beleuchtet etwas Äußeres, macht es benennbar und schließlich verständlich; im Tonerlebnis erhält das Einleuchten selbst Dauer, wir haben das fortwährende Gefühl des Einleuchtens (Ruland 1981, S. 24). Es leuchtet uns aber nicht *etwas* ein, sondern wir leben in den transparenten Proportionen der Zeit, die wir selbst hörend erschaffen. Und wir werden uns unserer selbst als Zeit hervorbringende Wesen hörend bewusst.

Die Frage nach der Wirklichkeit stellt sich für dieses Hörbewusstsein anders, als sie seit Kant gestellt wird: Für den musikalischen Ton gibt es keine Grenze zur Wirklichkeit, weil er nicht versucht, Wirklichkeit zu bestimmen und auch keine Frage nach der Wirklichkeit aufwirft, sondern ganz lapidar die Wirklichkeit erzeugt und hört, die die reine Vernunft für unerkennbar erklären muss. Für den zeitlichen Leib gibt es keinen Gegensatz zwischen Welt und Erkennen. Der Hörakt des Zeithervorbringens wird für den Singenden im selbst erzeugten Ton wie von außen sinnlich wahrnehmbar, und der von außen kommende Ton, der am klingenden Material gehört wird, wird als genau dieselbe hörsinnliche Zeiterfahrung aufgefasst. In der Tonwahrnehmung verschwimmt Innen und Außen: Der Mensch hört sich selbst in einer doppelten Resonanz – Inneres klingt äußerlich, Äußeres klingt innerlich. Er nimmt sich selbst in demselben Sinne als Sinn der sinnlichen Welt wahr, wie er in der beschriebenen bewussten Hörerfahrung eines Materialklanges den Sinn des Klanges hört. Damit ist nichts Transzendentes gemeint, kein romantischer *Geist,* kein *Jenseits,* das im *Diesseits* erscheint, sondern eine Hörwahrnehmung, die den Hörenden selbst im sinnlichen Vorgang des Hörens hört. Er selbst wird als Welt hörbar. Dabei ist der Ton nicht identisch mit dem äußerlichen Klingen. Er kann innerlich auch ohne äußeren Klang gehört werden, hat von sich aus Dauer und seine Wertigkeit und Stellung innerhalb des jeweiligen Tonsystems; er bestimmt und *intoniert* den äußeren Klang intentional von innen her. Dieses *Innen* liegt aber nicht etwa neben oder jenseits des Sinnlichen, sondern es ist eine Dimension des Hörens selbst, das das Hörerlebnis *Ton* aus dem reinen Hörprozess (äußerlich unhörbar) selbst hörend erzeugen kann, was übrigens nicht dasselbe ist wie Vorstellen, weil in diesem stillen Hören oder Singen der Ton selbst und nicht eine Vorstellung vom Ton erzeugt wird.

Die Formen der europäische Musik bringen die Zeit ins Bild. Aber diese Formen sind nichts inhaltslos Abstraktes, sondern Formen aus musikalischen Tönen, die den Menschen in all seinen Dimensionen wie eine zeitlich fassbare Physiognomie hörbar werden lassen. Seit dem 20. Jahrhundert wird die Fähigkeit zur bildlichen Zusammenschau der Klangelemente zu Formbildern so bewusst beherrscht, dass das Hören sich Klängen und Formen zuwendet, die nicht im klassischen Sinne gestaltet sind. So kann das Hörbewusstsein die sich aufdrängende Evidenz der C-Dur-Tonleiter außer Kraft setzen und z. B. eine Tonfolge c-d-e-f-g-a-h so ausbalancieren, dass auch ohne Oktave eine in sich geschlossene Form entsteht, oder es kann auch in offenen ungleichgewichtigen Formen Sinn entdecken. Die Musikalität sucht die Herausforderung, aus eigener Höraktivität heraus Rahmen und Grenzen zu setzen und Motive für Formelemente aus verschiedenen Möglichkeiten auszuwählen. Die Fähigkeit, im Hören selbstständig zu gliedern und das Wechselspiel zwischen dem Eintauchen in den Hörprozess und dem Heraustreten bewusst zu beherrschen, ermöglicht es, Formen in verschwimmenden, diffusen oder auch in komplexen Strukturen, die nur zunächst diffus erscheinen, zu hören. Musikalität entsteht jetzt überall da, wo das Gegenstandsbewusstsein in die Zeiterfahrung übergeht.

Als am Sehen gebildete Gestimmtheit des menschlichen Bewusstseins, als Fähigkeit zur Auffassung vielschichtiger, über das Gedankliche hinausgehender oder es unterlaufender Wirklichkeit habe ich den Begriff der Bildlichkeit bezeichnet. Diese Gestimmtheit schafft in Bezug auf die Identifizierung mit dem musikalischen Prozess Distanz und lässt ein Hörbild entstehen, das die Gesamtheit der musikalischen Elemente wie an einer Oberfläche als Form ins Bild bringt. Dieses Bild macht den musikalischen Prozess anschaubar und lässt so die musikalische Wirklichkeit zum Gegenstand des Denkens werden. Bildlichkeit öffnet zwei unversöhnliche Gegensätze füreinander: die Welt des Denkens und die der unmittelbaren musikalischen Zeiterfahrung (Eggebrecht 1979).

Könnte es sein, dass das Denken, wenn es mit sich selbst denkend so umginge wie das Hören mit den Tönen, an seinen Grenzen, an der bildlichen Wahrnehmung seiner eigenen Formen, selber sehend würde und damit ein Stück weit das Paradies zurückeroberte, ohne die Erkenntnis zu verlieren?

Literatur

Barthes, Roland (1990). Der entgegenkommende und der stumpfe Sinn. Kritische Essays III. Frankfurt a. M.: Suhrkamp.

Bruhn, Herbert (1988). Harmonielehre als Grammatik der Musik. Propositionale Schemata in Musik und Sprache. München, Weinheim: Psychologie Verlags Union.

Chomsky, Noam (1965). Aspects of the Theory of Syntax, Cambridge, Massachusetts: MIT Press.

Doblhammer, Klaus (1998). Das Sprechen der Sprache. Wien: Dissertation.

Dowling, Walter J. (1999). The development of music perception and cognition. In: Deutsch, Diana (Hrsg.). The Psychology of Music. Orlando: Academic Press, S. 603–625.

Eberlin, Roland (1990). Theorien und Experimente zur Wahrnehmung musikalischer Klänge. Frankfurt a. M., Bern, New York: Lang.

Eggebrecht, Hans H. (1977). Musikalisches Denken. Wilhelmshaven: Noetzel.

Eggebrecht, Hans H. (1997). Zur Methode der musikalischen Analyse. In: ders.: Sinn und Gehalt: Aufsätze zur musikalischen Analyse. Wilhelmshaven: Noetzel.

Flender, Reinhard / Rauhe, Hermann (1989). Popmusik. Geschichte, Funktion, Wirkung und Ästhetik. Darmstadt: Wissenschaftliche Buchgesellschaft.

Flender, Reinhard / Rauhe, Hermann (1998). Schlüssel zur Musik – Neue Einblicke in die Welt der Musik. Mainz: Atlantis Musikbuch.

Georgiades, Thrasybulos (1974). Musik und Sprache: Das Werden der abendländischen Musik, dargestellt an der Vertonung der Messe. 2. Auflage. Berlin: Springer.

Georgiades, Thrasybulos (1985). Nennen und Erklingen. Die Zeit als Logos. Göttingen: Vandenhoeck & Ruprecht.

Hargreaves, David J. (1986). The Developmental Psychology of Music. Cambridge: University Press.

Heine, Heinrich (1978). Zur Geschichte der Religion und der Philosophie. 1. Buch. In: ders.: Sämtliche Schriften. Bd. III. Hrsg. v. K. Briegleb. 2. Auflage. München: Hoffmann und Campe.

Hindemith, Paul (1940). Unterweisung im Tonsatz I. Theoretischer Teil. Mainz: Schott & Söhne.

Horkheimer, Max / Adorno, Theodor W. (1996). Dialektik der Aufklärung. In: Adorno, Theodor W.: Gesammelte Schriften. Bd. 3. Hrsg. v. R. Tiedemann. 3. Auflage. Frankfurt a. M.: Suhrkamp.

Jeppesen, Knud (1978). Kontrapunkt. Wiesbaden: Breitkopf & Härtel.

Kühn, Clemens (1981). Musiklehre. Grundlagen und Erscheinungsformen der abendländischen Musik. Regensburg: Laaber.

Lehrdahl, Fred / Jackendorff, Ray (1983). A Gererative Theory of Tonal Music. Cambridge, Massachusetts: MIT Press.

Mazzola, Guerino (1997). Semiotische Aspekte der Musikwissenschaft: Musiksemiotik. In: Posner, Roland / Robering, Klaus / Sebeok, Thomas A. (Hrsg.) (1979). Semiotik/Semiotics. 3. Teilband: Ein Handbuch zu den zeichentheoretischen Grundlagen von Natur und Kultur. Berlin, New York: De Gruyter, S. 3119ff.

Oevermann, Ulrich (1998). Selbsterhaltung oder Sublimierung? Odysseus als künstlerischer Protagonist der Kulturentwicklung. Zugleich eine Kritik an dem Prozeß „Dialektik der Aufklärung". In: Merkur 52, 1998, H. 6, S. 1–14.

Progner, Hermann (1953). Die Zwölfordnung der Töne. Wien: Amalthea.

Ruland, Heiner (1981). Ein Weg zur Erweiterung des Tonerlebens: Musikalische Tonkunde am Monochord. Basel: Die Pforte.

Shuter-Dyson, Rosamund (1999). Musical ability. In: Deutsch, Diana (Hrsg.). The Psychology of Music. Orlando: Academic Press, S. 627–651.

Hinweis

Der Beitrag von Elmar Lampson ist ein geringfügig überarbeiteter Wiederabdruck aus: Rustemeyer, Dirk (Hrsg.) (2003). Bildlichkeit. Aspekte einer Theorie der Darstellung. Wittener kulturwissenschaftliche Studien, Bd. 2. Würzburg: Königshausen & Neumann.

Anmerkungen

1 Die Charakteristika unserer vertrauten europäischen C-Dur-Tonleiter treten besonders deutlich hervor, wenn sie improvisierend mit einer pentatonischen Skala verglichen wird. Die pentatonische Skala – d-e-g-a-h – ist prinzipiell einstimmig; sie ist die direkte Umsetzung ihres aus Quinten geschichteten Tonsystems und hat keinen festgelegten Grundton. Ihre Melodiebildungen können sich schwebend im musikalischen Raum bewegen und auf jedem Ton der Skala beginnen oder enden. Ganz anders die C-Dur-Tonleiter – c-d-e-f-g-a-h-c. Sie ist ein vielschichtiges Gebilde und hat als tonsystemlichen Hintergrund die Quintenkette von f bis h, die Kadenz, die Mollparallelen, den verminderten Dreiklang – h-d-f. Jeder Ton der C-Dur-Tonleiter ist gleichzeitig die Oberfläche eines Akkordes. Die melodische Bewegung von Ton zu Ton ist nur ein Teil-

aspekt der harmonischen Ordnung (siehe auch Eggebrecht 1977, S. 31ff.).

2 Auf die naheliegende Frage nach der „Hörgewöhnung" und Rolle der kulturellen Prägung durch die europäische Tonalität gehe ich hier nicht ein, weil die vorliegende Betrachtung zunächst von den Gegebenheiten der europäischen Hörkultur ausgeht. Eine besonders wichtige Tatsache dieser (und nicht nur dieser) Hörkultur ist die Auffassung der Oktave als Zusammenfassung zweier unterschiedlich klingender Töne zu ein und demselben Ton. Zur Relativierung dieses Ausgangspunktes siehe unten.

3 Vgl. H. Zender im Programmheft zur Uraufführung des Ballettes „Winterreise" in Hamburg am 16. Dezember 2001: „Seit Erfindung der Notation ist die Überlieferung von Musik geteilt in den vom Komponisten fixierten Text und die vom Interpreten aktualisierte klingende Realität". Man muss „verstehen, dass jede Notenschrift in erster Linie eine Aufforderung zur Aktion ist und nicht eine eindeutige Beschreibung von Klängen. Es bedarf des schöpferischen Einsatzes des Interpretierenden, seines Temperamentes, seiner Intelligenz, seiner durch die Ästhetik der eigenen Zeit entwickelten Sensibilität, um eine wirklich lebendige und erregende Aufführung zustande zu bringen – ich rede nicht von äußerlicher Perfektion. Dann geht etwas vom Wesen des Interpreten in das aufgeführte Werk über: Er wird zum Mitautor."

4 Eggebrecht unterscheidet zwischen der mittelalterlichen „mathematischen" Auffassung des Tones (der Tonverhältnisse) als „Ratio" und der neuzeitlichen „physikalischen" Auffassung des Tones als „Klang" (Eggebrecht 1977, S. 20ff.).

5 Eine kurze Zusammenfassung des Theoretikerstreites zur Dur-Moll-Auffassung siehe Kühn (1981).

6 Zu einer völlig andersgearteten „Begründung" des „bürgerlichen" Konzertverhaltens vgl. die bekannte Ilias-Interpretation von Horkheimer/Adorno 1996, S. 51. Zur Kritik an dieser Interpretation vgl. auch Oevermann 1998.

7 Zu Sprache und Spracherwerb aus der Sicht verschiedener Wissenschaften siehe Doblhammer (1998).

8 Zu musikpsychologischen Theorien über die Entwicklung musikalischer Fähigkeiten bei Kindern vgl.: Hargreaves 1986, Dowling 1999. S. 603–625; Shuter-Dyson 1999, S. 627–651.

9 Zu den auf Hugo Riemann aufbauenden Theorien zum Thema „Musik als beziehendes Denken" siehe Eberlin (1990); eine auf Noam Chomskys Theorie der „Universalgrammatik" (Chomsky 1965) fußende Grammatik der Musik entwickelten Fred Lerdahl und Ray Jackendoff (1983); vgl. außerdem Bruhn (1988).

10 In der Embryonalentwicklung bildet sich das Ohr als erstes Sinnesorgan, und es gehört zu den elementaren Grundlagen des Hörens, dass akustische Signale direkt ins Rückenmark geleitet werden und Alarmreflexe auslösen. „Nach Scheidt hat sich das Gehör in der weiteren Entwicklung des Menschen mehr und mehr darauf spezialisiert, diejenigen Frequenzen herauszufiltern, die der Mensch beim Singen und Sprechen benutzt. Diese Hörsignale werden nun nicht ins Rückenmark, sondern über die ‚Hörbahnen' direkt zum Hirnstamm weitergeleitet, von wo sie zum Teil ins Endhirn weiterlaufen. Die Wahrnehmung dieser Frequenzen löst im Ohr den Reflex aus, die Information an die kognitiven Bereiche des Gehirns, besonders zum Sprachzentrum weiterzuleiten. […] Auf der anderen Seite kann das Geräusch oder der Schrei alarmierende Wirkung haben. […] In diesem Fall wird der akustische Stimulus direkt in das zentrale Nervensystem geleitet und löst körperliche Reflexe (Zusammenzucken, blitzschnelle Reaktion, Hellwachheit usw.) aus. Aus der Doppelfunktion des Gehörs einerseits als ‚Alarmwecker' und andererseits als Sprachempfänger ergibt sich sowohl die zum Teil antriebsfördernde Wirkung der Musik als auch ihre Nähe zur kognitiven Wahrnehmung" (Flender/Rauhe 1989, S. 96–98).

Autorinnen und Autoren

Matthias Bunge, Prof. Dr. phil. habil., geb. 1956; Studium der Kunstgeschichte, Klassischen Archäologie und Philosophie an der Universität des Saarlandes; Promotion und Habilitation in Kunstgeschichte; seit 2000 außerplanmäßiger Professor an der Katholischen Universität Eichstätt-Ingolstadt; seit 2012 Professor für Bildungsphilosophie mit dem Schwerpunkt philosophische und ästhetische Grundlagen der Pädagogik an der Alanus Hochschule am Standort Mannheim; Arbeitsgebiete: Bildgeschichte, Bildtheorie, Koloritgeschichte, Künstlertheorien und der erweiterte Kunstbegriff.

Iris Hennigfeld, M. A.; Studium der Philosophie und der Neueren Deutschen Literaturgeschichte; 2009–2011 Goethe-Fellowship an der McGill University; 2012 Forschungsaufenthalt am Phenomenology Research Center an der Southern University Carbondale/Illinois; 2013/14 Lehrauftrag an der Leuphana Universität Lüneburg; 2014–2019 Promotionsprojekt „Goethes Denken im Lichte der Phänomenologie Edmund Husserls"; Forschungsschwerpunkte: Philosophische Phänomenologie, Erkenntnistheorie, Ästhetik und Deutscher Idealismus; Tätigkeit als Autorin und freischaffende Künstlerin.

Katja Hoffmann, Prof. Dr. phil., geb. 1974; Studium der Kunst, Germanistik und Medienwissenschaften; 2003–2009 wissenschaftliche Mitarbeiterin an den Universitäten Köln, Paderborn und Marburg; 2014 zweites Staatsexamen in den Fächern Kunst und Deutsch; 2015–2017 wissenschaftliche Mitarbeiterin an der Universität Siegen im Fach Kunstpädagogik; seit 2017 Professorin für Kunstpädagogik an der Alanus Hochschule für Kunst und Gesellschaft Alfter; Arbeitsschwerpunkte: Methoden und Konzepte des Kunstunterrichts, Visualität und Diskursivität in künstlerischen Bildungsprozessen, Theorie und Praxis der Kunstvermittlung, Wissensordnungen und Kanon(Kritik).

Wolf-Ulrich Klünker, Prof. Dr. Dr. phil., geb. 1955; Begründer der DELOS-Forschungsstelle für Psychologie; Leiter der Turmalin-Stiftung; seit 2014 Professor für Philosophie und Erkenntnisgrundlagen der Anthroposophie an der Alanus Hochschule Alfter; Vortragtätigkeit, Forschung und Publikationen auf den Gebieten Therapeutische Menschenkunde aus Geisteswissenschaft, Erkenntnisgrundlagen und Geschichte der Ich-Psychologie, Begriffsrealismus und therapeutische Wirksamkeit (der Heilpädagogische Kurs Rudolf Steiners im 21. Jahrhundert).

Jochen Krautz, Prof. Dr. phil., geb. 1966; Studium der Fächer Kunst, Latein, Erziehungswissenschaft, 1. und 2. Staatsexamen; Lehrer am Gymnasium; 2003–2008 Akademischer Oberrat an der Bergischen Universität Wuppertal; 2008–2013 Professor für Kunstpädagogik an der Alanus Hochschule Alfter; seit 2013 Professor für Kunstpädagogik an der Fakultät für Design und Kunst der Bergischen Universität Wuppertal; Arbeitsschwerpunkte: Systematik und Didaktik relationaler Kunstpädagogik; personale Pädagogik, Bildungstheorie und Bildungspolitik.

Walter Kugler, Prof. Dr. phil, geb. 1948; Studium der Fächer Schulmusik, Deutsch, Geschichte, Erziehungswissenschaften und Politologie; Lehraufträge an der Universität Köln, Berufung zum Professor of Fine Art der Brookes University Oxford; 2003–2011 Leiter des Rudolf Steiner Archivs Dornach und Herausgeber der Rudolf Steiner Gesamtausgabe; Kurator zahlreicher Ausstellungen mit Wandtafelzeichnungen und anderen künstlerischen Werken Steiners sowie mit zeitgenössischen Künstlern in Museen weltweit; Publikationen über Rudolf Steiner und Anthroposophie.

Elmar Lampson, Prof., 1952 geboren; studierte Komposition und Violine in Hannover und Würzburg; freiberuflicher Komponist und Dirigent; Professor für Phänomenologie der Musik und Dekan der Fakultät „Studium fundamentale" an der Universität Witten-Herdecke; seit 2004 Präsident und Professor für Komposition und Theorie an der Hochschule für Musik und Theater Hamburg; mit dem Dr. Günther Buch-Preis für Kulturwissenschaften ausgezeichnet; Mitglied in der Freien Akademie der Künste Hamburg; Kompositionen: Kammermusik, Solo- und Ensemblewerke, Orchester- und Chormusik sowie eine Oper.

Christoph Lange, Dr. phil., geb. 1963; Studium der Germanistik, Kunstwissenschaft und Philosophie; 1995–2000 Wissenschaftlicher Mitarbeiter an der Kunsthochschule Kassel; 2001–2004 Lehraufträge und Publikationen; 2004–2005 Assistent des Künstlerischen Leiters der Ausstellung „50 Jahre documenta" in der Kunsthalle Fridericianum Kassel; 2006–2010 freiberuflicher Kunsthistoriker, Kurator und Philosoph; seit 2010 Oberstufenlehrer für Deutsch, Politik, Geschichte, Kunstgeschichte und Religion; seit 2017 an der Johannes-Schule Berlin in Berlin-Schöneberg; aktueller Forschungsschwerpunkt ist das Verhältnis von Sprache und Bild.

Albert Schmelzer, Prof. Dr., geb.1950; Studium der Romanistik, Theologie und Soziologie; Oberstufenlehrer an der Freien Waldorfschule Mannheim in den Fächern Deutsch, Geschichte, Kunstgeschichte und Religion; seit 1990 in der Ausbildung von Waldorflehrer*innen tätig; Mitbegründer der Interkulturellen Waldorfschule Mannheim; seit 2012 Professor für Allgemeine Pädagogik mit dem Schwerpunkt Waldorfpädagogik

und Interkulturalität an der Alanus Hochschule, Studienzentrum Mannheim; Arbeitsschwerpunkte: Soziale Dreigliederung, Geschichtsdidaktik, Anthropologie, Interkulturelle Pädagogik.

Angelika Schmitt, Dr., geb. 1976; Ausbildung zur Zirkusartistin in Moskau, Studium der Slavistik und Philosophie sowie Diplom-Slavistik mit wirtschaftswissenschaftlicher Qualifikation; 2010–2017 wissenschaftliche Mitarbeiterin an der Alanus Hochschule, Standort Mannheim, im Projekt „Perspektiven und Konzepte interreligiösen Dialogs und Lernens"; 2017 Promotion über Andrej Belyjs kulturphilosophisches Hauptwerk „Istorija stanovlenija samosoznajuščej duši" an der Universität Trier; seit 2018 Postdoktorandin in der DFG-Kollegforschungsgruppe „Russischsprachige Lyrik in Transition".

Jörg Soetebeer, Dr., geb. 1959; Schüler der Hiberniaschule in Wanne-Eickel; Studium der Germanistik und Philosophie an der Ruhruniversität Bochum; 19 Jahre Oberstufenlehrer mit den Fächern Deutsch und Philosophie an der Freien Waldorfschule Eckernförde; seit 2003 Dozent für bildungstheoretische und pädagogische Grundlagen der Waldorfpädagogik am Waldorflehrerseminar Kiel, Seminarleitung ab 2012; Forschungen und Veröffentlichungen zu Bildung, Philosophie, Germanistik und Pädagogik.

Angelika Wiehl, Dr. phil., geb. 1956; Studium der Germanistik, Romanistik, Kunstgeschichte; Mitbegründerin der Freien Waldorfschule Wolfsburg und Klassen- und Oberstufenlehrerin; seit 2015 an der Alanus Hochschule; wissenschaftliche Koordinatorin des Graduiertenkollegs Waldorfpädagogik; Vertretung der Professur für Kindheitspädagogik und Entwicklungspsychologie; seit 2018 Hochschuldozentin für Erziehungswissenschaft und Waldorfpädagogik am Institut für Waldorfpädagogik, Inklusion und Interkulturalität Mannheim. Forschung: Grundlagen der Waldorfpädagogik, Ästhetik und bildhaftes Lernen.

Johannes Wagemann, Prof. Dr., geb. 1967; Studium der Elektrotechnik in Berlin; Forschung zur digitalen Bildverarbeitung; Lehramtsstudium Mathematik und Physik; 2000–2017 Lehrer an der Essener Waldorfschule; Promotion zum Thema „Gehirn und Bewusstsein"; Lehraufträge an der Universität Witten-Herdecke; 2014–2017 Juniorprofessor an der Alanus Hochschule in Alfter; seit 2018 Professor für Bewusstseinsforschung im pädagogisch-anthropologischen Kontext an der Alanus Hochschule, Studienzentrum Mannheim; Forschungsgebiete: Introspektive und meditative Bewusstseinsforschung, Wissenschaftstheorie, Bewusstseinsgeschichte, pädagogische Anthropologie, Sozialästhetik.

Hans Wagenmann, M. A., geb. 1967; Eurythmiestudium; seit 25 Jahren Künstler in performativen, sozialen und wissenschaftlichen Arbeitsfeldern; Autor von Lyrik, poetischen Essays zur Ästhetik und grundlegenden Auseinandersetzungen mit der Eurythmie; Forschungen und Projekte an der Schnittstelle zwischen Kunst, gesellschaftlichen und ästhetischen Fragestellungen; die Arbeitsweise ist geprägt von einem bewussten Umgang mit Grenzerfahrungen, der Frage nach Imagination sowohl im jeweiligen Werk, als auch in ihren Arbeitsprozessen.

M. Michael Zech, Prof. Dr., geb. 1957; Waldorflehrer; seit 1992 national und international Dozent für Waldorfpädagogik, Geschichte und Literatur; 2001–2006 Geschäftsführer und Schulberater der Internationalen Assoziation für Waldorfpädagogik in Mittel- und Osteuropa; seit 2006 leitend am Lehrerseminar für Waldorfpädagogik in Kassel; seit 2012

Juniorprofessor für Didaktik der Geschichte; seit 2018 Professor für Kulturwissenschaften und ihre Didaktik an der Alanus Hochschule für Kunst und Gesellschaft Alfter; Arbeitsschwerpunkte: Didaktik der Kulturwissenschaften, Jugendpädagogik, Kulturgeschichte.

Hans-Christian Zehnter, Diplom-Biologe, geb. 1963; 1993–2000 Naturwissenschaftliches Studienjahr und Wissenschaftlicher Mitarbeiter an der Naturwissenschaftlichen Sektion am Goetheanum in Dornach; 2005–2010 Redakteur bei der Wochenschrift „Das Goetheanum"; Mitarbeit im Tagungsorganisations- und Empfangsbereich am Goetheanum, seit 2016 Herausgeber im Rudolf Steiner Archiv, Dornach; Vorträge, Seminare, Publikationen und Forschung mit den Schwerpunkten anthroposophischer Naturanschauung.

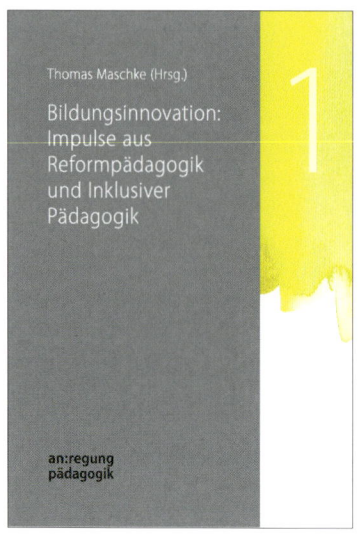

Thomas Maschke (Hrsg.)
Bildungsinnovation:
Impulse aus Reformpädagogik
und Inklusiver Pädagogik

Band 1 der Reihe
an:regung pädagogik

Mit Beiträgen von Christina
Hansen, Ferdinand Klein, Rainer
Winkel, Marianne Wilhelm u. a.
288 Seiten
ISBN 978 3 99053 031 3

Impulse für [schulische] Entwicklungen aus „klassischer" Reform
pädagogik und Inklusiver Pädagogik.
Die Unterzeichner-Staaten der
UN-Behindertenrechtskonvention
haben sich auf dem Feld der Bildung (Art. 24) zu einem umfassenden Reformprozess verpflichtet.
Inklusive Pädagogik kann daher als
aktuell-innovative reformpädagogi-
sche Entwicklung bewertet werden,
besonders insofern sie die Möglich-

keiten und Potenziale aller
Schüler*innen für Aktivität und
Teilhabe aufgreift. Grundlagen,
Persönlichkeiten und praktische
Erfahrungen aus der „klassischen"
Reformpädagogik können in vieler-
lei Hinsicht für diesen Prozess
hilfreich sein. Sie werden in diesem
Buch umfassend dargestellt und
können zur Entwicklung eigener
innovativer pädagogischer Praxis
anregen.

Frank Linde
**Die Auferstehung im Werk
Rudolf Steiners**

3 Bände im Schuber, 1088 Seiten
ISBN 978 3 99053 001 6

Das Verständnis der Auferstehung wird zur Erkenntnis-Aufgabe für jeden Menschen, dem die Frage nach dem Sinn des Lebens nicht gleichgültig ist. Band 1 und 2 dieses Werkes sind Wegweiser zu den geistigen Quellen, die Antwort auf diese Frage geben. Die Grundlage ist die Anthroposophie Rudolf Steiners. Ausgewählte Quellentexte beleuchten die Fragen nach der Wirklichkeit von Leben, Tod und Auferstehung Christi, der Bedeutung der Auferstehung für den Menschen der Gegenwart, dem Leben nach dem Tod und der Auferstehung der Toten am Ende der Zeiten. Damit wird aus der Sicht der anthroposophischen Geisteswissenschaft Stellung genommen zu Themen, die seit Jahrtausenden die Menschheit bewegen und auch heute die tiefste Sehnsucht des Menschen nach Verbindung zu seinem geistigen Ursprung berühren.

In Band 3 setzt sich Frank Linde mit dem Phänomen Judith von Halle auseinander und nimmt dazu Stellung. Mit einer Reihe von Publikationen möchte von Halle der Öffentlichkeit und insbesondere der Anthroposophischen Gesellschaft auf völlig neue Art und Weise das Zentralereignis der Menschheitsentwicklung, das Mysterium von Golgatha, nahebringen. Nie zuvor ist in der anthroposophischen Öffentlichkeit ein Mensch aufgetreten, der von sich behauptet hat, die historischen Tatsachen und Ereignisse um Jesus Christus in der Zeitenwende durch eigenes „sinnliches Miterleben" wahrnehmen zu können und auf diese Weise „selbst ein lebendiges Zeugnis" für die Tat des Gottessohnes zu sein.

Impressum

Bibliografische Information der Deutschen Nationalbibliothek

Die Deutsche Nationalbibliothek verzeichnet diese Publikation in der Deutschen Nationalbibliografie; detaillierte bibliografische Daten sind im Internet über http://dnb.dnb.de abrufbar.

© 2019 Edition Kunstschrift im Residenz Verlag, Salzburg

Bildnachweis:

© A Foundation, Liverpool: S. 233; © Ausstellungsstück des Belyj-Hausmuseums Moskau. Abdruck erfolgt mit freundlicher Genehmigung der Museumsleitung: S. 251; © Joseph Beuys, Reiner Ruthenbeck / Bildrecht Wien, 2019: S. 230; © Joseph Beuys / Bildrecht Wien, 2019: S. 231; © Stephan Balkenhol / Bildrecht Wien 2019: S. 148; © Candy Chang: S. 234; © colourbox.com: S. 145 (Abb. 2); © Per Kirkeby Estate, Fotograf: Lars Bay: S. 232; © Jochen Krautz: S. 158 (Abb. 6, 7); © Walter Kugler: 247; © National Gallery, London: S. 113; © pa.picture alliance: S. 194; © Edward J. Ruscha: S. 126, 127, 128 (aus: Ruscha, Ed: Nine Swimming Pools and a Broken Glass (1968), 18 × 14 cm, 32 Blatt, 10 Farbabbildungen. 1. Auflage: 1968, 2400 Stück, Softcover mit Umschlag aus Transparentpapier; 2. Auflage: 1976, 2000 Stück, ohne Umschlag aus Transparentpapier), S. 134 (Übersicht der Seitenfolge aus dem Fotobuch von Ed Ruscha: Nine Swimming Pools and a Broken Glass (1968) aus: Ausst.Kat. Editions 1959–1999. Catalogue Raisonné (1999). Hrsg. v. Edward Ruscha. Walker Art Center, S. 96–97); © Russische Staatsbibliothek: S. 259, 263; © Rudolf Steiner Archiv Dornach/Schweiz: S. 44, 48, 236, 237, 239; © Succession H. Matisse / Bildrecht Wien, 2019: S. 148; © Angelika Wiehl: S. 8; wikimedia commons: S. 35, 36, 38, 102, S. 145 (Abb. 1), 146, 158 (Abb. 8, 9)

Wir haben uns bemüht, alle Bildrechte zu recherchieren. Falls Sie diesbezüglich Rechtsansprüche haben, bitten wir Sie, sich mit uns unter info@residenzverlag.at in Verbindung zu setzen.

Grafische Gestaltung/Satz: Studio Lierl GmbH, www.lierl.de

Lektorat: Maria-Christine Leitgeb

Gesamtherstellung: Christian Theiss GmbH, St. Stefan im Lavanttal

ISBN 978-3-99053-032-0